CW01669792

Brîndușa Grigori

Actes d'émotion, pactes d
le spectre des fabli

Brîndușa Grigoriu

Actes d'émotion, pactes d'initiation : le spectre des fabliaux

EDITURA UNIVERSITARIA
Craiova, 2015

Referenţi ştiinţifici:
Prof. univ. dr. Claudio GALDERISI
Conf. univ. dr. Jean-Paul DEREMBLE
Prof. univ. dr. Cătălina GÎRBEA

Copyright © 2015 Editura Universitaria
Toate drepturile sunt rezervate Editurii Universitaria.

Nicio parte din acest volum nu poate fi copiată fără acordul scris al editorului.

Descrierea CIP a Bibliotecii Naţionale a României
GRIGORIU, BRÎNDUŞA
Actes d'emotion, pactes d'initiation : le spectre des fabliaux / Brînduşa Grigoriu. - Craiova : Universitaria, 2015
Bibliogr.
ISBN 978-606-14-0912-9

82

Voici donc l'émotion conquérante,
l'émotion motrice par excellence,
le désir.
(Paul Ricœur, ***Philosophie de la volonté*****)**

SOMMAIRE

PRÉFACE

Les *labores* des *laboratores*

Voilà dix ans que j'ai le plaisir de lire les articles et les livres (les poèmes aussi) de Brîndușa Grigoriu. De son *Amor sans desonor : une pragmatique pour Tristan et Yseut* au plus récent *Talent / Maltalent. Émotionologies liminaires de la littérature française*, ses ouvrages renouvellent l'horizon critique de la littérature médiévale. Elle y a passé en revue avec une finesse et une empathie rares chez les médiévistes les « premiers fossiles littéraires » des jeunes littératures romanes. Elle l'a fait en leur restituant à travers le concept d'émotionologie une partie des forces vives qui les ont érigés pour nous en monuments littéraires.

Son dernier livre, *Actes d'émotion, pactes d'initiation : le spectre des fabliaux*, s'inscrit pleinement dans l'approche dont elle a fait sa signature herméneutique et offre au lecteur le bonheur d'une balade euristique au milieu de textes difficiles, pour lesquels la bonne distance critique semble impossible à trouver et encore plus à garder.

C'est en particulier grâce à une langue à la fois épurée de tout jargon scientifique et chargée d'un humanisme « raisonnable » que Brîndușa Grigoriu parvient à relire et à éclairer les jeux et les enjeux qui sont au cœur des fabliaux et de leur altérité esthétique. Le français n'a jamais été pour elle un simple vecteur de communication et de diffusion de ses recherches ; elle en fait ici un pont, sans doute le seul possible, entre deux mondes et deux réels que tout semble séparer. Sa langue possède en elle-même un pouvoir autotélique, pour ne pas dire une vertu artistique, qui constitue une partie de la scientificité de son travail et qui offre au lecteur un accès privilégié à l'ailleurs du texte médiéval.

Le médiéviste qui a réfléchi sur ces récits problématiques pour notre humanisme moderne, et qui a constaté avec quelles précautions rhétoriques et herméneutiques les archéologues des lettres gothiques les ont approchés et étudiés, ne peut que rester admiratif devant l'effort de Brîndușa Grigoriu de ne pas sacrifier les états émotionnels que provoquent ces récits et les corps, les *codices*, qui nous les ont transmis. L'auteur réussit ainsi dans l'exploit de ne céder ni à la facilité de la suspension d'incrédulité ni à la tentation de la neutralité codicologique. Comment ne pas être d'accord avec la spécialiste de la pragmatique tristanienne, lorsqu'elle déclare qu'« Écrire un livre sur les fabliaux représente une opération aussi délicate que d'allumer une chandelle au chevet d'un mort » (*Actes et pactes de lecture*, p. 19) ? Comment ne pas adhérer à son programme herméneutique, lorsqu'elle nous invite à faire « du manuscrit une taverne (et *en même temps*, une cathédrale) [, ce qui est] est un acte assumé, aussi bien toléré, aux XIIIe-XIVe

siècles, que la présence des *marginalia* sur un folio pieux ou celle des chapiteaux obscènes dans une église » ? (p. 20) Ou lorsqu'elle nous rappelle que « Ce sont donc les émotions de la langue et celles de la sexualité qui invitent le lecteur à la redécouverte moderne – et souriante – des fabliaux? Outre les froissements de la censure, l'humour et la bienveillance assurent la continuité de la réception de ce corpus proprement "émotif" » (*ibid.*). Et en effet, ces *codices* que l'auteur étudie ici sont des tavernes et des cathédrales, où se mélangent rire et prière, répulsion du vilain et crainte du Jugement dernier, divertissement et *memento mori*. Comme dans le monde, fictionnel ou non.

C'est sans doute cette difficulté à appréhender en même temps, comme le fait Brînduşa Grigoriu dans ce livre novateur, les différentes facettes de la matière des simples, des *laboratores*, qui peut expliquer une marginalité esthétique, codicologique et au final historique dont semblent souffrir depuis toujours les fabliaux. Rares sont les réflexions consacrées à la matière populaire, à la « pierre grossière »[1], comme dirait Quintilien. Pourtant les auteurs qui composent fables et fabliaux, c'est-à-dire un pan important et original des lettres médiévales vernaculaires, utilisent une matière apparemment brute, mais sans laquelle nous aurions du mal à expliquer l'émergence d'une littérature vernaculaire laïque. Que l'on pense à Jean Bodel, auteur de cette *Chanson des Saisnes* qui est au cœur de la matière de France, d'un *Jeu de Saint-Nicolas*, chef-d'œuvre de la littérature hagiographique, de ces *Congés* qui tout en fondant un genre trouvent leurs racines dans la matière de la mort, mais qui est aussi le narrateur d'une dizaine de fabliaux faisant la part belle à la matière des *laboratores* et laissant apparaître au grand jour l'opposition ontologique entre le clerc et le vilain, entre le monde de l'écrivain et l'univers des *laboratores*. *Gombert et les deux clercs*, que Brînduşa Grigoriu cite (p. 73), et on appréhende clairement le conflit naturel qui oppose nature et *norreture*.

La matière des *laboratores*, des bourgeois et des paysans, des simples et des vilains semble oubliée, et cela dès le Moyen Âge, comme l'a montré Jacques Le Goff[2]. Ce « Caliban » médiéval qu'est, pour les clercs, le paysan ne peut représenter que les utilités, et ci ou là les adjuvants, d'un discours sur le créaturel, d'une représentation comique ou fugace de la plus impensable des altérités : l'altérité homme / bête. Si l'autre qu'est le rustre peut disparaître de l'horizon historique médiéval, c'est aussi parce qu'il ne peut incarner que de manière fugitive et / ou parodique le héros d'un récit ou d'une arcadie. Si la matière des *laboratores* paraît quasi invisible par rapport aux autres matières, c'est aussi parce que les gestes des simples

[1] Quintilien, *Institutio Oratoria*, livre II, 19, 3, éd. Jean Cousin, Paris, Les Belles Lettres, t. II, 1976.

[2] Jacques Le Goff, « Les paysans et le monde rural dans la littérature du haut Moyen Âge (V^e- VIe siècles) », dans *Agricoltura e mondo rurale in Occidente nell'alto medioevo : 22-28 aprile 1965*, Spoleto, Centro italiano di studi sull'alto medioevo, 1966, p. 723-745.

n'ont pas pour les clercs médiévaux d'écho historique, de productivité symbolique, de prégnance intellectuelle. Les *labores* des *laboratores* ne peuvent être que dérisoires, parodiques : un anti-modèle, un contre-*exemplum.* Comme je l'avais souligné dans une translation-adaptation d'Aucassin et Nicolette, ces récits mettent en scène des

> mondes fictionnels où agit une *mimésis* incongrue et où les personnages renvoient au lecteur médiéval l'image non seulement d'univers parallèles, mais aussi d'autres réels possibles. La représentation brouillée des rôles homme – femme, chrétien – sarrasine corrompt alors les perspectives de l'intellection sans les renverser complètement[3].

Mais les herméneutes doivent-ils se nourrir de ce même profit et ne rendre compte que de ce qui apparaît au grand jour ? La réponse qu'apporte Brîndușa Grigoriu est lucide et courageuse : « le texte narratif bref du Moyen Âge, transporté jusqu'à nous par les pompes funèbres de l'édition, n'est pas toujours un interlocuteur attirant. S'il nous interpelle, c'est parce que nous l'interpellons. Par un principe de charité-envers-le-passé... ou envers nous-mêmes » (*Introduction,* p. 18).

En voyageant alors de fabliau en fabliau (six textes composent le corpus principal), *De la pucelle qui vouloit voler* à *La sorisete des estopes*, *De la damoisele qui sonjoit* au *Frere Denise* de Rutebeuf (mais les rencontres avec d'autres récits brefs plus ou moins connus des spécialistes sont nombreuses au fil des promenades narratives), Brîndușa Grigoriu suit et dénoue le fil d'une « initiation érotique » médiévale (p. 24) et nous éclaire sur un imaginaire qui est aussi un réel : « Chaque fabliau de notre florilège virginal peut être lu comme un épisode émotionnel intense et complet [...] Notre approche de l'initiation est ouvertement sexuée ; il n'est plus à démontrer que le « *gender* » est une clé de lecture pertinente pour les fabliaux » (p. 26). Au-delà de cette approche en effet pertinente, le lecteur est encore plus convaincu lorsque l'auteur rappelle que « L'émotionologie érotique des fabliaux joue un rôle dans le « *targetting* » culturel des émotions aux XIIIe-XVe siècles, un rôle comparable à celui, implicite et efficace, que remplissent, par exemple, les plaisanteries les plus populaires de la civilisation du XXIe siècle. » (p. 28). Ces récits nous révèlent, d'autre part, par leur marginalité esthétique, les confins du diasystème littéraire et épistémique. Car, comme le suggère l'auteur avec un sourire de provocation et de clairvoyance critique, « La religion fait partie de *l'horizon d'entente* des fabliaux, et favorise justement la communication émotionnelle entre protagonistes, par-delà la téléologie plus ou moins théologique des conteurs. » (p. 245).

---

[3] Claudio Galderisi, « Aucassin, Nicolette et *Bérangier au Lonc Cul.* D'une chantefable à l'autre », *Hesperis*, 6, 2000, p. 47-79, ici p. 49.

Le livre de Brîndușa Grigoriu n'épargne pas au lecteur la différence du texte médiéval, au contraire, car cette différence est constitutive pour elle du jeu émotionnel. Il offre en même temps aux médiévistes une nouvelle compréhension du point de vue de l'auteur médiéval, pour « contempler une vérité de polichinelle ou plutôt de *fableor* : il y a un rapport entre le sexe, l'émotion et le récit bref, et ce rapport est des plus incitants » (p. 41).

Or ces récits constituent aussi le rayonnement résiduel d'un choc des matières et des genres, la trace d'une subjectivité auctoriale qui se révèle à travers l'écart esthétique, l'altérité littéraire. Ils nous rappellent enfin que la création médiévale est souvent plurielle ou difficile à identifier, et que substance et expression du contenu et de la forme dépendent souvent des conditions particulières de production, de transmission et de circulation de ces récits.

C'est aussi en mettant en lumière cette réalité factuelle du texte médiéval que l'ouvrage de Brîndușa Grigoriu emporte la conviction du lecteur et suscite son admiration.

Claudio Galderisi
CESCM – Université de Poitiers – CNRS

AVANT-PROPOS

Rires, désirs : le spectre des possibles

Il y a, à tout moment de l'Histoire, des instances qui refusent à l'homme le droit au rire, pour l'amour du politiquement (ou théologiquement) correct… « On ne rigole pas avec ça » – tel est le slogan de tous les régimes d'oppression.

On pourrait s'attendre à dénicher un tel régime dans la littérature médiévale aussi, notamment au XIIIe siècle, époque dominée par la milice du Christ, les bûchers du tribunal ecclésiastique, l'obligation de la confession et de la communion annuelles, l'interdiction d'enseigner le Droit romain à Paris, les croisades et les réformes de Saint Louis, la récupération chrétienne de la lyrique des troubadours et des romans du Graal... et, en fin de compte, la censure exercée en 1277 sur les écrits susceptibles de réconcilier la foi et la raison ou l'éthique et l'amour courtois[4]…

Or, quel que soit le degré de profondeur et de sophistication de la pensée dogmatique, il reste, dans cette culture française du Moyen Âge central, des îlots où il est possible, par exemple, d'invoquer Dieu et ses saints et de jouer à la bête aux deux dos tout en les invoquant : les fabliaux. Dans cet espace du jeu, le sacré et le profane se fondent en un continuum de l'humour humain. La littérature devient un refuge à vocation créative et récréative[5].

À une époque où il devient dangereux – voire fatal – d'aiguiser son crayon francophone sur des tabous religieux, il serait revigorant de remonter aux débuts des lettres françaises, vers ces mondes où l'altérité suscite la curiosité et l'hilarité, où les couples illégitimes jouissent impunément à la barbe de Dieu, où les prêtres charment les pucelles et les époux courent les souris, dans cette jungle du rire où tout humain finit par s'accorder à une humaine, au gré des corps et des langues.

S'intéresser aux fabliaux, c'est redécouvrir, en diachronie, les reliefs pittoresques d'un corpus qui incarne, justement, la résistance humaine par le rire. Il y a à parier qu'une culture saine est celle qui sait croire et affiner ses crédos, mais aussi rire et croître, sans oublier que, s'il y a des règles, il y a aussi un jeu – prêt à jouer et à déjouer...

Certes, le Moyen Âge central garde le modèle de la Genèse biblique sur un piédestal, grâce au *Mystère d'Adam* du XIIe siècle, joué et diffusé à l'époque de Saint Louis[6]. Les romans du Graal, à leur façon, aident à perpétuer ce modèle, en

---

[4] Pour une vision panoramique, culturelle et événementielle du XIIIe siècle, voir, par exemple, Claude Gauvard, *La France au Moyen Âge du Ve au XVe siècle*, Paris, PUF, 2010 [1996], p. 267-295.

[5] Sur la présence de la dimension religieuse dans d'autres contextes littéraires médiévaux, relevant également du récit bref et de la vocation récréative, voir Alexandra Velissariou, « Amour et *devocion* dans la nouvelle du XVe siècle », *Liber amicorum Danielle Quéruel*, éd. Maria Colombo Timelli, Miren Lacassagne et Jean-Louis Haquette, p. 149-174.

[6] En effet, le célèbre *Ordo reprensacionis Adae*, considéré comme « le plus ancien drame religieux en français », est « conservé dans un manuscrit du XIIIe siècle » (Tours, Bibliothèque Municipale 927). Il reprend le mythe judéo-chrétien de la Genèse en le

proposant des couleurs différentes pour la virginité, respectivement la fécondation : blanc et vert[7]. La défloration doit « normalement » se consommer dans un cadre conjugal établi pour la vie, au nom du commandement divin « Croissez et multipliez-vous ». La fécondité rime avec la légitimité – pourvu que le lien soit correctement encadré... Mais tout n'est pas noir et blanc, au XIIIe siècle : loin d'encenser le couple conjugal, imposé par le droit canonique, la littérature narrative propage un spectre érotique plus large, allant du plaisir de la séduction à l'art de la conversion, en passant par la violence onirique et le consentement ludique[8]. De Tristan et Perceval à Amant, en passant par Ipomédon, de Davïet et Simon aux « pautoniers » anonymes des fabliaux, la joie de *connaître* l'autre prend des formes colorées, qui restent vivantes et vivifiantes... sans tomber sous le coup de la loi.

Si les « contes à rire » invitent la fantaisie des dames et des seigneurs à se déployer dans tout un éventail d'images fantasmatiques, ils sont rarement enluminés de façon aussi mémorable que les romans contemporains. Le XIIIe siècle voit se développer, à côté des romans allégoriques en vers, les grands cycles romanesques en prose, décorés de miniatures riches en représentations chevaleresques, artistiques et mystiques de toutes sortes : c'est l'époque du *Lancelot* et du *Tristan en prose*, de leurs continuations et remaniements européens. Malgré cette différence dans le rapport des signes verbaux et iconographiques, les fabliaux restent très imagés, dans leur brièveté dénuée ; il n'est pas rare que les médiévistes les comparent à des caricatures[9].

Au-delà du cloisonnement (moderne !) des genres, un véritable continuum médiéval de la narration érotique se laisse découvrir : d'un côté, un clerc découvre,

---

développant littérairement. Voir *Le Théâtre. Cours, documents, dissertations*, dir. Dominique Bertrand, Paris, Bréal, 1996, p. 79 et Larry S. Crist, « La chute de l'homme sur la scène dans la France du XIIe au XVe siècle », *Romania*, 99, 1978, p. 207-219. Sur le public et le succès de l'œuvre, ainsi que sur ses implications symboliques, voir l'*Introduction* à l'édition *Le Jeu d'Adam*, éd. et trad. Véronique Dominguez, Paris, Champion, 2012, p. 17-177.

[7] Sur cette histoire de chromatique symbolique, voir *La Queste del Saint Graal*, éd. Albert Pauphilet, Paris, Champion, 1923, p. 210, 16-20 (traduction d'Emmanuèle Baumgartner, Paris, Champion, 1979, p. 189- 197).

[8] Il convient de relativiser la notion moderne de « viol » en tenant compte du droit de l'époque, prêt à légaliser l'interaction sexuelle et à réconcilier, unir et bénir les parties ; ainsi, la consommation du lien, suivie par l'accord, reste compatible avec le code canonique du mariage, même si le consentement a pu manquer lors de la première interaction sexuelle : « *[Innocent] cleared the way for marriage between the abductor and his victim, provided that both parties consented freely to the union. Innocent also clarified the elements of conditional marriages. In the decretal Per tuas he held that a couple who exchanged conditional consent should be presumed to be married if they had sexual relations following the exchange of consent, even if the condition had not yet been fulfilled at the time when intercourse took place* », James A. Brundage, *Law, Sex and Christian Society in Medieval Europe*, Chicago et Londres, University of Chicago Press, 1987, chapitre « Marriage Theory in Early Decretal Collections », p. 338.

[9] Voir, par exemple, le point de vue de Per Nykrog dans son célèbre ouvrage *Les Fabliaux*, Genève, Droz, 1973, p. 70.

par tâtonnements, le paysage frissonnant d'une virginité à peine nubile (dans le fabliau *De la damoisele qui ne pooit oïr parler de foutre*), de l'autre, une nonne s'apprête à cueillir les fruits de l'arbre de vie / vits (dans une miniature du *Roman de la Rose*)[10]. La défloration – qu'elle concerne la rose intouchable ou des végétations plus tangibles – devient une histoire d'initiation complexe, qui n'exclut ni les désirs amoraux (toujours sexués) ni leur réalisation immorale, dont les auteurs savent extraire la paradoxale moralité. Les interférences du sexe avec la religion pullulent dans toutes ces histoires qui ont le mérite d'établir, dans un langage émotionnellement éloquent, des ponts épistémologiques entre la biologie et la théologie, *via* la littérature...

Tout en restant un intellectuel fiable et un humain raisonnable – comme Rutebeuf ou Jean de Meung – on peut se permettre de scruter, aujourd'hui encore, le corpus des fabliaux et de révéler son aptitude à survivre – revivre en se ressourçant à l'émotion.

---

[10] Nous renvoyons ici à *l'arbre de vits* représenté en bas du folio 106 v du manuscrit Paris, B.N. fr. 25526, datant du XIVe siècle, disponible en ligne sur le site http://gallica.bnf.fr/ark:/12148/btv1b6000369q/f218.image, consulté le 12 janvier 2015. Sur cette vision du surnaturel autrement chrétien, il convient de citer la communication de Sonia Maura Barillari (Professeur de Philologie romane, Université de Gênes) au colloque « Merveileux, marges et marginalité » (Rennes, le 27 novembre 2014 : *Arbre de vie, arbre de vits : à rebours à partir du ms. Paris, BnF, fr. 25526*, actuellement sous presse).

INTRODUCTION

Transports

Mû par le **désir** – raison d'être de tout tropisme humain de quelque ampleur – le lecteur peut se « transporter » dans l'univers proposé par le texte, nous assurent les chercheurs de notre ère[11]. Ainsi, le voyage dans le temps serait possible[12]. Les moyens de transport, fiables ! surtout dans le cas des récits fictionnels, qui proposent des mondes tout habitables et des façons de les habiter[13]... en se fixant un autre centre déictique[14], au cœur de l'histoire.

Et le jeu est joué ! Un homme ouvre un livre et s'absorbe dans un autre temps[15], mais aussi dans un autre climat émotionnel. Il est « transporté », puisqu'il devient de plus en plus absent à son environnement immédiat... Il est entraîné par l'expérience d'une rencontre de l'Autre, d'autant plus fortement et profondément que la distance à franchir est plus importante. Si l'on prend un « transport » jusqu'au Moyen Âge, alors... il y a des chances d'en revenir transfiguré[16].

---

11 La théorie de la « transportation » est d'abord appliquée aux narrations proposées par les médias ; voir Melanie C. Green et Timothy C. Brock, « The Role of Transportation in the Persuasiveness of Public Narratives », *Journal of Personality and Social Psychology*, 79, 2000, p. 701-721 et Melanie C. Green et Timothy C. Brock, « In the Mind's Eye : Transportation-Imagery Model of Narrative Persuasion », in *Narrative Impact : Social and Cognitive Foundations*, éd. M. C. Green, J. J. Strange et T.C. Brock, Mahwah, NJ, Erlbaum, 2002, p. 315-341. Ce cadre théorique est compatible avec les mondes de la fiction littéraire médiévale et rend compte de la phénoménologie de la lecture comme engagement cognitif et affectif.

12 Ce voyage est une façon de tendre à, et d'atteindre à un monde possible coulé dans un autre moule socio-culturel. La distance qui sépare le présent du passé peut se ressentir au niveau du code langagier et se franchir à force d'enjambées encyclopédiques. On chemine à l'intérieur de son esprit – ce champ de tous les possibles – en se laissant guider par un dictionnaire, par l'histoire des mentalités, des institutions, des événements, et on accomplit, du même coup, cette gymnastique émotionnelle qui consiste à sentir, à penser, à être, provisoirement, *ailleurs*.

13 La fiction est censée offrir « une proposition de monde, d'un monde tel que je puisse l'habiter pour y projeter l'un de mes possibles les plus propres », d'après Paul Ricœur, « Le monde du texte », dans *Cinq études herméneutiques*, Genève, Labor et Fides, 2013, p. 71.

14 Sur le modèle du changement déictique chez le lecteur de récits, voir les recherches de Karl Bühler sur l'*origo* du système subjectif d'orientation personnelle et spatio-temporelle, dans *Sprachtheorie : Die Darstellungsfunktion der Sprache*, Stuttgart et New York, Fischer, 1934 ; voir aussi l'approfondissement de Mary Galbraith, « Deictic Shift Theory and the Poetics of Involvement in Narratives », dans *Deixis in Narrative : a Cognitive Science Perspective*, éd. J.F. Duchan, G. A. Bruder et L.E. Hewitt, Hillsdale, NJ, Lawrence Erlbaum, 1995, p. 19-59 et la synthèse de Peter Stockwell dans le chapitre « Cognitive Deixis » de son ouvrage *Cognitive Poetics. An Introduction*, Londres et New York, Routledge, 2002, p. 41-58.

15 Il s'agit de la durée inhérente au récit, mais aussi de son vécu historique.

16 Il y a des chances, nous assure Jeff Rider, d'illuminer et d'enrichir sa propre expérience émotionnelle, en accueillant, lors de la lecture, les éléments familiers et non-familiers du monde fictionnel, et en éprouvant, du moins en partie, les sentiments qu'un récit médiéval

Les sciences humaines se mettent non seulement au service de ce « divertissement » / « enjoyment »[17] que l'homme moderne est censé éprouver face aux mondes narratifs, dans un oubli de soi plus ou moins accompli ; elles consacrent des efforts tout aussi conséquents à un « transport » qui va dans l'autre sens : celui du *corpus*, soigné, édité[18], traduit, avec un souci constant de dégager l'unicité de chaque œuvre – avec des variantes soigneusement notées – par rapport à d'autres relevant du même genre ou du même voisinage codicologique.

Dans les bibliothèques du monde, ces espaces-temps que sont les manuscrits se trouvent aussi éparpillés que les dents, phallanges, et autres ossements de saints le sont dans les églises ; quels que soient les efforts des auteurs d'anthologies, le corpus des fabliaux reste une foule de *codices* éclatés sur nos côtes, devenus « fonds d'archives » ou « trésors du patrimoine »[19]. Il convient de le dire : le texte narratif bref du Moyen Âge, transporté jusqu'à nous par les pompes funèbres de l'édition, n'est pas toujours un interlocuteur attirant[20]. S'il nous interpelle, c'est parce que nous l'interpellons[21]. Par un principe de charité-envers-le-passé[22]... ou envers nous-mêmes : « par la fiction, par la poésie, de nouvelles possibilités d'être-au-monde sont ouvertes dans la réalité quotidienne »[23].

Pour l'amour du passé, nous sommes appelés à nous renouveler. Suivant nos transports...

---

est censé avoir cherché à provoquer au sein de ses premières audiences ; voir *id.*, « The Inner Life of Women in Medieval Romance Literature », dans *The Inner Life of Women in Medieval Romance Literature. Grief, Guilt and Hypocrisy*, éd. Jeff Rider et Jamie Freeman, New York, Palgrave Macmillan, 2011, p. 8-9.

[17] Voir Melanie C. Green, Timothy C. Brock et Geoff F. Kaufman, « Understanding Media Enjoyment : The Role of Transportation into Narrative Worlds », *Communication Theory*, 14, 2004, p. 311-327.

[18] Jacqueline Cerquiglini-Toulet s'interroge, par exemple, si le document peut être envisagé aussi comme un monument ; elle s'intéresse ainsi à « l'intention esthétique globale » du manuscrit. Voir son étude-enquête « Jeux du hasard et de l'intention : le recueil au Moyen Âge », dans *Le Recueil au Moyen Âge. Le Moyen Âge central*, dir. Olivier Collet et Yasmina Foehr-Janssens, Turnhout, Brepols, coll. « Texte, codex et contexte », 8, 2010, p. 8.

[19] Les manuscrits qui conservent les fabliaux ne sont pas luxueux dans leur présentation. Organisés selon des lois favorisant la similitude, mais aussi le contraste, ils servent de matière première aux éditions modernes, qui occultent justement ces lois. Voir Keith Busby, « Fabliaux and the New Codicology », *The World and its Rival : Essays on Literary Imagination in Honor of Per Nykrog*, éd. Kathryn Karczewska et Tom Conley, Amsterdam – Atlanta, Rodopi, 1999, p. 137-160, p. 157.

[20] Les fabliaux sont conservés dans deux types de *codex* : les manuscrits de jongleurs et les manuscrits de bibliothèque. Si les premiers sont plutôt des aide-mémoire, les seconds, plus soignés, auraient été destinés à des séances de récitation. Voir Raymond Eichmann, « The Question of Variants and the Fabliaux », *Fabula*, 17, 1976, p. 41.

[21] Nous rejoignons, au champ de cette tentative d'appropriation de l'altérité d'une culture, la pensée de Paul Ricœur : « L'appropriation [...] est compréhension par la distance, compréhension à distance » ; « Nous ne nous comprenons que par le grand détour des signes d'humanité déposés dans les œuvres de culture. », art. cit., p. 72-73.

[22] Donald Davidson stipule aussi l'existence d'un « principe de charité » qui obligerait le locuteur à supposer que la communication en cours est aboutie. Voir *Inquiries into Truth and Interpretation*, Oxford, Clarendon Press, 1984, p. 136-137.

[23] Paul Ricœur, art. cit., p. 71.

Actes et pactes de lecture

Écrire un livre sur les fabliaux représente une opération aussi délicate que d'allumer une chandelle[24] au chevet d'un mort : elle met les lumières de l'auteur au service – ritualisé – de toute une bande de bons viveurs d'antan, prêts à revenir de leur *corpus*, pour rire, dire, reverdire[25]… pour déflorer le silence de mort de toutes les absences.

En langage herméneutique, on pourrait dire que plusieurs « propositions de mondes »[26] émergent du texte. S'installe alors un état émotionnel qui nous fait considérer un objet patrimonial – tel le manuscrit français 837 de la Bibliothèque Nationale – comme un autre-corps, comme une autre-vie, mais aussi comme un seuil vers l'Autre médiéval. Plutôt que de chercher des trous de ver au large de l'univers, on peut explorer la transcendance de la manuscriture… Il se trouve que les *codices* permettent aux émotions pieuses de côtoyer le rire gras et l'invitation à la jouissance, dans un mélange générique qui ne craint aucunement les accrocs[27]. Les territoires textuels sont divergents, mais compatibles. Au fond, il est toujours question de conserver une « bele matire », de transmettre un enseignement, de vaincre l'usure du temps par la beauté du langage d'antan : « L'humour érotique est de toutes les époques. Mais il ne revêt pas à chaque époque une forme poétique aussi élaborée et aussi profondément intégrée à la production littéraire que celle des fabliaux du Moyen Âge »[28]. Il convient de saluer, de nos jours, « la grande nouveauté de l'art de ces jongleurs, [consistant] justement dans la langue, qui est celle de tous les jours, celle des tavernes et celle des places d'Arras, d'Amiens, de Douai »[29].

Faire du manuscrit une taverne (et *en même temps*, une cathédrale) est un acte assumé, aussi bien toléré, aux XIIIe-XIVe siècles, que la présence des

---

24 Nous faisons appel à une métaphore hautement médiévale : « Croix, lumière et encens sont des éléments constitutifs anciens de la cérémonie funéraire, comme on peut le voir […] sur certaines représentations iconographiques » du monde carolingien, Cécile Treffort, *L'Église carolingienne et la mort. Christianisme, rites funéraires et pratiques commémoratives*, Lyon, Presses Universitaires de Lyon, 1996, chap. « L'Accompagnement du corps », p. 79.

25 La « reverdie », dans ce cas, suppose la possibilité d'une greffe didactique : selon Jeff Rider, le lecteur moderne serait invité à une éducation par le texte, à la faveur des normes émotionnelles proposées au public visé par le conteur. Voir art. cit., p. 8.

26 Voir Paul Ricœur, « La Fonction herméneutique de la distanciation », *Cinq études herméneutiques*, *op. cit.*, p. 73.

27 Sur cette interférence registrale et sur la relation entre centre et marges du monde médiéval, voir Michael Camille, *Image on the Edge. The Margins of Medieval Art*, Londres, Reaktion Books, 1992.

28 Michel Zink, *Avertissement* aux *Fabliaux érotiques. Textes de jongleurs des XIIe et XIIIe siècles*, éd. Luciano Rossi et Richard Straub, Paris, Librairie Générale Française, 1992, p. 8.

29 Luciano Rossi, *Introduction* aux *Fabliaux érotiques. Textes de jongleurs des XIIe et XIIIe siècles*, éd. Luciano Rossi et Richard Straub, éd. cit., p. 11.

marginalia sur un folio pieux ou celle des chapiteaux obscènes dans une église. Ce sont donc les émotions de la langue et celles de la sexualité qui invitent le lecteur à la redécouverte moderne – et souriante – des fabliaux. Outre les froissements de la censure, l'humour et la bienveillance assurent la continuité de la réception de ce corpus proprement « émotif »[30].

Devant le spectacle d'un passé si richement matérialisé – le manuscrit parisien comprend des miracles, des saluts d'amour, des proverbes, des fragments de romans (notamment renardiens), des lais plus ou moins courtois et surtout des fabliaux – il convient d'interpeller l'étant, le « remanant », comme le *Pescheor de Pont seur Saine*[31], au nom du vivant, sinon du vivable... C'est une attitude stimulante, qui anime tout penseur désireux de saluer l'Histoire, de l'accueillir, de la faire *revenir*.

Le critique littéraire va faire son miel – et son livre – du livre de l'Autre. Il va réintégrer l'objet du patrimoine dans le circuit du vécu, du narré, du *temps retrouvé*. Il suffit de repêcher le texte ou le corps, d'en considérer le dernier signe de vie – dans le cas d'un fabliau, ce signe est, souvent, sexuellement pertinent[32] – pour que l'objet redevienne un sujet, pour qu'il se mette à conter son histoire d'outre-monde, sa chevauchée, sa plongée.

Ce miracle est aussi une technique ; chaque âge a sa façon de pêcher : tantôt c'est un hameçon structuraliste, tantôt un harpon déterministe, un filet cognitiviste, évolutionniste, pré- ou post-moderniste : l'important, c'est de l'appliquer avec méthode, en orchestrant au mieux les visées et les gestes. Pour rappeler l'autre à la parole, à l'émotion – autant dire, à la vie.

---

[30] Il n'est pas rare que la réception des fabliaux soit accompagnée d'émotions négatives aussi. Voir, par exemple, l'étude de Keith Busby, « Courtly Literature and the Fabliaux : Some Instances of Parody », *Zeitschrift für romanische Philologie*, 102, 1986, notamment p. 78, où le degré de culture courtoise d'un poète devient, d'un constat de chercheur, un rictus de lecteur : « *Gautier le Leu was apparently immersed in the courtly literature of the time, for there is perhaps a greater proportion of courtly language in the body of his work than is usual in the fabliaux, a fact which renders his extraordinary obscenity even more repulsive* ».

[31] Le prêtre noyé dans la Seine ne raconte pas son histoire de « char jumelle » et de mort solitaire, mais devient, à travers la présence muette (et vivante) de son sexe, l'axe d'un fabliau. Voir « Du Pescheor de Pont sur Saine », *Recueil général et complet des fabliaux des XIIIe et XIVe siècles imprimés ou inédits*, publiés avec notes et variantes d'après les manuscrits par MM. Anatole de Montaiglon et Gaston Raynaud, Paris, Librairie des Bibliophiles, 1878, tome III, p. 68-75.

[32] « *In the thirteenth century, a new genre appeared that dealt with sexual encounter [...]. The new form, the fabliau, added to literary language a vocabulary of vulgarisms from the spoken vernacular. At the same time, it gave European literature a new theme: sexuality that betokens not personal fulfilment, but rivalrous interpersonal struggle* », Sarah Melhado White, « Sexual Language and Human Conflict in Old French Fabliaux », *Comparative Studies in Society and History*, 24, 2, 1982, p. 185. Nous nous servirons constamment, dans notre prélude méthodologique, du fabliau « Du Pescheor de Pont sur Saine », où l'érection est le dernier émotif du héros, conservé par les flots au moment de la noyade. Voir « Du Pescheor de Pont sur Saine », éd. cit., v. 94, p. 71.

Avec les fabliaux, nous sommes invités à imaginer un vécu qui pourrait représenter, pour l'*Homo sentiens* de notre époque[33], un véritable « parcours hédoniste »[34]. Mais faut-il cheminer de fabliau en fabliau ? Et si le plaisir prévu était, justement, de suivre les lignes de force co-textuelles dans leur pluriel trans-générique ?[35]

Malheureusement, le chercheur moderne ne saurait s'accorder une telle licence... La métaphore reste tranchante : il lui faut pêcher, découper – plutôt que plonger et nager. Tel est le pacte de la lecture universitaire. Il convient donc de se placer au-delà de toute inspiration proprement hédoniste : puisque les manuscrits n'isolent pas toujours les fabliaux des lais ou des romans, des poèmes religieux ou des vies de saints, quiconque entend les saisir « scientifiquement » doit opérer une sélection artificielle[36], et focaliser un relief humain qui ne se voulait pas aussi distinctement défini[37].

Un peu comme le *pescheor* qui laisse le corps du noyé et n'en garde que le « vit tendu », soigneusement « lavé » et « torchié »[38], le critique moderne se sent

---

[33] L'*Homo sentiens* serait le digne successeur de l'*Homo sapiens sapiens*, dans un monde où seuls comptent l'instant et son sentir ; voir Franco Ferrarotti, *Leggere, leggersi*, Rome, Donzelli, 1998, p. 17.

[34] De nos jours, en effet, « le culte de l'émotion envisage le monde non pas tant comme un objet de connaissance que comme un moyen de jouissance. Pour l'homme émotionnel, le monde n'a de saveur que s'il a un retentissement affectif, s'il le fait vibrer. », Michel Lacroix, *Le culte de l'émotion*, Paris, Flammarion, 2001, p. 37. Sur le climat hédoniste des fabliaux, voir, par exemple, Charles Muscatine, « The Social Background of the Old French Fabliaux », *Genre*, 9, 1, 1976, p. 18.

[35] Un certain équilibre entre le courtois et le grivois fournirait peut-être une recette du comique médiéval. L'alternance du sérieux et du drôle est censée rendre la « performance » plus spirituelle, y compris dans le cas des sermons, qui véhiculent aussi des fabliaux, sans souci de disparité ; le phénomène est approfondi par Brian J. Levy, « Performing fabliaux », *Performing Medieval Narrative*, éd. Evelyn Birge Vitz, Nancy Freeman Regalado et Marilyn Lawrence, Cambridge, Brewer, 2005, p. 127. Or, il éclate lors de la translation éditoriale, qui en est une altération-par-l'isolation.

[36] Il est intéressant de remettre les fabliaux dans leur contexte codicologique et de montrer la complexité des rapports intertextuels – et humoristiques – qui s'instaurent grâce au voisinage des différents genres dans chaque copie manuscrite. Voir la démarche de Keith Busby pour le corpus anglo-normand dans les manuscrits trilingues Digby 86 et Londres, B.L., Harley 2253 : « *Esprit gaulois* for the English : the Humour of the Anglo-Norman Fabliau », *The Old French Fabliaux : Essays on Comedy and Context*, p. 160-173.

[37] Nous retenons ici le point de vue de Holly A. Crocker : « *Genre, no matter the scope of its parameters, provides ground for the intelligibility of literary figurae (figures). And it is in terms of their literary legibility that the fabliaux are figuratively most provocative. [...] Unstable in terms of authorship, audience, purpose, even effect, the fabliaux are almost impossible to see as a coherent creative corpus. Yet in simplest terms, it is the incoherence of corporeal coalescence that these "comic stories in verse" consistently make visible.* », *Introduction* – intitulée « The Provocative Body of the Fabliaux » – à l'ouvrage *Comic Provocations : Exposing the Corpus of Old French Fabliaux*, éd. Holly A. Crocker, New York et Basingstoke, Palgrave MacMillan, 2006, p. 1.

[38] Voir « Du Pescheor de Pont sur Saine », éd. cit., v. 104-105, p. 71.

obligé d'isoler son corpus[39], en lui attribuant le plus haut degré de « fablialicité »[40], de le porter à son regard et au regard d'autrui, de l'évaluer, texte après texte, sans pourtant oublier l'éventuelle pertinence de son lieu d'émergence[41].

En outre, pour explorer les eaux (souvent troubles) du fabliau, une appropriation (lucide et désabusée) est nécessaire : « l'appropriation de l'identité du personnage fictif par le lecteur »[42]– repêcheur. Cette identité est l'aboutissement d'une reconstitution activement dirigée par le texte, où « un provoire », « la char jumele », « le masle deseor la femele »[43]... et d'autres entités plus ou moins fantasmatiques[44] impulsent la lecture. Suicide réussi ou dérobade ratée ? Le clerc repêché cherchait-il à sauver sa vie ou plutôt sa face en plongeant ? Et l'aimée ? Une femme fatale hante le sexe levé… la Seine est riche de mystères nus, passés de la vie à l'immortalité.

Autour du *vit éternel*[45] qui semble diriger la perspective, les éclats de rire sont mis ensemble, veine par veine, émotion par émotion[46]. Lors de ce travail de

---

[39] Il est difficile de savoir si le regroupement des fabliaux dans les manuscrits relève d'une volonté d'organisation globale ; en général, on constate que les textes brefs sont transcrits ensemble, de même que les textes longs, dans une alternance de blocs textuels qui ne se dément pas. Au-delà des clés d'interprétation codicologique « totalisation, ressemblance, disemblance », il est permis d'imaginer que les fabliaux sont peut-être simplement « rangés » dans une case libre, tout comme ces menus objets qui s'accumulent dans les petits pots à l'entrée des demeures modernes pour de simples raisons de conservation. Voir Wagih Azzam, Olivier Collet et Yasmina Foehr-Janssens, « Mise en recueil et fonctionnalités de l'écrit », *Le recueil au Moyen Âge. Le Moyen Âge central*, sous la direction de Yasmina Foehr-Janssens et Olivier Collet, Turnhout 2010, p. 11-34. Si cette hypothèse s'avère juste, du moins en partie, extraire les fabliaux de ces anthologies que sont les manuscrits ne nuirait pas tellement à la perception de leur pertinence. Les éditeurs seraient excusés de leur involontaire démarche castratrice…

[40] Sur le concept de fablialicité, voir Adrian Tudor, « Les fabliaux : encore le problème de la typologie », *Studi francesi*, 47, 2003, p. 601-3.

[41] Nous replacerons, dans la mesure du possible, les fabliaux dans leur contexte codicologique, pour en dégager les effets d'échos. Le voisinage des textes est parfois d'une haute pertinence thématique et émotionnelle.

[42] Paul Ricœur, « L'identité narrative », *Cinq études herméneutiques*, *op. cit.*, p. 91.

[43] Voir « Du Pescheor de Pont sur Saine », éd. cit., v. 85 et 91-92, p. 71.

[44] Au fond, comme le rappelle Brent A. Pitts, l'histoire joue sur le « *mock-merveilleux* » d'une castration complètement réversible, et risible, qui sert à évacuer le fantasme de l'abandon conjugal suite à la perte de virilité ; voir *id*, « *Merveilleux*, mirage and comic ambiguity in the Old French Fabliaux », *Assays. Critical Approaches to Medieval and Renaissance Texts*, éd. Peggy A. Knapp, Pittsburgh, University of Pittsburgh Press, 1987, p. 43.

[45] Dans les fabliaux, le *vit éternel* serait la traduction humoristique de la *vie éternelle*... ressourcée à l'arbre de vie / vits déjà évoqué… Mais c'est là un jeu de mots moderne, qui montre, une fois de plus, qu'une œuvre « se fraye ses lecteurs et ainsi se crée son propre vis-à-vis subjectif », comme le rappelle Paul Ricœur, dans « Le Monde du texte », *Cinq études herméneutiques*, *op. cit.*, p. 72.

[46] Sur l'hilarité envisagée comme émotion – *mirth* – voir l'étude récente et pertinente de Rod A. Martin, *The Psychology of Humor : An Integrative Approach*, Burlington, Elsevier Academic Press, 2010, notamment p. 155-156.

réanimation, on découvre un univers où l'intelligence émotionnelle est une valeur à toute épreuve[47], qui distille des sèves comme le désir, la honte, la fierté, la colère, la surprise, et surtout le plaisir, joyeux, jouissif, idéal.

Certes, on n'ira pas jusqu'à affirmer que le spectre des fabliaux est, entre tous, celui où le quotient émotionnel des protagonistes est le plus haut, mais il est, certainement, le champ littéraire médiéval où l'on met le plus à l'épreuve ce genre d'intelligence. À la rigueur, une anthologie de fabliaux est comme un recueil de tests EQ[48]... à l'intention des champions du désir de tout temps.

Dans une société qui évolue sous le signe du stress – cette pan-émotion moderne – et qui s'étiole sous la coupe du réchauffement global, de l'austérité économique, de la méfiance géo-théo-politique et de l'épuisement des ressources naturelles, les « contes à rire », avec leur verdeur, promettent une nouvelle écologie de l'esprit[49]. Ces textes peuvent libérer des énergies, tester les marges de jeu et d'altérité du moi[50] – *Self as Other*[51] – initier le mortel du XXIe siècle à la joie de

---

47 Selon Peter Dronke, les fabliaux sont, essentiellement, « *amusing stories of deception and outwitting, especially of a sexual kind* », *id.*, « The Rise of the Medieval Fabliau : Latin and Vernacular Evidence », *Romanische Forschungen*, 85, 1973, p. 276.

48 C'est Reuven Bar-On qui invente et conceptualise le quotient émotionnel : « *He coined the term "EQ" ("Emotional Quotient") in 1985 to describe his approach to assessing emotional and social competence. He created the* Bar-On Emotional Quotient Inventory™ *(the* EQ-i™*), which is the first test of emotional intelligence to be published by a psychological test publisher and peer-reviewed in the* Buros Mental Measurement Yearbook. *The* EQ-i™ *has been translated into more than 30 languages and passed the one million mark worldwide, within five years after it was published, making it the most popularly-used measure of emotional intelligence* » ; la biographie du chercheur est disponible en ligne sur le portail du *Consortium for Research on Emotional Intelligence in Organizations*, http://www.eiconsortium.org/members/baron.htm, site consulté le 4 mars 2015.

49 Willem Noomen parle du rire comme d'une façon de jouer à la fois sur le potentiel émotif du texte et sur une certaine insensibilité induite au lecteur (selon une conception bergsonienne du phénomène de l'hilarité), compte tenu des déterminations socio-culturelles de la réception ; voir « Structures narratives et force comique : les fabliaux », *Neophilologus*, 62, 1978, p. 361-373. Quant à la nature jouissive de ce corpus et à ses bénéfices pour le récepteur, il serait pertinent de citer Charles Muscatine : « *Sex, in the fabliaux, is fun ; it is set congenially within a hedonistic and materialistic universe alongside food, money and wit as the things most to be desired and enjoyed. It is set, furthermore, in a context of folk wisdom that comically and ironically recognizes that pleasure is ephemeral, that things can often go wrong. The fabliaux endlessly amuse us with sexuality that somehow goes wrong and then gets righted. The overcoming of difficulties – in opportunity, controllability, privacy, potency, comprehension (how do you do it?), initiation, compatibility, rivalry – far outweigh as a source of fabliau humor any specific taboos placed by the culture on the subject itself.* », *id.*, « The Fabliaux, Courtly Culture and the (Re)invention of Vulgarity », *Obscenity : Social Control and Artistic Creation in the European Middle Ages*, éd. J. Ziolkowski, Leiden, Brill, 1998, p. 288.

50 Au-delà du comique prêt-à-consommer, il se dégage des fabliaux « une interrogation sur la nature de l'homme et sur sa destinée », sans réponse arrêtée, puisque ces contes « se gardent bien de nous imposer quoi que ce soit, nous laissant le soin – et le risque – de la découverte et de l'interprétation. », Jacques Ribard, *Du Mythique au mystique. La littérature médiévale et ses symboles*, Paris, Honoré Champion, 1995, p. 373-374.

vivre[52] que partageaient, dans et par leurs « fableaus », les mortels des XIIIe-XIVe siècles.

Sans proposer ici une fabliau-thérapie, nous invitons simplement à cette pêche rituelle qu'est la lecture critique. Notre « mestre vaine / de l'eve qui estoit corant »[53] sera traduite par le spectre des émotions. Fort de ses six voiles de couleur[54], notre « batel »[55] ramera en direction de l'interprétation.

Le corpus bénéficiaire de nos soins est composé des fabliaux de **l'initiation érotique** ; c'est le nouveau paradigme du « cerveau émotionnel »[56] qui nous suggère de sonder ce champ : en effet, la thématique de la découverte de l'Autre et du Moi-comme-Autre, à travers le jeu de la sexualité, est susceptible de constituer une véritable école de l'intelligence émotionnelle médiévale, d'autant plus pertinente, éducationnellement parlant, pour le récepteur moderne.

La saveur première du savoir sexuel, entre prise et surprise[57], jeu et apprentissage, promet de conférer aux fabliaux une place dans l'histoire de la sensibilité érotique occidentale. Selon Paul Ricœur, « la surprise est l'attitude émotive la plus simple et pourtant elle contient déjà toute la richesse de ce qu'on peut appeler le phénomène circulaire entre la pensée et le corps »[58].

---

[51] « *Transportation can open the doors to exploring and experimenting with other possible selves. Possible selves are those that individuals might become, wish to become, or fear becoming* », voir C. Green, Timothy C. Brook et Geoff F. Kaufman, art. cit., p. 318 et Hazel Markus et Paula Nurius, « Possible Selves », *American Psychologist*, 41, 1986, p. 954-969.

[52] Avec les fabliaux, le « panorama de la vie quotidienne est un tableau optimiste et [...] surtout vivant. », Danièle Alexandre-Bidon et Marie-Thérèse Lorcin, *Le Quotidien au temps des fabliaux. Textes, images, objets*, Paris, Picard (Espaces médiévaux), 2003, p. 286.

[53] Pour retrouver l'image du *batel*, voir « Du Pescheor de Pont sur Saine », éd. cit., v. 82-83, p. 71.

[54] Dans le sillage de Michel Pastoureau, on peut adopter un spectre à six longueurs d'onde : « L'héraldique est le grand système de la couleur inventé par la culture médiévale. Elle n'utilise que six couleurs (blanc, jaune, rouge, vert, bleu, noir) et les emploie selon une règle très contraignante d'association, de juxtaposition ou de superposition. Ces couleurs sont des couleurs absolues, conceptuelles : leurs nuances ne comptent pas. Elles sont en revanche chargées de différentes significations, dont l'analyse constitue un terrain fructueux pour étudier la symbolique médiévale des couleurs », Michel Pastoureau, « Couleurs du Moyen Âge », cycle de cours à l'École Pratique des Hautes Études, saison 2012-2013, Auditorium du Louvre, documents disponibles en ligne sur le site http://www.louvre.fr, consulté le 4 mars 2015.

[55] « Du Pescheor de Pont sur Saine », éd. cit., v. 80, p. 70.

[56] L'expression est rendue célèbre par Joseph E. Ledoux, *The Emotional Brain : the Mysterious Underpinnings of Emotional Life*, New York, Simon & Schuster, 1996.

[57] « *Structurally and logically, fabliau questions function much like a trapdoor placed and manipulated to ensure optimum surprise* », Brent A. Pitts, « Truth-Seeking Discourse in the Old French Fabliaux », *Medievalia et Humanistica*, 15, 1987, p. 99.

[58] Paul Ricœur, *Philosophie de la volonté, Le volontaire et l'involontaire*, tome I, Paris, Aubier, 1988, p. 238.

Surprendre, apprendre, comprendre – les eaux du passé nous y invitent, au seuil de la première conjonction d'une femme et d'un homme toujours les mêmes, toujours différents, face au miroir du temps.

Les fabliaux comme émotions

Si les émotions humaines ont une structure narrative[59], les contes de l'initiation[60] érotique sont les meilleurs environnements où l'on puisse surprendre, entre un avant et un après, ce « choc du connaître, dans un tressaillement du corps »[61], qu'est la surprise.

Dans nos contes, la défloration est un trauma subi[62], un rire réussi, qui opère le passage de l'état de virginité à celui d'expert(e) en sexualité. Chaque pucelle, chaque puceau[63] du corpus arrive à maîtriser – avec une intelligence émotionnelle vive, lucide, à l'affût – les lois de la jouissance, en parvenant à dominer et à se dominer. La naïveté du début n'en apparaît que plus douteuse, et les rôles d'enseignant(e) et d'enseigné(e) se révèlent comiquement interchangeables.

Chacun des six fabliaux de notre florilège virginal peut être lu comme un épisode émotionnel intense et complet[64], une de ces « formes explosives de

---

59 Une émotion est, selon Peter Goldie, un état relativement complexe, impliquant des épisodes passés et présents faits de pensées, sentiments et changements corporels, dynamiquement associés dans la narration d'une partie de la vie d'une personne, à côté des dispositions d'éprouver d'autres épisodes émotionnels, et d'agir sous l'impact de l'émotion et pour exprimer cette émotion, voir *The Emotions : A Philosophical Exploration*, Oxford, Oxford University Press, 2000, p. 144.

60 Tout comme les contes, les fabliaux d'initiation obéissent au principe structural de tout conte folklorique, qui fait de la séquence d'interogation – ou de reconnaissance – la fonction déterminante de la narration, susceptible d'acheminer celle-ci vers le méfait (ici l'acte sexuel). Voir Mary Jane Schenck, « The Morphology of the Fabliau », *Fabula*, 17, 1976, p. 26-39.

61 Paul Ricœur, *Philosophie de la volonté*, tome I, *op. cit.*, p. 238.

62 Dans une perspective moderne, toute défloration sans préparation est un trauma potentiel ; or, le prélude n'est pas le point fort des personnages de fabliaux. Sur les effets psychologiques de la défloration, au-delà de la rupture de l'hymen, voir l'article « Hymen », dans *Human Sexuality : An Encyclopaedia*, éd. Vern L. Bullough, Bonnie Bullough, New York et Londres, Garland Publishing, 1994, p. 293.

63 Si la jeunesse n'est généralement pas un atout littéraire médiéval, elle l'est dans un cas précis, qui nous intéresse tout particulièrement : « Appelée *pucelle* ou *damoiselle*, plus rarement *meschine* ou *baisselette*, la jeune fille est, comme le clerc et le valet, un personnage dans l'attente, dont le sort n'est pas encore réglé. Mais les conteurs s'intéressent peu à elle et ne lui attribuent aucune personnalité. Le seul moment qui retienne leur attention est son initiation sexuelle ; c'est aussi le passage du foyer paternel au foyer conjugal. », Marie-Thérèse Lorcin, *Façons de sentir et de penser : les fabliaux français*, Paris, Honoré Champion, 1979, p. 87.

64 C'est Norris J. Lacy qui soutient, à contre-courant de la tradition exégétique dominante, que les fabliaux méritent une lecture analytique, adaptée à la structure et à la thématique de chaque texte représentatif : « *fabliaux deserve to be studied as autonomous works of art*

l'affectivité » au cours desquelles l'individu se trouve « désadapté » en présence d'une situation neuve et bouleversante[65]. Le processus d'adaptation génère un flux affectif complexe où tous les courants, froids ou brûlants, convergent vers le rire sémantique[66], codifié selon les jeux d'initiation menés par l'homme (comme dans les deux premiers fabliaux), selon les provocations initiatiques lancées par la femme (comme dans les deux contes du second chapitre) enfin, selon les joutes du masculin contre le féminin (comme dans les deux derniers textes approchés). Notre approche de l'initiation est ouvertement sexuée ; il n'est plus à démontrer que le « *gender* » est une perspective pertinente pour les fabliaux[67].

Rire, jouir, avec les personnages – intellectuellement, émotionnellement – tel est le bénéfice que l'on peut espérer de ces récits des premiers frissons érotiques. Approché dans son altérité troublante, un fabliau est, dans un sens (barthien), « un texte de jouissance : celui qui met en état de perte, celui qui déconforte (peut-être jusqu'à un certain ennui), fait vaciller les assises historiques, culturelles, psychologiques, du lecteur, la consistance de ses goûts, de ses valeurs et de ses souvenirs, met en crise son rapport au langage »[68]. Le monde que propose chacun de ces contes est un défi, sinon un dérangement du nôtre. On y rit sans spontanéité, laborieusement. On y taille sa jouissance – notamment linguistique ou méthodologique – dans la différence, à coup d'incises encyclopédiques. Idéalement, risiblement parlant, l'approche de ces contes est « une hostilité qui se résout en amitié »[69], qui n'exclut pas les relations para-sociales[70] en diachronie.

---

that are far more than items of evidence about a genre in general or, especially, about a particular class or historical period. », *Reading Fabliaux*, Londres et New York, Garland Publishing Inc., 1998, [1993], p. XVI.

[65] Voir Jean Maisonneuve, *Les Sentiments*, Paris, PUF, "Que sais-je ?", 1985 [1948], p. 22. L'auteur y développe une idée exprimée pour la première fois par Maurice Pradines dans son *Traité de psychologie générale*, Paris, PUF, 1954.

[66] Charles Darwin parlait du rire physiologique, mais aussi de sa sémantisation. En développant cette idée en termes pédagogiques, Christine Escallier, de l'Université de Madeira, entend préciser que le « rire sémantique, expression culturelle, [...] est bien le propre de l'homme, puisque c'est l'homme qui reconnaît l'homme. Il devient donc culturel et par conséquent s'apprend, s'enseigne, se transforme au gré de l'histoire du groupe. Il est contagieux : plus on est de fous, plus on rit. Ce rire permet alors à l'humain de dépasser son animalité. », *ead.*, « Pédagogie et humour : le rire comme moyen de construction d'un public attentif d'une salle de classe », *JoLIE*, 2, 2009, p. 109.

[67] Voir, par exemple, Simon Gaunt, *Gender and Genre in Medieval French Literature*, Cambridge, Cambridge University Press, 1995, p. 236 : « *the fabliaux both offer and undermine an essentialist theory of gender which is grounded in the body and in genital sexual difference. [...] Gender may not offer the key to understanding the fabliaux, but [...] the blindness of many modern critics to gender has led to a misapprehension both of individual texts and of the genre as a whole.* ».

[68] Roland Barthes, *Le Plaisir du texte*, Paris, Seuil, 1973, p. 24-25.

[69] Cette idée sur l'humour se ressource à l'étude de Georges Bastide, « Le rire et sa signification éthique », *Revue philosophique de la France et de l'étranger*, 139, 1949, p. 288-306.

[70] Les « relations para-sociales » désignent avant tout les rapports des spectateurs avec les acteurs, mais elles peuvent s'étendre au médium de la lecture et de l'exploration

Après tout, les *fableors* sont bons compagnons… même pour des visiteurs (académiques) du XXIe siècle.

Quelle que soit l'émotion de départ, le type de lecteur que ces textes cultivent, à l'unisson, reste l'*Homo risibilis*. Une science de la résilience humoristique se déploie souterrainement dans chacun des récits proposés ; cette science a sa place dans l'histoire des émotions.

Pour écrire quelques pages toutes fraîches de cette histoire, il faudrait adopter les angles d'attaque biologique, psychologique et / ou socio-historique[71], selon leur pertinence thématique.

Parfois, chercher la « signature biologique d'une émotion »[72], le modèle de personne ou d'animal que promeut un récit, la résonance des corps[73], les pôles d'attraction et de répulsion d'un monde fictionnel, peut se révéler enrichissant pour étudier les états affectifs d'un humain en voie d'adaptation sexuelle.

Souvent, on embrassera la perspective psychologique, en interrogeant la nouveauté, la valence – ou l'ambivalence[74] – d'un état émotionnel plus ou moins dense[75], son degré d'activation, son objet, sa causalité, son potentiel de maîtrise ou sa finalité[76], en étudiant le « flux affectif »[77] et le besoin de cognition[78], mais aussi

---

codicologique au sens plus large. L'avantage de ces liens est leur libre gestion, en dehors des contraintes qui pèsent sur le monde social au sens strict : les relations para-sociales sont régies par le récepteur sous le signe d'un sens minimal de l'obligation, de l'effort ou de la responsabilité ; il pourrait s'en affranchir à n'importe quel moment, selon Donald Horton et Richard Wohl, « Mass Communication and Para-Social Interaction : Observation on Intimacy at a Distance », *Inter / Media : Interpersonal Communication in a Media World*, éd. G. Gumpert et R. Cathcart, New York, Oxford University Press, 1956, p. 215. Sur la dimension para-sociale et inter-passive, voir aussi Christian Papilloud, *La Société collaborative. Technologies digitales et lien social*, Paris, L'Harmattan, 2007, notamment p. 104.

71 Nous embrassons, à cet égard, la perspective de Jeff Rider dans « The Inner Life of Women in Medieval Romance Literature », art. cit., p. 1-3.

72 Voir Daniel Goleman, *L'Intelligence émotionnelle. Comment transformer ses émotions en intelligence*, tome I, Paris, Robert Laffont, 1997 [1995], p. 21.

73 Marc-Alain Descamps, *Le langage du corps et la communication corporelle*, Paris, PUF, 1989, p. 214.

74 Selon les dernières recherches en psychologie, un état émotionnel peut être à la fois positif et négatif, à des degrés différents. Voir, par exemple, Jeff T. Larsen, A. Peter McGrow, John T. Cacioppo, « Can People Feel Happy and Sad at the Same Time ? », *Journal of Personality and Social Psychology*, 81, 2001, p. 684-696, disponible en ligne sur le site http://psychology.uchicago.edu/people/faculty/cacioppo/jtcreprints/lmc01.pdf, consulté le 4 mars 2015, p. 684.

75 Sur l'expérience émotionnelle dense (*dense emotional experience*) et la création des humeurs (*moods*), voir Paul Ekman, « Moods, Emotions and Traits. How Are Emotions Distinguished from Moods and Other Affective Constructs? », *The Nature of Emotion*, éd. Paul Ekman et Richard J. Davidson, New York, Oxford University Press Inc., 1994, p. 58.

76 Toutes ces dimensions relèvent de l'évaluation cognitive d'un épisode émotionnel stimulant et sont retenues par des spécialistes comme Klaus R Scherer et Nico H. Frijda ; voir Paula M. Niedenthal, Silvia Krauth-Gruber et François Ric, *Comprendre les émotions : Perspectives cognitives* et *psycho-sociales*, Wavre, Mardaga, 2008, p. 24-25.

le profil volitif[79] d'une entité littéraire, et en dégageant des valeurs émotionnelles comme l'amusant, le honteux, le redoutable, le dégoûtant, l'enviable, le louable, l'énervant[80]...

Le point de vue socio-historique sous-tend et enrichit tous les autres. Aussi sera-t-il présent, à des degrés divers, lors de chaque analyse. Plusieurs notions nous semblent indispensables pour traduire le premier acte sexuel en termes de communication émotionnelle. Si les fabliaux cultivent le rire, en distillant et en dépassant des craintes, des espoirs, des étonnements, des déceptions, c'est qu'ils cultivent aussi, malgré leur apparente spontanéité, « les attitudes et standards qu'une société, ou un groupe qui puisse se définir dans le cadre d'une société, maintient envers les émotions de base et leur expression appropriée »[81] – ils cultivent donc une *émotionologie* littéraire médiévale. Concept lancé par les historiens américains Peter N. et Carol Z. Stearns, l'*émotionologie* est censée rendre compte de la nécessaire distinction entre émotions prescrites (par les codes sociaux) et émotions éprouvées (dans le monde d'un texte ou d'un vécu extratextuel).

L'émotionologie érotique des fabliaux joue un rôle dans le « *targetting* » culturel des émotions[82] aux XIIIe-XVe siècles, un rôle comparable à celui, implicite et efficace, que remplissent, par exemple, les plaisanteries les plus populaires de la civilisation du XXIe siècle. Certes, les blagues sur les blondes ou les flics ont relayé les fabliaux à pucelles et à *vallets* ... Les émotionologies connaissent des zones de continuité et des lignes de faille aussi pittoresques qu'inattendues. Au sein des fabliaux d'initiation érotique, nous allons dégager deux types de règles, portant

---

[77] Pour la notion de « *stream of affect* », voir les travaux du chercheur suédois Egon Hansen, notamment son article séminal « The Stream of Affect », *The Journal of Social Psychology*, 129, 1989, p. 719-720.

[78] L'échelle nommée *The Need for Cognition Scale* mesure la tendance d'un individu à s'absorber dans la pensée et à y prendre plaisir *(« the tendency for an individual to engage in and enjoy thinking* »), John T. Cacioppo et Richard E. Petty, « The Need for Cognition », *Journal of Personality and Social Psychology*, 42, 1982, p. 116–131. D'autres chercheurs, comme Donna M. Webster et Arie W. Kruglanski, parlent d'un besoin de clôture cognitive ; voir « Motivated Closing of the Mind : Seizing and Freezing », *Psychological Review*, 103, 1996, p. 263–283.

[79] L'émotion serait « un involontaire qui alimente l'action volontaire, qui la sert en la précédant et en la débordant », Paul Ricœur, *Philosophie de la volonté*, *op. cit.*, p. 236.

[80] « *These are what we'll call sentimental values, whose conceptual connection to independantly identifiable sentiments seems especially clear : values such as the funny, shameful, fearsome, disgusting, enviable, pride-worthy, and the befitting of anger* », Justin d'Arms et Daniel Jacobson, « Demystifying Sensibilities : Sentimental Values and the Instability of Affect », *The Oxford Handbook of Philosophy of Emotion*, éd. Peter Goldie, New York, Oxford University Press Inc., 2010, p. 587.

[81] En anglais, il s'agit de « *the attitudes or standards that a society, or a definable group within a society, maintains toward basic emotions and their appropriate expression* », Peter N. Stearns et Carol Z. Stearns, « Emotionology : Clarifying the History of Emotions and Emotional Standards », *American Historical Review*, XC, 1985, p. 813.

[82] *Ibid.*, p. 833.

respectivement sur le ressenti et sur l'expression (verbale et corporelle) des émotions suscitées et accueillies par les personnages.

La notion de « script émotionnel »[83], relevant aussi d'une approche sociologique des textes narratifs, pourrait s'avérer utile pour scruter ces histoires où la nouveauté de la conjonction se rapporte à des repères situationnels comprenant des positions pour hommes et femmes, des étiquettes pour les émotions, des choses à dire et à faire, des limites à observer ou à transgresser. La marge de liberté émotionnelle des personnages ne saurait s'apprécier sans cet horizon d'attente et de contrainte[84] qui sous-tend le scénario standard de la défloration de fabliau.

Compte tenu des influences émotionologiques et des scripts qui en émergent, il sera possible de parler d' « actes d'émotion » ou d' « émotifs »[85] particuliers, dont le profil sera esquissé par les intentions plus ou moins assumées des protagonistes. Leur réussite sera estimée relativement à la réaction que suscitent ces actes, elle aussi émotive et souvent créative...

Enfin, on pourra traiter des styles émotionnels, en fonction de dimensions comme la résilience, la perspective, l'intuition sociale, la conscience de soi, l'attention[86] ou la sensibilité au contexte. Une véritable stylistique émotionnelle, propre au genre, sera mise en lumière, avec ce qu'elle doit aux écrits courtois, parémiologiques ou hagiographiques qui côtoient, dans les manuscrits, la texture émotionnelle des fabliaux.

---

[83] Selon Agneta Fischer, le contenu de ces scripts est de nature descriptive, mais aussi normative et évaluative ; voir *Emotion Scripts : A Study of the Social and Cognitive Aspects of Emotion*, Leiden, DSWO Press, 1991, p. 13. Selon Stephen G. Gilligan et Gordon H. Bower, les scripts émotionnels relèveraient du processus d'acculturation, reposant, à son tour, sur l'apprentissage d'un nombre grandissant de situations de plus en plus subtiles qui font appel à certaines émotions ; ce processus prendrait comme point de départ des comportements innés associés à une émotion particulière ; voir « Cognitive Consequences of Emotional Arousal », *Emotions, Cognition and Behavior*, éd. Carroll E. Izard, Jerome Kagan, Robert B. Zajonc, Cambridge, Cambridge University Press, 1984, p. 580.

[84] Les scripts rempliraient trois fonctions : influencer le processus d'évaluation, assurer l'adéquation des comportements ; émotifs, initier les mécanismes de régulation émotionnelle, voir Agneta Fischer, *op. cit.*, p. 101.

[85] Ces actes décrivent l'émotion et, ce faisant, l'activent, l'intensifient ou la modifient : « *Emotional expressions can thus be considered as utterances aimed at briefly characterizing the current state of activated thought material that exceeds the current capacity of attention. Such expression, by analogy with speech acts, can be said to have (1) descriptive appearance, (2) relational intent, and (3) self-exploring and self-altering effects.* », William M. Reddy, *The Navigation of Feeling*, Cambridge, Cambridge University Press, 2001, p. 102-105. Ce sont les théoriciens de l'EMMA qui proposent l'équivalent nominal « l'émotif » pour traduire « *the emotive* » de Reddy ; pour une vulgarisation francophone de la notion, voir Damien Boquet et Piroska Nagy, « Une Histoire des émotions incarnées », *Médiévales*, 61, 2011 (p. 5-24), p. 13-14.

[86] Voir Richard Davidson et Sharon Begley, *The Emotional Life of Your Brain : How Its Unique Patterns Affect the Way You Think, Feel, and Live – and How You Can Change Them*, New York, Hudson Street Press, 2012.

L'intelligence émotionnelle, déjà évoquée, est une notion qui invite à explorer « la capacité de réguler et de maîtriser ses propres sentiments et ceux des autres »[87]. On reconnaît de loin le tableau des héros et surtout des héroïnes de fabliau. De façon plus systématique, cinq champs de compétence s'ouvrent à l'analyse : la conscience et la maîtrise de soi, la motivation, l'empathie et la maîtrise des relations sociales[88]. Pour affiner ce métalangage, on distinguera entre la « sympathie »[89], qui désigne une émotion répondant à une autre émotion sans la reproduire, et l'« empathie », qui repose sur la contagion émotionelle.

En outre, des notions comme la « zone » (le « *flow* » ou l'expérience optimale[90]) ou la « syntonie affective »[91] viennent compléter le tableau de cette intelligence qui suppose, avant tout, une capacité de communiquer aux niveaux intra- et inter-personnels. Il est permis de faire l'hypothèse qu'une telle intelligence est souvent à l'œuvre dans les fabliaux d'initiation, et d'en explorer les composantes concrètes, dans les termes proposés par les textes.

Le cas échéant, des déficiences comme l'akrasie (faiblesse de la volonté), l'aléxithymie (incapacité à exprimer ses émotions), la submersion (perte du contrôle émotionnel) peuvent inviter à des analyses à part.

Toute une « réalité émotionnelle »[92] prend ainsi contour, selon l'expérience biologiquc, psychique et sociale des personnages et la perspective épistémologique qu'ils entretiennent. Si cette réalité ne connaît que rarement l'enchaînement logique, c'est qu'elle semble échapper à l'agencement strict des inférences[93].

Ce que nous voudrions accomplir en approchant les spectacles parlés des fabliaux est un voyage dans ces profondeurs émotionnelles qui nourrissent les contes, font transpirer les conteurs et les contés, raniment les corps derrière le

---

[87] Selon Peter Salovey de l'Université de Yale et John Mayer de l'Université du New Hampshire, qui ont proposé en 1990 une première théorie globale de l'intelligence émotionnelle ; voir leur article fondateur, « Emotional Intelligence », dans *Imagination, Cognition and Personality*, 9, 1990, p. 185-211.

[88] Voir Daniel Goleman, *L'Intelligence émotionnelle*, tome II, *Accepter ses émotions pour s'épanouir dans son travail*, Paris, Robert Laffont, 1999 [1998], p. 42-43.

[89] L'inventeur du terme « empathie » (traduction de l'allemand « Einfühlung ») et le théoricien de la distinction d'avec la « sympathie » serait Edward Bradford Titchener, dans les années vingt. « Selon la théorie de Titchener, l'*empathie* dériverait d'une sorte d'imitation physique de l'affliction d'autrui, imitation qui suscite ensuite les mêmes sentiments en soi. Il rechercha un mot distinct de la *sympathie*, que l'on peut avoir pour quelqu'un sans partager pour autant ses sentiments », *ibid.*, p. 131-132.

[90] Voir Mihaly Csikszentmihalyi, *The Psychology of Optimal Experience*, New York, Harper and Row, 1990.

[91] Voir Marc-Alain Descamps, *Le langage du corps et la communication corporelle*, *op. cit.*, notamment p. 138.

[92] Selon Daniel Goleman, « La réalité dépend de l'état affectif du moment », *op. cit.*, tome I, p. 366. Pour une approche théorique de la notion d' « *emotional reality* », voir Aaron Ben-Ez'ev, « The Thing Called Emotion », *The Oxford Handbook of Philosophy of Emotion*, *op. cit.*, p. 51.

[93] Voir Sabine A Döring, « Why Be Emotional? », *The Oxford Handbook of Philosophy of Emotion*, éd. Peter Goldie, *op. cit.*, p. 297.

corpus. Hommes ou femmes, à peine sexués ou déjà transexuels, ces actants du désir nous tendent la clé d'un essaim de mondes possibles. Pour que le spectacle continue, il faut que le lecteur franchisse le seuil de cet Ailleurs en effervescence, qu'il l'envisage dans sa possibilité même ; pour que le spectacle se révèle dans la plénitude de son potentiel narratif, il faut que l'émotion fasse événement[94] dans la succession des tableaux, que le critique note cette dynamique des affects diégétiques, et que l'historien estime l'onde de choc – et de joie – que le fabliau pouvait et peut encore propager. Au-delà de la honte, cette émotion « laide »[95] qui régule, en principe, le sexe non-conjugal médiéval, la vie des personnages se révèle, dans les fabliaux d'initiation, foisonnante et pleine de surprises. Autant d'histoires d'émotion se déploient, dans leur paradoxale fraîcheur octo-centenaire...

Face à ces monuments d'humanité et d'hilarité, le lecteur est appelé à adopter une attitude émotionnelle et propositionnelle du genre : *je désire qu'il soit, l'acte / le pacte / l'opus. Je désire croire qu'il est. Je désire savoir qu'il est. Qu'il fut et sera !* Et de s'accrocher à la texture de cette humanité. De s'entexter, s'entêter. *Je désire qu'il EST.*

Il n'y a pas d'herméneutique, de critique, de méta-texte sans cette tension entre l'être et le néant. Il n'y a pas d'écrit sur l'écrit sans le désir que la lettre vive[96]. *Fiat* ! Le marché des valeurs historiques est un marché de vécus : vivables ; racontables. Un marché de vies à vocation de fables.

L'histoire de la réception des « contes à rire » illustre bien la force émotive du genre.

Au XVIe siècle, Claude Fauchet les désignait déjà à l'aide d'une formule émotionnellement pertinente : « comptes faicts à plaisir » et les inscrivait dans le répertoire des jongleurs et dans l'orbite des cours royales[97].

---

[94] Sur les affinités entre *émotion* et *narration*, voir Richard A. Shweder, Jonathan Haidt, Randall Horton et Craig Joseph, « The Cultural Psychology of the Emotions : Ancient and New », in *Handbook of Emotions*, ed. Michael Lewis et Jeannette M. Haviland-Jones, seconde édition, New York, Guilford Press, 2004, notamment p. 405-406.

[95] Émotion réflexive ou d'auto-évaluation, la honte est ainsi désignée par J. P. Tangney dans son article « Moral Affect : the Good, the Bad, and the Ugly », *Journal of Personality and Social Psychology*, 61, 1991, p. 598-607.

[96] Pour Roland Barthes, cette modélisation repose sur la notion de « scriptible » : « Ce que l'évaluation trouve, c'est cette valeur-ci : ce qui peut être aujourd'hui écrit (ré-écrit) : le scriptible. Pourquoi le scriptible est-il notre valeur? Parce que l'enjeu du travail littéraire (de la littérature comme travail), c'est de faire du lecteur, non plus un consommateur, mais un producteur de texte. », Roland Barthes, *S / Z*, Paris, Seuil, 1970, p. 10. Or, il n'est pas rare, au XXIe siècle, de rencontrer, parmi les exercices de production textuelle destinés aux adolescents, des consignes recommandant la création d'un fabliau à partir de telle ou telle expression imagée ; voir, par exemple, le recueil rédigé par les élèves du collège Jean Malrieu de Marseille, disponible en ligne sur le site http://www.clg-malrieu.ac-aix-marseille.fr/spip/spip.php?article347, consulté le 4 mars 2015.

[97] Claude Fauchet, *Recueil de l'origine de la langue et poésie françoise, ryme et romans*, Paris, Mamert Patisson impr. du Roy, au logis de Robert Estienne, 1581, p. 73.

Au XVIIe siècle, les contes ne sont plus contés, époussetés, vivifiés. Ils sombrent au fond de l'Histoire[98].

Au XVIIIe siècle, lorsque les fabliaux débarquent pour la première fois dans le monde de l'édition[99], le mot « foutre » est remplacé par le signe ***[100]. Il est intéressant de noter la constance de ce toilettage pudique à l'époque du libertinage, voire au-delà[101] – constance qui se traduit par un véritable réseau de correspondances entre une série limitée de mots et une liste ouverte d'émotions négatives (froissement de la pudeur, humiliation, désir de simuler ou d'éprouver le déplaisir, mépris, détachement orgueilleux au nom des valeurs de l'esprit etc.).

Lors du repêchage philologique des fabliaux, les censeurs assument un travail émotionnel qui consiste à épargner aux lecteurs ces chocs estimés prévisibles et donc évitables. Les émotifs offensifs renvoient directement à l'image du corps : ce sont le « con », la « couille » et le « vit » qui se voient le plus souvent remplacer par un silence étoilé (***) dans les tables des matières. Une norme littéraire implicite, mais irréfutable, se dégage de ces choix, que l'on pourrait formuler ainsi : « puisqu'il existe des mots susceptibles de provoquer des émotions qu'un lecteur – surtout érudit – aurait honte d'assumer, il faut supprimer ces mots, afin de lui donner la chance de consommer les textes sans perdre la face ».

Mais pourquoi « consommer » des fabliaux ? se demandent les premiers explorateurs de ce corpus foisonnant.

---

[98] Voir l'Avant-propos du *Recueil général et complet des fabliaux des XIIIe et XIVe siècles*, éd. par MM. Anatole de Montaiglon et et Gaston Raynaud, tome I, Paris, Librairie des Bibliophiles, 1872, p. V et VI.

[99] Avant Étienne Barbazan, en effet, seul le comte de Caylus porte un jugement littéraire et historique sur le fabliau ; c'est en juillet 1746 qu'il lit son *Mémoire sur les fabliaux* à l'Académie des Inscriptions. Sa définition du fabliau reste mémorable : « C'est un poëme qui renferme le récit élégant d'une action inventée, petite, plus ou moins intriguée, quoique d'une certaine étendue, mais agréable ou plaisante, dont le but est d'instruire ou d'amuser », *Mémoire sur les Fabliaux* repris dans les *Mémoires de littérature tirez des registres de l'Académie royale des Inscriptions et Belles Lettres*, Paris, Imprimerie royale, 1770, t. XXXIV, p. 85. Mémorable aussi, sa retenue sur les « fonds qu'en saine morale, il n'est pas possible d'admettre, encore moins de rendre publics », *ibid.*, p. 376… Voir aussi Kris Peeters, « La découverte littéraire du Fabliau au XVIIIe siècle : le Comte de Caylus dans l'histoire d'un genre médiéval », *Revue d'histoire littéraire de la France* 4/ 2006 (Vol. 106), p. 827-842, article disponible en ligne sur www.cairn.info/revue-d-histoire-litteraire-de-la-france-2006-4-page-827.htm, site consulté le 4 mars 2015.

[100] Voir, par exemple, *D'une pucelle qui ne pooit oïr parler de *** qu'elle ne se pasmast*, dans *Fabliaux et contes des poëtes françois des XIIe, XIIIe, XIVe et XVe siécles tirés des meilleurs auteurs*, éd. Étienne Barbazan, tome III, Amsterdam, Arkstée et Merkus, 1756, p. 160-167.

[101] En 1808, lors de la réédition des fabliaux par Barbazan, le procédé de suppression de certaines lettres est repris ; toutefois, l'initiale est conservée, pour faciliter le déchiffrage. Suite à cette nouvelle forme de censure, notre fabliau devient, dans la table des matières, « D'une Pucelle qui ne pooit oïr parler de f***** qu'elle ne se pasmast » ; il recouvre son titre complet à la page 458, lorsque l'abréviation est abandonnée.

La première réponse avisée nous vient du philologue Étienne Barbazan. Malgré sa pudeur ou sa sémiotique de l'indicible « *** », il assume lucidement la responsabilité esthétique et morale qu'implique la tâche de présenter, dans une édition princeps, les fabliaux au public français. Pour justifier l'intérêt de ces écrits, il projette une émotionologie médiévale fondée sur des goûts *naïfs* et *sans malice* : « L'usage où étoient nos anciens Poëtes de nommer toutes les choses naturelles par des termes que la politesse a bannis depuis du langage, les fait passer pour grossiers et obscènes ; mais on ne fait point attention que cet usage ne leur étoit point particulier, et que ces mêmes termes qu'on leur reproche étoient employés sans scrupule par les personnes les plus graves et les plus polies. On s'exprimoit ainsi dans les siècles éloignés de nous. On n'étoit point scandalisé des mots, ni des choses qu'ils signifioient ; on ne se scandalisoit que du mauvais usage que l'on en faisoit, et des mauvaises actions qui indiquoient la corruption du cœur. On étoit alors plus simple, et par conséquent moins mauvais »[102]. L'enjeu émotionnel des fabliaux reposerait donc, dès l'époque de leur première édition (1756), sur un potentiel de scandale ou au moins de transgression[103] et sur un décalage historique indéniable concernant les lois du sentiment et de la morale.

En 1893, Joseph Bédier définit les fabliaux comme des « amusettes » [104], « contes à rire »[105] ou « *ignes comici* »[106]. Il est sensible à la force transhistorique de ces histoires « qui vivaient avant le XIIIe siècle et qui vivent encore aujourd'hui »[107], en ranimant « l'esprit gaulois » ou « bourgeois »[108], « fait de gaieté facile, libre jusqu'au cynisme, réaliste sans amertume, optimiste au contraire, rarement satirique »[109], mais aussi la « spirale honteuse » d'une misogynie propre à scandaliser le lecteur moderne[110]. Il reconnaît à son tour l'aptitude du corpus à égayer et à offenser.

---

[102] *Fabliaux et contes des poëtes françois des XIIe, XIIIe, XIVe et XVe siécles, tirés des meilleurs auteurs*, tome I, éd. Étienne Barbazan, Paris, Vincent, Imprimeur-Libraire, 1756, p. XXXIX.

[103] Ce rapport des fabliaux aux tabous est un véritable leitmotiv de la critique actuelle, qui se retrouve même dans les ouvrages à vocation didactique : « la violation des tabous, surtout en matière de sexualité, constitue un des moteurs les plus puissants du comique dans les fabliaux », Jacques Lemaire, *Auteurs français du Moyen Âge. Les fabliaux français du Moyen Âge. Thèmes et textes (traduits)*, cours, Bruxelles, Presses Universitaires de Bruxelles, 2005, p. 55.

[104] Joseph Bédier, *Les Fabliaux. Études de littérature populaire et d'histoire littéraire du Moyen Âge*, Paris, Émile Bouillon, 1893, p. VII.

[105] *Ibid.*, p. 6.

[106] *Ibid.*, p. 89.

[107] *Ibid.*, p. VIII.

[108] En effet, l'« esprit gaulois » n'est pas exclusivement français ou occidental. Il est identifié comme « l'esprit bourgeois, vilain », *ibid.*, p. 344.

[109] *Ibid.*, p. XXIII.

[110] Sur la réception moderne de la veine misogyne du fabliau, voir un article plus récent, qui exprime la relativité du comique à travers les âges, en refondant certaines des conclusions de Joseph Bédier : Mary E. Leech, « That's Not Funny : Comic Forms, Didactic Purpose,

En 1957, Per Nykrog révèle l'inspiration courtoise et le caractère parodique du fabliau, en sondant cette « promiscuité de l'esprit des fabliaux et de l'esprit courtois »[111] que Joseph Bédier se contentait de signaler. Il propose une taxinomie des fabliaux érotiques qui repose non seulement sur des données objectives comme le nombre de protagonistes et le type de relation qu'ils entretiennent, mais aussi sur des données subjectives comme le degré de sympathie (plus ou moins contagieuse) du conteur pour les agents sexuels[112]. Il affirme donc à son tour la force émotive de ces textes dont la partialité est un ressort littéraire assumé.

En 1960, Jean Rychner avance l'hypothèse selon laquelle les fabliaux seraient en général créés pour des publics courtois, et remaniés pour une audience bourgeoise ; il apprécie constamment les versions primitives et voit les remaniements comme des dégradations. Au-delà de ce parti-pris qui commande la perspective, le chercheur se fixe un idéal d'objectivité scientifique qui exclut, en principe, tout investissement émotionnel ; néanmoins, les jugements de valeur qu'il porte sur les fabliaux sont marqués par une tendance à disqualifier le style « bas », tout en cherchant le génie des fabliaux dans des sphères linguistiquement et comportementalement plus « élevées ».

En 1970, Mikhaïl Bakhtine émet une idée-force souvent citée dans les études sur les fabliaux, selon laquelle le rire médiéval relèverait du climat émotionnel du carnaval, impliquant « l'abolition provisoire de tous les rapports hiérarchiques, privilèges, règles et tabous », autrement dit « la logique des choses à l'envers, des permutations constantes du haut et du bas, de la face et du derrière, par les formes les plus diveres de parodies et de travestissements, rabaissements, profanations, couronnements et détrônations bouffons »[113]. Cette perspective valorise donc précisément « le bas », la nature dans son animalité, ainsi que la puissance régénératrice du comique.

Dans un article publié en 1973, Peter Dronke fait le point sur les premières définitions du fabliau, et explore ce qu'il appelle « le sentiment du fabliau » (*the fabliau feeling*)[114], véritable constante de la littérature européenne latine et vernaculaire, se manifestant dès le Xe siècle. Toute matière narrative à sujet érotique, soutient le chercheur, peut recevoir un traitement en termes d'amour courtois ou d'amour-de-fabliau. Ces deux pôles, par ailleurs, ne seraient que des tendances générales, qui se traduiraient par un investissement émotionnel plus ou moins puissant de la part du public-cible[115]. L'accent tombe sur un critère

---

and Physical Injury in Medieval Comic Tales », *Latch. A Journal for the Study of the Literary Artifact in Theory, Culture or History*, 1, 2008, p. 105-127.

[111] Joseph Bédier, *Les Fabliaux. Études de littérature populaire et d'histoire littéraire du Moyen Âge*, *op. cit.*, p. 340-341.

[112] Voir Per Nykrog, *Les Fabliaux. Étude d'histoire littéraire et de stylistique médiévale*, Genève, Droz, 1973 [1957], notamment p. 63.

[113] Mikhaïl Bakhtine, *L'Œuvre de François Rabelais*, Paris, Gallimard, 1970, p. 18 et 19.

[114] Peter Dronke, « The Rise of the Medieval *Fabliau* : Latin and Vernacular Evidence », *Romanische Forschungen*, 85, 1973, p. 291.

[115] *Ibid.*, p. 294.

émotionnel de distinction des genres narratifs médiévaux : le degré d'identification du lecteur avec les protagonistes[116].

1973 est aussi l'année où Roger Dubuis établit la filiation lais-fabliaux-nouvelles, en insistant sur l'évolution du récit bref en matière d'art narratif. Il reconnaît le caractère moralisateur des fabliaux, et l'aborde de façon nuancée, sans toucher à l'émotivité du genre[117].

En 1974, une exploration de l'humour dans les fabliaux place le genre dans le voisinage de la *comœdia elegiaca* et des *ridicula* latins, tout en parlant de ce manque d'idéalisme qui entretiendrait (d'après Freud) le pouvoir de compter avec la répulsion, et de la dépasser par le langage littéraire, notamment par la métaphore érotique (d'après Jürgen Beyer) [118]. Le jeu entre morale et amoralité est subtilement déployé, sous le signe d'une « poétique de la vulgarité » fidèle aux réalités de la vie, et libératrice par rapport à la tyrannie du bien et du noble.

Toujours en 1974, dans un recueil sur l'humour des fabliaux, Per Nykrog montre à son tour la façon dont les récits courtois et les fabliaux cultivent les interférences du style haut / moyen et du style bas pour créer le choc, émotion ludiquement et subtilement orchestrée, malgré l'apparente non-subtilité de la thématique[119]. Dans ce même volume humoristique et exégétique, une thèse nous intrigue tout particulièrement : celle de Norris J. Lacy[120], pour lequel un conte à rire est efficace si et seulement s'il maintient une distance entre le lecteur et les personnages, de façon à empêcher l'identification. Nous pensons, au contraire, pouvoir montrer que l'empathie est un ressort puissant du comique des fabliaux, du moins en ce qui concerne le corpus étudié, où le dépucelage ne suspend pas une certaine faculté d'attendrissement, à la fois pour l'héroïne et pour son partenaire / adversaire.

1978 est l'année où Willem Noomen fait remarquer, dans un article singulièrement pertinent pour notre propos, que « le rire [...] est le résultat d'une brusque évacuation d'émotions de type agressif / défensif, devenues superflues. Il suppose toujours une certaine insensibilité chez celui qui rit, ou, comme le dit Bergson, *le comique exige, pour produire tout son effet, quelque chose comme une anesthésie momentanée du cœur* (Henri Bergson, *Le Rire. Essai sur la signification*

---

[116] *Ibid.*, p. 293.

[117] Voir Roger Dubuis, *Les Cent Nouvelles nouvelles et la tradition de la nouvelle en France au Moyen Âge*, Grenoble, Presses Universitaires de Grenoble, 1973.

[118] Jürgen Beyer, « The Morality of the Amoral », *The Humor of the Fabliaux*, éd. Thomas D. Cook, Benjamin L. Honeycutt, Columbia, University of Missouri Press, 1974, p. 20, 41 et 15.

[119] Voir Per Nykrog, « Courtliness and the Townspeople. The Fabliaux as a Courtly Burlesque », *The Humor of the Fabliaux*, *op.cit.*, p. 59-73.

[120] Norris J. Lacy, « Types of Esthetic Distance in the Fabliaux », *The Humor of the Fabliaux*, *op. cit.*, p. 107-117. Il affirme, par exemple, p. 107 : « *The subjects of the fabliaux frequently center on cruelty, deceit, infidelity and violence. It is thus essential that we remain aware of the fictitiousness of the story ; "identification" would destroy the intended comic effect* ».

du comique). Le récit [du fabliau] doit donc contenir assez d'éléments capables de provoquer les émotions souhaitées et pas ou peu d'éléments qui risqueraient de lever cette anesthésie du cœur. En d'autres termes, il doit contenir le plus possible de stimulus adéquats et le moins possible de stimulus inadéquats »[121]. Ce point de vue peut contribuer pertinemment à nuancer notre vision sur le rôle de l'empathie dans le pacte de lecture implicitement conclu entre auteurs et lecteurs de fabliaux.

Dans les années 1978-1987, Mary Jane Schenck consacre aux fabliaux des analyses en termes de fonctions et de structures narratives[122]. Elle soutient que le fabliau, à la différence de l'exemplum et de la nouvelle, entretient l'opinion que « les événements peuvent être manipulés, c'est-à-dire interprétés selon les croyances et les désirs personnels totalement opposés aux standards moraux conventionnels »[123]. Elle est donc sensible aux dimensions émotive et subversive du genre, ou, au moins, au système de valeurs qui sous-tend leurs actes de langage, en stipulant un mélange habile de plaisir[124], sagesse pratique, équilibre et efficacité [125].

1979 est l'année où Marie-Thérèse Lorcin aborde les *Façons de sentir et de penser* du monde des fabliaux[126], sans leur consacrer une analyse en termes d'émotions ou d'intelligence émotionnelle. Elle traite du climat largement pacifique et hédoniste du genre[127], du conflit qui oppose les vices aux vices (et non aux vertus !)[128], de la suspension aristocratique du travail[129], de certaines hantises qui impulsent la thématique des contes, comme le cocuage et l'impuissance masculines[130]. Elle conclut en dégageant « apologie des loisirs » d'après « l'*otium* des Anciens »[131]. Si le bonheur est plutôt une forme de « bien-être » répondant au « besoin de vivre en compagnie de ses semblables », le malheur absolu serait représenté par la solitude, le seul fléau de cette « civilisation du foyer » promue

---

[121] Willem Noomen, « Structures narratives et force comique : les fabliaux », *Neophilologus*, 62, 1978, p. 366.

[122] Voir surtout Mary Jane Schenck, « Functions and Roles in the Fabliau », *Comparative Literature*, 30, 1, 1978, p. 22-34.

[123] Mary Jane Stearns Schenck, « Narrative Structure in the Exemplum, Fabliau and the Nouvelle », *Romanic Review*, 72, 1981, p. 381, notre traduction.

[124] Mary Jane Schenck, *The Fabliaux: Tales of Wit and Deception*, Amsterdam et Philadelphia, Benjamins (Purdue University Monographs in Romance Languages, 24), 1987, p. 103. Le principe de plaisir est à l'oeuvre; il n'exclut pas la lecture des fabliaux comme exemples de littérature gnomique (« *wisdom literature* »).

[125] *Ibid.*, *Introduction*, p. XI- XII et p. 32. Sur la tricherie et l'éthos du succès personnel, voir p. 108 et les suivantes. La ruse est à la fois célébrée comme force s'opposant au système social et condamnée moralement.

[126] Marie-Thérèse Lorcin, *Façons de sentir et de penser : les fabliaux français*, Paris, Honoré Champion, 1979.

[127] *Ibid.*, p. 113

[128] *Ibid.*, p. 103.

[129] *Ibid.*, p. 189.

[130] *Ibid.*, p. 177.

[131] *Ibid.*, p. 188.

implicitement par le fabliau[132]. Nous nous proposons d'aller plus loin dans la recherche des « façons de sentir »[133], des lois et des modèles *sentiendi* propres au genre, en explorant des mondes narratifs qui les déploient concrètement.

En 1983, Philippe Ménard consacre un livre souriant au fabliau, qui lui apparaît comme un genre « jovial », possédant « l'art d'aller à l'essentiel » et de monter « joliment » la construction du récit[134], tout en excluant les cas de conscience et « les conflits intérieurs avec leur cortège de sentiments habituels, regret, hésitation, honte, remords, chez les héros »[135]. Le plus grand mérite de ce type de conte francophone – qui se refuse à toute définition – serait d'avoir nourri Boccace et Chaucer, en ouvrant la voie à la nouvelle « pour toute l'Europe »[136]. L'émotivité du fabliau, elle, se réduirait, pour l'essentiel, à une sereine jovialité.

En 1985, Dominique Boutet propose, pour le fabliau, une définition qui repose sur la narrativité : « Comme le lai, le fabliau est un récit bref, où prédomine le projet narratif ; mais il exclut toute émotion et préfère l'effet à la délicatesse »[137]. Sous ce jour, le spectre des émotions – que nous nous proposons justement de mettre en lumière – semble donc hors de propos[138].

En 1986, R. Howard Bloch aborde le scandale des fabliaux comme dimension thématique et linguistique fondée sur la consubstantialité ludique du *con* et du *conte*. Ce scandale génésique / génital du corpus provoquerait chez le récepteur un scandale de l'interprétation qui consisterait à morceler le sens tout en assumant la culpabilité de sa posture. Quant à la dimension émotive des fabliaux, le désir de narrer l'emporterait dans tous les cas sur le désir de coïter[139]. Un climat

---

[132] *Ibid.*, p. 187.

[133] Si l'auteure se propose de contribuer à l'histoire des mentalités, nous espérons porter notre pierre émotionologique à ce même édifice.

[134] Philippe Ménard, *Les Fabliaux : contes à rire du Moyen Âge*, *op. cit.*, p. 38-39.

[135] *Ibid.*, p. 230.

[136] *Ibid.*, p. 236.

[137] Dominique Boutet, *Les Fabliaux*, Paris, PUF, 1985, p. 18.

[138] L'auteur va jusqu'à distinguer – par ce manque d'émotivité – le fabliau du lai : « Deux points assez ténus, et surtout sujets à toutes les nuances possibles, sépareraient donc les lais des fabliaux : la délicatesse du langage (mais où commence-t-elle ?) et l'émotion qui est [...] incompatible avec l'esprit même du genre du fabliau », *ibid.*, p. 14. D'autre part, il reconnaît, avec Mikhaïl Bakhtine, que le fabliau invite à une fête, et se plaît à dégager plusieurs climats festifs (fête de l'imagination, du corps etc.) qui renvoient implicitement à une certaine émotivité ; voir *ibid.*, p. 76-77.

[139] « *We have seen how closely the representation of the body in the fabliaux is linked to the theme of fragmentation – to detached members, both male and female; to actual and metaphoric castrations ; but most of all, to metaphor as castration. In this the isolated body part as well as the circulating corpse implicate the nature of storytelling, as the fragmented body becomes a floating* signifier *which draws all who come into contact with it into the scandal of interpretation. Given the necessity of an always inadequate reading of the isolated body part, the implied reader is by definition guilty of a deforming illegitimacy.* », R. Howard Bloch, *The Scandal of the Fabliaux*, Chicago et Londres, University of Chicago Press, 1986, p. 101 et 106.

d'ivresse verbale règnerait dans cette caisse de résonance ludiquement post-moderne.

En 1993, E. Jane Burns explore les orifices féminins des fabliaux, en essayant d'identifier la voix qui y passe, indomptable, menaçante, séduisante, malgré la médiation masculine opérée par les auteurs[140]. Autour des émotions du désir, mais aussi du mépris et de la moquerie, une topologie du sexisme littéraire prend corps ; avoir ou ne pas avoir lieu de parler, malgré sa féminité[141], telle est la question de ce livre riche en reliefs érotiques, qui explore l'écriture mâle comme un *no man's land* féminin.

La même année, Norris J. Lacy se met à l'écoute de la diversité dans son ouvrage *Reading Fabliaux*, qui ne néglige pas la dimension *aurale* de chaque texte étudié. Sa démarche est parfois sensible à la mise en scène de l'émotion : le discours indirect, par exemple, est dit modérer l'impact de certaines manifestations rituelles, comme le deuil d'une veuve[142]. L'auteur relève parfois le potentiel émotif des actes de langage[143] tout en gardant la distance prescrite.

En 1995, Simon Gaunt se propose d'analyser un certain nombre de fabliaux afin d'en dégager quelques lois sous-jacentes sans se soucier de généralités. Il traite de thèmes pertinents pour notre travail, comme lc désir féminin, la construction de soi ou le relativisme du signe linguistique et biologique dans l'expression de la sexualité[144]. Il suggère que le vécu érotique est si loin de la spontanéité, qu'il y a même des façons d'exciter l'autre *correctement* – selon le code implicite auquel on doit accéder[145]...

En 2000, Brian J. Levy propose, dans son ouvrage consacré au texte comique[146], une exploration de la rhétorique du rire qui embrasse la problématique

---

140 « *It is these very terms of the subject / object dichotomy that are disrupted by the female protagonist's voice in the fabliaux we have been discussing. As they move from the position of object of desire (or disdain or jest) to that of the desiring subject, these fabliau women begin to erode, through their speech, the mind / body dichotomy that the tales they inhabit work so hard to assert.* », E. Jane Burns, *Bodytalk : When Women Speak in Old French Literature*, Philadelphia, University of Pennsylvania Press (New Cultural Studies), 1993, p. 59.

141 « *Whereas these voices do not represent what women might say or how they might express their desire, they do show that women could have a say, could have a head and a mouth and use them.* », *loc. cit.*

142 Norris J. Lacy, *Reading Fabliaux*, New York et Londres, Garland Publishing Inc., 1998 [1993], p. 6.

143 Nommer le « vit », par exemple, est un acte dont le chercheur apprécie « *the erotic force* » en rapport avec le tabou qu'il transgresse. Cette « force » relève, implicitement, de la dimension émotive de l'énoncé, compte tenu de son contexte narratif.

144 Simon Gaunt, *Gender and Genre in Medieval French Literature*, *op. cit.*, p. 274 et 248-249.

145 *Ibid.*, p. 282 : tel est le cas de la « damoisele qui ne pooit entendre parler de foutre », qui « *is testing her lover to find out if he can use the codes which turn her on correctly* ».

146 Brian J. Levy, *The Comic Text. Patterns and Images in the Old French Fabliaux*, Amsterdam – Atlanta, Rodopi, 2000. Au sujet de l'excitation par le biais du code linguistique, voir aussi R. Howard Bloch, « Modest Maids and Modified Nouns : Obscenity and the Fabliaux », *Obscenity : Social Control and Artistic Creation in the European*

du jeu – sous-tendue par la dialectique victoire-défaite. L'émotion qui inspire deux chapitres (les derniers) fort pertinents pour notre propos est la peur, qui connaît des nuances allant du mystique au maladif, sous le signe du ludique[147].

En 2003, le *Risus mediaevalis* conduit à de beaux éclats de pensée[148]. Le rire des fabliaux, déjà approché par Philippe Ménard[149], redevient un objet d'étude dont on reconnaît la gravité des enjeux. Entre représentation hilarante et cristallisation d'un lien social noué par le *risus / laughter*, tout un spectre de nuances se déploie. En particulier, les tentatives de définir des styles humoristiques nationaux sont battues en brèche par la recherche d'un continuum historique et culturel à vocation universelle. Avec une révérence à Michaïl Bakhtine et au bas corporel, le Moyen Âge comme âge de la joie[150] est retrouvé.

En 2006, Adrian P. Tudor et Alan Hindley éditent un recueil d'études consacrées à la « présence comique médiévale », qu'ils dédient à Brian J. Levy[151]. Sous le signe de la « grant risee » renvoyant, en toute ambiguïté, à la plaisanterie autant qu'à la moquerie, les chercheurs abordent des situations-limite qui remettent en question la notion de « comique », en montrant le rôle fondamental du contexte. Le sérieux de la comédie, sa fonction cathartique, son caractère ludique sont dégagés par des études consacrées à un corpus latin et vernaculaire d'une grande variété. La divergence de perspective concernant le plaisir obtenu de la souffrance émotionnelle d'autrui est réaffirmée, mais aussi le manque de rapport avec la vie réelle de l'époque : tout comme *Les Simpsons* ou *Tom & Jerry*, les fabliaux inviteraient la sensibilité du récepteur à s'offrir une certaine liberté face à l'image d'un *outsider* puni, humilié, ridiculisé.

Middle Ages, éd. J. Ziolkowski, Leiden, Brill, 1998, p. 293-307. Le signifié y serait chargé d'une moralité intrinsèque, *honestas*.

[147] L'auteur est particulièrement sensible à la dimension compétitive des relations de fabliau, conformément à laquelle le jeu devient une question de victoire ou défaite : « *There is clearly a pleasure principle involved throughout our texts ; but there is also a strong sense of comic manicheism which ensures that all these benefits will only be enjoyed by those characters capable of operating successfully, and that for each winner there will have to be a loser, to whom no glittering prize will be awarded. These prizes go to the wise and to the streetwise, to the* ***homo (or femina) ludens*** *who has learnt the rules and knows the score* », *ibid.*, p. 79.

[148] *Risus medievalis, Laughter in Medieval Literature and Art*, éd. Herman Braet, Guido Latré et Werner Verbeke, Louvain, Leuven University Press, 2003.

[149] Sur le pragmatisme ménardien que suppose l'usage du « rire » à la place du « comique » ou du « satirique », voir Johan Verberckmoes, « What about Medieval Humour ? Some Historiography », *ibid.*, p. 1 et note 1.

[150] *Ibid.*, p. 8.

[151] *Grant Risee? The Medieval Comic Presence. La présence comique médiévale. Essays in Honour of Brian J. Levy*, éd. Adrian Tudor et Alan Hindley, Turnhout, Brepols (Medieval Texts and Cultures of Northern Europe, 11), 2006.

Les *Comic Provocations* réunies par Holly Crocker la même année[152] remontent à un séminaire de 2003 sur les « Old French Fabliaux and Medieval Theories of the Comic », tenu à l'Université Yale sous la direction de R. Howard Block. Placées sous le signe du jeu verbal, ces études explorent le corps individuel et social tel qu'il se manifeste dans les fabliaux. Avec Lisa Perfetti, le plaisir de la langue et de l'esprit invite à déguster les fabliaux ludiquement plutôt que lubriquement ; un véritable mode d'emploi féminin se dessine, pour les émotions surgissant à l'intérieur aussi bien qu'à l'extérieur du corpus[153]. Des émotions subversives colorent l'habillage et le déshabillage des personnages, dans leurs quêtes identitaires toujours inachevées, toujours décevantes[154].

En 2007, les chercheurs déplorent le manque d'humour des médiévistes ayant consacré des études aux fabliaux, et se proposent de remettre à l'honneur cette veine du divertissement littéraire, au nom d'une continuité du comique à travers les contextes historiques[155].

La même année, Roy James Pearcy mène, de son côté, une analyse logique de plusieurs fabliaux considérés en fonction de leur représentativité générique. Il précise les rôles actantiels impliqués, retrace les axes du désir érotique et / ou social[156], sonde la subtilité des carrés logiques[157] où se coulent les relations

---

152 *Comic Provocations : Exposing the Corpus of Old French Fabliaux*, éd. Holly A. Crocker, New York, Palgrave Macmillan, 2007.

153 « *In these texts, wit is the only tool available to women whose inferior power status makes them unable to influence their husbands through any other means. Many fabliaux certainly do mock female sexuality, and the stock condemnations of female lasciviousness and cunning circulating in the genre, taken as a whole, make for a rather unflattering portrait of female pleasures. But these antifeminine platitudes are often not central to the spirit of the works and are used in such a formulaic way as to empty them of meaning or even to undermine them through irony. In reading through the lens of the cliché about feminine lasciviousness, we may often miss the pleasures that have more to do with the mind than the body, that focus more on wit and language than on sex, and take far more delight in the ludic than in the lewd.* », Lisa Perfetti, « The Lewd and the Ludic : Female Pleasure in the Fabliaux », *Comic Provocations : Exposing the Corpus of Old French Fabliaux*, *op. cit.*, p. 28.

154 Voir Mary E. Leech, « Dressing the Undressed : Clothing and Social Structure in Old French Fabliaux », *Comic Provocations : Exposing the Corpus of Old French Fabliaux*, *op. cit.*, p. 83-95.

155 Ils réussissent le double défi d'entretenir le lecteur et de l'instruire sur la risibilité des fabliaux : voir *The Old French Fabliaux : Essays on Comedy and Context*, éd. Kristin L. Burr, John F. Moran et Norris J. Lacy, Jefferson, Londres, McFarland, 2007. Sur les limites du rire et l'accomplissement du projet narratif implicite, voir Norris J. Lacy, « Trickery, Trubertage, and the Limits of Laughter », *ibid.*, p. 82-92.

156 Voir Roy James Pearcy, *Logic and Humour in the Fabliaux. An Essay in Applied Narratology*, Cambridge, D. S. Brewer, 2007, p. 78.

157 *Ibid.*, p. 103. Il s'agit, d'un côté, de la culture, qui propose deux recettes relationnelles : la dette conjugale et la fin' amor, et de l'autre, de la nature, qui tente soit par la promiscuité passagère, soit par le viol. Même si des émotionologies distinctes sont à l'œuvre, l'auteur y voit des « patterns » situationnels plutôt que des cadres émotifs.

humaines, et met en lumière une structuration narrative fondée sur l'échange logique, qui articule l'opposition entre des protagonistes qui n'existent que pour véhiculer des concepts, dans un débat profondément significatif[158]. Dans ce cadre de pensée, les émotions sont moins importantes que le conflit sous-jacent entre illusion et réalité, nature et culture, concret et abstrait[159].

Nous sommes en 2014 et nous pensons que le fabliau est un monde narratif offrant une expérience émotionnelle complexe, qui mérite d'être sondée en tant que telle. « On peut être laconique et profond »[160], admet la critique, tout en louant la profondeur des fabliaux plus diserts.

Nous aimerions explorer les moules émotifs – notamment jouissifs – où se coule, dans plusieurs fabliaux à thématique initiatique, l'émotion de la conjonction. Pour inviter le lecteur à contempler une vérité de polichinelle ou plutôt de *fableor* : il y a un rapport entre le sexe, l'émotion et le récit bref, et ce rapport est des plus incitants.

---

158 *Ibid.*, p. 199.

159 *Ibid.*, p. 203.

160 Philippe Ménard, *op. cit.*, p. 206.

I.

Jeux de *jangle* et d'initiation

Prélude à la fiance

Au XIIIe siècle, dans les fabliaux, les hommes savent jouer. Il leur suffit de trouver des compagnes – à peine nubiles – qui poussent la comédie assez loin pour puiser un enseignement dans les émois de leurs corps... Élève et maître, oiseau et (ré)créateur, poulain et fontaine, tous les rôles sont bons quand un jeune passant décide de s'attarder avec une jeune fille du coin.

Le jeu consiste, ni plus ni moins, à explorer l'animalité de l'autre, et à lui trouver, en soi, pâture et complément de vie.

Le lecteur moderne peut bien sourciller devant le sans-gêne d'un damoiseau qui taille ses allégories à même la chair d'une pucelle. D'autant que ce damoiseau est, en général, assez expérimenté pour aller droit au but, dès que le langage des corps s'y accorde. Il y a abus, dirait-on aujourd'hui. Abus de poésie ?

De temps en temps, l'histoire acquiert des accents pédophiles, même si l'initiateur n'est pas toujours mûr, lui non plus ; apprécier la virginité, c'est essentiellement, dans le langage de l'époque, préférer le bouton de rose à toutes les éclosions courtoises, éviter l'adultère et donner libre cours aux pulsions sans pour autant exclure le mariage d'amour ou de raison...

Essentiellement, ces histoires demandent un grain de sel – et d'humour. Le consentement d'une mineure peut conduire à l'autel aussi bien qu'au bordel. D'autre part, le penchant intiatique d'un homme, trop souvent exercé, peut conduire, lui aussi, au statut de *fouteur a gages*, aussi bien qu'à la résignation au mariage. Quant au chemin du milieu, il reste ouvert à toutes les motions et émotions...

Au-delà de la téléologie sociale, l'initiation est d'abord une histoire de *jangle* : un jeu de dévoilement, de création, à deux, d'un univers amoral et expérimental, où la liberté s'allie à la curiosité, où l'homme trouve des réponses à cette question qu'est la femme, insatiablement...

Le plaisir de se livrer à une quête qui conduise à l'autre représente le déclic émotionnel fondamental dans la construction de soi. Malgré l'apparente désinvolture de cette œuvre commune, le jeu a des règles aussi, et ces règles s'articulent le plus harmonieusement au niveau du langage. Que le lien soit passager ou durable, il passe chaque fois par la communication affective, qui demande un sens de la concertation, de l'empathie, de la syntonie suffisamment aigu pour faire aboutir la double exploration.

Cheminer, sexuellement ; quêter, émotionnellement ; découvrir, humainement : telles sont les voies qui s'ouvrent dans ces fabliaux où l'homme est un metteur en scène, mais aussi un acteur prêt à jouer le scénario féminin, pour l'amour du désir – comme moteur du devenir.

Initiation et fécondation :
De la pucele qui voloit voler[161]

Avec le fabliau de la demoiselle aérienne, la question de la nature et de la sur-nature se pose d'une façon à la fois comique et philosophique. « Chassez le naturel, il revient au galop ! », suggère le conteur, à travers une histoire crue et pittoresque, où l'aspiration humaine à l'élévation est contrecarrée par un enracinement dans le terre-à-terre de la sexualité[162].

Trois manuscrits du XIIIe siècle conservent cette réplique féminine et française au mythe d'Icare : Berne, Burgerbibliothek, 354 ; Paris, Bibliothèque Nationale de France, français 1593 ; Paris, Bibliothèque Nationale de France, français 25545[163]. En dehors de quelques variantes parlantes, ils transmettent, en grandes lignes, une même « fable » où le désir de hauteurs devient un désir hautement charnel.

Tout part d'une manifestation d'altérité altière – la présence d'une demoiselle qui nourrit, selon toute apparence, une indifférence hautaine aux affaires du cœur et du sexe, aussi bien qu'un intérêt obsédant pour le vol. Elle rêve de vaincre elle-même la pesanteur et de s'élever vers le ciel, sans le moindre appareil ou équipement, et en parle volontiers à quiconque veut l'entendre, homme ou femme. L'étonnement n'est pas la seule réaction qu'elle suscite – il existe un homme assez intelligent (et cultivé) pour lui donner la clé d'une traduction physique de cette aspiration métaphysique : la réussite d'un tel acte ne saurait être complète que sur terre, grâce aux mathématiques (plutôt descendantes) de la procréation et de l'enracinement social.

En langage moderne, la traduction serait intelligible aussi : pour un humain, la seule façon de voler est de s'envoyer en l'air. Avec la bonne personne, ajouterait le conteur, soucieux de marier[164] autant que de fustiger[165] ses personnages…

---

[161] Nos analyses s'appuient essentiellement sur l'édition Montaiglon-Raynaud, tout en se rapportant, pour une version légèrement différente, à l'édition Noomen-Boogaard. Ces deux repères sont utiles et complémentaires.

[162] Il s'agit, essentiellement, d'un plaisir que les deux protagonistes savourent lors de leur jeu initiatique ; voir Mary Jane Stearns Schenck, *The Fabliaux. Tales of Wit and Deception*, *op. cit.*, p. 94. L'auteure renvoie à l'étude de Germaine Depster, *Dramatic Irony in Chaucer*, Stanford, Californie, Stanford University Press, 1932.

[163] Ce dernier manuscrit semble être légèrement plus tardif ; Michel Zink le date du début du XIVe siècle : Rutebeuf, *Œuvres complètes.* Texte établi, traduit, annoté et présenté avec variantes par Michel Zink, Paris, Bordas (Classiques Garnier), t. 1, 1989, p. 38.

[164] Le manuscrit de base de l'édition Montaiglon-Raynaud – Paris, Bibliothèque Nationale de France, français 1593 – donne une fin heureuse à l'histoire, en mariant les personnages ; le remède à la « desmesure » y est pris sans amertume : « l'aventure fu bele » à la femme comme à l'homme.

[165] Les deux autres manuscrits cinglent l'orgueil en abandonnant l'héroïne à une grossesse solitaire, marginale, punitive / éducative. C'est sur le manuscrit Berne, Burgerbibliothek, 354 que porte le choix de l'édition Noomen-Boogaard.

Idiomes de l'émotion : du vol au viol

À toute époque, il y a des émotions qui ont mauvaise presse, et que l'on perçoit comme des menaces à désamorcer… pour que l'émotionologie dominante reste debout. Les « attitudes et standards qu'une société […] maintient envers les émotions de base et leur expression appropriée » (pour reprendre à notre compte la définition de l'émotionologie)[166] sont d'autant plus rassurantes qu'elles rassemblent toutes les valeurs terrestres en jeu : le monde du fabliau reconnaît le prix du mariage, de la famille, de la maisonnée et de toutes les hiérarches émotionnelles stables qui s'appuient sur ces « bases ».

Lorsqu'une demoiselle décide de jouer à Dédale, et de prendre au sérieux son rêve de voler, une véritable anti-émotionologie se met en place. L'aspiration à changer de milieu relève d'une valorisation de la différence, de l'exotisme et de l'évasionisme[167] à orientation transcendante. Ce qui contrarie, c'est le fait qu'elle désinvestit les valeurs matérielles au profit d'un élan ascensionnel qui va contre les lois naturelles, en particulier gravitationnelles.

Le narrateur cultive une vision disjonctive : d'une part, il y a les terriens, de l'autre, cette aérienne incomprise, qui n'épouse pas les normes émotionnelles de son milieu. Ainsi, au lieu de se laisser attirer par la terre et la chair, au lieu de souhaiter un ancrage qui lui confère plus de poids sociétal, en se mariant, par exemple, avec un homme respectable, cette vierge préfère cultiver l'idéal d'atteindre à l'impondérabilité et de se naturaliser dans le monde céleste. Le ciel n'est pas un simple point d'arrivée ; elle désire le pénétrer, le traverser, le circonscrire à son vol : elle « voloit voler / Volentiers *par mi* l'air lasus »[168].

Une telle créature fait éclater le scandale dans le paysage humain d'un fabliau ; aussi se voit-elle aussitôt entourer d'une muraille émotionnelle insurmontable, qui prend la forme de la stupéfaction – « mout des gens […] mout fort *s'en esbahirent* »[169]. Déjà distincte par sa beauté, elle n'a pas besoin de se faire remarquer par une particularité aussi peu pertinente aux yeux de ses proches. Une belle prête à se dérober au circuit de la procréation, pour recréer son être de

[166] Voir Peter N. Stearns et Carol Z. Stearns, « Emotionology : Clarifying the History of Emotions and Emotional Standards », art. cit., p. 813.

[167] Voir Mary Jane Stearns Schenck, *The Fabliaux : Tales of Wit and Deception*, Amsterdam et Philadelphia, Benjamins (Purdue University Monographs in Romance Languages, 24), 1987, p. 2 : « *The purpose of the stories is quite clearly stated : they are a literature of escapism which helps to dissipate grief and unhappiness* ».

[168] *De la pucelle qui voloit voler*, dans le *Recueil général et complet des fabliaux des XIII*[e] *et XIV*[e] *siècles imprimés ou inédits*, éd. par MM. Anatole de Montaiglon et Gaston Raynaud, tome IV, Paris, Librairie des Bibliophiles, 1872, v. 10-11, p. 208, nos italiques.

[169] *Ibid.*, v. 13-14, p. 209. L'édition Noomen-Boogaard reprend le texte du manuscrit Berne, Burgerbibliothek, 354 : « A mervelles s'en esbaïrent », *Nouveau Recueil complet des fabliaux*, éd. par Willem Noomen et Nico van den Boogaard, tome VI, Assen et Maastricht, Van Gorcum, 1991, v. 12, p. 168.

créature, exhibe un art de vivre qui rompt avec l'émotionologie chrétienne et s'oriente vers les marges les plus obscures de la mythologie antique. « Aussi comme *fist* Dedalus »[170], note ironiquement le conteur, comme pour suggérer que la demoiselle prend le mythe à la lettre, et embrasse le credo du dépassement en soi, sans s'interroger sur la possibilité de la survie.

De fait, le modèle livresque que l'héroïne invoque pour motiver son système de repérage[171] – probablement représenté par les *Métamorphoses* d'Ovide[172] – est curieusement choisi : outre un architecte de génie, Dédale est le père d'un certain Icare, symbole de la chute de haut. L'étrangeté de ce rapprochement est flagrante – notre *pucele* n'est guère mère, et n'a aucune aptitude technique. En plus, le vol, chez ces devanciers célèbres, était vu comme un pis-aller, comme un moyen extrême d'évasion du labyrinthe. La trame mythique proprement dédalique ne se tissait pas autour de la notion d'idéal ; il s'agissait de surmonter le plus grand obstacle humain jamais créé, le plus énigmatique et le plus meurtrier. Or, c'était au créateur de cet obstacle lui-même d'inventer une issue, qui ne pouvait être que verticale… et bouchée, finalement, d'une mort sur mesure.

L'*esbahisement* général est donc une émotion pertinente : de quel labyrinthe la vierge veut-elle s'évader ?

Nous sommes au XIIIe siècle, époque où « la maison de Dédale » est devenue, dans le contexte des écrits de saint Bonaventure, par exemple, une métaphore renvoyant aux sciences spéculatives par opposition aux Saintes Écritures, et au risque d'enfermement et d'aveuglement que comportent en général les croyances profanes par rapport au savoir-sentir chrétien[173].

Nul enfermement scientiste dans le cas de notre héroïne ; le lecteur remarque, au contraire, la grande liberté dont la *damoisele* dispose : elle se meut nonchalamment dans un monde où aucune instance sociale ne vient la censurer, où elle a une chambre et un lit à sa disposition, qu'elle peut occuper avec qui elle veut, aussi longuement et intimement qu'elle le souhaite. Par ailleurs, le désir de voler ne suscite aucun travail de laboratoire ; l'alcôve ne devient guère un atelier aéronautique.

---

170 *De la pucelle qui voloit voler*, dans le *Recueil général et complet des fabliaux des XIIIe et XIVe siècles imprimés ou inédits*, tome IV, éd. cit., v. 12, p. 208. Dédale manque de l'édition Noomen-Boogaard, qui suit le manuscrit de Berne sur ce point aussi, en supprimant donc toute comparaison qui puisse encadrer biologiquement ou culturellement l'acte de voler, comme les deux autres manuscrits.

171 « C'est donc une jeune fille qui a trop lu de romans antiques, et qui en a gardé la tête un peu dérangée », Per Nykrog, *Les Fabliaux…*, *op. cit.*, p. 78.

172 En effet, « les *Métamorphoses* jouissaient d'une popularité incontestable […] encore au XIIIe siècle, époque à laquelle les allusions à l'œuvre d'Ovide dans le *Roman de la Rose* de Guillaume de Lorris et Jean de Meun ne manquent pas », Sarah-Jane Murray, « Du désespoir à l'espoir : le dépassement de la tragédie dans l'*Ovide moralisé* », *Ovide métamorphosé. Les lecteurs médiévaux d'Ovide*, éd. Laurence Harf-Lancner, Laurence Mathey-Maille et Michelle Szkilnik, Paris, Presses de la Sorbonne Nouvelle, p. 182.

173 Voir Christian Trottmann, *Théologie et noétique au XIIIe siècle : à la recherche d'un statut*, Paris, Librairie Philosophique J. Vrin, 1999, p. 87.

En outre, quand la jeune femme est demandée en mariage, elle se sent libre de refuser, sans la moindre pression d'une autorité tutélaire. Le narrateur se plaît à noter tous les prétendants rejetés, ou du moins tous les moules sociaux où ils se coulent : « riches clers », « escuiers », « borgois », « chevaliers »[174], ces êtres sans face n'arrivent à susciter aucun émoi chez la belle désirée. Elle est donc assez aisée pour se permettre d'éviter l'opportunisme pécuniaire, assez noble pour ne pas chercher une alliance chevaleresque, assez cultivée pour éviter les charmes purement rhétoriques d'un clerc. Apparemment invulnérable, elle a, toutefois, un point faible, des plus originaux : l'arrivisme céleste.

C'est précisément la gratuité superbe de cet élan (esthétique : le *bellissime* d'une belle) qui sidère les adeptes du pragmatisme, incapables de la comprendre ou de l'excuser. Aucune empathie avec elle n'est possible, même si le ciel – paradis, purgatoire – est une destination assez familière à tout fidèle, quelque tièdement qu'il verse dans sa croyance. Personne, dans son entourage, ne peut accepter la possibilité de cette altérité radicale, les « neurones miroirs »[175] des semblables ne captent rien chez la demoiselle : son ivresse des hauteurs, angélique, virginale, fusante, ne révèle aucun potentiel mimétique.

Le conteur lui-même souligne cette rupture de communication qui fait que chacun parle son latin sans aboutir au dialogue ; quand les prétendants demandent à la demoiselle sa main, en lui accordant *le los* de beauté[176], ils s'attendent au moins à la flatter ou à lui faire plaisir, mais leur émotif tombe complètement à plat. Dc son côté, la demoiselle fait sourde oreille (et sourd cœur) à tous ces hommes, mais tâche de partager avec eux son rêve de *lasus*, dont elle n'a pas honte, et dont elle fait son unique sujet de conversation, comme s'il s'agissait d'un élément cohésif infaillible, censé créer un accord intersexuel immédiat sous le signe de Dédale. Personne n'écoute réellement l'autre, parce que personne n'accepte de parler l'idiome émotionnel de l'autre : si labyrinthe il y a, c'est au sein du langage affectif qu'il se déploie, au gré de toutes ces paroles qui emmurent l'être.

Une exception, cependant, se prépare : un *clers* intrépide veut bien occuper la place, vacante et fascinante, de Dédale. Il accepte les termes de la métaphore et y adhère, de façon intuitive et pragmatique. Comme le héros de l'Antiquité, il entend faire jouer l'atout technique : le vol ne peut réussir que s'il se prépare ici-bas – il n'est pas une grâce donnée de *lasus*.

---

174 Les mêmes classes sociales sont évoquées dans l'édition Noomen-Boogaard, v. 5-6, p. 168. Significativement, les trois manuscrits sont très proches sur ce point.

175 Sur les neurones miroirs et leur fonction esthétique et morale, voir, par exemple, les suggestions de Jean-Pierre Changeux, *Du vrai, du bon, du bien : une nouvelle approche neuronale*, Paris, Odile Jacob, 2008, p. 138 et de Anne-Claude Berthoud, « Langage et morale entre nature et culture », *Morale et évolution biologique entre déterminisme et liberté*, Lausanne, Presses polytechniques et universitaires romandes, 2007, p. 216.

176 Voir *De la pucelle qui voloit voler*, dans le *Recueil général et complet des fabliaux des XIII*e *et XIV*e *siècles imprimés ou inédits*, éd. par MM. Anatole de Montaiglon et Gaston Raynaud, tome IV, éd. cit., v. 4, p. 208.

Le modèle médiéval reprend humoristiquement le référent antique, en faisant de l'oiseau le seul modèle « fiable » de l'être volant. Le manuscrit français 25545 de la Bibliothèque Nationale va jusqu'à remplacer Dédale par « uns oisiaus ou plus »[177]. Or, les attributs les plus saillants de l'oiseau sont le bec, la queue et les ailes, indispensables au vol. Un plaidoyer pour l'animalisation de la femme s'ensuit : pour vivre et bouger autrement, il faut devenir l'autre ; pour voler, il faut *se faire* oiseau, en se procurant les atouts et atours de l'autre espèce.

Deux manuscrits – Paris, Bibliothèque Nationale, français 25545 et Berne, Burgerbibliothek, 354 – mettent en scène une tentative théâtrale de métamorphose : mus par la métaphore, un « damoisiaus » ou plusieurs tentent de lui appliquer la recette aviaire, à force de « cire et de pennes d'oisiaus »[178]. Ces ailes de circonstance sont attachées « as braz et as costez »[179], sans garantir le moindre succès.

Face à ces tentatives aussi touchantes qu'hilarantes, l'initiative du héros a quelque chose du génie architectural et descendant de Dédale. Sa démarche d'animalisation ne focalise plus les ailes, mais se concentre plutôt sur les extrémités oro-génitales, comme si le vol n'avait pas tant besoin de l'équilibre latéral, que de l'axe devant-derrière. Pour interpréter ce paradoxe apparent, il suffit de prêter attention à la communication émotionnelle qui se met en place entre les deux inconnus prêts à lier connaissance. En effet, la demoiselle se dit désireuse d'arriver « par mi lasus », ce qui implique des mouvements de montée et d'avancée dans l'espace céleste. Indiciblement, elle fantasme une pénétration – et, à cet effet, ce ne sont pas les ailes qui se révèlent le plus nécessaires.

Lorsque l'huis est clos, une amnésie prévisible frappe donc les protagonistes : bien qu'ils aient convenu de s'occuper de tous les ressorts du vol, ils s'accordent tacitement à omettre l'implantation des ailes, pour consacrer tous leurs efforts au bec et à la queue. Seul le manuscrit français 25545 de la Bibliothèque Nationale répare cet oubli, en faisant du prélude un véritable régal

---

177 Voir les *Notes du quatrième volume*, dans le *Recueil général et complet des fabliaux des XIII*^e^ *et XIV*^e^ *siècles imprimés ou inédits*, éd. par MM. Anatole de Montaiglon et Gaston Raynaud, tome IV, éd. cit., p. 325.

178 Voir la leçon du manuscrit français 25545 de la Bibliothèque Nationale, cité *ibid.*, p. 326. Dans l'édition Noomen-Boogaard, le commentaire suivant accompagne cet ajout d'ailes : « sa conception du rôle du clerc est un peu différente : outre la queue [...] celui-ci construira un bec et, contrairement à la leçon de BE [B - manuscrit 354 de la Burgerbibliothek de Berne ; E - manuscrit français 1593 de la Bibliothèque Nationale], des ailes [...]. La structure du récit est affaiblie par l'addition de ce dernier détail : apparemment on oublie que la demoiselle est déjà pourvue d'ailes, fournies par un autre jeune homme. Par ailleurs, le remaniement n'est pas très réussi [...] », *Notes et éclaircissements*, dans *Nouveau Recueil complet des fabliaux*, éd. par Willem Noomen et Nico van den Boogaard, tome VI, éd. cit., p. 337.

179 Voir la leçon du manuscrit 354 de la Bibliothèque de Berne, « De la Pucelle qui voloit voler », *Notes du quatrième volume*, dans le *Recueil général et complet des fabliaux des XIII*^e^ *et XIV*^e^ *siècles imprimés ou inédits*, éd. par MM. Anatole de Montaiglon et Gaston Raynaud, tome IV, éd. cit., p. 325.

haptonomique : « Et puis la courut accoler / Pour li faire plus tost voler ; / Et l'ambrassa estroitement / Et restraingni faitissement [...] il dist les eles li cousoit »[180]. Le vol est ici envisagé comme un apogée de la sensation, suscité par l'extrême resserrement du territoire féminin. Pour jaillir au-delà de ses contours, il faut être mis(s) à l'étroit, suggère le rédacteur de cette version, qui n'est pas uniquement attentif à la mécanique des corps – *accoler*, *embrasser*, *restraindre* – mais aussi à l'orchestration émotionnelle. En effet, l'homme n'est pas, dans cette version, un simple envahisseur de la terre interdite, prêt à la faire exploser ; le narrateur souligne opportunément : « Mout se pamme de plaire a li / Pour avoir le solas de li »[181]. Ainsi, il y aurait un travail émotionnel de la part de cet homme qui vise, plus que le vol, l'initiation de la vierge au *solas* ailé. Un certain altruisme, qui suppose l'éveil à l'autre, et la dépendance d'autrui pour son propre plaisir, inspire ce *damoiseau* qui semble entrer dans la « zone » – exceller dans son activité, au point que cela se poursuit comme par miracle, sans effort conscient[182] – en s'oubliant dans le processus d'érotisation de la *pucele*. La peine qu'il se donne se sublime, et le but convenu, *pour li faire plus tost voler*, glisse du sens de l'urgence vers celui de la vivacité et de l'intensité – à partager. L'idée de ressourcer sa volupté à la volupté d'une femme inexpérimentée, qui vient de rejeter une foule d'hommes, est un vrai pari, sinon un acte de bravoure. Il court, avec optimisme, le risque d'affronter une cascade d'émotions négatives.

La tradition commune du fabliau recoud ici le fil narratif avec plus de vitesse que de tendresse ; les deux autres manuscrits déchirent les ailes (*eles*) au prélude et passent à des manœuvres plus conséquentes. L'alibi étant pris sans réserves – puisque la femme veut bien *croire* que le vol se prépare dans une chambre, entre terriens – le lit devient aussitôt l'arène d'un agencement-affrontement érotique.

Pour le lecteur moderne, l'assentiment de la pucelle ne correspond pas à ce oui qui ferait, pour nous autres modernes, la différence entre amour et viol ; d'autant plus que la belle semble enfantine aussi bien qu'infantile. L'initiation risque donc d'être interprétée – dans l'optique moderne – comme séduction d'une mineure, débutant sous les auspices d'un attentat à la pudeur.

L'inégalité des rapports est donnée non seulement par le fait que l'homme est plus expérimenté que la femme ; elle correspond également à ce renforcement d'autorité donné par l'idéologie dominante sur la légitimité de deux formes de

---

180 Voir les *Notes et variantes du IVe volume*, dans le *Recueil général et complet des fabliaux des XIIIe et XIVe siècles imprimés ou inédits*, éd. par MM. Anatole de Montaiglon et Gaston Raynaud, tome IV, éd. cit., p. 327.

181 *Loc. cit.*

182 « Les athlètes appellent cet état de grâce la « zone » – c'est le moment où l'excellence ne demande plus d'effort, où les spectateurs et les concurrents s'effacent dans le bonheur de l'instant [...] c'est le pur plaisir de l'acte qui les motive. [...] Dans l'état de fluidité, l'individu ne pense plus à lui-même [...]. L'individu fluide est si absorbé par ce qu'il fait qu'il perd entièrement conscience de lui-même et oublie les petits tracas de la vie quotidienne », Daniel Goleman, *L'Intelligence émotionnelle. Comment transformer ses émotions en intelligence*, tome I, *op. cit.*, p. 121-122.

désir. Ainsi, il est recommandable de désirer une belle jouvencelle, demandée en mariage par des hommes de toutes les classes ; en revanche, il est déconseillé de désirer un mode de locomotion réservé aux oiseaux.

Faire plaisir à l'autre – en répondant, d'une façon ou autre, à ses attentes – est, de même, une visée plus valorisante que de s'offrir un plaisir à soi-même, sans aucun profit socialement partageable. L'homme a Nature de son côté, alors que la femme tend à une démarche que le narrateur qualifie comme étant « contre nature »[183].

Un véritable pari s'engage : est-ce Nature ou Contre-Nature qui l'emportera ? Le spectacle promet d'être émotionnellement électrisant, puisqu'il est réservé à un public voyeur, qui a le privilège de franchir le seuil de cette chambre fermée.

Les champions des deux nobles causes – fécondité corporelle et pureté spirituelle – semblent d'abord s'entendre sur l'essentiel et collaborer de près dans la gestion du territoire, à tel point que l'on pourrait se demander, à ce moment du récit, qui est le propriétaire de la chambre. Le partage des biens et des buts est signalé par deux verbes au pluriel, placés stratégiquement à la rime : « Atant en une chambre *entrerent*, / Et l'uis seur eus mout bien *fremerent* »[184]. Seulement, le suspense est vite suspendu : la pucelle n'oppose aucune résistance, elle se laisse aussitôt réduire au statut d'objet par « li clers » qui « en .I. lit la coucha, / Plus de .XXX. foiz la baisa »[185]. S'il n'y a pas de violation territoriale, il y a tout de même une forme de violence, qui consiste à mettre l'autre à l'horizontale / diagonale et à lui infliger des cours d'aéronautique appliquée, en faisant valoir son statut d'initiateur en architectonique… aviaire.

Or, traiter l'autre en appareil de vol conduit au viol. « Se volez voler »[186], dit l'homme, il faut croire ceci. Un credo[187] est exigé, et il aboutit à un pacte de confiance unilatéral : « Je creant bien cestes parole », répond la pucelle, « et si le croi »[188]. Mais cette adhésion pressée ne suppose pas d'engagement lucide, car ce

---

183 *De la pucelle qui voloit voler*, dans le *Recueil général et complet des fabliaux des XIIIe et XIVe siècles imprimés ou inédits*, éd. par MM. Anatole de Montaiglon et Gaston Raynaud, tome IV, éd. cit., v. 94, p. 211.

184 *Ibid.*, v. 31-32, p. 209.

185 *Ibid.*, v. 33-34, p. 209. L'édition Noomen-Boogaard suit de près cette version, qui est commune aux deux manuscrits de base.

186 *De la pucelle qui voloit voler*, dans le *Recueil général et complet des fabliaux des XIIIe et XIVe siècles imprimés ou inédits*, éd. par MM. Anatole de Montaiglon et Gaston Raynaud, tome IV, éd. cit., v. 18, p. 208.

187 Ce credo n'est pas représenté dans l'édition Noomen-Boogaard, où le verbe *croire* est remplacé par *otroier*. L'entente est scellée dans les deux cas, mais, dans la version du manuscrit de Berne, elle n'est plus une question d'adhésion croyante et de persuasion aboutie. Nous préférons suivre, sur ce point encore, le texte de l'édition Montaiglon-Raynaud (et le manuscrit français 1593 de la Bibliothèque Nationale).

188 *De la pucelle qui voloit voler*, dans le *Recueil général et complet des fabliaux des XIIIe et XIVe siècles imprimés ou inédits*, éd. par MM. Anatole de Montaiglon et Gaston Raynaud, tome IV, éd. cit., v. 22-23, p. 209.

sont des arguments traîtreusement esthétiques qui jouent, aux dépens d'une collaboration rationnellement fondée : « Se vos comandez encor hui, / Vos quit je fere *plus biau* bec / Et *mieus assis* que nule espec » ; « *Plus bele* queue vos ferai / Que nus paons »[189]. La demoiselle, déjà belle, désire donc non seulement un nouveau champ d'expérience (*lasus*), mais aussi une beauté autre, phallique (comme le suggère l'*espec* / épieu), lourdement animale (comme le suppose la présence peu aérodynamique du paon). Le lecteur se prépare à assister à une scène de chirurgie esthétique : le vol devient une implantation de compléments de beauté.

Pour que l'opération soit crédible, cependant, l'excès est présenté comme une forme de nécessité, et les trente baisers sont ramenés à une procédure standard, censée exorciser les craintes d'un contact viril et pressant. « Fet on donc bec en tel maniere ? / Oïl »[190]. Ainsi, la jeune femme apprend que le bec ne pousse pas immédiatement, mais exige des efforts patients et itératifs, efficaces seulement dans la mesure où ils semblent superflus. La *maniere* transforme la manipulation d'un corps sur un lit de fortune en un émotif positif. Il faut subir des attentions focalisées sur des organes précis afin de voir ces organes s'accorder à la musique des hauteurs. Subir, c'est espérer ; souffrir une invasion, c'est pressentir une évasion. De l'étroit au large, il n'y a qu'un pas ; et ce pas s'accomplit au lit, en position dominant-dominée.

Pour commencer, l'émotif masculin vise donc l'apaisement et se borne à ce *oïl* monosyllabique. Son succès (ou *bonheur*, s'agissant d'un acte de langage) dépend, justement, du laconisme et de l'assurance qui le sous-tendent. Il est virilement crédible de *faire* – le bec ou la queue – plutôt que de *parler*, après le premier moment d'excès nécessaire et publicitaire. Et il est féminin de s'inquiéter, de temps en temps, et de relancer, pour vaincre la crainte, l'entretien.

Sans entrer dans les détails techniques, le chirurgien commence donc son implantation prophétiquement, autoritairement, comme s'il enfonçait vraiment un clou dans un *engin* prévu pour le vol : « tornez vos par darriere, / Car la queue vos en *ferai.* »[191]. Tout s'enchaîne logiquement, didactiquement. Le narrateur ne parle ni de l'érection, ni de la préparation émotionnelle de l'homme, comme s'il était naturel pour un initiateur au sexe-vol de s'exciter promptement, quel que soit le degré de disponibilité de son élève.

Quant à la demoiselle, elle exprime son consentement au futur, avec une application digne d'Héloïse : « je ferai / Tot ce que vos m'enseignerez »[192]. L'échange a la vertu d'uniformiser en quelque sorte les idiomes féminin et masculin, en les ramenant au dénominateur commun du *faire* au futur. Chacun s'engage à suivre l'autre : le clerc, le commandement de la pucelle, la pucelle, l'enseignement du clerc. La possibilité du viol est – formellement, du moins – exclue par ces accordailles explicites.

---

[189] *Ibid.*, v. 26-30, p. 209.
[190] *Ibid.*, v. 37-38, p. 209.
[191] *Ibid.*, v. 38-39, p. 209. Tous les manuscrits sont d'accord sur la nécessité de cette position.
[192] *Ibid.*, v. 40-41, p. 209.

Qui plus est, la jeune élève défie son professeur, en lui rappelant qu'elle attend de sa part une réussite totale, et immédiate : « Mès gardez que vos ne foulliez »[193]. Dès qu'elle « se met a recoillons »[194] ou « a est(o)upons »[195], promptement et désirablement, ce courage devant l'inconnu côtoie l'insolence. Impudique, pressée, elle adopte un ton impératif, avant même que l'opération (trans-)sexuelle ne commence. Elle veut une queue pour elle-même, pour devenir oiseau, et elle ne s'étonne pas le moins du monde que l'homme ait cette semence du vol, malgré son apparence plutôt anthropique.

L'évidence phantasmatique est là ; cependant, il est impossible d'établir si l'héroïne voit ou non l'attribut distinctif de l'être-oiseau, si elle désire la greffe en tant que *queue* ou en tant que pénis. Il est clair que son rejet répété des hommes ne la dispose pas, en principe, à accueillir l'altérité virile en tant que telle. Une chose est sûre : faillir, c'est rompre le pacte de réussite aéronautique, et tromper la confiance de la jeune aspirante au vol.

Lorsque l'homme « li embat jusqu'as coillons / Le vit ou con sanz contredit »[196], l'opération est apparemment dépourvue de toute émotion parasite, comme si les corps seuls étaient concernés. Le narrateur souligne d'emblée le succès de cette jonction réifiante, comme pour exorciser deux angoisses latentes : l'impuissance (*li embat jusqu'as coillons / Le vit ou con*) et le viol (*sanz contredit*). Selon ses normes de virilité, l'homme est donc « à la hauteur »... ou à la profondeur.

Et la femme ?

On ne saurait trop le dire : en termes médiévaux, elle peut être considérée comme la victime – ou bénéficiaire ! – d'un serment en blanc, puisqu'elle ne sait pas, au début, à quoi elle s'engage. Or, le serment en blanc n'est pas uniquement un motif fictionnel : il est mentionné, par exemple, dans un écrit aussi scrupuleux que la chronique diariste *De multro, traditione et occisione gloriosi Karoli, comitis Flandriarum* de Galbert de Bruges, où ce narrème intervient pour innocenter un jeune homme de l'entourage de Charles, associé, malgré lui, aux traîtres qui lui ont fait prendre un engagement dont il ne connaît pas les termes à l'avance. Dans le

---

[193] *Ibid.*, v. 42, p. 209.

[194] *Ibid.*, v. 43, p. 209.

[195] C'est ainsi qu'on décrit le positionnement de la demoiselle dans l'édition Noomen-Boogaard, qui est, sur ce point, fidèle à deux des trois manuscrits considérés ; voir *Nouveau Recueil complet des fabliaux*, éd. par Willem Noomen et Nico van den Boogaard, tome VI, éd. cit., v. 47, p. 169. L'expression « a est(o)upons » traduit tout simplement l'accroupissement, sans connotation paillarde adaptée à la circonstance ; voir Frédéric Godefroy, *Dictionnaire de l'ancienne langue française et de tous ses dialectes du IX*e *au XV*e *siècle*, tome III, Vaduz, Kraus Reprint, 1965 [1884], p. 630.

[196] *De la pucelle qui voloit voler*, dans le *Recueil général et complet des fabliaux des XIII*e *et XIV*e *siècles imprimés ou inédits*, éd. par MM. Anatole de Montaiglon et Gaston Raynaud, tome IV, éd. cit., v. 44-45, p. 209. En traduction, « il lui enfonce jusqu'aux couilles le vit dans le con », voir Jacques Lemaire, *Auteurs français du Moyen Âge. Les fabliaux français du Moyen Âge. Thèmes et textes (traduits)*, cours, Bruxelles, Presses Universitaires de Bruxelles, 2005, p. 23.

fabliau de la demoiselle aéronautique, le conteur semble aussi projeter une image où la naïveté et la bonne foi conduisent à une surprise qui risque d'être désagréable. L'est-elle ?... se demande, à juste titre, le lecteur.

Tout ce que l'on peut noter au moment de l'implantation de la queue est que la demoiselle n'a rien d'un objet malmené. Surprise, elle s'abstient d'exprimer directement la valence de son vécu émotionnel, mais fait le nécessaire pour la réussite de l'opération – *Ele se met a recoillons* / *est(o)upons* – et s'érige aussitôt en sujet parlant. Il y a donc assez d'indices pour permettre une hypothèse sur son vécu émotionnel.

Parler lors d'une (première) pénétration n'est pas exactement un bon signe. Surtout quand on parle pour ne rien dire, pour remplacer un acte de communication par un autre. En effet, la demoiselle de l'histoire se livre à une simple redondance verbale : même si elle sait depuis le tout dernier dialogue que l'opération vise à « faire la queue »[197], elle interpelle son architecte corporel sous le prétexte d'une demande d'information[198].

Il n'est pas exclu que cet acte de langage vienne marquer simplement le désir de la pucelle de créer un lien affectif autour de la coopération anatomique ; en outre, il s'agit d'une initiation dont elle entend comprendre à fond les soubassements cognitifs. Une question ontologique émerge donc de ce contact initiatique – « ice que est »[199] – et traduit l'émotion de la surprise par une ostension accompagnée d'une requête définitionnelle[200].

L'abc sexuel est donc fixé par la répétition, et l'homme ne tarde à ressasser à son élève sa deuxième leçon du programme convenu : « Il dit que la queue li met »[201]. Cette entente met le public sur une autre piste, qui relève de la fonction phatique du langage ; au moment où elle éprouve une nouvelle sensation, la demoiselle entend accuser réception sinon compréhension. Expliciter, c'est co-

---

[197] Dans les deux éditions consultées, la demoiselle a appris cette stratégie depuis cinq vers déjà et elle y a même consenti. Il est donc hors de question, selon une logique strictement narrative, qu'elle pose la question pour se renseigner sur la procédure.

[198] La typologie humaine des fabliaux n'exclut pas la possibilité d'une « naïveté feinte » ; la technique fait fortune dans les *Cent Nouvelles nouvelles* ; sur le « lexique de la duplicité » dans cet avatar du *conte à rire*, voir Alexandra Velissariou, *Aspects dramatiques et écriture de l'oralité dans les Cent Nouvelles nouvelles*, Paris, Honoré Champion, 2012, p. 208 et 469.

[199] *De la pucelle qui voloit voler*, dans le *Recueil général et complet des fabliaux des XIII*^e^ *et XIV*^e^ *siècles imprimés ou inédits*, éd. par MM. Anatole de Montaiglon et Gaston Raynaud, tome IV, éd. cit., v. 47, p. 209.

[200] Sur le rôle de la question dans la structuration narrative du fabliau, voir Brent A. Pitts, « Truth-Seeking Discourse in the Old French Fabliaux », art. cit., p. 98 : « *The narrative advances and the anatomical explorations continue, but only insofar as the questions receive coded answers* ».

[201] *De la pucelle qui voloit voler*, dans le *Recueil général et complet des fabliaux des XIII*^e^ *et XIV*^e^ *siècles imprimés ou inédits*, éd. par MM. Anatole de Montaiglon et Gaston Raynaud, tome IV, éd. cit., v. 48, p. 209.

gérer, émotionnellement, cette interaction sensible, et en réinvestir – ensemble ! – la dimension téléologique.

La suite est à peine une surprise pour le lecteur : la petite question sur « ice que est » constitue le prélude d'un acte émotif censé rappeler le but convenu, en infusant la coloration positive du vol à cet acte tout aussi nouveau et enthousiasmant (par association ou par sensation). Naît alors un désir sans peur et limite, le désir d'un corps nouveau, à la fois réceptacle et racine, matière et envol. Ou au moins l'expression d'un tel désir, excessive : « or esploitiez ; / Boutez *parfond,* si atachiez / si fermement qu'ele ne chie [...] / Je cuit que bien voler porrai »[202] .

La seule crainte qui hante l'esprit de la demoiselle concerne toujours la dimension corporelle, mais d'une façon qui n'a rien à voir avec l'impact brisant de la défloration : le grand mal serait, dans cette fable, de voir la queue choir et le vol faillir. Autant dire, la conjonction s'anéantir.

Les émotions que le lecteur est invité (ironiquement !) à attribuer à la « damoisele » – angoisse, doute, espoir, désir de solidarité, de réussite et de dépassement – investissent donc la verticalité, qui devient une dimension vertigineusement pertinente. Lors du bouleversement provoqué par le premier contact sexuel, la fascination de la hauteur – « voler [...] par mi l'air *lasus* »[203] – se mue en une recherche de la profondeur : *Boutez parfond.* Un idiome paradoxal, qui conjugue les contraires, naît de cette implantation de la queue / de la semence du vol. Atteindre le bas devient une condition *sine qua non* de l'élancement vers le haut, comme si le cosmos était désormais une dimension du corps humain. Certes, il s'agit d'une vision de fabliau, à prendre avec un grain de sel. Mais la *coincidentia oppositorum* est bien là, flagrante, au cœur de l'expérience initiatique née au carrefour d'une douleur, d'une bravade du dolorisme, de l'attente peut-être déjà confirmée d'un plaisir.

Pour le lecteur moderne, cette géométrie émotionnelle ne saurait exorciser l'image de la perpendiculaire brutale du viol, surtout à partir du moment où le narrateur ajoute quelques détails qui viennent contredire l'apparence d'une entente à visée coopérative et jouissive. Une fausse note émotionnelle suffit pour introduire la possibilité d'un court-circuit du vol au viol. « Et li clers boute jusqu'en l'angle, / Ne li chaut gueres de sa jangle. »[204]. *Bouter* est une chose, et réduire l'autre au silence (involontaire !) en est une autre[205].

On sous-entend qu'il y a, pour le moins, un désaccord quant au canal de communication, un manque de dénominateur commun : elle veut parler, lui veut venir à bout de cette virginité qui semble de plus en plus plausible et même pitoyable. En effet, la persistance à causer – puisque la « jangle » implique le

[202] *Ibid.*, v. 49-50, p. 209, notre italique.
[203] Voir plus haut, *ibid.*, v. 10-11, p. 208 ; notre italique.
[204] *Ibid.*, v. 55-56, p. 210.
[205] Les deux éditions opposent, sur ce point, l'acte masculin de « bouter » à l'échec féminin de l'acte verbal désigné par la *jangle.*

« bavardage, caquet, babil, criaillerie, hâblerie »[206] – suggère l'accrochement au versant rassurant de l'interaction, la présence d'une crainte à bannir par la parole, le besoin de meubler de mots l'espace de ce dos-à-face déstabilisant.

Par ailleurs, nous sommes dans un contexte d'émotivité animale, et la position *a tergo* semble avoir un effet de plus en plus déshumanisant, puisque l'homme ne tient plus compte de l'appel de sa partenaire à la communication humaine. Il semble retenir de cet appel uniquement l'amorce d'une métamorphose en bête – et traite la femme directement en oiseau, lui appliquant des manœuvres sexuelles dépourvues de tout sentiment, de toute empathie (*ne li chaut*). Au fond, le lecteur est invité à assister à une rupture de la communication affective, voire à une dégringolade dans la bestialité. *Bouter* – exister, à contre-humanité.

Qui plus est, le lecteur – ou la lectrice (souvent envisagée comme une présence nécessaire dans l'auditoire des fabliaux[207]) – est invité(e) à railler la tentative verbale de la demoiselle, à y voir, comme l'homme de la fable, de la pure « jangle ». La péjoration rime avec la dérision, la minimisation de la locution avec la déconsidération. Certes, l'héroïne ne saurait dire des choses particulièrement sagaces ou savantes en cette circonstance, mais un simple refus pourrait se révéler pertinent devant un être humain. Le refus n'est pas de la *jangle*, il devrait être pris au sérieux, puisque c'est l'acte de communication qui fait la différence, en termes canoniques médiévaux, entre la fornication et le viol. Or, la demoiselle peut être consentante au début, et se raviser dès qu'elle éprouve les conséquences de son consentement ; mais tout changement d'avis est condamnable dans ce contexte où seul l'impératif de *bouter* mérite une attention suivie. Initier, en fin de compte, c'est réduire au mutisme et à l'animalité, soumettre à ses pulsions, bannir l'émotion et son langage de l'éloquence superbe et ciblée du corps qui « frappe, heurte, renverse, presse, pousse » (pour déployer les signifiés du verbe « bouter »).

L'homme « fet son talent »[208] de la femme, un point c'est tout. Et ce *talent* – désir – implique le *nonchaloir* quant au *talent* (locutoire) de l'autre. Le meneur du jeu est à la fois emporté par le flot d'une émotion de liaison et d'une insouciance déliante.

Une question se pose : un viol comme celui de la demoiselle ailée a-t-il des chances d'être considéré comme tel par les instances civiles ou ecclésiastiques de l'époque ? Nous sommes dans un monde fictionnel où une femme s'enferme de bon gré avec un homme et s'adonne non seulement à une expérience scientifique, mais aussi – plus pertinemment pour notre propos – à la « jangle » ou à la

---

[206] Voir l'article « jangle », dans Frédéric Godefroy, *Dictionnaire de l'ancienne langue française et de tous ses dialectes du IXe au XVe siècle*, tome IV, Vaduz, Kraus Reprint, 1965 [1885], p. 632. Ces acceptions y sont mentionnées en premier lieu ; elles sont suivies du sens de « divertissement », qui constitue une seconde entrée.

[207] Voir, par exemple, Lisa Perfetti, *Women and Laughter in Medieval Comic Literature*, Ann Arbor, University of Michigan Press, 2003, notamment les sections "Women Laughing, Men Writing", p. 20-22 et "Who's Laughing and Why? The Medieval Audience", p. 22-28.

[208] *De la pucelle qui voloit voler*, dans le *Recueil général et complet des fabliaux des XIIIe et XIVe siècles imprimés ou inédits*, éd. par MM. Anatole de Montaiglon et Gaston Raynaud, tome IV, éd. cit., v. 57, p. 210.

« hognerie »[209]. Grommeler, vociférer, était-ce suffisant pour établir l'existence du délit de *stuprum* ou *raptus* ? D'après Dietmar Rieger, la « preuve n'était en général pas seulement fournie par les cris de la femme, sa résistance physique, la plainte déposée dans les délais fixés, les *pièces à conviction* telles que vêtements déchirés ou cheveux décoiffés, mais il fallait avoir des témoins (pour les cris par exemple) dont la déposition, cependant, pouvait être compensée par des témoins de moralité en faveur du coupable — ce qui montre une fois de plus la composante misogyne des modalités de traitement de ces cas litigieux. »[210]

Or, notre demoiselle n'a pas de « pièces à conviction ». Elle a simplement exprimé un accord, ensuite un désaccord avec l'homme aux faveurs duquel elle s'est exposée de plein gré.

Quels risques un violeur courait-il aux yeux de la loi ? La mort, répondent les historiens. Mais pas seulement : des « peines de remplacement » pouvaient compenser la peine capitale : la mutilation, la castration, des amendes. Tout dépendait du for de jugement auquel le cas était présenté : « Bien des délinquants cherchaient de préférence refuge dans le domaine dépendant de la juridiction ecclésiastique — dans le cas où ils n'y étaient pas soumis d'office en leur qualité d'hommes d'Église — car les peines encourues (excommunication, pénitence publique, prison, fouettement, amende etc.) étaient de loin plus légères que celles de la juridiction séculière, bien que le *stuprum* ou le *raptus* fussent considérés également comme *enormis delictum* dans le droit canon. D'après le droit canon (par opposition à certains droits coutumiers), l'état de fait du viol n'était d'ailleurs donné qu'avec coït accompli — tout du moins aux yeux de certains commentateurs. »[211].

Le fabliau présente un cas de coït accompli, mais où les protagonistes commencent et finissent par s'accorder l'un à l'autre, malgré le malentendu qui éclate au beau milieu du premier acte. La situation, aggravée par le fait que la femme est vierge (encore que les dames mariées puissent aussi porter plainte) et qu'elle est pratiquement abusée sur le type et la visée de l'interaction, devient néanmoins ambiguë lorsque le narrateur la redéfinit dans ces termes plus que pacifiques : « [Quant de li ot fet son talent], / Lez li s'asist cortoisement, / Et la damoisele lez lui »[212]. Il faut néanmoins préciser que le manuscrit français 1593 de la Bibliothèque Nationale est le seul à introduire cette idée de galanterie post-

---

[209] Voir le complément de « Notes et variantes », dans le *Recueil général et complet des fabliaux des XIIIe et XIVe siècles imprimés ou inédits*, éd. par MM. Anatole de Montaiglon et Gaston Raynaud, tome IV, éd. cit., concernant le vers 55, p. 328. On y précise que le manuscrit Paris, Bibliothèque Nationale, fr. 25545 remplace les vers 55 et 56 par quatre autres, où le narrateur précise : « li clers entent à son affaire / Et pense de sa coe faire ; / Ne li chaut gueres c'ele hoingne ; / Mout bien entant à sa besoingne ».

[210] Dietmar Rieger, « Le motif du viol dans la littérature de la France médiévale entre norme courtoise et réalité courtoise », *Cahiers de civilisation médiévale*, 123, 1988, p. 246.

[211] *Loc. cit.*

[212] *De la pucelle qui voloit voler*, dans le *Recueil général et complet des fabliaux des XIIIe et XIVe siècles imprimés ou inédits*, éd. par MM. Anatole de Montaiglon et Gaston Raynaud, tome IV, éd. cit., v. 58, p. 210.

ludique : les deux autres remplacent l'adverbe « cortoisement » par « tost errement » ou « de maintenant »[213].

En revanche, dans l'édition Montaiglon-Raynaud, ce paradoxal éclairage courtois[214] fait en sorte que la poursuite du plaisir égoïste, la nonchalance quant à l'expérience de l'autre, la violence du *bouter* versus la *jangle*, se fondent finalement dans un vécu symétrique, distant, voire respectueux. Pour le conteur / rédacteur, le cas est net : il n'y a aucun viol, puisque personne ne porte plainte. Au contraire, la demoiselle, qui vient d'apprendre comment on *met la queue* pour voler, exige la reprise immédiate de l'opération.

Régulation émotionnelle

Dans deux des trois manuscrits du fabliau, le mariage est recommandé sinon perpétré. Si cette issue reste un idéal incontestable[215], c'est qu'elle est de nature à arranger les choses entre trompeur et trompée, en redéfinissant l'abus sexuel sous les auspices du lien conjugal.

Il convient de rappeler que dans certains cas, vers la fin du Moyen Âge, une bonne partie des mariages étaient conclus suite à des viols « réparés » ; la situation semble même se généraliser en Angleterre[216]. Certes, rien d'indique un tel tournant juridique – « réprouvé par le droit romain mais [...] ancré dans le droit canon depuis Gratien »[217] – dans le monde (fictionnel) du fabliau. Mais nous assistons ici à un cas typique de réparation de l'offense sexuelle, qui se donne à lire comme le début d'une belle histoire de plaisir et d'enfantement – autant dire, de « famille »...

---

213 Voir *Notes et variantes*, *ibid.*, p. 328.

214 L'édition critique réalisée par Willem Noomen et Nico van den Boogaard privilégie l'adverbe « demaintenant », voir *Nouveau Recueil complet des fabliaux*, tome VI, éd. cit., v. 62, p. 169.

215 Seule l'édition Montaiglon-Raynaud réalise cet idéal en légitimant la leçon – unique et généreuse – du manuscrit français 1593 de la Bibliothèque Nationale. Une fois n'est pas coutume ; cependant, rien n'empêche le lecteur d'embrasser cette variante, dont l'atmosphère maritale est autorisée aussi par l'éthique promue, en guise de dénouement, par le manuscrit français 25545 de la Bibliothèque Nationale. Par ailleurs, les éditeurs Willem Noomen et Nico van den Boogaard reconnaissent que les trois manuscrits sont également (in)fidèles à leur source : « Les trois manuscrits dans lesquels a été conservé le fabliau de la *Pucele qui voloit voler* offrent globalement le même récit, bien qu'ils diffèrent sur des points de détail parfois assez importants. [...] La différence est due en bonne partie à l'épilogue qui, dans I [manuscrit français 25545 de la Bibliothèque Nationale], compte 26 vers, contre 7 vers dans B [manuscrit 354 de la Burgerbibliothek de Berne] et 9 dans E [manuscrit français 1593 de la Bibliothèque Nationale]. Aucun des témoins ne représente plus ou moins fidèlement le texte primitif : chacun porte des traces d'altération et les nombreuses divergences font supposer une tradition assez complexe. », *Nouveau Recueil complet des fabliaux*, éd. par Willem Noomen et Nico van den Boogaard, tome VI, éd. cit., p. 157.

216 Rieger Dietmar, art. cit., p. 244.

217 *Loc. cit.*

Le genre de scène que l'on mettrait, de nos jours, dans un album de souvenirs (*Voici comment j'ai rencontré ta mère...*).

Pour recadrer *cortoisement* l'implantation d'une queue contre laquelle il y a eu à redire, voire à *jangler*, le narrateur souligne la disponibilité de la jeune héroïne à réguler son ressenti sur les normes émotionnelles en cours : une femme doit être modeste, accommodante, prête à censurer ses émotions de puissance (colère, fierté)[218], et à saluer l'idée de mariage dès qu'elle se traduit en une demande explicite. Telle est sa fonction, telle son émotionologie : aussi le conteur prépare-t-il le terrain à la récupération sociale de la belle rebelle.

Lorsqu'elle a expérimenté la greffe du bec et de la queue, la demoiselle n'a plus envie de se faire greffer des ailes, malgré le fait qu'elle continue, selon toute apparence, à investir le pacte initial. Au fond, le lecteur assiste à un détournement inavoué vers l'hédonisme de Nature. Au fur et à mesure que le plaisir sexuel se précise et que les zones érogènes se délimitent, une jubilation se prépare, phallocentrique : l'être-femme ne saurait plus se satisfaire d'un rêve qui exclurait l'homme. D'ailleurs, dirait le lecteur moderne, soucieux de souligner la symétrie, la solitude (masculine, dans le mythe !) est vouée à l'échec avec Dédale et Icare. Il faut former un couple Ariane-Thésée pour s'en sortir.

Le fabliau parle, à sa façon, d'un sauvetage *in extremis*, du décloisonnement de l'égo, de la reconnaissance d'une insuffisance de nature, à combler. Dans l'optique du conteur, dompter une femelle sauvage, qui entend s'ensauvager encore plus en prenant son envol du monde ordinaire, est une façon d'assurer le retour à l'ordre humain. La complétude se définit en termes féminins ET masculins, la cellule élémentaire étant la dyade. Pour re-normaliser cette vision, le rire, surtout moqueur, sert de régulateur.

C'est l'hypocrisie qui, ici, suscite ce rire : celle de la demoiselle initiée, qui fait semblant de tout ignorer, et de tout recommencer. Selon les apparences, elle ne rejette pas les efforts de son dompteur ; la régulation vient chez elle du dedans, par une prise de conscience du potentiel voluptueux de l'interaction avec l'homme. Seulement, l'héroïne se refuse à l'expression de ce nouvel état. Ses règles d'expression restent attachées à l'idéal du vol, si bien que le décalage entre l'émoi érotique et l'ambition aéronautique va grandissant : « Dans clers, dit ele, ce n'iert hui / Toute ceste queue parfete ? / Fetes la tost, car mout me hete. »[219]. Sa déclaration de plaisir recèle une demande d'efficacité qui évince la « jangle ». La femme aurait appris à parler, suggère le *fableor* ! Car parler, ce serait s'accorder à l'homme, et non s'opposer à son *talent*.

Il faut reconnaître que, s'il ne suppose plus le surgissement de questions-entraves, le style émotionnel de la demoiselle reste, malgré cette découverte

---

[218] Voir Silvia Krauth-Gruber, « La régulation des émotions », *Revue électronique de Psychologie Sociale*, 4, 2009, article disponible en ligne sur le site http://www.psychologiesociale.eu/files/RePS4.Krauth-Gruber.pdf, consulté le 5 mars 2015.

[219] *De la pucelle qui voloit voler*, dans le *Recueil général et complet des fabliaux des XIIIe et XIVe siècles imprimés ou inédits*, éd. par MM. Anatole de Montaiglon et Gaston Raynaud, tome IV, éd. cit., v. 60-62, p. 210.

sournoise de la sensualité, le même : elle est toujours pressée, toujours tendue vers un but qu'elle entend imposer à l'autre, dans un esprit d'impatience et d'effervescence juvéniles qui ne se dément pas. On croirait entendre dans cette dernière demande d'aide-au-vol l'écho de ses demandes précédentes – *Quant sera ce ? Dites le moi* ; *or esploitiez !* – comme si rien n'avait essentiellement changé dans sa façon d'être. Le sexe serait un moyen désirable d'atteindre, semble-t-il, le même but de singularisation volante. L'expression du désir reste autoritaire, hautaine, voire despotique : au fond, la demoiselle ne devient pas plus attentive à l'existence de l'autre. Initiée, elle ne connaît pourtant pas le fonctionnement de la *queue* suffisamment pour savoir qu'un certain tempo doit être observé afin de recommencer l'implantation.

L'initiation semble, du moins en partie, ratée : la pucelle, une fois dépucelée, n'a appris qu'un type nouveau de ressenti ; la fonction communicative, cohésive, empathique, de l'interaction sexuelle continue à lui échapper. Solitaire, elle le reste, même quand elle décide de prolonger l'enfermement à deux. Un simple transfert de solitude semble s'opérer entre ces murs de faux apprentissage et de faux enseignement aérien. Ce qui manque est, justement, l'air.

Quant aux autres manques, la demoiselle précise, comme pour illustrer cette hypocrisie nouvelle – et hilarante – en l'imprégnant d'une nuance d'indifférence empruntée à son maître : « Du bec, des eles *ne me chaut* / Je les metrai bien en respit »[220]. Le *nonchaloir* se laisse donc implanter aussi sûrement que la queue. Or, les ailes étaient, au moment de l'accord initial, les premiers engins mentionnés. La conquête du ciel ne semble plus aussi prioritaire que la seule, et urgente !, greffe de la queue : en termes freudiens, on assiste à la fixation génitale de la libido. De tous les prétendus moyens d'arriver *lasus*, elle en garde un seul – probablement le plus pertinent par rapport au spectre émotionnel de l'élévation : libération d'énergies, déploiement de possibles, oubli de soi, de ses servitudes ordinaires ...

Cette réévaluation de la pertinence d'un acte par rapport à son but – pratiquement l'implantation de la queue supplante les autres implantations prévues – transforme le geste utile en une expérience désirable et agréable en soi, dont la fonctionnalité s'efface de plus en plus. Lorsque le moyen arrive à remplacer non seulement les autres moyens, mais aussi, secrètement, le but, lorsque le corps en vient à remplacer le mouvement, tout est immanence, implosion, jouissance.

Une émotion de plus en plus résolument positive se fait sentir : l'enthousiasme érotique a besoin de certitudes, et l'implantation phallique est planifiée, avec un acharnement remarquable – « chascun jor, petit et petit nuit et jor »[221] – qui relève de la dépendance hédonique la plus ordinaire. Sans (se) l'avouer, la demoiselle est ramenée au dénominateur commun du sexe procréateur, et perd ses rêves distinctifs, créatifs. L'émotivité sexuelle tend à une uniformité profonde, qui suppose de focaliser l'aire génitale pour canaliser le vol intérieur.

---

[220] *Ibid.*, 66-67, p. 210.

[221] L'acharnement est présent dans les autres manuscrits aussi, avec la même notation temporelle – « chascun jor un petit » ; l'édition Montaiglon-Raynaud insiste davantage sur cette régularité de la vie sexuelle ; voir *ibid.*, v. 80-81, p. 210.

Si *voler* devient synonyme de *jouir*, une nouvelle hypothèse surgit : la demoiselle pressent probablement que le plaisir doit aboutir à quelque état paroxystique, et entend découvrir en elle-même cet aboutissement, qu'elle continue à appeler, par commodité, « voler lasus », et qu'elle focalise de façon tout aussi impérative. L'exploration s'assume comme telle et change simplement de visée, en remplaçant l'évasion par l'invasion.

Quant au rapport entre homme et femme, il reste tendu : le consentement ne change pas le potentiel conflictuel de cette relation pénible, forcée, claustrée. Seulement, l'amatrice de grands espaces aériens en vient à séquestrer son fournisseur de queue, en l'exhortant, encore et encore, à honorer le pacte d'animalisation. Désormais, le « faire » se réduit à un échange quotidien d'ordres et d'obéissances sexuelles ; une date limite est fixée à ce moule d'interaction : la queue « n'iert faite devant .I. an »[222]. Cette durée rappelle la pratique du valentinage, par son caractère de « contrat à durée limitée » et son caractère foncièrement érotique[223]. Il s'agit d'un pacte qui émerge d'une entente spontanée, enthousiaste, qui s'accroche à la garantie improvisée de deux invocations religieuses : « Se Deus me sequerre ! »[224]– dit l'homme ; « par saint Jehan ! »[225] – répond la demoiselle.

Le retour au *common ground* du sentiment religieux est une forme de régulation émotionnelle, censée offrir des moules de fiabilité à la bonne foi mutuelle. La règle (implicite) veut qu'un homme s'engage véritablement à une tâche dans la mesure où il en appelle au secours divin, et qu'une femme s'investisse dans une relation dans la mesure où elle peut prendre un saint comme Jean à témoin[226]. Ces actes de parole remplacent la déclaration de désir (*je te veux pour un an*), et la coulent dans une forme humainement recevable. Rappeler qu'il y a *Deus*, c'est rappeler qu'il y a un modèle génésique de l'homme, et que ce repère n'est pas le corps d'un oiseau. Suggérer que l'homme peut devenir un saint, c'est « normaliser » l'évolution, lui donner un sens distinct du vol d'Icare. La sainteté, telle qu'elle est mentionnée par la demoiselle, devient une solution à mi-chemin entre la stagnation dans le terrestre et l'envol le plus éthéré.

D'autre part, l'homme invoque l'aide de Dieu pour une raison suggestivement implicite : il aurait besoin d'un coup de Main (!) pour mener à

---

[222] *Ibid.*, v. 74, p. 210.

[223] Voir René Nelli, *L'érotique des troubadours. Contribution ethno-sociologique à l'étude des origines sociales du sentiment et de l'idée d'amour*, Toulouse, Privat, tome I, p. 47-66.

[224] *De la pucelle qui voloit voler*, dans le *Recueil général et complet des fabliaux des XIIIe et XIVe siècles imprimés ou inédits*, éd. par MM. Anatole de Montaiglon et Gaston Raynaud, tome IV, éd. cit., v. 70, p. 210.

[225] *Ibid.*, v. 72, p. 210. L'édition Noomen-Boogaard retient aussi ces références religieuses, présentes également dans son manuscrit de base.

[226] Il y a un versant narratologique de l'évocation des saints : « *In all the fabliaux [...], invocation of the saints measurably enhances the text, be it through their identity or their placing.* », Anne Cobby, « "Saint Amadour et sainte Afflise": Calling upon the Saints in the Fabliaux », dans *Grant Risee? The Medieval Comic Presence. La présence comique médiévale..., op. cit.*, p. 174.

bien sa greffe de l'année. Demande de bénédiction en vue d'une conception ? Aveu d'impuissance ? Angoisse du ratage ? Il y a, en tout cas, une syncope ; de l'optimisme initial à cet appel au secours, le lecteur est invité à mesurer l'écart. L'ironie, par ailleurs, n'est pas à exclure[227] : il se peut que la jubilation mâle d'être le responsable *unique* de la grande leçon de biologie méritée (et exigée) par la belle demoiselle s'exprime par ce rappel que le *seul autre* responsable est Dieu. Autrement dit, le jeune héros se félicite d'avoir évincé tous ses rivaux et de ne garder que le Seigneur à ses côtés[228].

Sous cette forme conventionnelle, la déclaration de disponibilité et de soumission sexuelles scelle le vasselage masculin et ouvre une voie plus nette à l'autorité féminine, qui se manifeste de façon tyrannique : « Jamès de moi ne partirez / Devant que fete ne m'avrez [la queue] »[229]. Le rapport des forces, néanmoins, reste ambigu : après tout, c'est la pucelle qui représente le grand trophée désiré par tous. Or, elle semble se laisser manipuler par le planteur de queue qu'elle choisit elle-même, tout en croyant le manier pour atteindre ses buts, ou pour le retenir indéfiniment à son service ; il est difficile de dire qui manipule qui, à ce stade...

Loin de l'attraction des hauteurs, l'homme et la femme s'adonnent donc ensemble à l'œuvre de Nature, se croyant, chacun à sa façon, en accord avec le commandement divin. Comme ils sont célibataires tous les deux, ils n'ont aucune transgression à se reprocher ; le consentement une fois scellé, le viol ne hante plus leur commerce, pas plus que le vol. Au pire, leur statut serait celui de concubins-valentins. En tout cas, le clerc fait ce qu'il a promis de faire, au nom de Dieu, tandis que la femme en jouit « chascun jor »[230], au nom de ce saint particulièrement aimé au Moyen Âge, connu surtout pour son statut de fils de Marie, élu par la grâce, transformé en un *alter Christus* capable de garder sa pureté et de devenir, sous le signe de l'aigle, l'un des quatre évangélistes[231]. Le tandem Jésus-Jean

---

[227] Selon Mary Jane Stearns Schenck, *The Fabliaux : Tales of Wit and Deception*, *op. cit.*, p. 106, l'ironie correspond au « mythos » hivernal typique de la séquence principale du fabliau. Selon l'auteure, le fabliau serait un genre fondamentalement ironique, car il ne dépasserait point ce stade : « *The fabliau, of course, goes no further than this myth [of winter or irony] : the hero never arrives and chaos is produced by the forces of disorder breaking down the status quo* ».

[228] L'allusion aux saints ou à Dieu est aussi, selon Roy James Pearcy, un catalyseur de l'obscénité possédant une *shock-value* appréciable, voir *id.*, « Fabliau Intertextuality, Some Connections between Related Comic Narratives », *Reinardus*, 20, 2008, p. 61.

[229] *De la pucelle qui voloit voler*, dans le *Recueil général et complet des fabliaux des XIIIe et XIVe siècles imprimés ou inédits*, éd. par MM. Anatole de Montaiglon et Gaston Raynaud, tome IV, éd. cit., v. 73-74, p. 210. Même limitation de la liberté de mouvement de l'homme dans l'autre édition de référence, voir le *Nouveau Recueil complet des fabliaux*, éd. par Willem Noomen et Nico van den Boogaard, tome VI, éd. cit., v. 77-78, p. 170.

[230] *Ibid.*, v. 77, p. 210.

[231] Sur l'image de saint Jean au Moyen Âge, voir, par exemple, Jeffrey F. Hamburger, *St. John the Divine. The Deified Evangelist in Medieval Art and Theology*, Berkeley et Londres, University of California Press Ltd, 2002, surtout les chapitres 2, "Theologus

inspire ce couple, d'une manière retorse et originale, à devenir un couple de parents.

La pulsion du vol est définitivement corrigée lorsque le corps féminin, « bouté » et « empaint » à point, en vient à s'alourdir de cette grossesse prévisible, aucunement miraculeuse.

C'est le couronnement de la régulation émotionnelle menée par le clerc et désirée par la demoiselle : la meilleure méthode de rappeler à la jeune rêveuse qu'elle est avant tout une femme, soumise aux lois biologiques, promise aux émois de la maternité et non à l'extase stérile d'un survol du monde. Il faut procréer et non survoler ; investir positivement les émotions du vécu en dyade, peser son poids humain de toutes ses cellules ; être-là.

Comme pour Marie – cette grande absente qui hante, invisiblement, le pacte des deux jeunes terriens – la seule voie d'accéder au ciel promis aux hommes (Dédale, Icare ; Jésus, Jean) est de recevoir la graine et de se soumettre, de bon gré, à la gravité.

Positif – négatif. Le continuum émotionnel

Si tout état émotionnel est caractérisé par plus ou moins d'affect positif et plus ou moins d'affect négatif, comme le soutiennent certains chercheurs[232], il serait intéressant de voir comment le fabliau de la demoiselle aéronautique joue sur la dualité du ressenti au moment où le vol, le viol, le valentinage versent dans le mariage.

L'année de coopération sexuelle aboutit d'une façon paradoxale : au lieu de voler, l'héroïne est sur le point d'accoucher. Comme son repère émotionnel reste, officiellement, le vol, elle semble d'abord éprouver des états explosivement négatifs. Le sentiment d'être trompée s'épanche véhémentement : « Clers, vos m'avez gabée / [...] / Malement m'avez or atainte, / Empiriée sui malement ; / Pris ai mauvès amendement »[233]. L'expérience est évaluée de façon radicalement négative – *malement malement* ! – au sein du bilan de l'interaction avec le clerc.

D'une part, le ton est reprocheur, hargneux, hostile envers l'interlocuteur ; d'autre part, il n'éclate point dans l'insulte ou l'injure. La distance sociale est

---

noster : the Deification of John", et 6, "The Body and Blood of Christ : Mary's Adopted Son", p. 43-64 et 165-178.

232 Selon le modèle Watson – Tellegan, l'affect positif et l'affect négatif seraient des facteurs unipolaires indépendants. Voir Paula M. Niedenthal, Silvia Krauth-Gruber et François Ric, *Comprendre les émotions. Perspectives cognitives et psycho-sociales*, Wavre, Mardaga, 2008, p. 64-65.

233 *De la pucelle qui voloit voler*, dans le *Recueil général et complet des fabliaux des XIIIe et XIVe siècles imprimés ou inédits*, éd. par MM. Anatole de Montaiglon et Gaston Raynaud, tome IV, éd. cit., v. 81 et v. 83-85, p. 211. La demoiselle de l'édition Noomen-Boogaard est tout aussi révoltée ; seulement, elle traite son changement de grossissement, aussi bien que de grossesse, voir *Nouveau Recueil complet des fabliaux*, éd. par Willem Noomen et Nico van den Boogaard, tome VI, éd. cit., v. 87, p.170.

brusquement ajustée selon ces nouveaux rapports affectifs : l'appellatif « Clers » signale simplement le retour à la situation initiale, où l'autre n'était qu'un étranger sans nom et sans attrait, identifiable par son profil d'intellectuel. L'empathie tend à zéro, tout comme la sympathie : la femme ne partage et ne comprend pas les sentiments de cet homme et elle ne lui trouve aucune excuse, aucune justification émotionnellement pertinente.

Le manuscrit français 25545 de la Bibliothèque Nationale prête à l'héroïne un dynamisme corporel qui rend la chute flagrante, voire déchirante : « Cele à la terre se roilloit / Qui devant haut voler vouloit, / Et se clamme lasse chetive : / Mieus vorroit morir qu'estre vive »[234]. Ainsi, le ciel « lasus » est remplacé par une attraction suicidaire à la terre.

Dans la foulée de la même émotion richement négative, le manuscrit de Berne étend la tromperie à l'ensemble des comportements du clerc : « Bien savez engigner la gent »[235], lance la demoiselle. Cette lucidité ne prend pas d'accents désespérés ; elle se contente de renforcer les accusations, en créant un climat hostile et tendu, qui prépare le dénouement sec, moralisateur, non-conjugal.

Avec le texte de l'édition Montaiglon-Raynaud, l'interaction initiatique se redéfinit aussi de façon spectaculaire ; elle apparaît sous le jour d'un acte didactique raté à cause de l'incompétence de l'enseignant, sensible dans le résultat immédiat de son travail : « Pris ai mauvès amendement. / Comment porroie je voler ? / A paine puis je mès aller. »[236]. Ce qui surprend dans cette version est l'utilisation du mot « amendement », qui traduit une « réparation », comme si la demoiselle s'était trouvée défectueuse, incomplète, cassée avant l'application de la queue…

Dans les trois versions, juger son maître d'école conduit la demoiselle à dépasser sa condition d'écolière, provisoirement (et autoritairement) revêtue. Dès le constat de la grossesse, le pacte est rompu, la confiance dans le savoir de l'autre est retirée, au profit d'une émancipation cognitive proclamée haut et fort : « Je sai bien que je sui ençainte »[237].

Le manuscrit français 25545 de la Bibliothèque Nationale insiste sur les émotions négatives ancrées dans le corps de la femme enceinte ; tout semble la condamner à l'impuissance, à la lourdeur, à l'immobilité : « Ne me puis ceindre ou lever »[238], finit-elle par avouer, vaincue. Cet abattement du corps s'accompagne cependant d'une évolution spirituelle, fléchée par le sens le plus intime de l'initiation. De nouveau souveraine dans ses vues, la demoiselle peut dénoncer la violation de l'accord initial. Elle a cru au clerc, et elle n'y croit plus.

Une question émerge, souriante, en marge de ce discours ballotté de regrets : si la demoiselle sait comment on tombe enceinte, pourquoi s'est-elle prêtée au jeu

---

[234] *Notes et variantes* au fabliau *De la pucelle qui voloit voler*, dans le *Recueil général et complet des fabliaux des XIIIe et XIVe siècles imprimés ou inédits*, éd. par MM. Anatole de Montaiglon et Gaston Raynaud, tome IV, éd. cit., p. 329.

[235] *Ibid.*, p. 330.

[236] *De la pucelle qui voloit voler*, *ibid.*, v. 86-88, p. 211.

[237] *Ibid.*, v. 83, p. 211.

[238] *Notes et variantes* au fabliau *De la pucelle qui voloit voler*, *ibid.*, p. 330.

d'envol ? Et pourquoi déchire-t-elle la métaphore précisément à ce moment critique, où l'innocence abusée serait un argument pro-conjugal ? Un clin d'œil est adressé au lecteur : l'accusation est aussi (et surtout ?) un aveu de complicité, un appel à la plus douce des réparations : la continuation, nuptiale, de l'expérimentation aviaire.

Plus que le ressenti, ce qui change est, au fond, l'expression de l'émotion : il n'est pas exclu que la demoiselle prenne plaisir à mimer le mécontentement... Dans l'ensemble, le choix des termes à connotation négative se révèle convergent, cumulatif, systématique : *gaber*, *malement ataindre*, *estre empiriée malement*, *prendre mauvès amendement*, *povoir aler a poine*. Toutefois, la contestation de la greffe reste douteuse, comme le suggère la mention lucidement ludique ou ludiquement lucide *Je sai bien que je sui ençainte*, qui s'avère d'une haute pertinence comique. La petite explosion de la surprise se fait dans les coulisses de la parole, et n'effleure que le langage du corps. Après tout, « l'aventure fut bele » à la « damoisele »[239], comme le précise malignement le poète de cette version, en guise de conclusion.

Aussi le jeu est-il joué : le nuage d'émotions négatives se laisse de plus en plus percer par l'éclair d'une taquinerie érotique. Qui s'aime se taquine... Seulement, il faut changer de taquinerie, changer de langage. L'être-oiseau se déclare mère. La révolte contre l'enseignant se mue en désir d'être traitée en égale, en compagne du savoir, et du savoir-faire.

La réponse du clerc suit la même règle du jeu : content de n'avoir « mie failli »[240], dans les termes du conteur, il mime le mécontentement d'un inculpé sans coulpe. Sensible aux termes de l'accusation – « N'iestes *empiriée* de moi : / Se grosse estes, ce est nature »[241] – il reste néanmoins insensible au fond du problème. Pour lui, il n'y a pas de mal, de pire, d'empirement. La grossesse est le fruit de nature, et on peut deviner la fierté de l'homme dont la virilité est confirmée par une paternité. Santé, normalité, nature – tels sont les repères émotionnels qu'il reconnaît et défend. Sa jubilation atteint l'apogée[242] au moment où il déclare que la « folie » de la demoiselle est bel et bien régulée : « Folement vouliez ovrer : / Un poi estes apesantie »[243]. De *folement* à *un poi*[244], on peut mesurer la distance et la

---

[239] *De la pucelle qui voloit voler*, dans le *Recueil général et complet des fabliaux des XIII*^e *et XIV*^e *siècles imprimés ou inédits*, éd. par MM. Anatole de Montaiglon et Gaston Raynaud, tome IV, éd. cit., v. 108, p. 211.

[240] *Ibid.*, v. 106, p. 211. Seule cette version souligne et couronne la réussite du clerc.

[241] *Ibid.*, v. 93, p. 211.

[242] Selon Thomas D. Cooke, tout fabliau est structuré de façon à mettre en place un « climax » comique ; voir *The Old French and Chaucerian Fabliaux. A Study of their Comic Climax*, Columbia et Londres, University of Missouri Press, 1978, p. 109.

[243] *De la pucelle qui voloit voler*, dans le *Recueil général et complet des fabliaux des XIII*[e] *et XIV*[e] *siècles imprimés ou inédits*, éd. par MM. Anatole de Montaiglon et Gaston Raynaud, tome IV, éd. cit., v. 97, p. 211.

[244] Même logique antithétique dans l'autre édition de référence : « Trop par en faites a blasmer, / De poi estes apesantie », *Nouveau Recueil complet des fabliaux*, éd. par Willem Noomen et Nico van den Boogaard, tome VI, éd. cit., v. 100-101, p. 170.

tempérance. Il n'y a rien à regretter, puisque la pesanteur est une dimension naturelle, une condition indispensable – enfin remplie – de la stabilité et de l'humanité.

Ainsi, le clerc devient un champion de Nature, fraîchement et fièrement victorieux. Il a joui, il a conçu : « par la foy » due à la demoiselle, le moment est venu de célébrer une réussite qui pourrait devenir un trait d'union. Ainsi, il entend rester fiable et respectable, voire admirable aux yeux de celle qu'il admoneste ouvertement et ménage discrètement. « Un poi » ébréchée, la « foy » peut devenir, au nom de saint Amant (/Amand), « fiance ». Tout dépend de cet affrontement final et prénuptial : le clerc va-t-il finir par « avoir » la belle ? Au-delà de toute métaphore ?

Il y a quelque chose de virtuellement comique dans l'allusion faite à ce saint Amand (dont le nom est comiquement érotisé par la transcription *Amant*) qui mène une vie itinérante et se plaît à dompter des serpents[245]. Le clerc de l'histoire en est la vague, et hilarante, caricature : il fait aussi, sans croix, un effort d'apprivoiser le serpent volant qui représente, en creux, cette Ève fascinante et intangible…

Toutes les versions s'accordent, émotionnellement, sur un point : le retour à la loi de la pesanteur éveille la superbe d'un côté, le sens de la vulnérabilité de l'autre. Pour un laps de temps qui varie selon les manuscrits, le narrateur aggrave ce déséquilibre, en le transformant en un véritable règlement de comptes : « En tel maniere fu servie / Cele dont vos poez oïr / […] / Qui outrage quiert, il li vient »[246]. Le « service » consacré à la femme devient une revanche moralisatrice, qui n'a plus de rapport avec le service courtois. Déflorer, alourdir, réguler : le conteur recommande au lecteur la recette d'une émotion typiquement légitime. Un seul élément manque encore à cette chaîne de nature : épouser. Or, c'est un faire culturel facultatif, comme le montre l'absence du narrème dans la plupart des versions du fabliau.

Le manuscrit français 25545 de la Bibliothèque Nationale est le plus sévère ; pour châtier l'orgueil de la demoiselle, il abandonne celle-ci à la « lange » (langueur[247]), lui ôtant jusqu'à la jouissance. L'émotif est ciblé : quitter la demoiselle, c'est la déterminer à languir, autant dire à désirer ce qui pouvait lui sembler, au début, indésirable.

Tout compte fait, l'émotion *juste* chez une jeune femme ne peut être que l'attraction envers l'homme, et le conteur de cette version tient à mettre le point sur

---

[245] Voir par exemple Régis de la Haye, *Le Dossier historique de saint Amand*, disponible en ligne sur le site http://home.kpn.nl, consulté le 5 mars 2015, p. 4.

[246] *De la pucelle qui voloit voler*, dans le *Recueil général et complet des fabliaux des XIIIe et XIVe siècles imprimés ou inédits*, éd. par MM. Anatole de Montaiglon et Gaston Raynaud, tome IV, éd. cit., v. 98-99 et 101, p. 211. Dans l'édition concurrente, on interprète le proverbe ainsi : « Qui a des prétentions excessives peut s'attendre à en subir les effets négatifs », *Nouveau Recueil complet des fabliaux*, éd. par Willem Noomen et Nico van den Boogaard, tome VI, éd. cit., p. 339.

[247] Frédéric Godefroy, *Dictionnaire de l'ancienne langue française et de tous ses dialectes du IXe au XVe siècle*, tome IV, éd. cit., p. 714.

le i de cette incomplétude féminine essentielle, insurmontable, *obligatoire* : « Or soupire, or plore des ieus ; / Bien est abatus ses orguieus / Par .I. vaillant clerc et estrange / Qui ainsis l'a laissiée au lange »[248]. Plus l'orgueilleuse est humiliée, plus le clerc est vaillant et le public satisfait. Un continuum se crée entre l'accablement de l'héroïne et l'exaltation de la démarche corrective du héros. Le champion de la vie l'emporte sur l'auteure de cette évasion (échouée) outre-vie, et il y a un progrès émotionologique à célébrer, puisque l'exception féminine reconnaît la règle et s'y soumet, en nourrissant, de ses larmes, la loi de l'éternelle complémentarité du masculin et du féminin.

La souffrance est donc nécessaire, l'émotion négative devient même une base pour l'émotion positive associée : il faut une chèvre émissaire pour que triomphe l'idéologie du mariage, qui est donc, indéniablement et heureusement (!), le seul bien auquel peut – et doit – aspirer la femme. Ceci dit, l'opportunisme conjugal s'érige en règle morale[249] incontournable : « Mariez vos selonc le tens, / Adonc quant lieus en iert et tens »[250]. Peu importe la compatibilité en matière d'idéaux : si l'homme arrive au bon moment, la femme lui doit son « oïl ».

L'édition Montaiglon-Raynaud, en revanche, suit une voie plus douce, qui réconcilie, hâtivement et superficiellement, mais exemplairement, les aspirations des deux protagonistes. Le manuscrit français 1593 de la Bibliothèque Nationale, dont l'épilogue n'est ni abrupt comme celui du manuscrit de Berne, ni insatiablement pédagogique comme l'autre manuscrit parisien, vise à rehausser la morale conjugale d'une façon moins sévère et plus efficace, en conduisant la demoiselle de la fierté et de l'obstination – *via* la surprise d'une leçon de fécondité – aux émotions positives de la dyade conjugale. C'est l'émotionologie de la meilleure fin possible qui triomphe : après tout, l'homme réussit à épouser la belle désirée, la femme son meilleur prétendant, devenu l'unique traducteur de son désir de vol ; chacun a sa part de plénitude, et l'aventure est « bele » au couple en tant que tel.

La fin, tout de même, semble surimposée, puisqu'elle se heurte à la régulation punitive par l' « outrage » mentionné au vers 101. Le mariage ne rime pas avec ce genre d'émotion… Le droit canonique le precrit même comme un remède à l'outrage.

---

[248] *Notes et variantes* au fabliau *De la pucelle qui voloit voler*, dans le *Recueil général et complet des fabliaux des XIII*e *et XIV*e *siècles imprimés ou inédits*, éd. par MM. Anatole de Montaiglon et Gaston Raynaud, tome IV, éd. cit., p. 331.

[249] La dimension morale est une composante essentielle des fabliaux, qui les rattacherait étroitement aux *exempla* ; seulement, il s'agit ici, spécifiquement, d'une « *cautionary moral* » ; voir Mary Jane Stearns Schenck, *The Fabliaux : Tales of Wit and Deception*, Amsterdam et Philadelphia, Benjamins (Purdue University Monographs in Romance Languages, 24), 1987, p. XI.

[250] *Notes et variantes* au fabliau *De la pucelle qui voloit voler*, dans le *Recueil général et complet des fabliaux des XIII*e *et XIV*e *siècles imprimés ou inédits*, éd. par MM. Anatole de Montaiglon et Gaston Raynaud, tome IV, éd. cit., p. 331.

Même si elle demeure, selon le verdict de l'émotionologie dominante, « trop desmesurée »[251], la demoiselle a droit à son *happy end*[252]: désirable, épousable, elle garde la queue, mais aussi la main de son prétendant. Le retour à la mesure implique donc un cocktail d'émotions qui exclut – pertinemment – l'excès, rompt le cercle vicieux de l'outrage punissant la dénaturation, s'accommode de l'aventure et répare l'humiliation d'un viol par une compensation maritale. L'état émotionnel est complexe, à la hauteur de cette leçon d'écoute. Finalement, la demoiselle, si elle rate l'apprentissage du vol, en réussit un autre : elle parvient à *escouter* la *proiere* d'un homme plus ludique, plus inventif et plus théâtralement empathique que les autres.

En fin de compte, le clerc est réhabilité par ce tour de force didactique ; qui plus est, le ratage de Dédale en est opportunément éclipsé. Un continuum émotionnel intègre la jouissance socio-biologique aussi bien que la frustration spirituelle et la déception relationnelle. Une pucelle proprement éduquée devient une femme capable de voir le bon côté de toute expérience, de prendre le vol du viol et l'anneau de la queue, tout en gardant à l'esprit le cheminement cinglant de l'expérience.

Plus intéressant encore, la demoiselle doit abdiquer – de bon gré, si possible – une réalité émotionnelle qui la distinguait des autres demoiselles, autant dire une dimension identitaire dont elle était consciente et qu'elle cultivait jalousement, quitte à aller à contre-courant. D'un seul coup (d'aile ?), le sens de l'opposition, de la singularité et de l'élévation se laissent sacrifier.

Tel est le prix d'une régulation complète : l'uniformisation. Le « moi » volant doit atterrir, recevoir la greffe terrestre, s'enraciner au terroir de la réalité commune. Si un homme accepte de jouer au « vous » compréhensif, capable de s'identifier avec ce « moi » hautement hautain, c'est juste pour préparer le terrain à l'identification du « moi » à un « nous » qui sanctionne la leçon.

Au-delà de la dyade proprement dite, c'est donc la société entière qui entend dépersonnaliser l'héroïne pour l'assimiler et l'acculturer, à travers une reconnaissance définitive de la pertinence de la sexualité. Sous ce jour, il apparaît que, si elle s'identifiait à Dédale, c'était aussi et surtout pour s'ériger en entité non-féminine, pour remettre en question le bien-fondé du critère sexuel dans l'établissement d'une identité. Ni tout à fait femme, ni tout à fait homme, elle était vierge absolument, asexuellement, pour ainsi dire. Lorsque la queue vient activer la conscience de sa féminité, et la développer dans cette ente qu'est le fœtus, la demoiselle devient un hybride, à la fois femme et homme : une somme sexuelle.

La transition de la non-pertinence du sexe à la sexualisation complète repose sur un véritable itinéraire émotionnel, allant de la répulsion face à la virilité à

---

[251] *De la pucelle qui voloit voler*, *ibid.*, v. 103, p. 211.

[252] Les éditeurs Noomen et Boogaard commentent ainsi les mérites de la version concurrente : « La version de E est très semblable à celle de B mais en ajoutant deux couplets, elle donne un *happy end* à l'histoire. Son texte présente quelques faiblesses qui font penser qu'il s'agit d'un remaniement. », *Nouveau Recueil complet des fabliaux*, éd. par Willem Noomen et Nico van den Boogaard, tome VI, éd. cit., p. 339.

l'acceptation de celle-ci dans sa propre intimité. Quelques nuances préparent cette évolution : la confiance, la *jangle*, l'acceptation, la (fausse) domination, l'abus (effectif), la réconciliation. De l'espoir d'un plaisir aérien à la reconnaissance d'un plaisir partagé, pleinement, avec un parfait terrien, toutes les résistances féminines sont battues en brèche. C'est un véritable viol émotionologique que le mariage couronne : la femme rétive est réduite à subir, voire à illustrer l'axiologie de la dépendance à l'homme. Ève reconnaît la nécessité d'Adam et la raison d'être du commandement *Multipliez-vous*. Tout est bien qui recommence bien, avec un *plaisir* qui répond au projet (émotionnel) divin…

Toucher ou *emparler* :
La damoisele qui ne pooit oïr parler de foutre

En accord avec ce *topos du silence* qui exige que la Muse se taise quand parlent les corps[253], le fabliau *De la damoisele qui ne pooit oïr parler de foutre* bannit toute *lecherie* du champ aural de l'héroïne, qui se présente comme une incarnation de la plus pure pruderie ; or, c'est cette pucelle qui est ici appelée à jouer la Muse, en inspirant à son interlocuteur une périphrase qui ouvre la voie à la défloration[254], dans un discours émotionnellement intelligent qui navigue entre le cri et le chuchotement.

Daté du XIIIe siècle, le conte nous parvient à travers cinq manuscrits qui présentent trois versions relativement convergentes de l'histoire.

La première version du fabliau, intitulée *De la damoisele qui ne pooit oïr parler de foutre*, est représentée par trois manuscrits célèbres parmi les spécialistes de la composition de recueils médiévaux[255]. Elle donne l'initiative érotique à la demoiselle, fait des protagonistes de nobles époux et situe leur interaction lors de la nuit de noces.

C'est le manuscrit 257 de Berlin, conservé à la Staatsbibliothek und Preussischer Kulturbesitz, Hamilton, daté du XIVe siècle, qui est le plus cohésif du point de vue compositionnel : à l'exception d'un conte inspiré d'Ovide – *Narcisus et Danaé*, placé vers la fin du parchemin – le recueil se présente comme une véritable anthologie de fabliaux. Toutefois, à cause de sa date relativement récente, la version du fabliau retenue par ce manuscrit n'est jamais suivie par les éditeurs, qui se rapportent à des copies plus anciennes.

La manuscrit français 837 de la Bibliothèque Nationale date de la fin du XIIIe siècle et présente une composition plus largement hétérogène : des prières, des prophéties apocalyptiques, un roman, des saluts et des complaintes d'amour, des pièces de théâtre et des poèmes de Rutebeuf, Jean Bodel, Jean Renart, mais

---

253 Ovide, *Ars amatoria*, II, v. 704 sq. C'est par cette citation que débute l' « Introduction » de Luciano Rossi à son anthologie *Fabliaux érotiques. Textes de jongleurs des XIIe et XIIIe siècles*, éd. cit., p. 9.

254 En effet, l'émetteur et sa destinatrice travaillent ensemble à la mise en place d'un code linguistique – fondé sur des équivoques – propice à l'interaction érotique ; voir Roy James Pearcy, « Investigations into the Principles of Fabliau Structure », *Versions of Medieval Comedy*, éd. Paul G. Ruggiers, Norman, University of Oklahoma Press, 1977, p. 73.

255 Sur ces manuscrits, il convient de consulter, par exemple, les travaux de Yasmina Foehr-Janssens et d'Olivier Collet, *Le Recueil au Moyen Âge : le Moyen Âge central*, dir. Olivier Collet et Yasmina Foehr-Janssens, Turnhout, Brepols, 2010 ; Olivier Collet, « Du "manuscrit de jongleur" au "recueil aristocratique" » : réflexions sur les premières anthologies françaises », dans *Le Moyen Âge*, « Les librairies aristocratiques dans les anciens Pays-Bas au Moyen Âge», 113, 3 - 4, 2007, p. 481 - 499 ; Wagih Azzam, Olivier Collet et Yasmina Foehr-Janssens, « Cohérence et éclatement : réflexion sur les recueils littéraires du Moyen Âge », *Babel*, 16, 2007, *La mise en recueil des textes médiévaux*, éd. Xavier Leroux, p. 31 - 59.

aussi le *Lai du Conseil*, œuvre didactique représentative pour l'éthique du « biau parler », côtoient des fabliaux aux titres les plus crus – dont le nôtre...

À son tour, le manuscrit français 1593 de la Bibliothèque Nationale de France, déjà rencontré[256] dans notre étude, remonte à la seconde moitié du XIIIe siècle et privilégie le mélange des genres. S'il donne longuement la parole à Rutebeuf, il recèle aussi des proverbes recueillis par Marie de France ou *Le Lai de l'ombre* de Jean Renart. En outre, le *Lai du Conseil* y revient, ainsi que la problématique didactique, d'inspiration courtoise et religieuse, ce qui crée déjà une ambiance propre à notre fabliau.

La deuxième version, intitulée *De la damoisele qui n'oït parler de fotre qui n'aüst mal au cuer*, développe la figure du père et le pouvoir manipulateur de la demoiselle, attribue pourtant l'initiative initiatique à l'homme – nommé ici Daviët – et reprend le jeu de mots du poulain et de la fontaine en insistant davantage sur la suavité virginale des lieux. Ici les héros sont des « vilains » et ne songent guère au mariage.

Cette version est rendue par un seul manuscrit, Bern, Burgerbibliothek, 354, qui date de la fin du XIIIe siècle, débute par un conte consacré au « Foteor », continue par un essaim de fabliaux grivois – où le nôtre trouve bien sa place – s'attarde sur des récits de Jean Bodel, se fige un instant sur la *Folie Tristan de Berne* et un *Éloge des femmes*, et s'achève par le *Roman des Sept sages* et le *Conte du Graal* – inachevé – de Chrétien de Troyes[257].

Placée sous le signe nourricier *De la pucele qui abevra le polain,* la troisième version insiste sur la dimension comique du fabliau ; la « guile » érotique est commise par un clerc, et la fille du *vilain* sait pleurer et vomir autant que s'évanouir, quand elle entend le mot « foutre » ; c'est pourtant elle qui plaide pour la coucherie et qui se prête volontiers aux jeux de métaphores les plus gaillards. Une moralité misogyne couronne l'histoire : les femmes devraient reconnaître leur hypocrisie et admettre que le mal n'est pas dans la parole, mais plutôt dans le fait[258].

Cette dernière version est conservée dans un seul manuscrit : Paris, Bibliothèque Nationale de France, français, 19152, qui remonte à l'extrême fin du XIIIe siècle. Le parfum d'apocalypse et les ouvrages didactiques (dont les

---

[256] C'est le manuscrit de base de l'édition Montaiglon-Raynaud de *La pucele qui voloit voler*. Le rédacteur en est particulièrement optimiste sur les possibilités de réconciliation des protagonistes d'une initiation-affabulation.

[257] D'après Albert Gier, « le romancier le plus souvent parodié est Chrétien de Troyes, mais ses œuvres n'ont pas eu toutes le même succès : *Érec et Énide*, *Yvain* et *Perceval* sont plus appréciées que *Cligès* ou *Lancelot*, et *Érec et Énide* est le texte le plus souvent cité de tous. », *id*, « Chrétien de Troyes et les auteurs de fabliaux : la parodie du roman courtois », *The Legacy of Chrétien de Troyes*, éd. Norris J. Lacy, Douglas Kelly et Keith Busby, Amsterdam – Atlanta, Rodopi, "Faux Titre", 37, tome II, 1988, p. 210.

[258] Selon Raymond Eichmann, une moralité d'allure antiféministe peut être désamorcée par sa remise en contexte narratif ; il faut tenir compte de l'alternative envisageable et de l'éthos dominant de l'époque.Voir « "... Cil ne fait mie savoir/ Qui de nuiz met sa feme hors." (*Des tresces*) : Assumptions about Marital Status in the Fabliaux », *French Studies Bulletin*, 45, 1992, p. 13.

Proverbes au vilain) y font bon voisinage avec les romans – notamment *Floire et Blanchefleur* et *Partonopeus de Blois* – mais aussi avec les fabliaux et les traductions d'Ovide comme *L'Art d'aimer* ou *Pyrame et Thisbé*.

Compte tenu de leurs enjeux socio-linguistiques, les trois versions contribuent à créer une émotionologie nuancée de la conjonction (du « foutre »), impliquant des normes de comportement verbal et non-verbal aussi bien que des recommandations sur ce qu'il est convenable de sentir pendant la communication érotique.

Enjeux émotionnels

Dans les trois mondes fictionnels, la jeune pucelle *qui ne pooit oïr parler de foutre* accepte les avances d'un hôte qui sait comment la toucher linguistiquement sans la blesser, et comment doubler cet attouchement de gestes corporellement appropriés.

Grâce à la complicité – ou naïve hospitalité[259] – du père, la rencontre des protagonistes aboutit sur deux plans langagiers : le dialogue euphémistique[260] et le sexe.

Essentiellement, le profil narratif du fabliau demeure inconfondable, malgré le fait que sa troisième version, rendue par le manuscrit français 19152 de la Bibbliothèque Nationale de France, propose un titre différent : *De la pucele qui abevra le polain*. L'identité textuelle est donnée, dans toutes les versions, par la prétérition, cette « figure de rhétorique consistant à déclarer que l'on ne parle pas d'une chose alors qu'on le fait »[261] ; la *chose* innommable est un acte de

---

[259] En général, dans ce corpus, l'hospitalité est une loi à ne pas transgresser : « Dans les fabliaux, le personnage inhospitalier est puni sans attendre. Les conteurs ne le menacent pas d'aller rôtir en enfer, comme le font les prédicateurs. Le dénouement du récit se charge de lui faire payer au détriment de son dos, de sa bourse ou de son honneur, ou des trois. Morale stricte, et morale intéressée : les jongleurs pensent volontiers à l'artiste sans le sou, qui a tout perdu au jeu ou que les taverniers exploitent. Ils ont grand besoin d'être accueillis généreusement partout où ils passent. », Danièle Alexandre-Bidon et Marie-Thérèse Lorcin, *Le Quotidien au temps des fabliaux. Textes, images, objets*, Paris, Picard (Espaces médiévaux), 2003, p. 155. Cependant, il y a aussi des fabliaux (tel *Gombert et les deus clers*) qui raillent la noblesse (nuisible) de l'hospitalité : « La subversion du principe courtois de l'hospitalité ne constitue certes pas en soi-même une forme d'inconvenance esthétique, et il n'y a à proprement parler dans le récit aucun effet de surprise véritable », Claudio Galderisi, *Une poétique des enfances. Fonctions de l'incongru dans la littérature française médiévale*, Orléans, Paradigme, 2000, chap. « Représentations de l'impensable, 1. Un ton entendu : formes gazées et réalisme saturé », p. 115.

[260] L'euphémisme relèverait d'une pseudo-délicatesse de l'expression, selon Sarah Melhado White, « Sexual Language and Human Conflict in Old French Fabliaux », *Comparative Studies in Society and History*, 24, 2, 1982, p. 203.

[261] Voir, par exemple, la définition du mot « prétérition » dans le *Trésor de la langue française informatisé*, sur la page gérée par le Centre National de Ressources Textuelles et Lexicales, article disponible en ligne sur le site http://www.cnrtl.fr/definition/pr%C3%A9t%C3%A9rition, consulté le 4 mars 2015.

communication humaine, qui hante le vocabulaire sous sa forme la plus brutale – le « foutre » – traité d'abreuvement à une belle fontaine, mais aussi de combat acharné entre les maréchaux de l'homme et le corneur de la femme...

Trois rôles principaux se dégagent du texte : la vierge indomptée, le père affectionné et le jeune hôte assez fin pour accomplir l'acte d'initiation-conjonction sans le nommer. Un quatrième personnage, collectif et indistinct, rassemble tous les hommes rejetés par la fille.

Certes, les rôles dépendent du sens que le lecteur confère au scénario[262] : s'il approche le texte sous un jour ironique, alors la vierge, loin d'apparaître comme un cas typique de frigidité juvénile, se révèle être une femme sélective, lucide et adroite à manipuler ses prétendants, le jeune homme un acteur particulièrement capable de satisfaire à ses exigences, le père, un marieur habile ou un tuteur indulgent, selon le cas ; quant au personnage collectif, il incarnerait, dans toutes les versions, une instance de normalisation, prête à faire valoir l'argument de *Nature*.

Les deux lectures sont impulsées par l'ambition d'une initiation. Dans le premier cas, il s'agit principalement de l'apprentissage de la communication intime, verbale et non-verbale, accompli par une femme sous la direction d'un homme. Dans le second, ce qui prévaut est la recherche, menée par une femme dissimulatrice, d'un partenaire sur mesure, et la leçon qu'elle lui inflige, ainsi que l'évaluation à laquelle elle le soumet[263].

Pooir oïr et *pooir parler*[264] sont, apparemment, les deux volets pertinents pour définir l'état émotionnel initial de l'héroïne. Une double impuissance nourrit, chez elle, l'hostilité envers les hommes, qui revêt la forme de la répulsion.

Cependant, le fabliau n'est pas centré uniquement sur un acte linguistique – dire, ouïr – et sur son adaptation graduelle à la communication initiatique ; le référent lui-même, crûment désigné par « le foutre », se donne en spectacle. Il appelle à un recadrage comique du profil virginal de la demoiselle – en accord avec les circonstances pittoresques de la consommation. Le récit met en scène, dans toutes ses versions, un acte émotif double, corporel et psychique, qui consiste à déflorer et à désinhiber, autant dire à dés-altérer l'Autre.

---

262 Quant au point de vue des personnages, les actants – sujet et objet – sont tous les deux conscients de l'ambiguïté de la proposition, mais elle est délibérément créée par le premier et entretenue par le second, afin d'instaurer une alternative sophistiquée à la réalité qu'ils souhaitent contourner. Voir Roy James Pearcy, *Logic and Humour in the Fabliaux. An Essay in Applied Narratology*, Cambridge, D. S. Brewer, 2007, p. 56.

263 Nous croyons, avec Clarissa Bégin, que « malgré les apparences, la jeune pucelle n'est pas réellement pudique. Elle joue un jeu. C'est d'ailleurs en jouant le même jeu que la demoiselle, que David arrive d'abord à être accepté par le père, puis par la fille. [...] Nous pouvons compter au moins trois jeux auxquels David et la demoiselle participent, à savoir jouer un personnage innocent, manipuler le langage et jouer avec le corps de l'autre. », *ead.*, « Le Fabliau, genre didactique (Étude sur la *Damoisele qui ne pooit oïr parler de foutre*) », *Reinardus*, 16, 2003, p. 21.

264 Voir Laurent Brun, *De la Damoisele qui ne pooit oïr parler de foutre*, disponible en ligne sur le site http://www.arlima.net/ad/damoisele_qui_ne_pooit_oir_parler_de_foutre.html, consulté le 4 mars 2015.

Calqué sur le « performatif » de John Langshaw Austin[265], l'émotif désigne un énoncé et / ou un geste susceptible de changer l'état affectif des interactants, fussent-ils émetteurs ou récepteurs[266]. Or, éveiller l'intérêt d'une pucelle « donjereuse »[267] pour le sexe et ses langages nécessite une formation proprement émotive, qui repose sur le dépassement discursif de l'inimitié des sexes. Il faut être un maître en communication pour gérer une telle évolution sans que la violence de l'affrontement l'emporte sur les objectifs hédonistes des deux partenaires ; le fabliau est une leçon de liberté et de libertinage.

Au-delà de sa démarche didactique, le « vallet » subit, en contrepartie, un test d'intelligence émotionnelle. La demoiselle puriste lance un défi : y aurait-il un homme capable d'éprouver et / ou de mimer l'empathie avec elle ? La réponse est doublement affirmative, et la réussite totale.

Par la carence qui l'identifie, à défaut de nom, « la *damoisele qui ne pooit oïr parler de foutre* » (ainsi appelée dans toutes les versions – à l'exception de celle conservée par le manuscrit français 19152 de la Bibliothèque Nationale) est un cas émotionnel digne de l'attention de ses voisins les plus lointains : elle s'évanouit ou se trouve mal dès qu'un certain stimulus frappe son entendement. Devant ce phénomène réitéré, une censure verbale et morale s'active dans la proximité de la *damoisele*, grâce aux efforts de son père protecteur. Aussi fait-il écarter tous les hommes coupables d'avoir prononcé le mot (ou tenté le fait ?).

Malgré ces prudes apparences, ladite censure n'est pas une forme d'ascèse, car le père aspire à instaurer un climat de normalité dans sa maisonnée ; c'est plutôt un cadre ludique, qui lance une invitation tacite à tout prétendant. Un émotif ambigu, qui tient à l'écart les hommes tout en les provoquant à une joute de langage(s).

---

[265] Voir John Langshaw Austin, *Quand dire, c'est faire*, Paris, Seuil, 1970 [1962]. La performativité d'un énoncé se réfère à sa qualité d'opérer un changement sur le monde ; elle relève de l'efficacité d'un acte de langage, de sa réussite (*felicity*), liée à des facteurs comme le statut du locuteur, les rapports de force des interactants, etc. À son tour, l'émotif est un performatif qui réclame, pour atteindre à sa « felicity », certaines compétences émotionnelles ; dans toute société, à toute époque, il y a un répertoire d'actes qui répond à des attentes particulières concernant l'expression adéquate d'une émotion donnée ; ces actes connaissent un certain degré de conventionalité socio-culturelle, qui n'exclut pas la possibilité de recourir à des innovations, improvisations ou recherches expressives, notamment dans le champ des arts.

[266] Voir William M. Reddy, *The Navigation of Feeling*, *op. cit.*, p. 102-105.

[267] *La Damoisele qui ne pooit oïr parler de foutre*, dans *Fabliaux érotiques. Textes de jongleurs des XII*e *et XIII*e *siècles*, éd. Luciano Rossi et Richard Straub, éd. cit., v. 71, p. 96.

Le *f****** : moules culturels

C'est la notion de « civilisation des mœurs »[268] qui semble la plus pertinente pour rendre compte de cette forme de recherche, création et négociation que revêt la première interaction des amants. Loin d'être un acte naturel, le contact sexuel devient, par la stimulation attentive et orchestrée des *bonnes* émotions, une démarche culturellement encadrée, qui se construit au fur et à mesure que les protagonistes s'accordent à assigner une motivation morale à l'acte, se ressourçant à la nécessité biologique. Il est bon d'abreuver un animal assoiffé ; il est bon que la fontaine s'offre au passant en besoin. Il est légitime, surtout, d'avoir des nécessités, d'en prendre conscience et de les assouvir, puisque Nature le permet.

Les mœurs érotiques à *civiliser* concernent le flirt et la copulation. Le processus concerne la mise en langage du *fait*, mais aussi la construction d'un prélude tactile focalisé sur la connaissance organique de l'autre, accomplie, à tour de rôle, par chacun des partenaires. Le fabliau illustre un stade de transition : il est de moins en moins acceptable de savourer l'autre, en tant qu'objet (ce qu'implique, justement, le verbe transitif direct *foutre*) – puisque le droit à la différence (réclamé par l'évanouissement) suspend la possibilité d'une consommation immédiate. Il faut une médiation, une entente qui suppose la recherche d'un dénominateur commun, en termes émotionnels et moraux.

Il serait superflu de rappeler ici le rôle de la dame courtoise dans le raffinement des mœurs, notamment chez les *juvenes* ; Georges Duby allait jusqu'à faire de l'adultère courtois un véritable jeu de balancier, toléré et encouragé, tacitement, par le mari[269]. La fonction sociale dévolue à la femme doit intégrer et valoriser les atouts érotiques, tout en canalisant les pulsions vers une expression plus subtile, plus recherchée. Le fabliau de *La Damoisele qui ne pooit oïr parler de foutre* accorde ce rôle de *Domina* à une pucelle pleine d'initiative ; toutefois, le scénario de l'amour courtois est évité : le triangle conjugal fait place à un trio où le père prend le rôle symbolique du mari.

Un volet parodique s'ouvre ainsi à la lecture inter-textuelle. Sont visés notamment les symboles du chevalier errant[270] et de sa contrepartie féminine : la

---

[268] Sur le seuil de la pudeur et les automatismes du comportement par une censure de plus en plus intériorisée, voir Norbert Elias, *The Civilizing Process,* Oxford, Blackwell / New York, Urizen Books, 1978 [1939], tome I, p. 115-121.

[269] Voir Georges Duby, *Mâle Moyen Âge : de l'amour et autres essais*, Paris, Flammarion, 1988, p. 30, 47, 80.

[270] Au-delà de l'effet comique inter-générique, l'image contrastée du chevalier, à la fois courtoise et grossièrement pragmatique, suscite un effet humoristique intra-générique : « *Ironic contrast and opposition are basic features of the parodic humor centered around the knight. [...] The conduct of a knight [...] may conflict dramatically with his character as it is depicted in descriptive passages, or exemplary behavior in one section of the story may be negated by crude and vulgar actions in another section. [...] These carefully planned changes and contrasts, which may sometimes result in the sudden metamorphosis of a quite courtly tale into a rather ribald fabliau, are indeed the nuclei of the ironic humor in these stories. The skillful use of such technical and structural devices enhances the*

monture et la source d'eau. Les romans chevaleresques de la même période – le cycle du *Tristan en prose*, par exemple – fournissent de nombreux épisodes où l'abreuvement du cheval accompagne les confessions sentimentales, la création de lais érotiques et les échanges compétitifs au sujet de la beauté des amies. Mais tout n'est pas là.

L'auteur anonyme du fabliau cultive aussi le climat du *Roman de Renart*, dont le naturalisme submine l'émotionologie du *foutre* poli. Il adopte une orientation parodique bien représentée dès le XIIe siècle[271], en donnant le ton à toute une panoplie de rôles socialement et biologiquement déterminés, correspondant à autant de styles émotionnels hauts en couleurs et profondément enracinés dans l'imaginaire parémiologique.

En outre, le fabliau noue des liens polémiques avec d'autres récits brefs qu'il côtoie au sein des manuscrits : en particulier, il remet en question la morale du *biau parler*, défendue, mémorablement, par le *Lai du Conseil*, véritable guide des bonnes manières érotiques (et discursives !) du XIIIe siècle. « Mes or m'aprenez a amer »[272], dit l'héroïne à son chevalier plein de *talents* initiatiques.

Avec une petite pirouette théâtrale – car le fabliau est aussi un spectacle[273], vivement initiatique[274] – l'invitation de la demoiselle *qui ne pooit oïr entendre*

---

literary merit of the fabliaux », Benjamin L. Honeycutt, « The Knight and His World as Instruments of Humor in the Fabliaux », *The Humor of the Fabliaux*, *op. cit.*, p. 76.

[271] En effet, « la branche la plus ancienne du *Roman de Renart* était contemporaine d'une bonne partie de la littérature courtoise et épique. Mais le poème de Pierre de Saint-Cloud était essentiellement une parodie, il caricaturait les héros les plus révérés de la littérature française : Noble le Lion évoquait l'image du roi Arthur ou de Charlemagne ; l'histoire de l'adultère de Renart et de dame Hersent parodiait les amours illicites de Tristan et d'Iseut ou de Lancelot et de Guenièvre », comme le rappelle John Ferguson Flinn dans son article « Littérature bourgeoise et le *Roman de Renart* », *Aspects of the Medieval Animal Epic. Proceedings of the International Conference Louvain May 15-17*, 1972, éd. E. Rombauts et A. Walkenhuysen, Louvain, Leuven University Press / The Hague, Martinus Nijhoff, 1975, p. 11.

[272] *Le Lai du Conseil*, éd. Brîndușa Elena Grigoriu, Catharina Peersman et Jeff Rider, Liverpool, Liverpool Online Series, 2013, v. 221, p. 70, texte disponible en ligne sur le site http://www.liv.ac.uk/soclas/los/Le_Lai_du_Conseil.pdf, consulté le 4 mars 2015.

[273] Pour mieux saisir la dimension théâtrale des fabliaux, leur « *performance* », certains chercheurs ont proposé des rapprochements avec des genres comme la « *stand-up comedy* » ou les « *dirty jokes* ». Voir John F. Moran, « So This Villain Walks into a Bar… The Fabliau as Stand-Up Comedy », *The Old French Fabliaux : Essays on Comedy and Context*, *op.cit.*, p. 30-41 et Logan E. Whalen, « Modern Dirty Jokes and the Old French Fabliaux », p. 147-159. Dans cette dernière étude, on parle d'une *translatio joci* qui représente (par analogie avec la *translatio studii*) le transfert du savoir d'une génération à l'autre et d'une culture à l'autre (p. 157) ; « *In this paradigm Ur-jokes possibly passed from Ancient Greece and Rome to the continent, then to England, and ultimately across the Atlantic Ocean to the United States* ».

[274] En effet, le fabliau est un « genre qualifié de semi-dramatique […] en raison de la véritable performance improvisée que constituait la récitation du jongleur », Alexandra Velissariou, « L'espace et le jeu des *Cent Nouvelles nouvelles* », *Le Moyen Âge*, 2, CXIV, 2008, p. 239 sq. La chercheuse relève des ressemblances structurelles pertinentes entre le

parler se déploie, de façon subliminaire, bien au-delà du champ aural de son *per* : *Mes or m'aprenez a amer* – et à inscrire l'émotion dans la chair.

Une histoire d'hyménée :
***La Damoisele qui ne pooit oïr parler de foutre I*[275]**

La première version du fabliau prend comme point de départ une émotion négative : le dédain.

En effet, d'entrée de jeu, le narrateur précise que sa « damoisele » est « merveilleuse » et « desdaingneuse »[276] ; son intolérance au langage érotique fait du mépris une véritable pathologie. La demoiselle doit sa notoriété[277] – et même son identité – au fait de déprécier à tel point les affaires sexuelles, qu'elle se pâme lorsqu'elle entend non seulement le verbe « foutre », mais aussi « culeter »[278] ou d'autres termes (innommés !) relevant du même champ sémantique. Sa réaction, prompte et répétitive, n'est pas suscitée par un signifiant particulier, mais virtuellement par tout signifié d'ordre sexuel – « rien qui a ce tournast »[279] – comme le précise le poète.

Le fait d'être *desdaingneuse* envers le sexe pourrait relever d'une vocation pour la vertu, voire la sainteté ; mais l'émotionologie du fabliau ne permet pas une telle lecture ; la répulsion est simplement le signe d'une prétendue frigidité qui doit trouver, comiquement, exemplairement, son remède. Comme la virginité.

Significativement, cette émotion est attribuée uniquement à la femme ; significativement aussi, le stimulus en est masculin. Réflexe ou feinte, ce dédain implique une aversion qui n'a rien de proprement polémique. La demoiselle n'est

---

fabliau et la nouvelle, comme le motif du « personnage qui épie », le procédé de l'attente frustrée du lecteur, le cheminement narratif vers la pointe, etc. Sur le dramatisme du fabliau, voir aussi Bernadette Rey-Flaud, *La Farce ou la machine à rire, théorie d'un genre dramatique, 1450-1550*, Genève, Droz, 1984, p. 114 sq.

275 Comme l'édition Noomen-Boogaard reprend pratiquement, pour cette version du fabliau, le texte de l'édition Montaiglon-Raynaud, en introduisant une modernisation de l'orthographe et une numérotation plus pratique, nous nous rapporterons en ce qui suit au tome IV du *Nouveau Recueil complet des fabliaux*, éd. Willem Noomen et Nico van den Boogaard, Assen et Maastricht, Van Gorcum, 1988, p. 57-89, respectivement 374-375. Les quelques différences significatives entre ces deux éditions seront relevées en fonction de leur pertinence.

276 *La damoisele qui ne pooit oïr parler de foutre I*, dans *Nouveau Recueil complet des fabliaux*, éd. Willem Noomen et Nico van den Boogaard, tome IV, éd. cit., v. 5 et 6, p. 80.

277 Dans la traduction de Nora Scott, trois épithètes couronnent l'ethos de la demoiselle : « orgueilleuse », « inhumaine », « dédaigneuse », *Contes pour rire ? Fabliaux des XIII*e *et XIV*e *siècles*, éd. et trad. Nora Scott, Paris, Union Générale d'Éditions, 1983, p. 172. Seul surprend le choix d'« inhumaine » pour « merveilleuse ». Implicitement, la traductrice propose ainsi une histoire d'humanisation par l'apprentissage du sexe.

278 *La damoisele qui ne pooit oïr parler de foutre I*, dans *Nouveau Recueil complet des fabliaux*, éd. Willem Noomen et Nico van den Boogaard, tome IV, éd. cit., v. 8, p. 80.

279 *Ibid.*, v. 9, p. 80.

pas une prêcheuse de la chasteté et n'entonne pas le refrain *vanitas vanitatum* : simplement, elle exhibe sa sensibilité, comme pour reprocher aux énonciateurs de gros mots leur grossièreté. On dirait qu'elle souffre d'un complexe de mimosa : sa rétractilité répond sans répit au stimulus verbal dont elle est censée connaître et abhorrer le sens.

Le style émotionnel de la demoiselle privilégie les sensations fortes et use de tout prétexte pour y atteindre. Une simple séquence de conversation[280], sans la moindre intention de harcèlement, tourne au drame. Les spectateurs, d'ailleurs, le savent et l'attendent. Ça fait partie du plaisir de l'entretien, de tester ainsi l'efficace du dire, de s'en émerveiller, en éprouvant la force d'un émotif (*nommer [le] foutre*) – sur le corps d'une femme. Un cercle vicieux, vaguement sadomasochiste, se dessine.

Quant à la *victime*, malgré les apparences, elle n'est pas simplement agie. Même si le lecteur-spectateur n'a pas accès à sa vie intérieure, un indice doit le frapper : il y a une préméditation dans cette pâmoison prête-à-mimer ; quelque chose comme un jeu fait pour deux, à l'exclusion de tous les bourreaux. Seul manque le jeune premier, pour que s'accomplisse le programme prévu par la demoiselle.

Par ailleurs, il faut compter avec certains paramètres socio-économiques, pour déchiffrer proprement l'énigme – ou la *merveille* – de cet acte émotif qui occupe le centre de la scène : il s'agit d'une pucelle noble, de haute naissance, dont le père est d'un renom assuré. Ainsi, elle peut se permettre de petits divertissements préconjugaux pour repousser le plus possible le mariage.

En tout cas, malgré l'apparent isolationnisme qu'implique cette pâmoison réitérée, il convient d'y voir une forme de sociabilité des plus réussies. C'est là ce qui fait le piquant de la situation.

Au fond, la pucelle ne perd pas le contrôle sur son corps, bien au contraire : elle tient les rênes de sa vie affective et inflige pratiquement à son père ses préférences et ses antipathies – au lieu de se laisser donner, comme le voudrait la coutume, au représentant plus ou moins grossier d'une famille noble. Forte de son soi-disant handicap, elle sait prendre son temps, écouter et rejeter les hommes de son entourage, plaider, implicitement, pour une émotionologie du ménagement, de la délicatesse, de la reconnaissance d'une sensibilité féminine qui mérite tous les égards. Elle rejette sans insulter, communie sans communiquer, par le biais de ce théâtre virginal, pudibond et rusé.

Tout compte fait, le dédain initial renvoie à un élitisme qui prescrit des standards émotionnels compatibles avec une vie intime épanouie, comme si la maîtrise du bon langage pouvait présager une maîtrise de la bonne jouissance.

Le terrain est prêt pour un test d'intelligence émotionnelle qui est aussi une épreuve maritale éliminatoire : à chaque pâmoison, un (éventuel) prétendant peut réussir ou rater.

---

[280] Per Nykrog le constate bien : « dans les fabliaux et dans les contes courtois, [...] la même importance [...] est attribuée à la ténacité et au jeu intellectuel, centré sur les conversations », *Les Fabliaux*, *op. cit.*, p. 70.

À l'autre bout du spectre émotionnel, une jubilation se donne en spectacle : celle de l'attente comblée, du prévisible réalisé – une « émotion intelligente », qui anime et prédéfinit le protagoniste attendu du fabliau. Le narrateur introduit dans l'histoire un homme qui voit au-delà des causes et des effets, un « vallet »[281] qui comprend les enjeux de cette comédie de la pudeur meurtrie[282] et qui accepte le pari, « por soi deduire et deporter »[283]. Il « jure Dieu »[284] qu'il saura transformer le phénomène pathologique en divertissement courtois.

En effet, l'évanouissement de la jeune femme se reproduit devant ce *vallet*, et – merveille ! – celui-ci *s'évanouit* aussi. Si un excès d'émotion pouvait sous-tendre la chute de la demoiselle, il n'en est rien de la chute du damoiseau : sa façon d'ouvrir la « goule »[285] et de se laisser choir ne relève guère d'une crise de pudeur. Une véritable parodie de l'empathie se met en place. L'indicible *foutre* n'est pas, pour l'homme, un tabou profané, à rétablir, ni une obsession à exorciser.

Toutefois, si le héros n'éprouve pas d'émotion authentique en tombant, cela ne l'empêche pas d'en provoquer. Le public éclate de rire aussitôt, et il le fait sincèrement, gaillardement, comme pour montrer que la subtilité du protagoniste n'a pas échappé à sa propre subtilité. C'est un éclat d'intelligence émotionnelle qui tombe, comme souhaité, sous le signe du *deduit* et du *deport* : il est agréable, pour les témoins de cette scène (comme pour les lecteurs), de se laisser séduire par le spectacle d'une telle compatibilité émotionnelle. La *risee*[286] sanctionne le succès d'un homme à saisir les motivations d'une femme – à partir de « sa maniere »[287] – et à les dénoncer tout en jouant à les embrasser. Cette communication tacite, complète, cette communion dans la complicité amusée – car personne ne démasque un génie émotionnel – assure au *vallet* une première réussite théâtrale, tant au niveau du contenu de la communication qu'au niveau de la relation[288]. Il transmet une information (je suis peut-être comme elle) et il noue un lien (en tout cas, soutenez-moi). Et le tour est joué.

---

[281] *La damoisele qui ne pooit oïr parler de foutre I*, dans *Nouveau Recueil complet des fabliaux*, éd. Willem Noomen et Nico van den Boogaard, tome IV, éd. cit., v. 12, p. 80.

[282] Marie Cailly met le point sur le i : il s'agit d'une comédie de la « pudibonderie » ; voir *Les fabliaux, la satire et son public. L'oralité dans la poésie satirique et profane en France, XIIe-XIVe siècles*, Cahors, La Louve, 2007, p. 168.

[283] *La damoisele qui ne pooit oïr parler de foutre I*, dans *Nouveau Recueil complet des fabliaux*, éd. Willem Noomen et Nico van den Boogaard, tome IV, éd. cit., v. 17, p. 80.

[284] *Ibid.*, v. 15, p. 80.

[285] *Ibid.*, v. 26, p. 80.

[286] « Mout en fu grande la risee », *ibid.*, v. 30, p. 81.

[287] *Ibid.*, v. 37, p. 81.

[288] Catherine Kerbrat-Orecchioni le rappelle constamment dans ses travaux : pour analyser un acte d'interaction, les pragmaticiens – à la suite des théoriciens de Palo Alto – dégagent deux niveaux pertinents pour toute analyse, celui du contenu et celui de la relation ; la linguiste française propose de désigner ces dimensions par la dichotomie « contenu référentiel » versus « contenu relationnel » ; voir, par exemple, *ead.*, *Les interactions verbales*, tome II, Paris, Armand Colin, 1992, p. 9. et « La Construction de la relation interpersonnelle : quelques remarques sur cette dimension du dialogue », *Cahiers de Linguistique Française*, 16, 1995, p. 69-88.

Toutefois, à côté de cette réponse ludique, l'émotif du jeune homme suscite une autre réponse, plus engageante. Il fait d'un homme, à la fois, le champion de la pudeur féminine et un époux riche et honoré, qui sait mettre les noceurs de son côté.

En effet, la jeune fille est prête à saluer, dans cet acteur-pâmeur, le premier homme digne d'elle. Le narrateur attribue une certaine naïveté à l'héroïne, sans exclure une lecture ironique des faits : ce ne serait ni le rang, ni la beauté, ni la jeunesse du héros, mais uniquement sa disponibilité au jeu émotif qui impulse le choix conjugal de cette pucelle. Ou serait-ce plutôt un prétexte ?

Il faut dire que cette disponibilité n'est pas entièrement simulée ; elle correspond à la pâte émotionnelle dont le personnage est constitué, comme on le découvre dans la seconde partie de l'histoire. C'est juste un trait grossi, pour caricaturer cet homme capable de s'élever au défi d'être à l'image et à la ressemblance d'une femme. Il ne s'agit pas d'aller jusqu'à l'émulation, néanmoins. Jusqu'à l'amour non plus : l'homme n'aime pas la femme dont il attend son *deduit* et son *deport*. Il n'a ni nom, ni fortune, ni renom. Et il l'épouse, dirait-on aujourd'hui, *par intérêt.*

Toutefois, l'histoire s'arrêterait au seuil du mariage si elle se proposait juste de montrer comment un homme pauvre peut réussir un parti brillant avec une femme pudibonde, riche et désirée. Mais le sujet du fabliau est l'initiation à l'émotionologie sexuelle, et non à l'arrivisme social ; alors, le *fablel* continue au lit, où la société se réduit au couple et où l'intérêt est autrement matérialiste.

Au seuil d'un ménage qui bouleverse l'horizon d'attente médiéval, où la femme agit en mâle, en prenant l'initiative et en accomplissant elle-même la demande en mariage devant son propre père, sans que la famille du héros ne soit consultée, les deux héros ont enfin le tête-à-tête désiré. Et personne ne s'évanouit lorsque le sexe est envisagé – en contexte légitime, conjugal et intime.

Comme le rejet d'un mari est moins probable que celui d'un amant de passage, on pourrait anticiper une rupture de rôles, où l'homme trahisse sa vulgarité, où la femme s'évanouisse une fois, deux fois, et où elle finisse par s'adapter. Le correctif misogyne qu'appelait la *merveille* du dédain initial débute, néanmoins, sous de plus doux auspices : « Si les a l'en couchiez ensamble »[289] – comme s'ils étaient égaux.

Cette communauté minimale – appelée, en termes psychologiques, la « dyade » – est bénie par le monde et, virtuellement, par Dieu, ce même Dieu qui avait fait gagner le pari du héros. Désormais, le plaisir (« soi deduire et deporter »[290]) change de registre. Il est permis par le droit canonique médiéval, et prescrit par certains médecins, qui le rattachent au registre de la conception.

En effet, au XIIe siècle, Guillaume de Conches établissait un rapport entre la jouissance féminine et la fécondité[291]. Mais sa perspective, qui corroborait la

[289] *La damoisele qui ne pooit oïr parler de foutre I*, dans *Nouveau Recueil complet des fabliaux*, éd. Willem Noomen et Nico van den Boogaard, tome IV, éd. cit., v. 47, p. 81.
[290] Voir plus haut, v. 17, p. 80.
[291] Jean Verdon, *Le Plaisir au Moyen Âge*, Paris, Librairie Académique Perrin, 1996, p. 30.

théorie de Galien sur la double semence[292], est de moins en moins investie lorsque la doctrine d'Aristote gagne du terrain ; au XIIIe siècle, Gilles de Rome enseignait que l'orgasme féminin n'était pas indispensable pour que la fécondation se produise[293].

Tout compte fait, il n'est donc pas obligatoire que le jeune marié assure la jouissance à sa mariée ; il peut, légalement parlant, se contenter de la posséder, sans autre forme de procès. Traditionnellement, le lit conjugal était « le champ d'un combat, d'un duel, dont l'âpreté [est] fort peu propice au resserrement entre les époux d'une relation sentimentale »[294].

Dans ce champ clos, c'est la mariée qui entreprend le premier assaut. La surprise, pour le lecteur, est de taille : ainsi donc, les noces suffisent à changer une demoiselle dédaigneuse en une femme courageuse ?

Le contexte est, certes, sécurisant, voire encourageant, puisque l'homme se montre passif et réceptif.

Aussitôt, un émotif de nature corporelle brise la glace : « La damoisele, *ce me samble*, / Li mist la main droit sor le pis »[295]. La transition est relativement brusque, d'où la nécessité de présenter cette manœuvre féminine comme une impression – non confirmée (et non-infirmée !) – du narrateur. Sans alourdir le récit de considérations éthiques ou érotiques explicites, le conteur se borne donc à noter le caractère direct et intrusif de ce toucher qui représente le premier trait d'union du jeune couple : il s'agit bien, pour cette femme ainsi masculinisée, de mettre la main *droit sor* quelqu'un.

Or, selon l'érotique courtoise, l'*amistié* devait suivre un certain algorithme. « L'amoureux était d'abord *fenhedor* (soupirant), puis *precador* (suppliant), *entendedor* (amant agréé) et enfin *drut* (amant charnel)»[296]. Ce cheminement était une façon de retarder *le fait* le plus possible, car il a la réputation de tuer l'amour.

Aucun rai de cette aura de dame-sans-merci n'éclaire notre fabliau, qui se contente de brûler comiquement les étapes. L'homme n'a pas le temps de devenir un soupirant, il ne fait aucune demande à la femme – et arrive à la consommation dès le lendemain de la première rencontre ! Tout semble indiquer une parodie de ce *purus amor* que recommandait, par moments, André le Chapelain dans son *Traité*

---

292 À ce sujet, voir Claude Thomasset, « Quelques principes de l'embryologie médiévale (de Salerne à la fin du XIIIe siècle) », *Senefiance*, 9, 1980, « L'Enfant au Moyen Âge (Littérature et Civilisation) », p. 107-21 (et tout spécialement p. 109-111). Nous renvoyons aussi à la conférence de Jeff Rider sur la maternité dans l'œuvre de Chrétien de Troyes, présentée le 16 juillet 2008 au 22e Congrès de la Société Internationale Arthurienne, qui fait le point sur la question des théories génésiques médiévales à la fin du XIIe siècle.

293 Jean Verdon, *Le Plaisir au Moyen Âge*, *op. cit.*, p. 30.

294 Georges Duby, « Que sait-on de l'amour en France au XIIe siecle ? », *The Zaharoff Lecture for 1982-1983*, Oxford, Clarenton Press, 1983, p. 8.

295 *La damoisele qui ne pooit oïr parler de foutre I*, dans *Nouveau Recueil complet des fabliaux*, éd. Willem Noomen et Nico van den Boogaard, tome IV, éd. cit., v. 48-49, p. 81, nos italiques.

296 René Nelli, *L'érotique des troubadours. ...*, tome I, *op. cit.*, 1963, p. 179.

de l'amour courtois[297], si présent dans l'imaginaire du XIIIe siècle : le fabliau prépare son lecteur à une situation – fictionnelle et, à sa façon, exemplaire – de *purus coitus*. En effet, si la première formule excluait la pénétration et l'éjaculation, mais tolérait toute manifestation amoureuse, cette seconde exclut l'amour et tolère toutes les manifestations *purement* sexuelles.

Une nouvelle émotionologie se met en place, qui essaie de réconcilier les recommandations des prêtres, les intérêts des nobles familles et les pulsions qui animent, typiquement, deux jeunes individus, sainement sensuels.

Sans que la transition du statut de célibataires à celui d'époux soit préparée sur le plan émotionnel – sinon par ce climat bruyant des « granz noces », coloré de réjouissances populaires dignes des chansons de geste[298] – la femme laisse tomber son culte du dédain et contre-attaque un homme, son homme, qui se montre ravi de subir, d'expliquer, d'initier.

Aussitôt qu'elle se trouve au lit avec son marié, la pucelle lui touche la poitrine et l'interroge promptement : « Ice que est, fet ele, amis ? »[299]. Aucune introduction, aucun *je t'aime* ne se fait entendre lors de cet examen cognitivement pertinent. Ils ont commencé par s'entendre sans parler (en s'évanouissant), ils continuent à privilégier le langage du corps, tout en lui associant le langage verbal minimalement nécessaire. En fait, l'héroïne invite son élu à une leçon d'anatomie sur le vif, en lui accordant explicitement le rôle de maître ès sciences naturelles, mais aussi de cobaye. Une réification de l'homme est amorcée : l'ami est quelque chose (*Ice que* est ?), et c'est à ce titre qu'il compte, qu'il émeut. Tout en se tenant tranquille, pour servir de corpus à cette recherche. (À noter que l'empereur du Saint Empire Fréderic II de Hohenstaufen autorise la dissection des cadavres masculins dès 1238 ![300]).

L'émotion que la demoiselle compte susciter en palpant ce corps mâle, en le disséquant, par organes, sans toucher à la tête, se range sous la bannière d'une saisie intellectuelle de l'autre en tant que tel et en tant que matériau didactique. Au nom d'une amitié qui garantit l'accès réifiant à l'autre[301].

Malgré sa posture expérimentale, l'homme peut, certes, fournir une réponse émotionnelle plus ou moins adéquate, accepter ou rejeter l'appellatif *amis*, voire

---

297 André le Chapelain, *Traité de l'amour courtois*, trad. Claude Buridant, Paris, Klincksieck, 1974, p. 238-240. Per Nykrog consacre une section de son célèbre ouvrage au rapprochement entre les fabliaux et le *Traité* d'André, en soulignant que le code des fins amants n'y est jamais entièrement pris au sérieux, mais qu'il est plutôt une façon de « [jouer] avec les institutions courtoises ». Voir Per Nykrog, *Les Fabliaux...*, première édition, p. 205.

298 Voir *La damoisele qui ne pooit oïr parler de foutre I*, dans *Nouveau Recueil complet des fabliaux*, éd. Willem Noomen et Nico van den Boogaard, tome IV, éd. cit., v. 43-44, p. 81.

299 *Ibid.*, v. 50, p. 81.

300 Voir, par exemple, l'article « Frédéric II », dans l'Encyclopédie Larousse en ligne, sur le site http://www.larousse.fr/encyclopedie/personnage/Fr%C3%A9d%C3%A9ric_II/120272, consulté le 4 mars 2015.

301 Les rôles sont, en fait, interchangeables dans ce dialogue à caractère pédagogique. Voir Clarissa Bégin, « Le Fabliau, genre didactique… », art. cit., p. 27.

donner une coloration sexuelle plus appuyée à cette initiative féminine, sinon la tourner en vulgarité[302]. En nommant sa femme *douce*, sans possessif, il accepte, implicitement, ce rôle de cobaye de l'amitié qu'il se contente de subir, même s'il est, de fait et de droit, le *baron* de la maison. Cette distinction affective lui semble donc plus importante que le statut marital et tous les droits qui en découlent. Notre héros se garde bien de rappeler à sa *douce* qu'elle a un *debitum* à régler. Tout se noue sous le signe de la liberté, de l'improvisation et de la créativité ; le pragmatisme conjugal ne trouve aucune place dans ce contexte dominé par les émois d'une heureuse anticipation.

S'il est trop tôt pour parler de sentiments – le mariage étant célébré le lendemain de la première rencontre – il est clair, au moins, que le climat émotionnel qui s'établit entre les protagonistes va dans le sens d'un accord des cordes sensibles et des zones érogènes.

Cet accord emprunte la voie de la *druerie*, et implique l'usage de faire des cadeaux à l'autre, afin de l'attacher davantage à soi. Comme pour répondre à cette norme sociale et émotionnelle qui promeut la largesse, l'homme offre sa poitrine à la femme. C'est un don qui rappelle vaguement le motif du cœur mangé, dont il parodie l'émotionologie tragique et mystique. Ça ne coûte rien à notre héros de dire à sa jeune femme, confortablement installé dans son propre lit conjugal : « Douce, par sainte Patrenostre, / Quanqu'il i a ce est tout vostre »[303].

Quelle que soit sa générosité, l' « amis » n'offre pas ce qui lui est demandé : une réponse ponctuelle sur le « qu'est-ce que c'est » de sa poitrine. Sourd à l'invitation didactique de l'amie, il ne dit pas : « puisque vous vouliez le savoir, ceci est mon *pis*, et il sert à abriter mon *cuer*, qui est, lui, tout vôtre ». Ce jeune mari n'est ni un troubadour, ni un Abélard ; il n'a cure de beaux poèmes ou de grandes leçons. En revanche, il fait tout pour désinhiber sa jeune partenaire en taisant ce qui relève de son autorité – et en affirmant l'autorité, partagée, de *sainte patrenostre*.

Ainsi, l'entente entre homme et femme est médiate : elle passe par le Créateur, qui est *nostre*, et sert de glu à tout *nous*. Certes, la religion est ici une corde émotionnelle seulement effleurée, mais elle est la première à faire vibrer l'empathie. Il importe que la *damoisele* et le *vallet* se voient, avant toute chose, comme enfants du même « patre », et qu'ils s'accordent sur la sainteté de cette filiation. Il importe aussi qu'ils acceptent l'idée – implicite – que la consommation du lien, malgré son nom de « foutre », n'est pas un choc qu'un homme vulgaire puisse infliger à une femme sensible, mais plutôt une forme de prière fraternelle. L'époux redéfinit ainsi le « rien qui a ce tournast »[304] : les émotions négatives liées aux aventures masculines et aux offenses à la pudeur féminine (*foutre* est un verbe

---

302 La vulgarité et l'humour ne sont pas incompatibles ; il y a justement des épisodes où l'humour met à profit le potentiel narratif de la vulgarité ; voir *The Old French Fabliaux : Essays on Comedy and Context*, *op. cit.*, Introduction, p. 4.

303 *La damoisele qui ne pooit oïr parler de foutre I*, dans *Nouveau Recueil complet des fabliaux*, éd. Willem Noomen et Nico van den Boogaard, tome IV, éd. cit., v. 51-52, p. 81.

304 *Ibid.*, v. 9, p. 80.

à agent masculin et à complément d'objet direct féminin), sont ici supplantées par l'émotion positive et sûre, légitime, moralement recommandée de l'adoration divine.

L'*ami* et la *douce* se lient donc d'un compagnonnage sexué, fondé sur le désir de mettre en communion deux corps faits pour s'unir, selon Dieu. Un catéchisme de la sexualité s'écrit alors, à portée de main, selon les lois bio-éthiques de la complémentarité.

Pour que cette nouvelle vision puisse gagner l'esprit la demoiselle, la prière se traduit, progressivement, en attouchements. Cela ne saurait surprendre un lecteur moderne, puisque l'haptonomie est considérée, de nos jours, comme « la science fondamentale de l'affectivité » ; qui plus est, le toucher devient « la base de la relation sécurisante »[305]. Malgré le décalage de huit siècles, le personnage masculin du fabliau voit les choses quasiment de la même façon – et il encourage, à corps perdu, le toucher. C'est Aristote qui insiste sur la pertinence universelle de ce langage animal entre tous.

Pour bâtir, justement, un climat de sécurité émotionnelle, le jeune mari a le tact de prolonger sa passivité en attendant que les instincts de la pucelle s'éveillent tout naturellement au contact main-corps. Son émotion dominante est l'espoir d'une bonne entente érotique, qui se traduit, physiquement, par une érection « optimiste », discrète et maîtrisable.

Apparemment contente de la réponse de son époux au premier émotif qu'elle a pris la liberté de lui prodiguer – forte de cette autorisation de libre exploration – l'épouse glisse sa main plus bas. Cette orientation semble relever d'un instinct plus que d'une expérience préalable. Soulagée de ne rien craindre de cet homme qui s'offre, la demoiselle explore sans scrupule ce que les psychologues appellent, au XXe siècle, « le premier de nos organes de sens, le plus archaïque et aussi le plus émotionnel »[306].

C'est alors qu'elle découvre, dans toute sa splendeur, l'instrument par lequel vibrent les émotions masculines. Selon toute apparence, elle ne fait ni sens ni musique de cet instrument, mais se demande, avec une curiosité qui semble authentique, ce que le corps de son prochain fait pousser ainsi dans le noir. Son intérêt focalise vivement ce mystère incarné, et en impulse des études minutieuses et parcellaires, qui tomberaient, selon nos catégories actuelles, dans la sphère du cinéma pornographique.

Le climat est saturé d'émotions cognitives, qui se transmettent surtout par voie tactile ; le narrateur ne dit pas si les chandelles sont éteintes (comme pour la première nuit de Marc et d'Yseut), mais tout semble se jouer à l'aveuglette : le tâtonnement du terrain est effectif et plutôt offensif ; il exclut la vue et ignore l'odorat, mais reste attentif à l'ouïe.

---

305 Marc-Alain Descamps, *Le Langage du corps et la communication corporelle*, Paris, PUF, 1989, p. 135.

306 *Ibid.*, p. 135.

Lorsque la femme touche le sexe de l'homme, une vision militaire et même belliqueuse infléchit le processus de conquête / apprentissage. Évidemment, le héros se doit d'être *fier* (sinon féroce) et vaillant. Son sexe n'est pas celui d'un lâche ; il ressemble, dans l'imaginaire du narrateur – plutôt que dans celui de la demoiselle – à un « baston à champion »[307]. C'est le blason[308] de l'érection qui fait qu'un homme se révèle à la hauteur du combat. Le rapprochement sexuel est d'abord un corps-à-corps.

Au fond, malgré tout le tact déployé par l'homme, cette imagerie guerrière place l'interaction dans un champ implicitement misogyne : puisque la femme est l'ennemi, l'homme est contraint de s'armer selon la circonstance, d'être prêt. Disposer d'« un vit si fier »[309] est une question de résistance, aussi bien que d'intimidation chevaleresque[310].

Heureusement pour l'héroïne, cette arme n'est pas tournée contre elle pour la blesser, mais pour signer la reddition, pour inviter à l'appropriation, au jeu, à la connaissance. Selon les normes en vigueur dans les romans de l'époque, un bon chevalier ne doit jamais attaquer une demoiselle, qui est, en plus, désarmée et prête à tomber. Aussi faut-il voir dans cette mention du *baston* une allusion à la fameuse camaraderie virile fondée sur la solidarité et la sportivité au combat : dès lors, la femme est élevée à la hauteur de cette amitié, elle est promue, ontologiquement, à la virilité et socialement, à l'ordre des *bellatores* (après un effleurement de celui des *oratores*).

En d'autres termes, la demoiselle est appelée à un adoubement symbolique. Puisque c'est elle qui tient le *baston de champion* dans sa main, elle se voit confier, un moment, ce rôle de champion, cette appréhension directe de ce qui fait, dans l'imaginaire collectif, la force, la dangérosité, la position d'un homme jouteur, sain, jouisseur. La demoiselle a besoin de tenir le sexe mâle pour commencer à éprouver de l'empathie avec le mâle, pour prendre conscience du fait qu'il y a l'Autre, et qu'on peut le dominer, selon ses propres lois. Tout d'abord, le pénis est, pour la jeune femme, un concentré d'altérité, aussi bien qu'un monde possible – elle pourrait être centrée autrement, voir sa vie émotionnelle la plus élémentaire s'orienter selon un autre point cardinal, situé entre « .II. aines » et « .XIII.

---

[307] *La damoisele qui ne pooit oïr parler de foutre I*, dans *Nouveau Recueil complet des fabliaux*, éd. Willem Noomen et Nico van den Boogaard, tome IV, éd. cit., v. 57, p. 81.

[308] Selon le Centre National de Ressources Textuelles et Lexicales, le bâton-baston désigne, au Moyen Âge, non seulement une arme en bois, mais aussi une « bande verticale dans un blason », dans la sémiotique héraldique de la fin du XIIIe siècle. Voir l'article « bâton » dans le *Trésor de la langue française informatisé*, disponible en ligne sur le site http://www.cnrtl.fr/definition/b%C3%A2ton, consulté le 4 mars 2015.

[309] *La damoisele qui ne pooit oïr parler de foutre I*, dans *Nouveau Recueil complet des fabliaux*, éd. Willem Noomen et Nico van den Boogaard, tome IV, éd. cit., v. 54, p. 81.

[310] À côté du gant, le bâton est aussi, depuis Roland, un emblème d'autorité. Voir cette citation hautement pertinente pour notre propos : « Livrez m'en ore le guant e le bastun », *La Chanson de Roland*, éd. Joseph Bédier, v. 247. En effet, ces deux symboles du pouvoir royal sont réclamés par le duc Naimes afin d'assumer la mission de représenter Charlemagne auprès du roi Marsile.

vaines »[311]. Elle pourrait, au lieu de chuter, vaincre, championner ; elle pourrait, sans peur, compter avec la grosseur, sinon avec la grossièreté.

Afin de subjuguer cette altérité dont elle explore ouvertement les charnières, la demoiselle a besoin d'entendre surgir le sujet à assujettir, d'apprendre le point de vue de l'Autre sur ce qui fait, justement, sa différence. L'émotion qu'elle éprouve en posant sa question, de vive voix et de vif toucher, a quelque chose de sacré, comme si elle venait de découvrir un mystère divin, une face à la ressemblance de laquelle l'être humain est censé avoir été créé. Grivoiserie théo-érotique ou élan de piété devant la nature de la créature, l'émerveillement de la vierge confine à la religiosité : « Sire, por Dieu, le roi celestre, / Dites moi que ce puet ci estre ? »[312].

À strictement parler, la demoiselle prend le nom du Créateur en vain, tout comme le damoiseau avec sa patenôtre – qui donne le ton de cet entretien pieusement profane – et la présence du *roi celestre* semble manquer encore plus de pertinence, lorsqu'il s'agit de la géographie si terrestre d'un pénis innervé de treize *vaines*.

Et pourtant Dieu est invoqué à l'appui, comme si la femme avait besoin d'un allié, face à l'éventualité d'un coup de *baston*. Son invitation à l'aveu renvoie, par ailleurs, à la pratique de la confession, qui devient un impératif religieux au XIIIe siècle, après le Concile de Latran de 1215. Il faut que l'homme du fabliau confesse ce qui se cache derrière ses vêtements, et que l'idée de péché – cette offense potentielle du sexe proféré comme tel – soit surmontée dans un rituel sacramentel où le chuchotement des plus grands secrets alimente la confiance réciproque et l'intimité.

Cette fois, la réponse de l'homme n'est plus évasive, ni flatteuse ; elle va au cœur de l'ontologie mâle : « Bele, fet il, c'est mes poulains »[313]. Après le narrateur, c'est le tour du protagoniste de privilégier les images chevaleresques. Le *baston* s'anime et devient un jeune cheval organiquement lié à son cavalier. Anonyme malgré la coutume littéraire de donner des noms aux montures des héros épiques ou romanesques, anonyme tout comme le héros est ici anonyme, ce poulain « mout par est de grant bien plains »[314]. Autrement dit, le sexe masculin est un contenant, il porte quelque chose qui le transcende, qui relève du *bien* : c'est le support – animé – d'une valeur morale innommable. Au-delà des accents publicitaires de cette assertion bien à propos, il convient d'y voir une allusion à la fécondité, mais aussi à la plénitude d'une jouissance potentielle.

L'homme déplace l'accent du contexte belliqueux initial vers celui d'une interaction harmonieuse, où aucun bâton ne menace la femme. Implicitement, il promet un *grant bien* à sa partenaire, en lui suggérant que le plaisir qu'il recèle est appréciable (et déjà apprécié). Un véritable axiome se met en place : ce dont la

---

311 *La damoisele qui ne pooit oïr parler de foutre I*, dans *Nouveau Recueil complet des fabliaux*, éd. Willem Noomen et Nico van den Boogaard, tome IV, éd. cit., v. 55-56, p. 81.

312 *Ibid.*, v. 59-60, p. 81.

313 *Ibid.*, v. 61, p. 81.

314 *Ibid.*, v. 62, p. 81.

femme a besoin, qu'elle le sache ou non, passe par le signifiant / contenant phallique[315]. La voie est ouverte à toutes les psychanalyses.

Et la belle « taste avant »[316], comme si elle ne voyait pas encore la pertinence d'un poulain pour son plus grand bien. Un nouveau secret lui est dévoilé, « par sainte Elaine »[317]. On dirait que le sens mystique de la demoiselle connaît une ouverture progressive vers les valeurs terrestres. Après le roi du ciel, c'est la sainte qui a fouillé la terre, pour trouver la croix, qui l'interpelle. Et ce qu'il y a à déterrer, dans ce cas de dissection masculine, est « unes grandes coilles velues »[318]. Une fois de plus, la demoiselle ne voit pas : elle touche. Et elle veut savoir ce que cet organe *est*. L'ontologie mâle l'intéresse toujours plus, chaque fois qu'elle découvre une nouvelle forme d'altérité.

L'homme donne aussitôt une réponse d'ordre anatomo-fonctionnel : « Douce, c'est li sas à l'avaine »[319]. En touchant au sujet de la nutrition animale, il énonce, implicitement, une croyance populaire conformément à laquelle le sexe est une nécessité vitale aussi impérieuse que le boire et le manger. Il y va, certes, d'une nécessité bestiale et masculine, mais, grâce au dénominateur commun de la nourriture, elle devient compréhensible à la femme, qui peut éprouver une certaine empathie. D'autant plus que le héros ajoute, fort raisonnablement : « Ne vueil mie estre desgarnis »[320]. C'est la faim qui devient désormais le péril à écarter. La vie du poulain dépend de l'avoine, qui dépend, elle, de la présence nourricière de la femme... Toute une logique érotique se met en place, dont l'efficience est saluée aussitôt par la demoiselle : « Sire, mout estes bien apris »[321].

Le compliment est un émotif direct et conventionalisé. Il vise à produire une émotion positive à la fois chez l'interlocuteur et chez le locuteur (s'il n'est pas, au fond, envieux des qualités dont il proclame l'excellence). La demoiselle est simplement admirative, et, en exprimant son admiration, elle transmet à son « ami » un signal du genre « à bon entendeur, salut ! ». L'étranger devient ainsi l'« entendedor », ou l'amant agréé de la vierge dame.

Un déclic se produit : « Tout maintenant que cil l'oï, / Si la besa et conjoï »[322]. L'homme comprend que toute initiative de sa part est, désormais, la

---

[315] La phallo-philie illustrée par le fabliau *Pescheor de Pont seur Saine* serait à interpréter dans le sens d'une eschatologie sexuelle, où le pénis d'un mort amène la réhabilitation / rédemption d'un (homme) vivant ; voir Brian J. Levy, *The Comic Text...*, *op. cit.*, p. 128.

[316] *La damoisele qui ne pooit oïr parler de foutre I*, dans *Nouveau Recueil complet des fabliaux*, éd. Willem Noomen et Nico van den Boogaard, tome IV, éd. cit., v. 63, p. 81.

[317] *La damoisele qui ne pooit oïr parler de foutre I*, dans *Nouveau Recueil complet des fabliaux*, éd. Willem Noomen et Nico van den Boogaard, tome IV, éd. cit., v. 65, p. 81.

[318] *Ibid.*, v. 64, p. 81.

[319] *Ibid.*, v. 66, p. 81.

[320] *Ibid.*, v. 67, p. 81.

[321] *Ibid.*, v. 68, p. 81.

[322] *Ibid.*, v. 69-70, p. 81-82. Ici, il y a une première différence visible entre les deux éditions : l'édition Noomen-Boogaard innove en remplaçant « le » par « la » dans le vers « Si *le* / *la* baisa et conjoï ». Cette normalisation du pronom régime n'est pas une correction, elle vise simplement à effacer un trait régional de ce texte de la fin du XIIIe

bienvenue. Néanmoins, puisque ses manières sont appréciées comme relevant d'une bonne éducation, il doit contenir ses élans selon les mêmes standards émotionnels. *Beser* et *conjoïr* sa femme sont des manifestations tout à fait recommandables, vu leur caractère inoffensif et leur charge affective. Ils traduisent, sinon l'amour, au moins la joie d'avoir trouvé un partenaire sur mesure et de l'avoir épousé. L'acte sexuel n'est plus une cible masculine et une victimisation féminine (comme dans le cas du *foutre*) : il s'annonce déjà comme le couronnement d'une communication émotionnelle inspirée par l'art de *faire l'amitié*.

Une fois de plus, c'est le tour de l'homme d'agir. Sciemment, adroitement, il joue la comédie de la virginité, tout comme il avait joué celle de la pudeur pâmée. La théâtralité de cette conduite n'est pas gratuite : elle vise à canaliser l'empathie de la demoiselle, en revêtant avec une précision cocasse son rôle d'anatomiste mordu de toutes les curiosités.

Le même algorithme est suivi : la main doit descendre de la poitrine au sexe, et la bouche doit poser des questions ontologiques pertinentes. Le but étant, en principe, de comprendre comment *est*, et comment *vit* l'Autre.

Si la poitrine de l'homme se passe de description et de transposition allégorique, celle de la femme n'est pas traitée à égalité. Loin d'être un simple point zéro dans la découverte des zones érogènes, elle a droit à des distinctions esthétiques. Le narrateur prend plaisir à lui attribuer deux qualités stéréotypées : « durete et bele »[323]. La blancheur, qui serait attendue aussi en pareille circonstance, n'est pas de mise, dans le noir. Seuls comptent les attributs palpables. Toutes les émotions du texte dérivent du toucher et se laissent définir par la parole, dans un dosage adroit du physique et du psychique.

« Amie », fet il, « qu'est ce ci ? »[324]. Et la mamelle de se présenter, en termes poétiques et apéritifs, comme un « fruis »[325] que sa maîtresse porte toujours dans son sein… Ce n'est donc pas l'animalité qui sous-tend la nature féminine, mais plutôt un destin végétal, qui n'exclut pas la réification alimentaire du corps. La demoiselle ne voit certes pas sa poitrine comme une tétine et ne pense pas (encore) au fait que celle-ci servira un jour à l'allaitement. Mais tout est déjà là, en germe. Être femme revient à être comestible, un peu comme être homme revenait à avoir faim. La demoiselle comprend et applique le principe de complémentarité. Son empathie avec la faim du poulain lui inspire une imagerie nutritive bel et bien adéquate.

---

siècle ; en effet, « le picard et le wallon utilisent couramment un féminin *le*, issu d'un traitement atone de *illam* […] qui efface l'oposition des genres », Gaston Zink, *Morphosyntaxe du pronom personnel (non réfléchi) en moyen français (XIVe-XVe siècles)*, Genève, Droz, 1997, p. 16.

323 *La damoisele qui ne pooit oïr parler de foutre I*, dans *Nouveau Recueil complet des fabliaux*, éd. Willem Noomen et Nico van den Boogaard, tome IV, éd. cit., v. 72, p. 82.

324 *Ibid.*, v. 73, p. 82.

325 *Ibid.*, v. 74, p. 82.

Après le sein, c'est le « poinil »[326] qui constitue un passage obligé. Cette fois-ci, la main de l'homme va *droit sor* son but, sans que l'audace déborde les limites du jeu de reconnaissance. On pourrait s'attendre à une réaction émotionnelle forte et négative, de la part d'une demoiselle réputée si pudique. Mais son émotion est plus qu'une réaction ; elle repose ici sur une anticipation (détaillée ? algorithmique ?) du geste masculin. Sa réponse est toute prête : « Par Dieu qui fist et mer et onde, / C'est li plus biaus praiaus du monde »[327].

Les références à Dieu pointent, de nouveau, vers l'hypostase du Créateur. Il s'agit, certes, de la création du tout premier jour, lorsque la mer est déjà en place – selon la Genèse. Mais, à côté des eaux au-dessus et des eaux au-dessous de l'étendue, un préau comme le pénil de la demoiselle trouve aussi sa place dans l'économie des choses créées. C'est même une place privilégiée, puisque cette réussite esthétique est saluée au superlatif comme *li plus biaus praiaus du monde*. La demoiselle se proclame, ni plus ni moins, une merveille de la Genèse, ce qui ne la vieillit pas, mais, au contraire, la rafraîchit et la singularise, en la rapprochant d'Ève.

Émotionnellement parlant, la demoiselle réussit donc un coup de maître : elle assoit son unicité sur l'ontologie de la création, tout en se passant d'Adam. Comme si Dieu avait d'abord songé à créer une femme. Néanmoins, la publicité à ce préau érogène – véritable *Locus Amœnus*[328]– obéit au principe déjà suivi par le *vallet* lorsqu'il avait parlé de son propre sexe. Simplement, le *grant bien* est, chez la femme, de nature *plus* primordiale que le poulain de l'homme…

Un autre indice vient infléchir l'interprétation de cet émotif apparemment naïf et vantard : en réalité, c'est Dieu qui doit être loué pour la beauté du préau – qui n'est pas, ici, le simple pubis d'une simple femme, mais un champ qui vit au large de la création, qui côtoie *la mer et l'onde*… et qui, à ce titre, doit se montrer disponible à l'homme assez audacieux pour y plonger.

La réplique montre bien que cet homme (entre tous) est à la hauteur : il reprend la référence à Dieu et confirme, par la particule affirmative *mon*, la beauté du préau, sur le mode exclamatif et admiratif : « Praiaus, voire, por Dieu, c'est mon ! »[329]. Il y a donc deux humains, à présent, à louer une merveille de la création, probablement sans la voir – avec une admiration tactile et pieuse, enthousiaste et contrôleuse.

Pour le lecteur moderne, attentif au degré de saturation lexicale d'un mot dans un énoncé, le nom de Dieu semble de nouveau *pris en vain*, désémantisé, incorporé dans la ponctuation des deux corps. Il devient un simple émotif prêt-à-porter, qui s'actualise sous le signe d'une série de valeurs tacitement partagées, comme

---

[326] *Ibid.*, v. 77, p. 82.

[327] *Ibid.*, v. 79-80, p 82.

[328] « *The conceptual jump here is to think of the semantic field of the body in terms of that of the Locus Amœnus, the idyllic place of love in both courtly romance and religious literature* », Eric Hertog, *Chaucer's Fabliaux as Analogues*, Louvain, LUP, 1991, p. 151.

[329] *La damoisele qui ne pooit oïr parler de foutre I*, dans *Nouveau Recueil complet des fabliaux*, éd. Willem Noomen et Nico van den Boogaard, tome IV, éd. cit., v. 81, p. 82.

pour montrer que ce n'est pas le contenu, mais plutôt la relation qui est concernée par cette communication *voire por Dieu*.

En tout cas, la voie est ouverte. Le passe-partout divin fonctionne si bien, que la halte suivante, dans l'itinéraire de la découverte réciproque, est le *con*. Le marié continue de plus en plus audacieusement le petit jeu anatomique apparemment initié par la mariée, et ajoute un compliment à l'appellatif auquel il l'a habituée : « amie *bele* »[330]. Ainsi, la révérence n'est plus adressée à Dieu, mais bien à la femme, dont l'homme attend tout. Pragmatiquement, il laisse désormais tomber l'émotif « Dieu » – qui avait servi à sa partenaire lors de la découverte du pénis – pour se concentrer sur des actes de chair : l'identification des (beaux) organes virginaux et l'exploration de leur disponibilité au toucher.

L'effet est immédiat ; la bénéficiaire du compliment et de l'attouchement coopère de bon gré à la devinette sexuelle. Sa contribution se concrétise dans une métaphore culturelle tout naturellement motivante : la « fontenele »[331], qui creuse le champ sémantique de l'eau (déjà présent dans la soif du poulain) en l'aménageant, en l'ancrant dans le contexte d'interaction, en lui donnant un sens relationnel. Le vagin devient un abreuvoir. La demoiselle centre son allégorie sur les besoins vitaux du *vallet*, et dirige pertinemment le discours vers le poulain assoiffé.

La dimension publicitaire de ce rite de présentation de soi[332] continue à se manifester : si le pénis était loué pour le *grant bien* qu'il recelait, la vulve est louangée pour son climat intime. Les émotions qui se profilent dans ce cadre tournent autour du plaisir de pénétrer dans un « recoi » où il « fet mout bon et mout bel »[333]. L'idée de savourer le réconfort de l'intériorité – dans une solitude qui ouvre tous les pores à l'agrément d'un paysage accueillant – fait la spécificité de ce lieu où jaillit la sève de la féminité, de façon à la fois naturelle (telle une source) et culturelle (telle une source captée, déviée, transformée en *fontenele*). Il s'agit, ni plus ni moins, d'une invitation à s'installer au centre vital du territoire féminin – « en mi mon praiel »[334]– et d'en jouir.

Or, ce territoire recèle d'autres surprises, plus périphériques, et l'homme le sait. *Par aventure*, il trouve une autre fente et, dès que son « plus lonc doi »[335] la touche, il en retire sa main, comme piqué.

Devant ce paysage apparemment répulsif, qui représente le revers défensif de la belle *fontenelle* pleine d'appâts, l'homme mime une émotion négative – la peur – pour en induire une autre, positive, à sa partenaire : l'hilarité sécurisante. Et l'acte émotif de l'homme réussit ; devant l'esquive gestuelle et le mutisme du

---

[330] *Ibid.*, v. 83, p. 82, notre italique.

[331] *Ibid.*, v. 84, p. 82.

[332] La présentation de soi est abordée de façon théâtralement cohérente par Erving Goffman dans son célèbre ouvrage *La mise en scène de la vie quotidienne. La présentation de soi*, Paris, Minuit, 1973, tome I.

[333] *La damoisele qui ne pooit oïr parler de foutre I*, dans *Nouveau Recueil complet des fabliaux*, éd. Willem Noomen et Nico van den Boogaard, tome IV, éd. cit., v. 87 et 86, p. 82.

[334] *Ibid.*, v. 85, p. 82.

[335] *Ibid.*, v. 88-89, p. 82.

vallet, la demoiselle s'amuse. Soudain, elle se trouve dans une position dominante – voire menaçante. Toute à sa jubilation, elle profère des paroles qui entretiennent l'ambiance badine, tout en glosant sur le vécu de l'homme : « Ne *doutez*, sire »[336]. Autrement dit, elle définit la situation dans ces termes : son mari (*sire*) est peureux, et il faut le rassurer pour que le mariage réussisse. L'important, se dit donc la jeune mariée, est de ne pas oublier cette complémentarité, ce besoin d'assouvir, ensemble. Ayant déjà vanté les bienfaits de sa *fontenelle*, elle rappelle à l'homme la nécessité d'abreuver son poulain[337]. Il n'a avancé qu'un doigt et une métaphore, mais elle est prête à se montrer secourable, le découvrant si inoffensif et pitoyable – ou, plutôt, si malin et divertissant.

Face à « la gaite »[338], le marié comprend que l'obstacle est présent, mais pas infranchissable. Incarné dans un être humain circonscrit par sa fonction – gardien d'une fontaine et d'un pré – l'anus féminin se montre prêt à faire face (ou dos). Il appelle à une interaction ouvertement belliqueuse. Le bâton de champion a désormais sa contrepartie allégorique.

Cette zone érogène tolère le toucher agressif et itératif, mais défend la pénétration. Elle matérialise les émotions de la résistance féminine, aussi bien que les ressources ultimes du refus de l'autre[339]. Le derrière est l'équivalent symbolique d'une bouche qui crie dans le désert… ou, plutôt, d'une pudeur atteinte, qui s'alarme : il y a imminence d'invasion-violation. Il y a danger. Il y a un poulain qui veut troubler la *fontenelle*, et aller même plus loin que Nature... Le derrière traduit alors le durcissement du moi face à l'intrusion de l'autre – un durcissement sonore. Significativement – par un investissement paradoxal du *bas corporel* – le rectum féminin reçoit, un instant, le don de la parole, ou plutôt le don du cri : il garde le pâturage et la fontaine, mais se laisse vaincre par un geste, dès qu'il fait entendre sa voix. En fait, c'est sa réduction au silence qui conditionne la réussite de l'acte sexuel.

Par ailleurs, il n'est pas étonnant que le corps féminin s'avise à parler, dans un fabliau : le récit *Du chevalier qui fist les cons parler* connaît, dès le XIIIe siècle, sept manuscrits anthologiques (en 1748, Denis Diderot retrouvera ce confessionnal génital dans ses *Bijoux indiscrets*). L'orifice postérieur de la « damoisele » hérite donc cette brève vocalité d'une communauté de vagins parlants.

---

336 *Ibid.*, v. 92, p. 82, notre italique.

337 Per Nykrog décèle dans ce jeu à la fontaine un clin d'œil au roman *Yvain* de Chrétien de Troyes. Pour lui, ces vierges prudes seraient les « Précieuses ridicules » du XIIIe siècle, grandes lectrices arthuriennes et rêveuses d'amours passionnelles. Voir Per Nykrog, « Courtliness and the Townspeople. The Fabliaux as a Courtly Burlesque », art. cit., p. 69.

338 *La damoisele qui ne pooit oïr parler de foutre I*, dans *Nouveau Recueil complet des fabliaux*, éd. Willem Noomen et Nico van den Boogaard, tome IV, éd. cit., v. 97, p. 82.

339 Pour donner un autre exemple de sonorité anale, dans le fabliau anonyme *De Gauteron et de Marion*, l'anus féminin émet un pet qui dégoûte le jeune marié de la virginité de son élue. Voir *De Gauteron et de Marion*, dans *Recueil général et complet des fabliaux des XIIIe et XIVe siècles*, éd. Anatole de Montaiglon et Gaston Raynaud, tome III, Paris, Librairie des Bibliophiles, 1878, p. 49-50.

On l'a vu, la cartographie féminine est bipolaire : d'un côté, il y a un lieu accueillant, de l'autre, un espace répulsif. D'un côté, un *oui* subtil et élaboré, de l'autre, un *non* à peine articulé. Le principe de plaisir-déplaisir de la psychanalyse moderne semble trouver ici un champ de manifestation spectaculaire[340].

Comme les grandes dames des poèmes ou des romans, la demoiselle connaît l'importance de la retenue, et pratique lucidement la dynamique du refus et de l'octroi. Si elle veut aller jusqu'au « fait », elle n'entend pas offrir une deuxième voie d'accès à son intimité. Elle refuse, comme il se doit en contexte légitime, d'après les normes coïtales de l'époque (les protagonistes sont pratiquement unis devant Dieu, ce qui est rare dans un fabliau), de pratiquer le rapport anal – associé avec la sodomie et la contraception[341] – mais se montre intéressée par l'interaction génitale, qu'elle présente, en accord avec son chevalier, comme une nécessité naturelle. Un seul attouchement rectal est permis – et il implique le battement rythmique (et extérieur) des testicules.

Pour notre demoiselle, il n'y a donc qu'une fontaine, et c'est là, au centre de son *preau*, que l'homme doit apaiser la soif de son *poulain*. Les deux sexes sont ici plus que les signes iconiques des deux êtres : ils en deviennent les agents émotionnels – silencieux, concertés, et finalement unis.

En effet, le *topos* de la discrétion est l'un des ingrédients *sine qua non* d'une interaction courtoise. Un mariage de « fablel » ne suspend pas cette norme du sentiment (*feeling rule*)[342] : tout couple se doit de jouir sans crier – sinon il y a sottise, d'un côté... Même une vierge, au cours de la défloration, est tenue de garder le silence ; la légitimité n'exclut pas la retenue, bien au contraire : il n'est pas bon, depuis saint Jérôme, que les époux manifestent leur désir trop ardemment. Il faut juste consommer le lien, pour parfaire le mariage : le faire passer, avec l'accord de l'épouse, du stade de *matrimonium initiatum* à celui de *matrimonium ratum*[343].

Effectivement, le couple se contente de voir le sexe comme une forme de ratification, dès que la négociation allégorique aboutit à un accord. L'homme

---

340 Voir Sigmund Freud, « Au-delà du principe de plaisir », *Essais de psychanalyse*, Paris, Payot, 1984, p. 41-115. Sous ce jour, le principe de plaisir-déplaisir entretiendrait des rapports dynamiques et dichotomiques avec le principe de réalité.

341 Vu comme une pratique contraceptive bestiale, cet accouplement « contre nature » était considéré comme un péché grave, pour lequel on prescrivait des pénitences comparables à celles recommandées en cas de meurtre. Voir John T. Noonan, *Contraception et mariage. Évolution ou contradiction dans la pensée chrétienne*, trad. Marcelle Jossua, Paris, Cerf, 1969, p. 209 et 212-215. Voir aussi l'article de Jean-Louis Flandrin, « Contraception, mariage et relations amoureuses dans l'Occident chrétien », *Annales. Économies, Sociétés, Civilisations*, 24, 6, 1969, p. 1370-1390.

342 Pour une approche des règles du sentiment et du travail émotionnel, voir Arlie Russell Hochschild, *The Managed Heart. Commercialization of Human Feeling*, Berkeley et Los Angeles, University of California Press, 2003 [1983].

343 « Le mariage est *initiatum* par l'échange des consentements, mais il n'est *ratum* que par la copulation. », Philippe Toxé, « La *copula carnalis* chez les canonistes médiévaux », *Mariage et sexualité au Moyen Âge : accord ou crise ?, Cultures et civilisations médiévales*, dir. Michel Rouche, Paris, Presses de l'Université de Paris-Sorbonne, 2000, p. 125.

plonge la tête du poulain dans la fontaine de sa femme et l'histoire pourrait trouver ici sa fin « heureuse ».

Mais la *guaite* pousse deux cris (ou pets), et endosse ainsi le rôle de *losengier*. Il risque de révéler le *fait* des amants, ce qui menace de suspendre le cours de l'action. Sur un ton masochiste qui rappelle son goût de la chute, la demoiselle demande alors que le traître (l'anus criard) soit puni (par des coups de testicules). La violence de la première interaction sexuelle devient alors, grâce à cette perspective, un acte de justice[344].

Les émotions négatives – associées, par le lecteur moderne, à toute forme d'agressivité – semblent ici revêtir un rôle positif : inhiber la douleur provoquée par la rupture de l'hymen, en donnant une motivation ludique aux rapports sexuels. L'exagération (au fond, ces *sacs d'avoine* ne sont ni trop durs ni trop contondants) assure la force émotive suffisante pour que la douleur soit désamorcée par le rire. Faire l'amour – même sans amour – n'est pas perpétrer un meurtre. Sous la forme d'une attaque menée contre la sottise, l'indiscrétion et l'arrogance – représentées ici par le rectum parlant – la violence devient désirable, impérativement, activement, dans une cascade de verbes de mouvement : « Sire, por Deu le creator, / Ferez, batez, hurtez, boutez, / Batez le tant que l'ociez »[345]. L'édition Montaiglon-Raynaud va plus loin encore avec cette dynamique qui finit dans l'étourdissement complet, synonyme de l'humiliation : « Si que l'estordissiez trestout / Que ne se face si estout »[346]. Le résultat des cris étouffés et de l'abreuvement réussi est d'ordre olfactif : une haleine puante. Les sèves et les vents se libèrent alors dans la joie, et forment un cocktail exemplaire et scabreux.

Il faut vaincre le dédain pour accepter d'apaiser la soif d'un homme qu'on n'aime pas, mais il faut vaincre la nausée après l'avoir fait. La pudeur de la pucelle doit s'accorder à un nouvel état de corps et d'âme : tolérer la saleté sans la voir comme une souillure. Accepter de partager des odeurs et des sécrétions autres – sans s'en sentir altérée.

Peu à peu, une nouvelle émotionologie s'installe : celle de la tolérance de l'Autre, et de l'acceptation de ce dérangement, mieux, bouleversement, qu'est le plaisir. Pour l'homme, il y va d'un combat à gagner au nom de l'animalité ; pour la femme, d'une façon d'accueillir la (bonne) bête, au nom de la vie. Une initiation ne peut se consommer que dans le champ de ce dépassement des frontières du moi, dans la coopération émotive et normative avec l'autre. C'est par la complicité que tout prend poids et valeur : le mariage est ici un tandem (à teintes sado-

---

[344] Typiquement, le grotesque des fabliaux repose sur la violence, l'excès, le caractère farceur des gestes impliqués ; c'est la sphère sématique du « batre » et du « ferir », voir Guy Mermier, « The Grotesque in French Medieval Literature : A Study in Forms and Meanings », *Versions of Medieval Comedy*, éd. Paul G. Ruggiers, *op. cit.*, p. 121.

[345] *La damoisele qui ne pooit oïr parler de foutre I*, dans *Nouveau Recueil complet des fabliaux*, éd. Willem Noomen et Nico van den Boogaard, tome IV, éd. cit., v. 112-114, p. 83.

[346] *De la damoisele qui ne pooit oïr parler de foutre*, dans *Recueil général et complet des fabliaux des XIIIe et XIVe siècles imprimés ou inédits*, publiés avec notes et variantes d'après les manuscrits par MM. Anatole de Montaiglon et Gaston Raynaud, tome III, Paris, Librairie des Bibliophiles, 1878, v. 115-116, p. 85.

masochistes !), où l'un frappe, l'autre veut être frappé, où l'un gagne, l'autre veut être vaincu. La complémentarité n'est pas seulement de nature physiologique : elle trahit une soif de communication, de synchronisation, d'entente, qui emprunte la voie des clichés sur le sexe fort et le sexe faible, tout en jouant au dévoiement.

Le cavalier passe le test d'intelligence émotionnelle et se qualifie comme maître légitime et célébré, voire comme champion de la *fontenelle* de la demoiselle. La consommation réussit, évite l'écueil sodomite et promet de se réitérer avec un plaisir croissant – et fécond.

Pour la *damoisele qui ne pooit oïr parler de foutre*, accepter l'inconcevable, corps et verbe, c'est accepter l'ouverture à l'autre, au rythme qui lie le plaisir à l'agression, le défi à l'art de subir sans souffrir. En guise de conclusion, elle situe son apprentissage sous le signe de *Dieu le creator* – qui seul est rendu responsable de ce brassage du mal et du bien (douleur / jouissance), de l'instinct de conservation et de la *petite mort*.

Une histoire de pédophilie ?
La Damoisele qui ne pooit oïr parler de foutre II[347]

Grâce au rédacteur – toujours anonyme – du manuscrit 354 de la Burgerbibliothek de Berne, la même « damoisele » invite à une représentation émotionnelle différente dans la seconde version du fabliau. En effet, l'histoire n'est plus placée en contexte aristocratique et conjugal, ce qui promet une relativisation des contraintes sociales. Toutefois, il n'est pas question, ici non plus, d'une scène de libre fornication « vilaine »[348]. Même si le sexe ne relève plus du *debitum* ou de la leçon de noble langage, il obéit toujours, de façon implicite, à certaines règles émotionnelles – qui méritent d'être dégagées.

D'emblée, le narrateur situe l'héroïne sous le signe de trois sources affectives négativement connotées : « mout par estoit orgoilleuse / et felonesse et desdaigneuse »[349]. Effectivement, les deux premiers termes inscrivent la demoiselle dans la sphère du mal et la font baigner dans une sorte de méchanceté naturelle[350] et irréfutable. Quant au *desdaing* envers les hommes, il reprend la dominante émotionnelle de la première version, tout en l'éclairant d'une lueur pécheresse.

De nouveau, le vocable *foutre* est présenté comme un stimulus parmi d'autres, et non comme le déclencheur unique d'un réflexe féminin. Ce n'est pas

---

347 Pour cette rédaction du fabliau, nous suivons principalement l'édition Rossi-Straub, tout en nous réservant la liberté d'en comparer les variantes à celles retenues par les éditions Montaiglon-Raynaud et Noomen-Boogaard.

348 D'après Keith Busby, cette version du manuscrit B [354 de la Burgerbibliothek de Berne] entretiendrait des rapports intertextuels serrés avec le roman *Yvain*, de Chrétien de Troyes, dont elle proposerait une parodie, voir « Courtly Literature and the Fabliaux : Some Instances of Parody », art. cit., p. 81.

349 *La Damoisele qui ne pooit oïr parler de foutre*, dans *Fabliaux érotiques. Textes de jongleurs des XIIe et XIIIe siècles*, éd. Luciano Rossi et Richard Straub, éd. cit., v. 3-4, p. 92.

350 Elle était, en effet, « de tel nature », *ibid.*, v. 20, p. 92.

l'entité phonique qui suscite l'émotion, mais le sens transitif direct, violeur indirect, du verbe. L'association verbale « foutre » – « culeter » de la première version est cassée ici par le nom « lecherie »[351], qui vient renforcer la perspective moralisatrice du fabliau, tout en complétant le tableau des *naturalia* de la création, qui, en principe, *non sunt turpia* : « *vit* ne *coille* ne *autre chose* »[352].

Qu'il s'agisse de pudeur, de honte ou de frigidité, une chose est sûre : sans aucune apparence d'hypocrisie, le moi de la demoiselle s'hérisse de deux côtés : le « cuer » et la « chiere »[353]. En profondeur comme à la surface, elle est dominée par le refus des plaisirs de la chair. Son comportement reçoit ici un diagnostic en règle : il relève non pas de l'anhédonie[354], mais plutôt de la misandrie, comme le précise le narrateur juste avant d'introduire David, le médecin. En effet, « la fille [...] *aoit* / les homes et *cure n'avoit* / ne de lor faiz ne de lor diz »[355]. C'est donc la haine qui représente la nuance affective typique de cette version ; une haine précise, constante, qui rend la demoiselle aveugle à la moitié de l'humanité.

Cette spécialisation émotionnelle appelle le lecteur moderne à un approfondissement rétrospectif du sujet, facilité par quelques éléments de la biographie sentimentale de l'héroïne. La pucelle – ou son avatar du manuscrit 354 de la Burgerbibliothek de Berne – sait jouir de sa position d'enfant unique : dans l'absence de la mère et de tout autre parent proche, elle parvient à s'assurer le monopole affectif de sa maisonnée, en tenant le père entièrement sous son pouvoir. Il s'agit du seul homme qu'elle ne hait pas, et le narrateur interprète cette exception comme une anomalie, commentant malicieusement sur l'inversion paradoxale des rapports de force... et de possession : « Et ses peres l'avoit tant chiere, [...] / q'a son voloir trestot faisoit : / *plus ert a li que ele a lui* »[356].

Il est intéressant de constater que l'amour paternel est vu ici comme un sentiment négatif, à cause de la docilité, de la veulerie et de l'abdication morale auxquelles il conduit l'homme adulte, le maître, le *pater familias*. Dans cette émotionologie particulière, chérir est un état émotionnel à contenir, et non une façon d'être – père.

---

351 La traduction cite l'expression « parler paillardise », *Contes pour rire ? Fabliaux des XIII*e *et XIV*e *siècles*, éd. cit., p. 172.
352 *La Damoisele qui ne pooit oïr parler de foutre*, dans *Fabliaux érotiques. Textes de jongleurs des XII*e *et XIII*e *siècles*, éd. Luciano Rossi et Richard Straub, éd. cit., v. 22-23, p. 92.
353 L'enchaînement stimuli – réactions est décrit comme suit : « ele n'oïst parler de foutre / ne de lecherie a nul fuer, / que ele n'aüst mal au cuer / et trop en faisoit male chiere. », *ibid.*, v. 6-9, p. 92.
354 L' « anhédonie » est un terme lancé en 1896 par Théodule Ribot (1839-1916) ; il renvoie à une pathologie émotionnelle particulière – « la perte ou l'absence de la sensibilité au plaisir », voir Thérèse Lamperière, André Féline, Jean Adès, Patrick Hardy et Frédéric Rouillon, *Psychiatrie de l'adulte*, Paris, Elsevier Masson S.A.S., 1977, chap. « Troubles des émotions », p. 17.
355 *La Damoisele qui ne pooit oïr parler de foutre*, dans *Fabliaux érotiques. Textes de jongleurs des XII*e *et XIII*e *siècles*, éd. Luciano Rossi et Richard Straub, éd. cit., v. 37-39, p. 94, nos italiques.
356 *Ibid.*, v. 10-13, p. 92, nos italiques.

Ainsi, l'instance normative de ce fabliau (telle qu'elle se révèle grâce au manuscrit de Berne), veut que l'autorité parentale soit un for de régulation émotionnelle, et non un exemple d'abandon à l'instinct. Lorsque la fille chasse les serviteurs de son entourage immédiat et s'isole pratiquement avec son géniteur, quitte à faire peser sur lui tous les travaux de la vie paysanne, cette exclusivité fille-père fait penser à une sorte de matriarcat enfantin, arbitraire, anarchique. Le modèle affectif qui se dégage de ces commentaires épars ne refuse pas l'amour familial, mais uniquement le laxisme éducationnel qu'il inspire : en effet, le père pèche envers la société, « por sa fille que trop endure »[357]. La complaisance et la résignation ne conviennent pas à un mâle, d'autant plus qu'il est le père d'une demoiselle « orgoilleuse »[358].

Solitaire, obsédée par l'idée de sauvegarder son espace intime – la maison, mais aussi, plus organiquement, l'oreille et le sexe – la demoiselle fait figure de recluse sans Dieu. Si elle garde, selon toute apparence, le temple du corps, aucune divinité ne vient l'habiter – si ce n'est son père, qui fait plutôt office d'ange gardien... Or, c'est précisément le Créateur que la fille défie, avec son *ordre* exigeant et païen. Elle n'a aucune intention de donner un sens chrétien à sa vie, en prenant le voile ou la voie du mariage.

Face à son prochain – surtout quand il est simple serviteur (*sergent*) – la jeune femme, forte de son statut de paysanne aisée et / ou de belle vierge inaccessible, devient une véritable autorité émotionnelle. Elle donne le ton aux conventions en matière de sociabilité intersexuelle : comme elle a « mal au cuer »[359] en entendant les propos de ses semblables, ce sont ceux-ci qui doivent être chassés de son entourage, puisque l'émotif qu'ils profèrent ne peut être aboli. Dans ce micro-climat territorial, le *cuer* d'une femme est le siège des émotions négatives les plus fortes et les plus influentes, relevant de la tristesse, de la révolte, voire de la nausée. L'esprit et le corps se fondent dans cet accueil sévère des stimuli érotiques.

Féministe avant-la-lettre, l'héroïne suggère à ses proches qu'il faudrait apprendre à tolérer – ou à gérer plus habilement – la *différence* qu'elle incarne, dans une société phallocratique comme celle du fabliau. Elle ne se pâme plus, car elle ne souffre ni d'hyperémotivité[360], ni d'hypocrisie. Si elle ne va pas jusqu'à dire : « Mufles ! Apprenez à parler ! », elle montre bien l'état de son « cuer » en faisant « trop [...] male chiere »[361]. Cette réponse à l'assaut de la vulgarité n'est pas

---

357 *La Damoisele qui ne pooit oïr parler de foutre*, dans *Fabliaux érotiques. Textes de jongleurs des XIIe et XIIIe siècles*, éd. Luciano Rossi et Richard Straub, éd. cit., v. 31, p. 94.

358 *Ibid.*, v. 44, p. 94.

359 *Ibid.*, v. 8, p. 92.

360 Françoise Schenk, Geneviève Leuba et Christophe Büla, *Du vieillissement cérébral à la maladie d'Alzheimer. Autour de la notion de plasticité*, Bruxelles, De Boeck, 2004, p. 279.

361 *La Damoisele qui ne pooit oïr parler de foutre*, dans *Fabliaux érotiques. Textes de jongleurs des XIIe et XIIIe siècles*, éd. Luciano Rossi et Richard Straub, éd. cit., v. 9, p. 92. Dans la traduction de Nora Scott, il s'agit de faire « sinistre figure », *Contes pour rire ? Fabliaux des XIIIe et XIVe siècles*, éd. cit., p. 172.

une réaction biologique, comme dans la première version. Il s'agit ici d'une démarche didactique qui traduit la désapprobation et une prise de position dominatrice. La demoiselle tâche de contrôler, par la force du tabou, les modes de présentation de soi.

Un nouveau rite d'interaction est mis en place : la bouderie féminine comme accueil de la gaillardise masculine. Cette culture du ressentiment, certes, n'est pas due à un traumatisme subi, mais plutôt à une vision polémique sur la *normalité* des rapports courtois. La jeune prude cherche à transposer, à l'échelle de la société paysanne, ce modèle sécurisant où la femme émet un vœu et l'homme l'accomplit. Comme ce type est enraciné dans un lien exclusif entre le père et la fille, les psychanalystes pourraient conclure à une sorte de complexe d'Électre généralisé[362].

Par ailleurs, ce schéma familial exclut tacitement la mère et bruyamment les frères et les sœurs, qui ne sont « ne clo ne droit ne mu ne sort »[363], comme le précise l'auteur sur un ton gaulois. Autant dire que le couple des parents n'a pas été très fécond, ou qu'il n'y a pas de place pour deux femmes dans une telle famille, sous peine d'engendrer des monstres.

Lorsque David – nommé Davïet, grâce à un diminutif complice, qui avertit le lecteur sur le risque de le sous-estimer – fait son apparition dans le fabliau, il se présente comme un homme bien appris, voire affable, qui sait saluer son hôte au nom de Dieu et de saint Nicolas. Le conteur ne précise pas si le héros est au courant de l'histoire de la demoiselle, s'il souhaite la connaître ou s'il a simplement besoin d'hébergement. Il fait décliner au héros ses compétences, qui couvrent tous les travaux agricoles convenant à un *vallet*. Le mot acquiert ici, selon les traducteurs, un sens socio-professionnel particulier : « valet de ferme »[364], alors que la première version ne faisait valoir que l'âge du personnage.

L'atout du nouveau venu est une forme particulière de virilité, reposant sur l'utilité. C'est le type de l'homme efficace, débrouillard, sagace qui s'actualise ici : il sait « tot ce que vallez doit faire »[365] (y compris l'amour, déduit le lecteur). Un portrait physique du héros, qui mette, par exemple, en lumière ses muscles ou son

---

[362] Certains psychologues voient le complexe d'Électre comme le pendant du complexe d'Œdipe. Il s'agit du fameux « stade phallique ou oedipien » identifié par Freud, qui suppose une constante : « l'enfant désire avoir pour lui seul le parent de sexe opposé et écarter le parent de même sexe », Carol Tavris et Carole Wade, *Introduction à la psychologie. Les grandes perspectives*, Paris, Bruxelles, Éditions du Renouveau pédagogique Inc., 1999, p. 152.

[363] *La Damoisele qui ne pooit oïr parler de foutre*, dans *Fabliaux érotiques. Textes de jongleurs des XII*e *et XIII*e *siècles*, éd. Luciano Rossi et Richard Straub, éd. cit., v. 49, p. 94. Dans la traduction de Nora Scott, on retrouve l'énumération d'épithètes « ni boiteux ni ingambe ni sourd ni muet », *Contes pour rire ? Fabliaux des XIII*e *et XIV*e *siècles*, éd. cit., p. 172.

[364] Dans cette version, un « vallet » doit être capable d'« arer », « semer », « batre », « vaner », et d'accomplir d'autres prouesses techniques exigeant une certaine force doublée d'adresse et de… savoir-faire.

[365] *La Damoisele qui ne pooit oïr parler de foutre*, dans *Fabliaux érotiques. Textes de jongleurs des XII*e *et XIII*e *siècles*, éd. Luciano Rossi et Richard Straub, éd. cit., v. 67, p. 96.

visage hâlé, serait superflu. Cela s'entend, justement : dans un fabliau, un travailleur des champs est bien doué pour les travaux du lit aussi.

Le père devient, dans cette version, le conteur officiel de l'histoire de la demoiselle, qualifiée, dans un esprit paternel et complice, de « fille donjereuse »[366]. C'est lui qui explique les faits à David, d'une façon simpliste, qui repose sur les dimensions… phonique et patho-phonique : « des que ma fille ot nomer / foutre, si li prant une gote / qui encontre lo cuer li[367] bote, / que de morir fait grant semblant »[368]. Il reprend le « cuer » et la « chiere » évoqués par le narrateur (dont le « semblant » est un synonyme[369]), mais agrémente son récit d'une causalité purement auditive, propre à susciter la curiosité. La « gote » – un « malaise »[370] associé, au XIIIe siècle, avec des gouttes d'humeur viciée[371] – ainsi que l'apparente imminence de la mort lui fournissent des moyens d'envisager la situation en termes de sémiologie médicale.

Lorsque David répond, il ne manifeste pas la curiosité d'en savoir plus sur cette pathologie insolite, mais se met, spontanément, ingénieusement, à construire une sémiologie morale, voire théologique : le mot « foutre », loin de lui sembler ridicule comme stimulus d'une « gote »[372] quasi fatale, serait en fait un danger en soi, émanant du diable et recelant toute la force du mal. Pour l'opportuniste Daviët – qui a besoin d'un logement pour la nuit – dire, c'est agir, dans ce champ de la « mystique » appliquée. Les « lecheor » et « vilain parleor »[373] font donc venir, à leur insu, le démon ; en témoignage de cette noire efficacité, le héros cite sa propre symptomatologie, qui est une forme spéculaire de pudibonderie féminine (conçue, de nouveau, par un homme en rupture avec les autres hommes) : « Por cent livres je ne voldroie / Veoir *home* qui en parlast / ne qui lecherie nomast, / que grant

---

[366] *Ibid.*, v. 71, p. 96.

[367] Ici, « li » est remplacé par « la », pour des raisons d'éclaircissement (plus ou moins puriste) : voir *La Damoisele qui ne pooit oïr parler de foutre II*, dans *Nouveau Recueil complet des fabliaux*, tome IV, éd. cit., v. 78, p. 86.

[368] *La Damoisele qui ne pooit oïr parler de foutre*, dans *Fabliaux érotiques. Textes de jongleurs des XIIe et XIIIe siècles*, éd. Luciano Rossi et Richard Straub, éd. cit., v. 76-79, p. 96.

[369] Sur la pertinence psycho-sociale de la « chiere » et du « semblant » dans la littérature médiévale, et sur la codification de la censure mimique féminine, voir l'étude d'Alexandra Velissariou, « *Comment elles se doyvent contenir* : règles de conduite et codes gestuels dans le *Livre du Chevalier de la Tour Landry pour l'enseignement de ses filles* », *Le Moyen Français*, 65, 2009, notamment p. 65-67.

[370] Selon la traduction de Nora Scott, voir *Contes pour rire ? Fabliaux des XIIIe et XIVe siècles*, éd. cit., p. 173.

[371] Voir l'article « goutte » du *Trésor de la langue française informatisé*, disponible en ligne sur le portail du Centre National de Ressources Textuelles et Lexicales, http://www.cnrtl.fr/definition/goutte, consulté le 4 février 2015. C'est dans un autre fabliau, *D'Auberee*, que la « goute » acquiert un sens aussi précisément pathologique.

[372] Brian J. Levy interprète la « gote » comme une manifestation de la libido féminine ; voir *The Comic Text…*, *op. cit.*, p. 199.

[373] *La Damoisele qui ne pooit oïr parler de foutre*, dans *Fabliaux érotiques. Textes de jongleurs des XIIe et XIIIe siècles*, éd. Luciano Rossi et Richard Straub, éd. cit., v. 81-82, p. 96.

dolor au cuer me prand ! »[374]. Ainsi, le cœur d'un homme bien élevé se doit d'éprouver des émotions négatives bien vives à entendre *lecherie*. Il y va d'un devoir de sensibilité – appuyé, d'ailleurs, par la mentalité populaire, qui veut que certains mots soient périlleux, comme le nom de Dieu dans *Perceval ou le Conte du Graal*.

Ici, le péril vient aussi d'une profanation, moins grave, certes, mais tout aussi efficiente : *nomer lecherie*, c'est offenser le Créateur en portant atteinte au plus intime de sa création – la procréation.

Parodiquement, le héros reprend la « dolor au cuer » de la demoiselle, mais en fait une grâce d'initié, qu'il se hâte de tabouer : « Taisiez, por Deu l'esperitable, / que ce est li moz au deiable »[375]. Seuls souffrent les élus, et non les frigides, aussi la souffrance est-elle un signe de distinction, d'élection, de haute spiritualité.

David se montre donc blessé par la parole du père, et tâche de s'en protéger. Le geste de cracher renvoie, comiquement, à des pratiques magiques anciennes, dont l'origine est à chercher dans l'usage christique de la salive, mais aussi dans les écrits de Théocrite, Théophraste et même dans le Talmud[376]. Tous ces contextes entérinent l'idée d'une fonction curative du crachat : celui-ci servirait, invariablement, à éloigner le mal provoqué par un épileptique[377] ou un fou, afin d'atteindre à une sorte d'immunité physique et mentale. L'idéal, selon ces recommandations populaires, serait de cracher trois fois dans ses propres vêtements pour se défendre proprement contre la magie ou le mauvais œil.

Le narrateur de cette seconde version du fabliau ne dit pas combien de fois crache David, mais il montre bien que le zèle du jeune homme est directement proportionnel à l'attaque (méta)physique et involontaire du père: il « prist sa boche a terdre, / et puis crache autresi et moche / com s'il aüst mangiee moche »[378]. Éliminer si vigoureusement la salive et la morve revient à exagérer, avec de beaux effets humoristiques, un rite protecteur qui n'a rien de ridicule, en soi. Le mot *foutre*, ainsi investi, devient l'équivalent d'une *mo[u]che* : une forme de pollution ou d'agression bestiale, qui échoue hors langue.

La promptitude de cette purification, ainsi que son caractère ostensiblement défensif, font de la vulnérabilité humaine un spectacle d'une invraisemblance

---

374 *Ibid.*, v. 92-95, p. 96.

375 *Ibid.*, v. 89-90, p. 96.

376 Sur l'usage protecteur de la salive dans les civilisations hébraïque, grecque et romaine, voir le panorama dressé par Valentine Anthony Pakis, *Studies in Early Germanic Biblical Literature : Medieval Rewritings, Medieval Receptions, and Modern Interpretations*, chapitre « Christ the Healer and the Anglo-Saxon Charms », Proquest, Umi Dissertation Publishing, 2011, notamment p. 182 et les suivantes.

377 Brian J. Levy lit la crise de la demoiselle comme une parodie de l'épilepsie ; voir *The Comic Text…*, *op. cit.*, p. 228.

378 *La Damoisele qui ne pooit oïr parler de foutre*, dans *Fabliaux érotiques. Textes de jongleurs des XII*e *et XIII*e *siècles*, éd. Luciano Rossi et Richard Straub, éd. cit., v. 84-86, p. 96. Dans la traduction de Nora Scott, David « se mit à tordre sa bouche et puis il se racle la gorge et crache, exactement comme s'il eût avalé une mouche », *Contes pour rire ? Fabliaux des XIII*e *et XIV*e *siècles*, éd. cit., p. 173.

grossière[379]. L'idée que la parole ou le silence pourraient compter à tel point dans la vie reçoit une illustration proprement burlesque.

Mais, justement, entre *taire* et *nomer*, il y a une autre option, que le héros se garde bien d'énoncer : *faire* la *lecherie*. Ni diabolique ni divine, cette troisième possibilité relève, dans le fabliau, d'une sorte d'amoralité, juvénile et ludique, qui se plie aux lois de Nature.

Aussitôt, la demoiselle fait son apparition, comme attirée par l'expressivité corporelle du nouveau venu. C'est une question de « chimie » émotionnelle, qui se décline dans des termes sensoriels impliquant l'odorat, l'ouïe, la vue. Une question de compatibilité sinon d'empathie.

Des émotions aussi promptement exprimées (ou plutôt simulées) méritent d'être saluées promptement : la demoiselle « issi fors de la maison »[380] pour faire bon accueil à Daviët. Cette politesse est, en même temps, une impolitesse : le désir de montrer combien elle approuve la désapprobation du *foutre* par un crachat révèle une indiscrétion potentiellement offensante – la demoiselle épiait son père et ses interlocuteurs, se mêlait aux affaires d'hommes. L'intrusion confirme, certes, l'attitude dominatrice que le narrateur lui attribuait dès le début. La jeune fille doit connaître et contrôler tout ce qui se passe dans sa maison et dans sa cour. Ce style émotionnel si vif et impérieux, arbitraire et insolent, se déploie aussitôt de façon surprenante : l'héroïne obtient de son père, en quelques minutes, le droit de recevoir David dans son propre lit, pour une nuit. Cet homme étrangement docile, plus respectueux de la sensibilité féminine que des prescriptions morales ou religieuses – même s'il se laisse convaincre par la mouche et la mystique de l'invité – est qualifié de « vilains mout [...] beste »[381].

En effet, l'émotionologie de ce parent aimant est monocorde et ne connaît qu'un repère, altruiste, amoral et simpliste : « Ma fille, a *vostre volanté* / faites do tot »[382]. Or, il est inconcevable qu'un père, fût-il rustre[383], accepte de donner sa fille unique, encore vierge, à un étranger de passage, comme l'on ferait d'une prostituée ; sa richesse, affirmée d'emblée par le narrateur, lui assure, dans la communauté de ce village fictionnel, un certain statut, que la superbe de sa fille devrait, normalement, renforcer. La bêtise et le laxisme font, pourtant, bon ménage chez ce personnage, qui ne fait qu'illustrer un type, digne du personnel de fabliau : le naïf berné, l'adjuvant involontaire – si nécessaire à la progression de l'action.

---

379 Il convient de rappeler ici, avec Dominique Boutet, que « tous les fabliaux reposent à quelque degré sur l'invraisemblance, c'est-à-dire, au fond, sur l'irruption de l'exceptionnel dans le quotidien. », *Les Fabliaux*, *op. cit.*, p. 63.

380 *La Damoisele qui ne pooit oïr parler de foutre*, dans *Fabliaux érotiques. Textes de jongleurs des XII*e *et XIII*e *siècles*, éd. Luciano Rossi et Richard Straub, éd. cit., v. 98, p. 98.

381 *Ibid.*, v. 107, p. 98.

382 *Ibid.*, v. 118-119, p. 98, nos italiques.

383 Effectivement, « le vilain, quel que soit le fabliau, n'a jamais le beau rôle : il est celui qui se fait tromper et celui dont on se moque. », Marie Cailly, *Les fabliaux, la satire et son public. L'oralité dans la poésie satirique et profane en France, XII*e*-XIV*e *siècles*, Cahors, La Louve, 2007, p. 175.

Ce personnage-instrument est, toutefois, un cas émotionnel bien intrigant. Il exorcise, sans doute, les angoisses du public par rapport au père autoritaire, dont il représente le négatif. Une telle vision est susceptible de mieux asseoir l'autorité du *Pater*, dans un monde où cette autorité devient de plus en plus importune.

En effet, le XIIIe siècle est une époque où les pulsions connaissent une nouvelle instance de refoulement : le père confesseur. Celui-ci est appelé à une mission d'autorité publique dès le quatrième concile de Latran : « prescrire le moyen d'éviter de nouvelles fautes, et pour celles dont il vient d'apprendre qu'elles furent commises, imposer la satisfaction convenable... »[384]. Certes, cette mission n'est pas une nouveauté absolue, puisque la pratique de la confession n'a pas attendu l'année 1215 pour se mettre en place, mais il est vrai que cette obligation de confesser ses péchés une fois par an a pour corollaire une consolidation du rôle symbolique du père, et une apparition de nouvelles émotions, comme « le désir de faire dire » et « la rage d'obtenir l'aveu »[385] .

Rien ne nous dit, d'autre part, que le père de notre fabliau soit lui-même un confesseur en herbe. Toutefois, sa façon de quitter l'unique lit de la maison, qu'il partageait avec sa fille, et de s'allonger, sans protester (tout en sachant que David restera travailler pour un certain temps !), près du feu[386], comme pour s'assurer une vue plus claire sur la nuit des sens, suggère une certaine disponibilité à connaître les secrets d'autrui, voire un certain voyeurisme. Ce lieu dont la mention est apparemment anodine – « en mi la maison »[387] – est un bon centre d'observation, visuelle aussi bien qu'auditive[388]. Et comme le père n'a ni épouse, ni concubine, sa bêtise prend un aspect légèrement différent de la naïveté. Tacitement, il accepte le rôle de récepteur des chuchotements et autres bruits du jeune couple dont il ne remet pas en question la raison d'être.

---

[384] Pierre Michaud-Quantin, *Sommes de casuistique et manuels de confession au Moyen Âge, XIIe- XVIe siècles*, Louvain, Nauwelaerts, 1962, p. 8.

[385] Jacques Berlioz, « Quand dire c'est faire dire. Exempla et confession chez Étienne de Bourbon (v. +1261) », dans *Faire croire : modalités de la diffusion et de la réception des messages religieux du XIIe au XVe siècle*, Palais Fernèse, École Française de Rome, 1981, p. 300.

[386] Le feu domestique est, normalement, une tâche féminine. Or, l'absence de la mère justifie ici la prise en charge du foyer par l'homme ; nonobstant, on pourait se demander si cette déviation n'en entraîne pas d'autres, qui feraient des « gaies lueurs » qui accompagnent le réchauffement des « petits » et des « grands » un spectacle de voyeurisme. Sur la symbolique sexuée du feu dans les fabliaux, voir Danièle Alexandre-Bidon et Marie-Thérèse Lorcin, *Le Quotidien au temps des fabliaux. Textes, images, objets*, Paris, Picard (Espaces médiévaux), 2003, p. 115.

[387] *La Damoisele qui ne pooit oïr parler de foutre*, dans *Fabliaux érotiques. Textes de jongleurs des XIIe et XIIIe siècles*, éd. Luciano Rossi et Richard Straub, éd. cit., v. 120, p. 98.

[388] Par ailleurs, le voyeurisme est un ingrédient prisé du comique des fabliaux, et met à profit leur théâtralité implicite. D'habitude, c'est le mari qui regarde l'acte sexuel où est impliquée sa femme. Voir Norris J. Lacy, « Subject to Object : Performance and Observation in the Fabliaux », *Symposium*, 56, 2002, p. 17-24.

La demoiselle se retire donc avec Daviët dans sa chambre. Il n'est pas dit s'il y a ou non une porte, si elle est ouverte ou fermée. La « boene foi »[389] de l'invité est un atout crucial, comme le montre l'argument de la fille, un atout qui ne craint donc aucune mise à l'épreuve. On pourrait s'attendre à ce que le père tende un piège à son futur « sergent », et qu'il se montre *beste* seulement par calcul. Il est clair que le fait d'avoir une fille « donjereuse »[390] ne lui semble pas plus souhaitable que de la perdre[391]… Mais la narration ne lève aucun autre voile sur l'émotionologie de ce comparse vite effacé de la scène par une politesse qui n'est peut-être pas innocente : « s'il vos vient a plaisir »[392]. Qu'il dorme ou veille, qu'il savoure ou abhorre sa situation, il reste une simple incarnation possible du lecteur : le témoin plus ou moins volontaire d'une scène piquante et déflorante.

Dans cette version du fabliau, les protagonistes ne perdent pas le temps. C'est David qui soumet la demoiselle à un test d'intelligence émotionnelle : comme il devine son désir, il l'aborde par attouchements signifiants et lui fait dire, comme au confessionnal, tout ce qu'elle trouve de pertinent au sujet de son propre corps. L'enjeu est clair : il est question de prendre conscience de ses cordes sensibles, de leur donner un sens intime et une orientation relationnelle.

L'homme, doué, au début, uniquement d'un nom plaisant et d'une manualité habile (comparable à celle du musicien David ?), mène le jeu en expert. Au bout de quelques échanges, il précise d'ailleurs que la dernière fois où il a donné à manger au poulain est… la veille. Aussi peut-on imaginer sa vie de *sergent* itinérant comme une belle suite d'aventures, menées, sans scrupules, au nom de Dieu et de saint Nicolas.

Peut-on parler, pour autant, d'un amant en série ? Daviët, comme le montre son diminutif affectueux, est un homme qui sait se faire aimer – des pucelles comme de leur parentèle. Ainsi, il lui suffit de passer quelques heures dans une nouvelle *mesnie*, pour se rendre *cher* et même indispensable à ses nouvelles connaissances (le complexe du coucou ?). Loin de laisser l'impression d'être un simple bohémien, il paraît proprement adapté pour vivre « en boen lou »[393], comme le déclare la demoiselle. Afin de s'assurer un « chez moi », au moins pour quelque temps, le héros a donc besoin d'un climat aimant au sens large – autant dire d'un *chez nous*. C'est un art de vivre, mais aussi un art d'émouvoir qu'il met, typiquement, en œuvre.

Après l'enthousiasme d'un accueil généreux, la première émotion féminine que provoque Daviët n'est autre que l'excitation... de l'orgueil. En effet, lorsqu'il touche les *mameletes* de la demoiselle, celle-ci, loin d'y déceler une zone érogène, se met à les défendre du point de vue esthétique et hygiénique, comme si le toucher

---

[389] *La Damoisele qui ne pooit oïr parler de foutre*, dans *Fabliaux érotiques. Textes de jongleurs des XII*e *et XIII*e *siècles*, éd. Luciano Rossi et Richard Straub, éd. cit., v. 116, p. 98.
[390] *Ibid.*, v. 71, p. 96.
[391] Il y a une certaine angoisse qui se déclare chez le personnage du père : « ma fille craimbroie perdre », avoue-t-il après avoir raconté les menaces involontaires sur sa pudeur, *ibid.*, v. 83, p. 96.
[392] *Ibid.*, v. 114, p. 98.
[393] *Ibid.*, v. 117, p. 98.

avait été une offense à parer. Le jeu question-réponse justifie bien la dynamique attaque-contre-attaque, embrassée, d'ailleurs, par les protagonistes de la première version aussi. Or, les armes corporelles de cette pucelle sont de taille : le narrateur se plaît à lui attribuer une « char come flor d'espine »[394], la blancheur désignant une sorte de royauté esthétique.

Entre la propreté, la noblesse et la santé, des rapports subtils s'instituent lorsque la demoiselle parle de soi. Ses seins virginaux sont dits purs de toute souillure, mais ils semblent prêts, justement, à se laisser tacher. N'oublions pas que Daviët est un habitué de la terre cultivée, et que ses mains risquent d'être terreuses dans l'obscurité entrecoupée de flammes. Nous sommes à la campagne[395], et le jeune agriculteur semble éprouver, avant de le labourer, le limon de cette Ève qu'il imagine féconde.

Aucun moyen de contraception n'est recherché par ce couple d'aventure. Si la première version pouvait accorder la fécondité à la conjugalité, celle-ci semble prête à occulter, sous le signe du feu, toutes les conséquences possibles de l'acte. La pucelle est peut-être ignorante au sujet du « comment fait-on pour avoir un enfant ? » (ou pour ne pas l'avoir), mais Daviët est susceptible d'être un père en série, aussi bien qu'un amant.

Aime-t-il ? Voit-il au moins une personne dans ce corps qu'il explore organe par organe, à la faible lueur du feu ? Ce tâtonnement obscène pourrait sembler offensant à un lecteur – et surtout à une lectrice – moderne. En effet, au-delà du jeu de séduction et de cognition, un effet de liste, voire d'inventaire, se dégage de la « perquisition » érotique menée par l'homme. Comme David a déjà bu à la fontaine de la féminité, il sait a priori ce qu'il doit trouver sur sa carte édénique. Seulement, il est surpris et frustré quand il constate que certaines choses manquent encore, comme la végétation du pubis : « par foi, dame, dit Daviz, / n'i a pas d'herbe encore planté »[396].

En bon planteur, le héros continue à estimer l'abondance – ou le dénuement – de ce corps de femme qu'il appelle *dame* et dont la « foi »[397] se trouve engagée. Aucun compliment n'adoucit les émotions suscitées par l'assaut inquisiteur de David. Des deux côtés, les appellatifs sont froids ou absents, et ne trahissent aucun travail de valorisation de l'autre.

Seins, pré, fontaine, corneur : la topologie féminine est ici inégalement représentée, dans une hétérogénie plus visible que dans la première version, où les seins devenaient fruits et où tout se centrait rondement sur l'idée de terre.

---

[394] *Ibid.*, v. 125, p. 98. La traduction de Nora Scott est fidèle : « elle avait la chair blanche comme une fleur d'aubépine », *Contes pour rire ? Fabliaux des XIIIe et XIVe siècles*, éd. cit., p. 174.

[395] Sur le réalisme rural des fabliaux, voir, par exemple, Omer Jodogne, *Le Fabliau*, Turnhout, Brepols (Typologie des sources du Moyen Âge occidental, 13), 1975, p. 26-28.

[396] *La Damoisele qui ne pooit oïr parler de foutre*, dans *Fabliaux érotiques. Textes de jongleurs des XIIe et XIIIe siècles*, éd. Luciano Rossi et Richard Straub, éd. cit., v. 145, p. 100.

[397] C'est la demoiselle qui donne le ton à ces assertions de confiance qui créent la complicité : « *Par foi*, fait ele, c'est mes prez », *ibid.*, v. 141, p. 100, nos italiques.

Un aveu surgit des entrailles de la jeune terre *gaste* : « ma fontaine [...] / ne sort mie tot adés »[398]. En fait, c'est la première fois que l'eau perle dans la « fosse soeve et plaine »[399] qui n'arrête pas longuement l'attention de David.

Le rythme que suit l'attouchement masculin est rapide, sinon haletant. La demoiselle, pourtant, s'y accorde bien, et n'octroie que quatre vers de plus (seize contre douze) à une éventuelle négociation de la perméabilité de son territoire. Lorsque se pose la question de justifier la présence de l'anus, elle ne s'attarde pas sur des considérations qui distraient le visiteur, mais s'en tient simplement à la « verté »[400], comme si la visée cognitive était la plus pertinente.

C'est son tour de mettre la main sur l'autre, après avoir conclu, sur un ton coquin, aussi approbateur que nargueur, titillant : « Tu m'as ore bien portatee, / [...] Daviët ! »[401]. Le tour est joué, et l'attouchement change d'agent. Cette appréciation du talent tâtonnant de l'homme inspire une émulation plus osée à la femme.

Même si elle est présentée comme une vierge à peine nubile, l'héroïne n'a pas de grandes curiosités. Elle va droit au but, car, précise le narrateur, sa main n'est ni « mal faite ne corte »[402]. La poitrine du héros ne l'intéresse pas, rien ne la ralentit dans la découverte du pénis. Ce pragmatisme suggère, dans un langage qui est celui du corps, que les protagonistes sont tous les deux fixés au stade génital, et qu'un certain savoir-faire étoffe l'ignorance de cette vierge qui a longtemps dormi avec son père : « Que est ici, / Daviët, si roide et si dur / Que bien devroit percier un mur ? »[403]. L'émotion est d'ordre tactile, et taquin. Ce qui prime est le ressenti de la raideur et non la découverte de l'organe comme tel.

Puisque cette version laisse à l'homme – rompu à toutes les galanteries – les questions à portée ontologique, elles perdent leur crédibilité, qui venait du lien avec une candeur, une fraîcheur. Ici, lorsque la demoiselle questionne, elle imite simplement l'homme, et une sorte d'ironie colore l'horizon d'attente. Les effets d'écho brisent le lien avec la source virginale du questionnement.

Toutefois, il reste quelque chose du scénario de la pureté étonnée : la surprise qu'éprouve la pucelle à trouver une arme si près de son mur, et à concevoir le danger du percement. L'hymen se tend, intuitivement. On appréhende l'objet par ses qualités sensibles : la raideur et la dureté pointent vers l'éventualité d'une offensive. L'émotion ludique, mimétique, de la demoiselle a ceci d'intéressant

---

398 *Ibid.*, v. 148-149, p. 100. Dans la traduction de Nora Scott, la fontaine « ne coule point à l'instant », *Contes pour rire ? Fabliaux des XIII*ᵉ *et XIV*ᵉ *siècles*, éd. cit., p. 174.

399 *La Damoisele qui ne pooit oïr parler de foutre*, dans *Fabliaux érotiques. Textes de jongleurs des XII*ᵉ *et XIII*ᵉ *siècles*, éd. Luciano Rossi et Richard Straub, éd. cit., v. 147, p. 100

400 *Ibid.*, v. 153, p. 100.

401 *Ibid.*, v. 162-163, p. 100. Pour « portaster », Nora Scott propose un terme prosaïque et étrangement néologique : « parcourir » (une femme !), voir *Contes pour rire ? Fabliaux des XIII*ᵉ *et XIV*ᵉ *siècles*, éd. cit., p. 174.

402 *La Damoisele qui ne pooit oïr parler de foutre*, dans *Fabliaux érotiques. Textes de jongleurs des XII*ᵉ *et XIII*ᵉ *siècles*, éd. Luciano Rossi et Richard Straub, éd. cit., v. 165, p. 100.

403 *Ibid.*, v. 170-172, p. 100.

qu'elle suscite son empathie avec l'autre-corps, tout en maintenant en éveil la faculté de perception de la différence.

Quant à cet organe qui se distingue par sa dureté offensive, il reste détaché de son possesseur. Il n'est plus nécessaire que l'homme fasse offrande à la femme de tout ce qu'il a ou de tout ce qu'il est. Le héros peut se borner, cette fois-ci, à une définition du sexe par l'animalité, la faim et la bonne santé. Aucun *grant bien* et aucune patenôtre ne viennent intégrer le poulain à la famille des créatures divines. Daviët ne mêle pas sa foi à son flirt ; il est un séducteur minimaliste[404], qui ne semble guère ouvert à des émotions compatibles avec l'élévation ou la transfiguration.

Ce n'est pas le temps du mythe qui intéresse cet homme[405], mais le temps de la satisfaction sexuelle : « il ne manja de ier matin »[406]. Pour lui, le vécu érotique a son calendrier, voire son journal, qui n'attend pas, par exemple, que l'herbe pousse sur le *pré* d'une vierge, mais préfère se rapporter à sa priorité immédiate. Le trait dominant de David est facile à identifier : il est simplement *isniaus* et ne perd pas son temps lorsqu'une femme, fût-elle une enfant, lui offre une place dans son lit.

Le lecteur moderne a, certes, du mal à accepter un scénario d'interaction pédophile (éventuellement précédé d'un sommeil vaguement incestueux !), mais il est libre d'imaginer, avec quelque vraisemblance, que ledit Davïet, garni de son diminutif expressif, n'est pas beaucoup plus âgé (mais seulement beaucoup plus expérimenté) que la jouvencelle pucelle : le narrateur ne donne pas l'âge de ses personnages, mais il montre le père de la fille prêt à « adopter » le garçon, en lui offrant abri et nourriture, en lui confiant les coulisses de sa vie de famille...

Cependant, tout suggère que le héros est assez mûr et assez doué pour les travaux du corps, et qu'il a atteint non seulement le stade de son plein développement physique, mais aussi ce sommet de maturité mentale qui lui permet de jouer le bon rôle avec la bonne personne, et de faire paître son poulain, faute de mieux, dans un pré où il n'y a que quelques brins d'herbe.

Plus convaincant que le personnage masculin de la première version, David parle de deux besoins physiologiques qui pressent son poulain – la faim et la soif –

---

404 Ce séducteur n'est pourtant pas un *trickster*, même s'il sait manipuler les allégories obscènes ; personne n'est dupe de ce jeu qui se révèle gratifiant et enrichissant pour les deux joueurs. Voir Roy James Pearcy, « Modes of Signification and the Humor of Obscene Diction in the Fabliaux », *The Humor of the Fabliaux*, *op. cit.*, p. 177.

405 Comparaison n'est pas raison, surtout quand les rapports entre les versions sont difficiles à établir. Toutefois, ce texte semble réécrire le premier, en le simplifiant et en le rendant plus direct, moins sophistiqué, plus « prêt-à-porter ». Les invocations de Dieu et des saints ne sont guère utilisées en intimité : ce Daviët se débrouille plus ouvertement. Quant à la définition du sexe masculin, il suffit de comparer la temporalité et la portée de « c'est mes poulains. / Qui mout par est de grant biens plains » (première version) à « c'est mes polains, / qui mout est et roides et sains, / mais il ne manja des ier matin » (deuxième version) pour constater l'écart entre la valeur symbolique et l'incarnation effective, chronotopique du (même ?) phallus de fabliau.

406 *La Damoisele qui ne pooit oïr parler de foutre*, dans *Fabliaux érotiques. Textes de jongleurs des XIIe et XIIIe siècles*, éd. Luciano Rossi et Richard Straub, éd. cit., v. 175, p. 102.

et il trouve, pour chacun, un cadre de satisfaction. Au fond, l'artifice est flagrant[407] dans le premier cas : pour mimer la nutrition, « sor lo paignil li met lo vit »[408]. Certes, toucher le mont de Vénus n'est point satisfaisant ; mais Daviët sait que la faim suscite aussi la soif, et que la fausse consommation peut préparer le terrain à la vraie. L'important, c'est de prendre soin, ensemble, du poulain.

Ce phallocentrisme n'est pas un simple hasard. Toute l'interaction de cette deuxième version tourne autour de l'homme, qui fait sens de tous les éléments du tableau. La femme n'est ni douce, ni belle, ni chrétienne, quand elle est vue par Davïet, alors que l'homme est complimenté saintement : « ton biau polain, se Deus te gart »[409]. Les valeurs esthétiques et pragmatiques se rejoignent sous le signe du mâle, qui « fait son boen et son talant »[410], et sait cueillir l'admiration tacite de la demoiselle, qui « nel tient pas a lant »[411]. C'est la performance du héros Davïet qui seule est notée, lors de ce tournoi où la femme se laisse plaisamment vaincre. Si « quatre fois la retorna »[412], c'est que les positions changent habilement ici, et que le personnage se présente en véritable gymnaste du sexe. L'idée d'affrontement, déjà exploitée avec violence par la première version, triomphe pleinement ici, où le score même est donné. Applaudir le poulain est l'aboutissement naturel d'un spectacle qui se reflète, bien à propos, dans la « fontaine clere »[413].

Quant au traitement émotif des *dui marechal*, qui représentent une autre composante-clé de l'armature guerrière du fabliau, il convient de préciser que le premier texte utilisait la « grandes coilles velues »[414] comme un réservoir nutritif suggérant l'autosuffisance de l'homme, jamais « desgarnis »[415], puisque l'avoine ne manquait guère au poulain. Davïet, en revanche, préfère donner un équivalent non-satisfaisant à ses « deus coillons », qui deviennent « dui mareschal » responsables de garder le poulain lorsqu'il paît « en autrui compagnie »[416].

---

407 Il s'agit, d'après Roy James Pearcy, de cette espèce d'*equivocatio* qui compte sur les deux sens d'une expression – le sens littéral et le sens métaphorique. « *The same distinction between literal and metaphorical significances occurs in La Damoisele qui ne pooit oïr parler de foutre [...] The literal significance of their activity [...] is expressed in brutally concrete terms by the author* », *Logic and Humour in the Fabliaux. An Essay in Applied Narratology*, *op. cit.*, p. 38 et 39.

408 *La Damoisele qui ne pooit oïr parler de foutre*, dans *Fabliaux érotiques. Textes de jongleurs des XII*e *et XIII*e *siècles*, éd. Luciano Rossi et Richard Straub, éd. cit., v. 191, p. 102.

409 *Ibid.*, v. 189, p. 102.

410 *Ibid.*, v. 205, p. 104. La traduction de Nora Scott fait simplement appel à des verbes synonymes : « il fait ce qu'il veut, ce qu'il désire », *Contes pour rire ? Fabliaux des XIII*e *et XIV*e *siècles*, éd. cit., p. 175.

411 *La Damoisele qui ne pooit oïr parler de foutre*, dans *Fabliaux érotiques. Textes de jongleurs des XII*e *et XIII*e *siècles*, éd. Luciano Rossi et Richard Straub, éd. cit., v. 206, p. 104.

412 *Ibid.*, v. 207, p. 104.

413 *Ibid.*, p. 155.

414 Voir *supra* la première version du fabliau, v. 66, p. 83.

415 *Ibid.*, v. 70, p. 83.

416 *La Damoisele qui ne pooit oïr parler de foutre*, dans *Fabliaux érotiques. Textes de jongleurs des XII*e *et XIII*e *siècles*, éd. Luciano Rossi et Richard Straub, éd. cit., v. 183-184, p. 102.

Le résultat est aussi une question de score : deux jumeaux mâles versus un sonneur femelle. Il est impossible au lecteur – interpellé délibérément par ces chiffres – d'ignorer que le combat est inégal, le sexe faible étant écrasé par le sexe fort et l'enfant sous le jeune homme deux fois plus muni. De la première à la deuxième version, la violence devient indéniablement plus efficace, et elle se laisse chiffrer.

Les émotions qu'un tel modèle d'interaction risque d'éveiller chez le lecteur moderne relèvent de l'indignation et de la compassion. Néanmoins, ce qui est programmé, dans le monde fictionnel de ce texte, est un cocktail d'admiration paillarde et de complicité enjouée.

Une fois de plus, le plaisir de la femme va de soi, et il repose sur la bonne perception du choc entre son anus et les testicules de l'homme. C'est toujours elle qui demande à être frappée[417], mais pas avec la soif d'intensité de l'autre héroïne. Il est intéressant de voir combien la rupture de l'hymen compte peu dans la représentation du vécu féminin. Les narrateurs ne songent guère à mettre en scène l'éventuelle douleur ou gêne de la défloration – le museau d'un poulain et la surface de l'eau ne s'entrechoquent pas brutalement, dans le corps de cette métaphore – mais préfèrent jouer sur la belle adaptation de la pucelle à son rôle de nature, comme pour démasquer son hypocrisie quant au plaisir charnel. Si l'orifice postérieur féminin sortait *las dolant* de l'affrontement de la première version, cela ne pouvait être qu'une hyperbole, vu le caractère non-contondant des testicules, y compris turgescents. L'important, ici comme ailleurs, est de donner une leçon à cette Autre, de la ramener à la norme, qui stipule d'aimer le plaisir et de le reconnaître comme plaisant, pertinent, voire nécessaire. Une sorte d'exorcisme imprègne le triomphe de Nature, qui est un triomphe du Bien sur le Mal, de la santé sur l'handicap, du « Deus » gardien[418] sur le « deiable corneor »[419] de la femme. Malgré toutes les réticences d'une lecture moderne biaisée par les idées de viol, séduction d'une vierge et pédophilie, il faut croire que le fabliau, dans ses deux premières versions, a une fin heureuse, ludique et joyeuse.

Indirectement, la femme reçoit quelque chose aussi, en se donnant : l'enjeu est, pour elle aussi, la reconnaissance de sa validité / désirabilité, l'intégration par une sorte d'incorporation au sens de l'univers. La pucelle reçoit, sinon la palme de martyre, une sorte d'attestation de bonne-fonction. Sa demande finale portant sur le choc paroxystique des corps – « Batez le tant que l'ociez ! » (première version) et « Bien lo batent lo marechal ! » (deuxième version) suggère l'acceptation enthousiaste d'une douleur possible[420], la confiance immédiate dans la raison d'être femme-avec-un-homme, avec rage et courage.

---

[417] *Ibid.*, v. 201-202, p. 104.

[418] Voir *supra*, v. 189, p. 102 : « Se Deu te gart ».

[419] *Ibid.*, v. 157, p. 100.

[420] Il s'agit notamment, comme le souligne Clarissa Bégin, de ce fantasme de la pénétration anale qui hante tacitement les fabliaux. Comme pour le tenir à l'écart, les conteurs évoquent le plus souvent un mouvement opposé à la pénétration, où le corps se sublime en une voix (le pet) : « Le manque de contrôle sur cet orifice est l'une des raisons qui se trouvent à l'origine de cette crainte. La demoiselle n'est pas en mesure de contrôler ses gaz et

Le plaisir d'actualiser ce qui était simplement latent, de faire sens de son sexe, appuie cette prompte empathie de la demoiselle, sa capacité à concevoir, dès la première nuit, les besoins de l'autre et à s'y plier, en aménageant souplement, pour l'occasion, son propre espace personnel. Il lui faut quelques minutes, répliques et palpations pour épouser les motivations les plus intimes du plaisir masculin. L'émotion positive qu'éprouve, tacitement, cette vierge prête à tout, est de l'ordre de l'adaptation à un programme génétique.

En fin de compte, se tenir pour femme, tenir l'autre pour homme consiste à apprécier un savoir-faire dicté par Nature, à reconnaître, en soi, la virtuosité d'un être sexué qui s'assume.

Une histoire de *conversion* :
La Damoisele qui ne pooit oïr parler de foutre III[421]

Essentiellement, la troisième version du fabliau propose une leçon de « conversion » de la femme.

Émotionnellement, cette leçon repose sur la « joie » et l'« envoiseüre »[422]. Si la première corde sensible est liée au comique comme enjeu de tout spectacle, indifféremment de la classe sociale des spectateurs, la seconde est un privilège réservé, en principe, aux nobles, et cela, aux dépens de la morale et de la religion. Significativement, le mot se rattache à l'étymon * « invitiare », construit sur « vitium » ; aussi conserve-t-il, dans certains contextes littéraires, une « nuance dépréciative »[423] liée à cette légèreté de conduite propre à la vie profane, aisée, enjouée.

Le fabliau nous relate, cette fois, une « aventure »[424] qui se propose d'intéresser les gens instruits, en refoulant, dès le prologue, tout ce qui est « vilain [...] à dire »[425]. C'est une façon d'éveiller l'appétit de « la gent »[426] pour un certain genre de communication émotionnelle : le rire conscient et consentant, visant à renforcer une solidarité sociale.

---

l'homme l'est encore moins. », Clarissa Bégin, « Le Fabliau, genre didactique... », art. cit., p. 25.

421 Nous nous appuyons, dans notre analyse de cette partie du corpus, sur l'édition Montaiglon-Raynaud, qui aborde le texte sous le titre : *De la Pucele qui abevra le polain*, dans *Recueil général et complet des fabliaux des XIII*^e^ *et XIV*^e^ *siècles*, tome IV, éd. par MM. Anatole de Mantaiglon et Gaston Raynaud, Paris, Librairie des bibliophiles, 1880.

422 *Ibid.*, v. 2, p. 199.

423 Voir George Lavis, *L'expression de l'affectivité dans la poésie lyrique française du Moyen Âge (XII*^e^*-XIII*^e^ *siècles). Étude stylistique et lexicale du réseau lexical « joie-dolor »*, Paris, Les Belles Lettres, 1972, chap. « Les substituts de *joie* chez les trouvères », p. 255, n. 15. Le contexte cité par l'auteur est celui d'une chanson pieuse où paraît le syntagme révélateur « lessier / Du siecle l'envoiseüre » (*Chanson pieuse CXXXII, R 1195*, v. 19-20).

424 *De la Pucele qui abevra le polain*, dans *Recueil général et complet des fabliaux des XIII*^e^ *et XIV*^e^ *siècles*, tome IV, éd. par MM. Anatole de Mantaiglon et Gaston Raynaud, éd. cit., v. 1, p. 199.

425 *Ibid.*, v. 3, p. 199.

426 *Ibid.*, v. 4, p. 199.

Le pacte d'hilarité se met en place dès les premiers vers : le public connaît le ressenti que l'on attend de lui, et peut s'y disposer psychologiquement. La scène s'apprête pour une « guile »[427] dont l'héroïne est aussi la victime : une demoiselle hantée par la nausée, l'élitisme linguistique et la conscience d'une « mignotie » et d'une « belté » hors du commun[428]. Il faut beaucoup de grâce pour réconcilier la grâce virginale et la *vomite* ; or, cette combinaison est de nature à éveiller le sens du ridicule plutôt que les autres sens.

« Avoir mal au cuer »[429] est ici un syntagme sans équivoque, qui relève d'une émotivité corporelle – l'intolérance digestive au caquet lubrique, fût-il masculin ou féminin.

Ce qui est nouveau, par rapport aux autres versions, est le fait que les agresseurs phoniques sont ici, par leur attitude exemplaire, les gardiens d'un code émotionnel bien net, qui stipule qu'*il faut* éprouver de la volupté ou au moins de la gaieté lorsqu'on entend parler de sexe. Pourquoi ? Pour s'intégrer dans la société, pour ne pas risquer d'être marginalisé à titre de *sot*. D'ailleurs, « el monde n'a sote ne sot, / Ne vieille de .IIIIXX. anz / Qui ne soit durement joianz / Quanz el en ot un sol mot dire, / Au meins l'en estuet il a rire »[430]. Afin de ne pas déchoir, aux yeux d'autrui, plus bas que les *sots* du commun, il faut faire preuve d'« intelligence émotionnelle », autant dire d'une vocation pour la vie relationnelle, d'une capacité à ressentir de l'empathie avec ses prochains, d'un optimisme érotique prêt à toutes les confirmations (verbales ou non-verbales), et surtout d'une disposition à embrasser les valeurs généralement adoptées sans les questionner. Tout le monde doit se mettre d'accord sur un point : les émotions suscitées par l'évocation de la vie sexuelle sont des émotions positives, dignes d'une manifestation discursive. Ce devoir de parole est un devoir d'émotivité : le « foutre » est « a toz .I. molt doz mot »[431], aussi est-il loisible de le dire, de l'oïr – à satiété.

Or, tout le monde ne naît pas doué de cette facilité à partager les modes de sociabilité de son temps ; il faut cultiver l'intelligence émotionnelle… Le conflit oppose, sous le couvert d'une situation pédagogique, un maître et un élève : un clerc farceur et une pucelle *vilaine*, mutine, hérissée. Il faut niveler les avantages : d'un côté, la condition de l'homme cultivé, de l'autre, celle de la jeune paysanne gâtée, riche et ignorante. Dans le fabliau, les héros doivent finir leur corps-à-corps à égalité : l'homme délaisse ainsi son statut d'intellectuel, la femme « son covine »[432]. Provisoirement, du moins, chacun a raison de l'autre.

C'est le héros qui renonce le premier à ses atouts, pour pénétrer dans le monde où se meut la demoiselle, dans une apparente invulnérabilité. Il abandonne

---

[427] *Ibid.*, v. 43, p. 200.

[428] C'était déjà le cas de la pucelle de la deuxième version, qui rappelle, par la blancheur de sa peau, une « roïne ». Ici, le narrateur se contente de préciser : « une fille ot de bel cors gent, / Qui molt estoit mignote et bele », *ibid.*, v. 12-13, p. 199.

[429] *Ibid.*, v. 16, p. 199.

[430] *Ibid.*, v. 28-32, p. 200.

[431] *Ibid.*, v. 27, p. 200.

[432] *Ibid.*, v. 36, p. 200.

sa *clergie* pour adopter un rôle bouffon : celui de travailleur-rieur dans la maisonnée de cette famille paysanne et cossue dont provient la belle demoiselle. Une simple « coife »[433] lui suffit pour se déguiser de façon crédible, en cachant sa tonsure[434] : le conteur (probablement clerc lui-même !) nous assure que le « vilein [...] molt fu beste »[435]. Et cela suffit pour assurer la crédibilité et la recevabilité du nouveau-venu[436].

Le père, ici, ne *sait* qu'une chose[437] : accomplir les volontés de sa fille. Désireux de la garder, tout comme il garde le « grant avoir » et la « grant norreture » que lui apporte sa « large pasture »[438], cet homme est, malgré ses excès, débonnaire[439]. Il ne semble pas désapprouver les caprices de sa fille, comme dans les autres versions, mais tâche de prendre au sérieux ses paroles et de les respecter strictement. On dirait qu'ils forment un ménage uni, et l'expression « faire son bon a une meschine » (v. 35) n'est pas innocente[440] ; elle désigne, à l'époque, « le plaisir dont on jouit avec une femme, les faveurs qu'elle nous accorde »[441].

Incestueux ou simplement affectueux, ce père avertit en toute honnêteté les nouveaux-venus sur les termes du pacte : il s'agit de « deservir »[442] son abri et les faveurs du maître non seulement par le travail, mais aussi par un silence décent et sensé.

Comme il se doit, l'allergie de la fille aux mauvaises langues n'est pas un sujet à approfondir avec un étranger, mais simplement une clause à inscrire dans tout contrat potentiel. Ce compromis du père n'est ici qu'une forme de

---

[433] *Ibid.*, v. 45, p. 200.

[434] Voir la note D 45 de l'édition Noomen-Boogaard, tome IV, éd. cit., p. 377.

[435] *De la Pucele qui abevra le polain*, dans *Recueil général et complet des fabliaux des XIII*e *et XIV*e *siècles*, tome IV, éd. par MM. Anatole de Mantaiglon et Gaston Raynaud, v. 46, p. 200.

[436] Une note de l'édition Noomen-Boogaard (D 51-5) avance une hypothèse plausible sur les faits : « Profitant de la stupidité du vilain [...], le clerc se présente comme un jeune homme du village, qui a été absent pour quelque temps, mais qui reste au courant de la situation locale : (Je vous assure que) les choses sont bien allées pour moi. N'avez-vous toujours pas de domestique qui reste avec vous pour vous servir ? (Non ?) Eh bien, je crois que c'est à votre désavantage : me voici, retenez-moi à votre service », *Nouveau recueil complet des fabliaux*, éd. Willem Noomen et Nico van den Boogaard, tome IV, éd. cit., p. 377-378.

[437] « De quanqu'il onques savoit, / Faisoit son bon a la meschine », précise le texte *De la Pucele qui abevra le polain*, dans *Recueil général et complet des fabliaux des XIII*e *et XIV*e *siècles*, tome IV, éd. par Anatole de Mantaiglon et Gaston Raynaud, éd. cit., aux vers 34-35, p. 200.

[438] Voir *ibid.*, v. 7-8, p. 199.

[439] Au moins, dans ses manifestations sociales : le père sait saluer « debonairement », comme le note le narrateur. Voir v. 48, p. 200.

[440] Dans la note D 34-5 de l'édition Noomen-Boogaard, les vers 34-35 sont traduits de la façon suivante : « Car par tous les moyens dont il disposait il satisfaisait les désirs de la jeune fille », voir tome IV, éd. cit., p. 377.

[441] Frédéric Godefroy, *Dictionnaire de l'ancienne langue française et de tous ses dialectes du IX*e *au XV*e *siècle*, tome I, Vaduz, Kraus Reprint, 1965 [1880], p. 679.

[442] *De la Pucele qui abevra le polain*, dans *Recueil général et complet des fabliaux des XIII*e *et XIV*e *siècles*, tome IV, éd. par MM. Anatole de Mantaiglon et Gaston Raynaud, éd. cit., v. 60, p. 201.

pragmatisme, qui lui permet d'épargner à sa demoiselle des pleurs et des paroles de « doleur » et d'« ire »[443]. L'homme est donc conscient du fait que la douleur physique éprouvée par celle-ci à l'écoute d'un mot comme le *foutre* s'accompagne d'une émotion plus spirituelle, qui revêt les couleurs d'une idéologie puriste et d'une émotionologie gouvernée par l'indignation. Ce père est loin de s'indigner lui-même, mais aussi de ridiculiser l'indignation de sa fille. Il constate tout simplement que les émois liés à la sexualité (parlée) nécessitent un traitement particulier, et communique ce constat à ceux qui comptent sur sa bonne foi. Il n'est pas exclu que cette conduite l'arrange, lui permettant de rompre avec les travailleurs superficiels et badins pour rechercher quelqu'un qui soit « de bone part »[444]. On peut bien imposer les bonnes manières, quand on est un paysan riche ; on les impose rondement, quand on est le père d'une si belle fille. Chasser les importuns assure un certain éclat d'élitisme à son milieu de vie, ce qui le distingue, sans doute, des autres paysans à bonnes fortunes. D'autre part, comme maître de maison, il peut continuer à *faire son bon* de mademoiselle sa fille, sans intrusion notoire, sans remontrance sur son péché ou sur son erreur éducationnelle… Tout se règle donc, dans ce couple ou tandem, sur le plaisir de l'enfant et la disponibilité du parent.

Comme ailleurs, il n'y a pas de mère dans cette version du fabliau, et c'est au seul adulte survivant d'assurer la gestion des choses et la sauvegarde des êtres. « Ne vos garantirois pas »[445], menace le protecteur face à la possibilité que le nouveau-venu se montre vulgaire « tot outre »[446], en violant le tabou verbal institué par la jeune maîtresse de maison. La coutume doit être observée, et elle suspend le droit féodal : ici l'on « ne tenoit covenant ne foi »[447]. C'est la loi féminine qui appuie les relations de travail du monde masculin, car le père le dit bien : pour être « en [s]on voloir »[448], il faut observer le *voloir* de la fille – ou plutôt, sous-entend le lecteur, il serait bon de faire le *bon* de celle-ci, au sens propre et flagrant…

Le jeune homme jure par l'âme de son père qu'il saura fructifier cette occasion de *guiler* le père et la fille. Ce vœu impie suggère que la pertinence du *pater* est à chercher plus loin, bien au-delà de l'évidence, dans une sorte de transcendance élusive et démonstrative. Un peu comme si le spectacle était adressé, dans cette version, aux pères gardiens, dont on entend remettre en question l'autorité.

L'idée que la virginité serait une forme de pureté, à conserver précieusement dans l'attente de l'Époux, trouve ici un démenti foudroyant. Mêmement, la notion de « clerc » et les symboles de la foi sont repensés, dans une logique hédoniste, pragmatique et, si l'on peut dire, je m'en-foutiste. Pour faire tourner le monde dans la bonne direction, suggère notre clerc, il suffit de restituer le goût du plaisir sain, de la bonne jouissance naturelle à cette demoiselle qui en est, apparemment, privée.

---

[443] *Ibid.*, v. 68, p. 201.
[444] *Ibid.*, v. 58, p. 201.
[445] *Ibid.*, v. 66, p. 201.
[446] *Ibid.*, v. 64, p. 201.
[447] *Ibid.*, v. 23, p. 200.
[448] *Ibid.*, v. 72, p. 201.

Sûr de sa force de persuasion ou de séduction, le héros est animé par une émotion fort commune dans le spectre des fabliaux : « durement s'en esjoï »[449]. Il s'agit de la joie d'une anticipation déjà envoûtante, s'adressant au corps autant qu'à l'esprit. Ce qu'il faut mettre en place est un jeu de préméditation, de provocation, d'assaut résolu de la citadelle de la pudibonderie.

Le défi didactique qui anime notre professeur / *guileor* concerne donc le père autant que la fille, c'est une affaire de mâles en train de se disputer un territoire idéologique. Le contraste est revigorant entre l'idéologie volontaire de l'un et la docilité-sans-idées de l'autre, autant dire entre l'intelligence et la naïveté émotionnelles. Au fond, le jeune clerc tient à montrer au vieux paysan que le *bon* d'une jeune femme ne participe pas de la délectation du Même, mais, justement, de la volupté de découvrir l'Autre, un autre, cet autre, pourquoi pas ?, puisqu'il est un Autre social et phénoménal.

Malgré leur opposition fonctionnelle, les deux hommes connaissent un dénominateur commun : la référence à Dieu, qui se fait quasiment dans les mêmes termes : « se Dieus me guart »[450], fait le paysan, « Se Dieus me saut »[451], répond le clerc plus ou moins en *gabant*. Or, ni l'un, ni l'autre ne semble être un bon chrétien : l'un ne fait rien pour marier sa fille, l'autre ne fera rien pour l'épouser, une fois déflorée. Cet échange d'amabilités mystiques fixe un cadre à l'interaction.

Un clerc n'est pas un noble, quelque « vistes » et « proz »[452] qu'il paraisse par moments. Il se fait un point d'honneur de prouver la prévalence de Nature sur une mauvaise culture et non d'initier une vierge à la jouissance conjugale, en élargissant sexuellement le champ des œuvres divines, comme dans la première version.

Toutefois, le manque de scrupules du héros ne va pas ici jusqu'à la pédophilie, comme dans le deuxième monde possible du fabliau. La demoiselle est, ici, assez mûre pour apprécier l'interaction du lit à sa juste valeur, et pour y attirer, dans un tête-à-tête argumentatif, le héros. La *prouesse* annoncée par le narrateur se communique à l'héroïne, en quittant, apparemment, le clerc, qui prétend craindre une *guile* érotique, selon un scénario digne de la femme de Putiphar[453]. Effectivement, mentionner la possibilité de passer une nuit de folie suffit pour susciter, chez la belle du lieu, des émotions positives qui intègrent la confiance, le sentiment de garder le pouvoir, l'attente frémissante d'une expérience on ne peut plus plaisante… Ainsi naît, pour simplifier, le désir – et, à sa suite, le discours désidératif.

---

[449] *Ibid.*, v. 40, p. 200.
[450] *Ibid.*, v. 57, p. 201.
[451] *Ibid.*, v. 77, p. 201.
[452] *Ibid.*, v. 50, p. 200.
[453] Une autre interprétation, courtoise et modérée, est proposée dans la note D 111 de l'édition Noomen-Boogaard, selon laquelle la demoiselle « croyait être plus ou moins au courant (c-à-d de la façon dont il faut accueillir un hôte) ; en effet, elle traite le jeune homme avec les égards dus à un hôte estimé : elle l'invite à partager son lit (cf. pour cette habitude par ex. E. Faral, *La Vie quotidienne au temps de saint Louis*, Paris, 1938, 159) », tome IV, éd. cit., p. 378.

Ce qui attire la demoiselle n'est pas révélé ouvertement par le narrateur, qui se contente de pointer vers les réserves pudiques et mythiques du héros, et vers la réception crédule et exaltée que celui-ci entend susciter.

Entre un clerc[454] et une jeune paysanne, l'interaction idéale, telle qu'elle est fantasmée par André le Chapelain quelques années plus tôt, comporterait certaines performances rhétoriques censées convaincre la belle de l'intérêt jouissif d'un tel lien. Or, il n'en est rien dans cette troisième version du fabliau, où le clerc se borne à trois actes de langage majeurs : refuser craintivement, accepter héroïquement, rendre vivement les avances de son interlocutrice. Chacun de ses actes est doublé d'un émotif tout aussi efficace : il vise, tour à tour, à contrarier, éveiller, satisfaire les vœux les moins avouables de la jeune personne.

Tout se joue dans l'obscurité[455] – qui affranchit les émotions mieux que le feu de la seconde version – et se centre sur le lit de la demoiselle, que le père quitte sans protestation ni demande d'explication. Lui, qui menaçait de jeter « fors » le jouvenceau « isnel le pas »[456], en cas de flagrant délit de langage, lui accorde toutes les délices de la flagrance érotique. Aller « fors » est un choix extrême pour le père, circonscrit, ironiquement, à un « brancard pour porter les morts »[457] : « Et li vilains, com une *biere*, / S'i recoucha de l'autre part »[458]. Une double rupture se consomme dans la maison. Le père et la fille sont en train de couper l'ombilic, l'un pour embrasser la mort, l'autre la vie.

Le style émotionnel du nouveau-venu intègre des artifices chrétiens. Se signer trois fois[459] et se faire bénir par « Dieus »[460] constituent des émotifs ritualisés, qui nouent le lien entre l'homme et la femme dès leur premier contact visuel et auditif. Il est connu, dans les Évangiles et dans les romans, qu'un homme méchant, un démonisé doit éviter de toutes ses forces de se signer. Le geste sacré

---

454 Si le *Traité* n'accorde pas de place à un script rhétorique qui soit réservé à ce couple précis (clerc- roturière), il précise néanmoins que « ce sont uniquement les vertus de l'âme qui accordent à un homme sa véritable noblesse » et que « seule l'excellence des mœurs, en amour, mérite d'être couronnée » ; « en outre, il y a chez les hommes une classe sociale de plus que chez les femmes, car plus noble que quiconque est le clerc »... Aussi l'auteur fait-il (indirectement) du clerc l'amant le plus digne des attentions d'une « femme avisée » ; voir André le Chapelain, *Traité de l'amour courtois*, éd. cit., p. 52-54.

455 Sur l'éclairage en miliau rural, voir Danièle Alexandre-Bidon et Marie-Thérèse Lorcin, *Le Quotidien au temps des fabliaux. Textes, images, objets*, *op. cit.*, p. 159.

456 *De la Pucele qui abevra le polain*, dans *Recueil général et complet des fabliaux des XIIIe et XIVe siècles*, tome IV, éd. par MM. Anatole de Mantaiglon et Gaston Raynaud, éd. cit., v. 65, p. 201.

457 Voir l'article « brancard » du *Trésor de la langue française informatisé*, disponible en ligne sur le Centre National de Ressources Textuelles et Lexicales sur le site http://www.cnrtl.fr/definition/bi%C3%A8re, consulté le 6 février 2015.

458 *De la Pucele qui abevra le polain*, dans *Recueil général et complet des fabliaux des XIIIe et XIVe siècles*, tome IV, éd. par MM. Anatole de Mantaiglon et Gaston Raynaud, éd. cit., v. 138-139, p. 203.

459 *Ibid.*, v. 80, p. 201.

460 *Ibid.*, v. 81, p. 202.

est dit avoir une efficacité immédiate : aussi la demoiselle peut-elle être sûre que l'homme devant elle est fiable, de par Dieu.

« Franche »[461] et insolente autant ou plus qu'ignorante[462], elle joue à l'altruisme le plus confiant, et s'avise de proposer à son père d'épargner à cet homme pieux la « peur » qu'il pourrait éprouver s'il dormait dans la grange[463]. L'excuse est, certes, ridicule : son invraisemblance rend le désir transparent. Un tel homme ne saurait coucher loin d'une telle fille. Nonobstant, l'image d'une panique qui secouerait le clerc sur la paille, dans la compagnie des animaux, hante comiquement l'histoire ; on dirait une version burlesque de la crèche de Noël.

Intriguée par la déclaration d'hostilité de l'homme – « Ne ferai pas vostre plaisir »[464] – attirée par cette éventuelle incorruptibilité, la demoiselle s'érige en séductrice, pour la première fois de sa vie. Elle trouve, spontanément, naturellement, les phrases les plus accrocheuses, les émotifs les plus rassurants : « Ge ne vos *querrai* se *bien* non »[465] et « Amis doz, or *n'aiez paor*, / O moi *coucheroiz a sejor* »[466], qui invitent, en même temps, à chercher un double sens. D'un côté, l'idée de *quête du bien* est, évidemment, tournée en dérision, tout comme le nom de Dieu et le signe trompeur de la croix ; de l'autre, le repos promis durant une telle coucherie soulève les idées les plus prometteuses d'apaisement de la *paor*, ou, plutôt, d'assouvissement du désir.

Dans des coulisses meublées d'émotions, le lecteur assiste à la jubilation anticipative du héros, qui correspond à l'« envoisement » farceur annoncé par le conteur, mais aussi au plaisir proposé par l'inversion d'un rite de communication intersexuelle. En effet, qu'une femme rassure et courtise un homme – et que ce dernier cède, « par foi », à des prières fort instantes, implique une vision insolite des rapports de forces homme-femme, et constitue un ressort infaillible du comique relationnel. On entrevoit la figure vertueuse de Lancelot, qui refuse, depuis les romans de Chrétien, toutes les demoiselles de passage, au nom de son amie de cœur. On entrevoit aussi des images de saints comme Alexis, résistant (saintement !) à la tentation.

Le texte laisse entendre un autre aspect hilarant : tandis que la femme pense gagner sa première bataille, l'homme fête aussi son premier triomphe. Les deux se déchaussent et se mettent au lit, « isnelement »[467], pleins d'émotions positives et sportives. Le frémissement s'exprime, en dernier lieu, au masculin : « Alons cochier, je suis toz près »[468]. Il ouvre la voie à l' « angoise »[469], ardente de sentir une jeune femme (être… et palpiter) à ses côtés. Sans rapport avec la peur, cette

---

461 *Ibid.*, v. 110, p. 202.
462 La demoiselle, nous dit le narrateur, « cuida auques savoir », voir *supra.*, v. 111, p. 203.
463 *Ibid.*, v. 114, p. 203.
464 *Ibid.*, v. 122, p. 203.
465 *Ibid.*, v. 125, p. 203, nos italiques.
466 *Ibid.*, v. 131-132, p. 203, nos italiques.
467 *Ibid.*, v. 135, p. 203.
468 *Ibid.*, v. 134, p. 203.
469 *Ibid.*, v. 140, p. 203.

émotion suppose une intensité qui fait vibrer, dans l'étroitesse de ce rapprochement soudain, plusieurs cordes sensibles : à la fois « action de serrer, de presser, étreinte, qualité de ce qui serre trop, de ce qui est trop étroit » et « violence, colère, dépit, rage »[470], elle colore la nuit des réverbérations d'un feu intérieur crépitant.

C'est ainsi que naît, ou s'allume, le « hardement »[471] du clerc : même si la demoiselle ne lève, au début, aucun doigt pour rendre plus agréable le *sejor* à deux, il y a toute raison de supposer qu'un attouchement bien placé ne saurait importuner la dormeuse. D'autant plus qu'elle est prête à veiller, déchaussée, et à répondre « sanz contredit »[472] à toute quête ou question.

Comme dans la première version, les invocations de Dieu et des saints ponctuent subtilement cette entente qui gagne les âmes pour triompher des corps : saint Germain est appelé bénir les seins, saint Simon le vagin, Dieu le pénil, pour ne citer que les prières de l'homme lors de l'exploration de la femme. Quant à la bénéficiaire de ces attentions, elle commence, avec l'aide de *Dieus*, une mise en langage de sa poitrine, ensuite s'arrête, *par foi*, aux images de la *fontenele* et du *bois*.

Significativement, le corps de l'homme ne déclenche aucune émotion compatible avec le sacré ; nulle prière ne ponctue les zones érogènes masculines lors de leur exploration. C'est seulement au moment du coït que l'instance divine retrouve sa pertinence communicationnelle : « Beveroit il a ma fontaine », fait la belle, « se je l'i metoie ? » – « Oïl », fait le clerc, « se Dieus me voie »[473] ; et la femme d'offrir sa fontaine au poulain, en faisant aboutir ce *foutre* dont elle semblait horripilée au début de l'histoire... tout en restant en bonne odeur de sainteté. Cette coïncidence est heureuse, et propre à cette seule version. Elle suggère que l'homme se sent obligé d'offrir les plus hautes preuves d'allégeance à l'Autre – Dieu ou saint – pour mettre la femme à son aise et pour lui offrir des garants dignes de « foi » ; faire la cour est, pour lui, une question de persuasion, sinon d'endoctrinement. En revanche, la femme, du moins dans cette version, ne prend aucune précaution mystique pour aborder l'autre, comme si sa confiance était d'emblée toute gagnée.

D'autres traits distinguent, subtilement, cette version des deux autres : la géographie de la femme comprend aussi le nombril, vu comme un annelet tout bon pour jouer[474] ; les seins sont présentés comme des testicules de mouton ; le pubis féminin est si luxuriant, qu'il ressemble à une forêt ; la main de la demoiselle est curieusement froide quand elle saisit le pénis, comparé ici à un pieu (*pel*) et loué spécialement pour sa longueur ; le cheval du clerc est carnivore, voire cannibale,

---

[470] Frédéric Godefroy, *Dictionnaire de l'ancienne langue française et de tous ses dialectes du IX*^e^ *au XV*^e^ *siècle*, tome I, éd. cit., p. 292.

[471] *De la Pucele qui abevra le polain*, dans *Recueil général et complet des fabliaux des XIII*^e^ *et XIV*^e^ *siècles*, tome IV, éd. par MM. Anatole de Mantaiglon et Gaston Raynaud, éd. cit., v. 142, p. 204.

[472] *Ibid.*, v. 145, p. 203.

[473] *Ibid.*, v. 210-212, p. 206.

[474] Sur le jeu des noyaux et des osselets, voir la note D 153-4 de l'édition Noomen-Boogaard, *Nouveau Recueil complet des fabliaux*, tome IV, éd. cit., p. 378.

puisqu'« il ne menjue se char non »[475] ; sa soif est suggérée par la béance de sa bouche, comparée à un bâillement « de fine angoisse »[476] ; l'anus de la femme et le sexe de l'homme perdent, tous les deux, pour des raisons différentes, leur haleine. Et, pour couronner ces singularités, la troisième version s'arrange pour faire dire à chacun des protagonistes qu'il n'a jamais connu l'amour charnel... En plus, comble d'injustice, le corneur féminin ne dit mot, mais reçoit coup sur coup, si bien qu'il en sort « laidis »[477]. Pour finir, une longue moralité fournit la clé de cet exemplum érotique qui met en balance, pragmatiquement, le dire et le faire du « foutre ».

Il convient de dégager quelques-uns des enjeux émotionnels de ces « protubérances » qui rendent la troisième version mémorablement différente.

Tout d'abord, le processus allégorique[478] connaît des audaces qui confèrent une coloration hérétique au climat émotionnel du fabliau. Inspirée par le premier attouchement de l'homme, la jeune fille s'attribue des traits qui montrent une grande ouverture au croisement des espèces et des sexes : elle se dit pourvue de seins-testicules, et se définit à mi-chemin entre l'humain et l'ovin. Certes, le public médiéval n'ignorait pas la portée métaphorique de la « ouaille », personnage biblique par excellence. Mais faire de sa poitrine une paire de « coilles » implique une nouvelle genèse, étrangement ludique[479]. Par ce choc métaphorique qui contraste avec les « fruits » de la première version, la poitrine et les organes génitaux se trouvent étroitement – et animalement – associés. Nous avons donc, d'emblée, une femme quadrupède, douée de testicules, relevant de cette espèce dont les fabliaux font des mégères dominatrices à châtrer[480]. Les testicules de l'homme, en comparaison, semblent d'une plate banalité.

---

[475] *De la Pucele qui abevra le polain*, dans *Recueil général et complet des fabliaux des XIII*^e^ *et XIV*^e^ *siècles*, tome IV, éd. par MM. Anatole de Mantaiglon et Gaston Raynaud, éd. cit., v. 202, p. 206.

[476] *Ibid.*, v. 207, p. 206.

[477] *Ibid.*, v. 222, p. 206.

[478] Entre l'allégorie (même osée) et l'expression crue, il y a non seulement une différence de style ; le type de rire changerait aussi : « Si l'emploi des termes les plus crus est susceptible de provoquer un rire de surprise et de libération, les expressions figurées, dont le fond ne trompe par ailleurs personne, introduisent un élément d'astuce qui engendre un rire plus intellectuel à certains égards, mais dans lequel l'image finit par accentuer les réalités qu'elle est censée camoufler. », Dominique Boutet, *Les Fabliaux*, *op. cit.*, p.70.

[479] L'édition Noomen-Boogaard signale ici un détail pertinent : « l'enveloppe cutanée des testicules, après avoir été séchée (cf. 149 *qui pendent iqui*), servait à la confection de ballons, de sorte que le terme *couille* a été reporté au jeu qu'on pratiquait avec ces ballons ; *cf. la couille de belier*, jeu qui occupait, avec de nombreux autres, les loisirs trop abondants de Gargantua [...]. Pour notre prude le mot, pris dans ce sens, est tout à fait anodin et l'effet comique est plutôt de nature psychologique : désignant ses attributs féminins par un terme emprunté à un jeu d'enfants, terme qui a en plus un double sens, la jeune fille se caractérise comme une (fausse ?) naïve. », Note D 147, *Nouveau Recueil complet des fabliaux*, tome IV, éd. cit., p. 378.

[480] Voir *La Mégère émasculée*, dans *Chevalerie et grivoiserie : Le Prêtre et le Chevalier*, éd. et trad. Jean-Luc Leclanche, Paris, Honoré Champion, 2003, p. 103-145.

En revanche, le pénis est à la hauteur et même à la longueur, comme le remarque le conteur, en donnant corps à des fantasmes compatibles avec la femme-de-fabliau. Il n'est plus question que d'hyperboles inoffensives, à dominante esthétique, puisque le *pel* ne devient plus un bâton de champion, comme ailleurs, mais reste un objet prêt à saisir – aux mains froides et à l'esprit mathématique.

Conformément à la théorie des humeurs, largement diffusée à l'époque, c'est l'homme qui sécrète, de par la composition élémentaire de son corps, la chaleur, alors que la femme est réputée froide et humide[481]... Aussi voit-on la chaleur et la raideur triompher de ce contact qui n'a rien d'excitant, sinon l'idée qu'une jeune vierge apprend ainsi, sur le vif, la résistance d'un corps étranger à la pression de sa main maladroite et gelée. Il y va d'un test émotionnel complet, que l'homme réussit uniquement s'il sait conserver son ardeur en toute circonstance, et reconvertir l'énergie cognitive en excitation jouissive. La *guile* du début n'est pas une simple farce correctement jouée : elle engage le corps et l'esprit du farceur, en testant / tâtant les limites de sa virilité.

Quant à l'image de la féminité, elle s'affranchit de la suavité enfantine des autres versions : le pubis de la femme n'est plus un pré plus ou moins fourni – l'herbe se mue ici en un bois profond, sombre et protecteur. Aussi n'est-il plus question de faire paître le poulain, mais, étrangement, de l'ensauvager (?) en le nourrissant de chair... Comme le héros est un clerc, un cliché ecclésiatique surgit à l'horizon du fabliau : outre la nourriture ordinaire, le croyant – toujours prêt à se signer pour bannir le diable – est convié à un repas mystique, où on lui sert de la chair – le corps du Christ, en réitérant le rituel de la Cène. Ici, la présence d'un héros familiarisé avec la pratique liturgique sert de catalyseur à une véritable parodie de l'eucharistie. Le corps féminin devient une hostie profane offerte à l'appétence de l'homme, comme pour rappeler, à qui veut l'entendre, qu'il y a chair et chair, communion et communion.

En outre, la faim des protagonistes – visible au degré d'ouverture des bouches ou museaux – se déclare vierge, de part et d'autre. Le conteur ne confirme pas ces prétentions à la virginité, mais suggère, au contraire, que l'homme a déjà une belle expérience de *guileor* et la femme fait, d'une façon ou d'une autre, *son bon* avec son père... Toutefois, les questions de la virginité, de la foi et de la nature humaine sont abordées avec une certaine gravité à la fin du texte, lorsque la consommation-communion aboutit à une correction exemplaire de la femme. Avec un clerc, un nom du diable, une liturgie nocturne et le signe de la croix, le message de l'auteur pourrait être polémique, blasphématoire, voire hérétique. Or, l'épilogue se contente d'une misogynie prévisible[482], et dénonce l'hypocrisie de toute

---

[481] Voir, par exemple, Marie-Thérèse d'Alverny, « Comment les théologiens et les philosophes voient la femme », *Cahiers de civilisation médiévale*, 20, 1977, p. 124 : « Les traités de médecine établissent que le tempérament de la femme est froid et humide; nous avons vu que les théologiens ne l'ignorent pas ».

[482] Ce manque de ménagement s'expliquerait par le fait que le fabliau s'adresse avant tout à un public masculin, et complice, puisque le premier vers interpelle les *Seignors* ; selon Brian J. Levy, il s'agirait même d'un auditoire exclusivement mâle ; voir « Performing fabliaux », *Performing Medieval Narrative*, éd. Evelyn Birge Vitz, Nancy Freeman Regalado et Marilyn Lawrence, Cambridge, Brewer, 2005, p. 136.

demoiselle qui aime faire le *foutre*, aime même le faire faire, mais a horreur de le dire *tot outre*. Si la virginité est un voile[483], la vérité, désormais, est dévoilée.

Ainsi, malgré son apparente passivité, l'acteur, actant ou agent de cette histoire, n'est autre que la demoiselle, comme l'indique l'explicit. Faire faire, faire *abevrer* : telle est son œuvre, et telle est, conjointement, l'œuvre du poète. Car « li cus plus que corde tire »[484], comme il l'annonce vertement, en représentant cette é-motion prenante et entreprenante.

Par un effet de surprise bien orchestré, le *cul* s'érige en symbole de toute émotion génésique, et incarne tout ce que nature a de pulsionnel et de (presque) irrésistible : il n'y a pas de jouissance, dans cette optique, si le rectum féminin, *cornant* ou silent, n'est pas *batuz*[485] proprement. Il n'y a pas d'érotisme sans cris étouffés, pas de sexe réussi sans choix d'un langage qui l'emporte sur le bruit. Comme ce combat relève d'un enseignement infligé par un homme à une femme, par un clerc à une paysanne, il prend le sens d'une véritable joute didactique, dont le vaincu est l'« orgueil »[486], autre nom canonique du diable[487]. Et le bien triomphe du mal, la lumière des ténèbres… On pourrait croire à un sermon contre les errances du siècle, mais le conteur limite la portée de sa philosophie à une morale aussi profane que pragmatique : « Por la fille au vilain le di, / Qui tantost si se converti, / Que le poulain au bacheler / Fist a sa fontaine abevrer »[488]. L'orgueil, maître de ce monde – matérialisé dans une pucelle enfin dépucelée – devient le catalyseur de l'humilité, du savoir-faire, de l'histoire. L'énergie d'un tabou se convertit en émotion positive : désormais, *parler* doit rimer avec *essaucier*, et non avec *fuir* ou *taisir*.

Le sexe acquiert droit de cité dans le discours des femmes[489], fussent-elles vierges, chastes ou mêmes vertueuses (ce n'est pas exclu). Le conteur, comme son clerc *guileor*, invite, par son *essanple*, à la libération du verbe[490].

---

483 Voir R. Howard Bloch sur l'image philosophique de la femme vierge comme mirage, perfection impossible, voile ; il se réfère aux écrits théologiques latins aussi bien qu'aux fabliaux arthuriens, en explorant le mythe de la virginité depuis Adam et Ève : « The Arthurian Fabliau and the Poetics of Virginity », *Continuations : Essays on Medieval French Literature and Language in Memory of John L. Grigsby*, éd. Norris J. Lacy et Gloria Torrini-Roblin, Birmingham, Summa Publications, 1989, p. 247.

484 *De la Pucele qui abevra le polain*, éd. cit., v. 230, p. 206.

485 *Ibid.*, v. 221, p. 206.

486 *Ibid.*, v. 224, p. 206.

487 Certains critiques voient dans ce combat des testicules contre l'anus une réminiscence et un réinvestissement pulsionnel et littéraire du combat d'Yvain contre Esclados le Roux, dans le roman *Yvain ou le chevalier au lion* de Chrétien de Troyes. Voir Roy James Pearcy, « Some Connections between Related Comic Narratives », *Reinardus: Yearbook of the International Reynard Society*, éd. Baudouin Van den Abeele et Paul Wackers, 20, 2008, p. 57.

488 *De la Pucele qui abevra le polain*, dans *Recueil général et complet des fabliaux des XIII*e *et XIV*e *siècles*, tome IV, éd. par MM. Anatole de Mantaiglon et Gaston Raynaud, éd. cit., v. 231-236, p. 207.

489 « En d'autres termes : on n'est pas nécessairement suspect de luxure si l'on appelle l'acte sexuel par son nom. L'allusion au discours de Raison, dans le *Roman de la Rose*, paraît claire », D 228-9, *Notes et éclaircissements*, dans *Nouveau Recueil complet des fabliaux*, éd. Willem Noomen et Nico van den Boogaard, tome IV, éd. cit., p. 379.

Au-delà des différences statutaires des héros et de certaines variations thématiques, les deux fabliaux allégoriques choisis illustrent pittoresquement l'idéal de la défloration linguistique. Tout comme les contes de l'*Écureuil* ou de la *Grue*, ils font vivre la conjonction humaine en la transposant dans une autre réalité émotionnelle, plus compatible avec les standards bio-éthiques communs. L'impératif nutritif y trouve toujours son compte, quelle que soit la classe sociale du personnel érotique ; ou alors l'impératif esthétique, comme dans le cas de la coquetterie aviaire... Quand un mot comme « voler » ou « abreuver » devient le mot de passe pour accéder à l'autre de toute son altérité, tout est possible, du mariage fécond à la fornication ou au concubinage. L'important, c'est de veiller à préserver l'équilibre des forces en assurant l'interchangeabilité des rôles maître / élève. Chacun apprend de l'autre la complexité du spectre émotionnel, la proximité du plaisir et de la douleur, l'alternance entre l'affirmation de soi et la négation de l'autre, le glissement de la délicatesse allégorique à la « jangle », mais aussi de l'assouvissement à la courtoisie, le tout, à travers le tâtonnement réciproque.

Les idiomes masculin et féminin ont besoin de s'explorer, pour mieux s'accorder, et les devinettes, assorties de prières, tissent une liaison sinon un lien ; les moules culturels du *foutre* se laissent modeler, et des notions comme le sexe (pré)conjugal, la pédophilie et même la conversion se laissent relativiser, ludiquement. Le rire, quelque gras ou âpre qu'il soit, fait souffler un vent de liberté sur les dogmes. Tout est bien qui finit bien : la consommation s'accomplit, et elle est une forme de communi(cati)on.

L'enseignement dispensé par les fabliaux de la *jangle* initiatique est essentiellement le même : il faut trouver le bon langage pour aborder la sexualité à haute voix, pour illustrer sa force et sa pertinence bio-philosophiques, son impact émotionnel toujours frais, toujours prêt-à-parler. Dans ces mondes du désir sans délire, on ne saurait approcher l'autre sans l'*emparler*.

---

[490] Selon E. Jane Burns, adepte d'une lecture féministe, même si les auteurs de fabliaux sont majoritairement des hommes, la voix attribuée aux personnages féminins ébauche sinon un profil de la locutrice en tant que telle, du moins l'image de sa résistance au pouvoir de l'œil du pénis (image féministe du savoir, selon Luce Irrigaray) : « *If we, as feminist readers, choose to decipher feminine "talk" in Old French texts as more than "mouthsound", or more than thourough ventriloquizing of the male author's hegemonic control, we can begin to hear how the voices of female protagonists emit, however faintly or intermittently, a resistance to the pat medieval distinction between knowledge and pleasure. If fabliau women do not speak the language of the masterful, knowledgeable male subject, neither do they just bubble, chatter or talk mindlessly. These fictive female voices issue from a position lodged in between the stereotypical oppositions of phallic / nonphallic, logos / silence, rational head / irrational head, asshole / vaginal hole, thereby calling into question the very logic used to structure portraits of feminity in the texts they inhabit.* », E. Jane Burns, *Bodytalk…*, *op. cit.*, chap. « Knowing Women », p. 48.

II.

Faux pas : initiation et transgression

Prélude à l'errance

Il arrive que les femmes de fabliau, fortes de leur savoir sexuel, enseignent à l'homme l'art de faire des faux pas, en empruntant la voie d'une vraie initiation.

La vieille maquerelle bienveillante, protectrice et corruptrice, est l'une des figures les plus énigmatiques de cette galerie d'initiatrices. Auberée ne manque ni de réalisme ni d'empathie, et s'élance à corps perdu dans la mission de reconquête érotique d'une dame par son soupirant. La courtoisie stéréotypée pourrait se passer du côté « affaire » de la médiation érotique, mais les fabliaux préfèrent les paysages crus, et montrent les pulsions les plus élémentaires se rejoindre dans la consommation. Cupidité oblige.

À son tour, la dame-*sorisete*, devenue amie d'un prêtre adroit, accepte de se prêter à la comédie érotique conjugale, après avoir satisfait, une fois de plus, sa soif de *clergie* et de (relative !) courtoisie. Son mari est prêt à faire un faux pas plus grave, et plus ridicule, que le sien : il veut faire l'amour au *con* de sa désirée même si celle-ci est absente. L'important, c'est la rose, dirait-on, dans ces mondes où la naïveté masculine se laisse entraîner dans les aventures les plus osées / redoutées, comme pour montrer que l'initiation rime avec la transgression.

Le jeu didactique, cette fois-ci, s'inscrit dans la géométrie émotionnelle du triangle. Le tiers est nécessaire pour que l'acte de conjonction porte ses fruits de plaisir et de stérilité. En termes canoniques, il s'agit de la formule (fort éprouvée, en littérature) de l'adultère simple : d'un côté, la dame sans merci, de l'autre, le bonhomme tour à tour soupirant, suppliant et amant. Seulement, les traits sont grossis, et la merci sexuelle (le *guerredon*) prend des allures tantôt gloutonnes, tantôt bouffonnes, en fonction de son destinataire (extra)conjugal.

La quête de l'autre devient ici une chasse désirante, haletante ; bourgeoise ou souris, la femme oppose une certaine résistance à celui qui la « quiert », même si elle finit par se laisser attraper. Caser. Enchâsser.

La communication verbale traduit opportunément les pulsions, sans les transfigurer par le langage des images. Aucune échappée n'est possible, ni requise. Les époux restent mariés, les amants disponibles, congédiés ou rappelés. L'équilibre social est toujours en place.

Avec des moyens sensiblement diférents, les deux fabliaux mettent en scène des équilibristes prêts à tous les tours de calcul social et libidinal, invitant à des spectacles d'acrobatie émotive qui n'excluent ni la sympathie, ni la délicatesse.

L'éducation sentimentale et / ou libidinale : Jean, *Auberee*[491]

Quand le sexe est une façon de gagner sa vie, par jouissance interposée, il est naturel (mais aussi culturel, au sens de la culture occidentale) d'y voir un foyer d'émotions négatives, pernicieuses pour la société, bonnes à refouler. Cependant, le rôle de *maquerel*, tout comme celui de *foteor*, devient, dans les écrits médiévaux, un champ d'action où peuvent s'illustrer l'excellence pragmatique d'un humain, ses performances émotives et lucratives.

Faire d'une entremetteuse le personnage principal d'un « beau conte »[492] ou d'un « lai »[493] qui se retrouve dans huit manuscrits de prix[494]est un choix susceptible de provoquer la perplexité du lecteur moderne[495], qui se voit incongrûment invité à saluer, par quelque émotion, la « beauté » du proxénétisme en action[496]. Après l'initiation au sexe, c'est l'enseignement de la ruse érotique, voire de l'utilité d'un savoir-faire corporel, que l'on propose aux lecteurs. Le pari esthétique consiste, justement, à mettre entre parenthèses l'immoralité crasse de l'intrigue, et à se délecter simplement à suivre un type littéraire (qui est aussi un type humain) dans l'un de ses déploiements les plus imaginatifs et les plus aboutis.

Ce qui assure le succès théâtral – mais effectif – d'Auberée est la maîtrise de soi, que le conteur célèbre, d'un côté, en se rapportant à l'émotionologie de l'ingéniosité, mais qu'il condamne, de l'autre, en se rapportant à l'émotionologie

---

[491] Nous nous rapporterons, dans nos analyses, à l'édition critique Noomen-Boogaard, en relevant, lorsque cela est pertinent, les choix de l'édition Montaiglon-Raynaud, qui sont parfois plus riches en détails à fonction émotive.

[492] *Auberee*, dans *Nouveau recueil complet des fabliaux*, éd. Willem Noomen et Nico van den Boogaard, tome I, Assen, Van Gorcum, 1983, v. 2, p. 296.

[493] C'est le manuscrit Paris, Bibliothèque Nationale, fr. 1553, qui propose comme titre « Li Lai de Dame Aubrée ». Voir Anatole de Montaiglon et Gaston Raynaud, *Notes et variantes du cinquième volume*, dans *Recueil général et complet des fabliaux des XIIIe et XIVe siècles imprimés ou inédits*, éd. par MM. Anatole de Montaiglon et Gaston Raynaud, Paris, Librairie des Bibliophiles, tome V, 1883, p. 263.

[494] « Il s'agit d'une œuvre tout à fait exceptionnelle [;] habituellement les fabliaux survivent dans une ou deux copies », Philippe Ménard, compte rendu du livre de Charmaine Lee, *Les Remaniements d'Auberée. Études et textes*, Naples, Liguori, 1983, *dans Cahiers de civilisation médiévale*, 29, 1986, p. 286.

[495] Cette perplexité n'est peut-être pas seulement celle du lecteur moderne ; Per Nykrog note bien qu'il y a seulement deux fabliaux (*Auberee* et *Le prestre teint*) « qui mettent en scène une femme de cette catégorie, ce qui dénonce probablement le thème d'Auberée comme importé : l'entremetteuse n'est pas une figure estimée dans la galerie des personnages de fabliaux », *Les Fabliaux*, nouvelle édition, Genève, Droz, 1973, p. 65.

[496] Lorsque le proxénétisme se déploie contre un bourgeois riche, qui achète sa femme en ôtant à autrui son amie, la sympathie du lecteur va vers l'homme délaissé, qui trouvera moyen de se venger de l'autre. Le conflit social sous-jacent est particulièrement pertinent dans la compréhension de ce fabliau ; voir Charles Muscatine, « The Social Background of the Old French Fabliaux », art. cit., p. 15.

du péché. Le monde d'*Auberee* est, en effet, double : l'écrivain (anonyme) se sent libre de dénoncer la conduite matérialiste de la vieille dame, mais aussi de mettre en scène, admirativement, ses stratégies promptes et influentes.

Ce n'est pas la première fois qu'une telle image s'impose dans les lettres françaises ; le premier texte à consacrer le type de la femme vénale, corruptrice, mais aussi séduisante est *De Richaut*, conservé dans le manuscrit Berne, Burgerbibliothek, 354 (manuscrit qui recèle également *Auberee*, *De la damoisele qui ne pooit oïr parler de foutre* et *De la damoisele qui voloit voler*). Comme ce « tableau de mœurs » – considéré également comme le plus ancien fabliau – date du XIIe siècle, comme il ne remonte à aucun modèle littéraire préalable[497], l'image de l'héroïne qu'il promeut semble concentrer l'essentiel de la « doctrine » misogyne à la française. Cette mère prostituée, qui initie son fils à la sexualité directement, incestueusement, par des actes de corps et de discours[498], et qui met en scène une histoire de défloration avec la chambrière de la famille, pour illustrer exemplairement la *guile* féminine, fournit une matrice mémorable à la représentation du type de la femme *tricheresse*.

Le fabliau *D'Auberée* se réclame aussi de ce prototype misogyne. En particulier, le manuscrit Paris, Bibliothèque Nationale de France, français, 19152 use d'un appellatif qui opère une fusion entre les deux types féminins : « la *richiaus* Aubree »[499].

Per Nykrog range le conte dans la catégorie des « fabliaux de séduction »[500], d'autres auteurs font remarquer que le ludique érotique y est lié au triangle (ou plutôt à la pyramide relationnelle) où s'installe la femme en position

---

497 C'est, au moins, l'opinion de Joseph Bédier, qui reconnaît la pertinence des études sur les sources orientales des fabliaux, tout en s'opposant à la tendance au déterminisme comparatiste ; en particulier, il s'élève contre la thèse orientaliste défendue par Gaston Paris, et tâche de démontrer que l'intérêt pour les réalités bourgeoises ne vient pas des contes indiens, mais que cette veine roturière, portée à illustrer de façon réaliste les mœurs contemporaines, est déjà présente dans des traditions textuelles françaises bien enracinées, dont le fabliau *De Richaut* serait une bonne illustration. Voir *id.*, *Les Fabliaux. Études de littérature populaire et d'histoire littéraire du Moyen Âge*, Paris, Émile Bouillon, 1893, p. 269-270.

498 Selon l'avis de certains critiques, il est possible d'y voir une façon d'être bonne mère, car « doctriner » le fils, c'est le préparer aux dangers de la vie érotique : « *the fabliau, however, does not condemn Richeut for having initiated her son, but the opposite. Through exploiting the traditional exempla motif, the narrator demonstrates that Richeut is in fact a good mother for having relations with her son in an effort to keep him from the evil ways of the world, especially those of women.* », Ingrid D. Horton, *Engendering Vice : the Exemplarity of Old French Fabliaux*, thèse soutenue à l'Université de Kansas, 2007, p. 167, disponible en ligne sur http://books.google.ro/books/about/Engendering_Vice_The_Exemplarity_of_the.html?id=PpHXWYbJ-G8C&redir_esc=y, site consulté le 4 mars 2015.

499 Voir *Notes et variantes du cinquième volume*, dans *Recueil général et complet des fabliaux des XIIIe et XIVe siècles imprimés ou inédits*, éd. cit., v. 191, p. 273, notre italique.

500 Per Nykrog, *Les Fabliaux*, Paris, Genève, Droz, 1973, p. 65.

dominatrice[501]. Dans un monde construit inflexiblement par les pères, le fabliau *Auberee* met en scène une véritable tutelle maternelle, qui assure l'initiation de deux jeunes personnes à la flexibilité, au libertinage sinon à la liberté[502]. Face à la rigidité du nœud conjugal, c'est l'élasticité de la *corde* morale qui se fait découvrir, dans un monde alternatif où règne le vice, nourri de sensations et d'émotions agréables. Cet enseignement du laxisme ne pouvait être imputé, bien entendu, qu'à une femme, qui porte, traditionnellement, l'ombilic d'immoralité d'Ève, de Dalila, de Salomé...

Sur ce point, la littérature fait écho au mythe, dont elle ranime et personnalise les typologies consacrées. Cette dimension apparemment misogyne de l'écriture[503] – les contes-à-rire étant un divertissement mâle – n'est pas uniquement une constante des fabliaux ou des récits brefs : les romans eux-mêmes en font état, et cela, même quand ils traitent de l'amour le plus « fin ».

En effet, la figure de la maquerelle peut être débusquée dans les traditions romanesques les plus surprenantes ; le *Roman de Renart*, avec Hersent et Fière, est loin d'avoir le monopole, même si la « renardie » est un atout reconnu de dame Auberée[504]. En particulier, le type de la femme corrompue (et corruptrice, avec plus ou moins de succès) triomphe dans le *Roman des sept sages*, dont certaines versions, inspirées par une riche tradition orientale, sont très proches du fabliau *Auberée*, et consacrent la « dyablie » du pouvoir féminin[505].

---

[501] Samanta Roy, *Le grotesque dans les fabliaux érotiques : figure féminine et poétique du rire populaire*, mémoire présenté à l'Université du Québec à Trois-Rivières comme exigence partielle de la maîtrise en études littéraires, octobre 2011, disponible en ligne sur http://depot-e.uqtr.ca/2304/1/030277658.pdf, site consulté le 4 mars 2015.

[502] Comme le rappelle Nicole Nolan Sidhu dans son article « Go-Betweens : the Old Woman and the Function of Obscenity in the Fabliaux », *Comic Provocations : Exposing the Corpus of Old French Fabliaux*, *op. cit.*, p. 49-51, le statut de la femme âgée est assez fragile économiquement pour lui inspirer le recours à d'autres ressorts du pouvoir social ; souvent, les gynécologues et les témoins des procès à caractère sexuel appartiennent à cette catégorie privilégiée par son savoir sinon par son avoir. La précarité familiale et pécuniaire se joint, dans les fabliaux aussi, à l'expérience sexuelle redoutable – mais utilisable au besoin – de la vieille femme, toujours disponible pour remplir le rôle d'initiatrice érotique.

[503] Pour une remise en question de la misogynie des fabliaux, voir Lesley Johnson, « Women on Top : Antifeminism in the Fabliaux? », *The Modern Language Review*, 79, 1983, p. 298-307 et le chapitre 5 du livre de Norris J. Lacy, *Reading Fabliaux*, New York et Londres, Garland Publishing Inc., 1993, p. 60-77.

[504] C'est le même manuscrit (Paris, Bibliothèque Nationale de France, français, 19152) qui précise que dame Auberée « mout savoit de renardie / Et de mainte kunchirie », (après le vers 104) ; voir *Notes et variantes du cinquième volume*, dans *Recueil général et complet des fabliaux des XIIIe et XIVe siècles imprimés ou inédits*, éd. par MM. Anatole de Montaiglon et Gaston Raynaud, tome V, éd. cit., « Notes sur le fabliau *D'Auberée* », p. 269.

[505] Sur l'ancienneté de la matière du fabliau *Auberee*, voir, par exemple, Joseph Bédier, *Les Fabliaux. Études de littérature populaire et d'histoire littéraire du Moyen Âge*, *op.cit.*, p. 400-403 et Karl Voretzsch, *Introduction to the Study of Old French Literature*, New York, G. E. Stechert & Co, 1931, p. 372.

Plutôt que d'une filiation directe, il convient de parler d'un climat romanesque propice à la représentation de la femme médiatrice de mœurs douteuses. Dans le premier roman français, le *Roman de Thèbes* (rédigé vers 1150), anonyme, inspiré par la *Thébaïde* de Stace, on voit monter sur la scène une Jocaste ambiguë, qui reste une autorité parentale puissante et souriante même après la révélation de l'inceste avec Œdipe. En particulier, elle joue le rôle de médiatrice auprès de son fils Étéocle, en lui suggérant l'intérêt érotique que présente Salamandre, la fille de Daire le Roux. Pour sauver Daire, condamné à mort pour trahison, Jocaste propose le compromis sexuel, une sorte de *make love not war*[506], comme on dirait à l'époque moderne. Il lui importe peu que la vierge Salamandre fasse l'amour avec Étéocle par force ou par amour : la répulsion initiale (car elle rejetait ce roi promis au fratricide) se transforme ici en attraction, le sacrifice initial en passion courtoisement cultivée. La vierge Antigone se joint, d'ailleurs, à cette entremise érotique, et se lie d'amitié avec la belle pucelle qui perd son pucelage par les soins de Jocaste. Il y a quelque chose d'abject dans cette transaction corporelle – survie du père, défloration de la fille – mais le roman présente cet épisode en insistant sur la fin heureuse pressentie et accomplie par Jocaste. L'idée de corruption vicieuse[507] se fond dans une *consolatio* romanesque digne de la *desolatio* de Stace[508].

Un autre roman antique, *Énéas*, anonyme aussi et se ressourçant à l'*Énéide* de Virgile, met en scène une figure maternelle et sensuelle qui joue le rôle d'entremetteuse entre deux jeunes personnes qu'elle voue à une fornication de circonstance : la déesse Vénus, qui envoie Cupidon en mission auprès d'Enéas et de Didon, tout en sachant que son fils Énéas est destiné à un mariage autre, voulu par les dieux, conduisant à la fondation de Rome. Une fois de plus, c'est la survie d'un personnage à un moment critique de son évolution – Énéas en Carthage – qui motive la tutelle érotique de cette autre mère corruptrice. Comme Salamandre, Didon est sacrifiée sur l'échiquier d'une politique où le sexe est un lien utile, subordonné à des impératifs plus hauts (et irréfutables).

Parmi les romans dits courtois, certains mettent aussi en scène l'image d'une femme médiatrice, capable de lier érotiquement deux personnes en faisant fi des interdits moraux.

---

506 Cette dimension pacifique se manifeste aussi dans les fabliaux, comme le remarque Marie-Thérèse Lorcin dans le chapitre « L'Amour, et non la guerre » de son ouvrage *Façons de sentir et de penser…*, *op. cit.*, p. 113.

507 Le narrateur lui-même s'arrête à cette idée, précisément pour la désamorcer : « Et por ceo nel dit ele mie / que en li ait nule folie : / molt est bone femme Jocaste, bien almoniers et bien chaste ; / mais Daire vout guarir de mort, / qui l'en blasmereit avreit tort », *Le Roman de Thèbes. Édition du manuscrit S* (Londres, Brit. Libr., Add. 34114), éd. et trad. Francine Mora-Lebrun, Paris, Librairie Générale Française, 1995, v. 10281-10286, p. 642.

508 L'épisode de Daire le Roux et de sa fille est une invention du romancier médiéval, et n'apparaît guère dans la *Thébaïde*. Sur ses connotations thématiques et ses finalités esthétique, philosophique et émotionnelle, voir Alfred Adler, « The *Roman de Thèbes*, a *Consolatio Philosophiae* », *Romanische Forschungen*, 72, 1960, p. 257.

Yseut elle-même, dans le *Tristan* de Thomas d'Angleterre (vers 1170), se voit traitée de Richeut par Brangien, suite aux relations intimes que cette dernière a contractées par l'entremise de la reine[509]. Si le lien avec Marc est, en principe, une compromission qui ne dure qu'une nuit – Brangien sauve l'honneur d'Yseut en prenant sa place dans le lit royal lors de la nuit de noces – la relation avec Kaherdin, le beau-frère de Tristan, relève d'une fornication constante, et opportune : Yseut crée ce couple pour avoir plus d'occasions de voir Tristan, car celui-ci est constamment accompagné par Kaherdin dans ses escapades et a tout intérêt à renforcer cette complicité adultère.

Un autre exemple de médiation féminine, qui aboutit cette fois au mariage des protagonistes, mais qui débute de façon futile, est le roman *Yvain ou le Chevalier au Lion* de Chrétien de Troyes, mémorable par son traitement du type de la chambrière-entremetteuse. En effet, la jeune Lunette sait tirer artistiquement les ficelles du couple Laudine-Yvain, formé d'une veuve et le tueur de son mari[510] (situation œdipienne par excellence). Ici, la *guile* est ludiquement célébrée dans toute son efficacité et Lunette brille par sa rhétorique érotique[511].

Ce qui fait peut-être la différence entre une médiation romanesque et une entremise de fabliau est la vision que le narrateur projette sur la consommation, compte tenu de la valeur émotionnelle qu'il lui assigne : idéalisée et courtoise chez les couples aristocratiques des romans, elle tombe dans une union sans gravité et sans horizon chez les couples roturiers des « contes à rire ».

C'est précisément cette « chute » du courtois[512] au gaulois qui nous intéresse dans le fabliau *Auberee* : comment une histoire d'amour entre deux

---

[509] « Des quant avez esté Richeut ? / U preïstes sun mester / D malveis hume si apreiser / E d'une caitive traïr ? », Thomas d'Angleterre, *Le Roman de Tristan*, dans *Tristan et Iseut. Les poèmes français. La saga norroise*, éd. Philippe Walter et Daniel Lacroix, Paris, Librairie Générale Française, "Lettres Gothiques", 1989, v. 56-59, p. 398.

[510] « Et si le pruis par estouvoir, / Que mieux vaut icil qui conquist / Vostre segneur, quë il ne fist », Chrétien de Troyes, *Yvain ou le Chevalier au Lion*, éd. et trad. David F. Hult, dans *Chrétien de Troyes, Romans suivis de Chansons avec, en appendice, Philomena*, Paris, Librairie Générale Française, 1994, v. 1704-1706, p. 766.

[511] On l'a vu, comparer un fabliau avec un roman de Chrétien de Troyes n'est pas une démarche risquée dans le contexte de la critique moderne, notamment après les travaux de Per Nykrog sur la parodie courtoise chez les *fableors* et les recherches de Keith Busby sur l'intertextualité inter-générique. Dans ce dernier cas, le romancier champenois est spécialement célébré comme source d'emprunts et allusions pour les auteurs de fabliaux ; le public d'un genre serait ainsi le public de l'autre : « *From the evidence presented [...], it is clear enough that a certain section of the public of the fabliaux would have been constantly on the look-out for allusions to, and quotations from, courtly romance in general and the works of Chrétien de Troyes in particular.* », Keith Busby, « Courtly Literature and the Fabliaux : Some Instances of Parody », *Zeitschrift für romanische Philologie*, 102, 1986, p. 75.

[512] Il y a des chercheurs qui parlent d'une interférence générique qui ne saurait garantir que le fabliau soit tout bonnement une parodie de l'amour dit courtois. Il s'agirait plutôt d'une culture comique distincte, qui se gouvernerait selon des modèles propres ; voir Dulce Maria Gonzáles Doreste, « La Influencia cortés en el fabliau de *Dame Auberée la vieille maquerelle* », *Revista de Filología de la Universidad de La Laguna*, 11, 1992, p. 76. Sur

célibataires devient, après le mariage forcé de *l'amie*, un conte ludique et lubrique[513].

Émouvoir : Auberée au pouvoir

Pour passer du registre romanesque au registre du conte gaillard, de la gravité amoureuse à l'enjouement d'une aventure, il est nécessaire, justement, d'avoir le concours d'une Auberée. C'est à elle que revient le rôle de rendre le sublime trivial, d'hybrider et de relativiser les sentiments. D'assoter, d'abêtir, de « gaber »[514].

Mais en quoi consiste ce pouvoir, si pertinent stylistiquement ? Ce n'est pas uniquement une question d'écriture : il y va d'un style émotionnel qui a mis son empreinte sur la mentalité d'une époque. Au point de confluence de deux lignées familiales moralement recommandables, l'auteur anonyme fait une place à la « Vetula »[515], type féminin qui incarne la vieillesse en tant que corruption de la chair. Comme cette corruption devient interactive et oppressive, comme elle agit

---

l'éventuelle absence de la dimension parodique *stricto sensu* dans les fabliaux, voir Philippe Ménard, *Les Fabliaux, contes à rire du Moyen Âge*, Paris, PUF, 1983, p. 210-215.

513 Pour Roy James Pearcy, la thématique de la *fin'amor* joue un rôle essentiel dans la définition du genre du fabliau par rapport à celui de la fable ; *Auberee* aurait des caractéristiques à mi-chemin entre les deux matrices génériques : d'un côté, il y a un conflit – spécifique à la fable – entre l'amour conjugal et l'aventure ou le viol, de l'autre, un conflit entre l'amour conjugal et la fin'amor, plus propre au fabliau. Cette évolution serait à placer dans un cadre plus large : « *Arguing that the doctrine of "fin amor" plays a crucial part in the evolution of fabliau from fable does not pose a great challenge to critical orthodoxy given Nykrog's well-known definition of the fabliaux as "un genre courtois burlesque". But it is important to note that this process occurs without any obligatory mediation through romance. The new cultural phenomenon of "fin amor" finds expression in fabliaux as a natural development from attitudes already present in fable literature, and the love relationship is conducted at a social level already established as the milieu in which the events of fable literature are enacted.* », Roy James Pearcy, *Logic and Humour in the Fabliaux. An Essay in Applied Narratology*, *op. cit.*, p. 121.

514 Les trois verbes, sous leurs formes anciennes, se retrouvent dans les manuscrits du fabliau. C'est « gaber » – du manuscrit français 19152 de la Bibliothèque Nationale – qui est retenu par l'éditeur. Le participe passé « abetée » est employé dans le manuscrit français 837 de la Bibliothèque Nationale, et « asotée » dans les manuscrits français 1553, 1593, 12603 de la Bibliothèque Nationale et dans le manuscrit 354 de la Burgerbibliothek de Berne. Voir la note au vers 220, dans *Notes et variantes au cinquième volume, Recueil général et complet des fabliaux des XIIIe et XIVe siècles imprimés ou inédits*, éd. par MM. Anatole de Montaiglon et Gaston Raynaud, tome V, éd. cit., p. 275.

515 Sur la « mauvaise belle-mère, la mère phallique », voir Jean-Pierre Poly, *Le chemin des amours barbares*, *op. cit.*, p. 420 et p. 470 . De leur côté, Jacques Le Goff et Nicolas Truong font pertinemment observer que, « avant de devenir une sorcière en puissance, la vieille femme a [...] une mauvaise réputation. Un terme que l'on rencontre fréquemment dans les textes, et en particulier dans ces histoires édifiantes que l'on appelle les *exempla*, illustre cette réprobation : *vetula*, à savoir la 'petite vieille', qui sert toujours à désigner un personnage maléfique. », *Une histoire du corps au Moyen Âge*, Paris, Liana Levi, 2003, p. 112.

par l'intermédiaire d'un mari brutal, on peut parler d'un pouvoir féminin qui instrumentalise, par la force d'une émotion négative, un mâle apparemment dominant. En fait, c'est la vieille femme qui domine le couple, qui noue et dénoue les liens, et cela, malgré son statut de mère seule, malgré sa pauvreté, malgré sa faiblesse ; si elle réussit ce tour de magie, c'est qu'elle sait ensorceler ses semblables par le langage des émotions[516]. Tantôt elle suscite la jalousie, tantôt elle impulse la honte ou nourrit la volupté. Selon la personne et la circonstance, elle arrive à trouver l'émotif le plus agissant : un surcot qui fait bosse dans un lit pour exaspérer la jalousie d'un époux, un accueil consolateur et nourricier pour gagner la confiance d'une épouse, enfin, une mise en scène de la religiosité excessive, *vidante*, pour évincer un blâme imaginé, puis accompli, à souhait.

Comme par magie, le *surcot* par qui tout commence et s'achève – garni de la fourrure de plusieurs jeunes écureuils, signe[517] manifeste de la pulsion érotique[518] – réussit à apaiser la jalousie qu'il venait de susciter. En fait, c'est la parole qui donne son sens à un émotif potentiel, et cela, en actualisant les émotions les plus spectaculairement opposées. Un détail comme l'existence d'un dé à coudre dans l'immédiate proximité du surcot, qui avait semblé insignifiant de prime abord, vient mettre le point sur le i d'un renversement situationnel et émotionnel tout aussi brusque et total que le choc initial. Tout peut se faire et se défaire – pourvu que la manipulation des choses et des êtres (la « lobe »[519]) soit adroitement menée.

Avec Auberée, d'ailleurs, la figure de la sorcière n'est pas loin. Ses manœuvres nocturnes devant l'autel et ses invocations de saint Corneille, patron d'une abbaye de Compiègne, suffisent pour tisser une aura noire à la vieille dame. Devant les bougies et les croix, assortis de faux sommeil et de vraie confiance, la jeune victime espère tout et ne comprend rien ; séparée, raccommodée, battue, embrassée, elle se contente de subir son sort, et ne remet guère en question les arrêts de sa Parque.

---

[516] Cette sorcière du langage serait un double du *fableor*-entremetteur dans son anticipation des issues possibles du conflit, ainsi que des conventions narratives à l'œuvre. En même temps, la distinction reste assez nette entre narrateur et protagoniste, car Auberée demeure, malgré son pouvoir relatif, un pantin contrôlé par Jean à des fins moralisatrices ultimement phallocentriques, voir Nicole Nolan Sidhu, art. cit., p. 52 et 57.

[517] C'est d'abord la sémiotique socio-économique qu'il faut interroger. En effet, ce *surcot* est un article de luxe, rappelant la livrée de cour et représentant le dernier cri en matière de mode ; voir Danièle Alexandre-Bidon et Marie-Thérèse Lorcin, *op. cit.*, p. 274.

[518] Si le fabliau *De l'Escuiruel* traite du sexe masculin sous le couvert de cette allégorie animale, les bestiaires médiévaux font de l'écureuil un autre nom du vagin ; voir Bruno Roy, « La belle e(s)t la bête : aspects du bestiaire féminin au Moyen Âge », *Études françaises*, 10, 1974, p. 327.

[519] Les manuscrits Berlin, Staatsbibliothek und Preussischer Kulturbesitz, Hamilton, 257 ; Paris, Bibliothèque Nationale de France, français, 19152 et Paris, Bibliothèque Nationale de France, français, 12603 traitent de « lobes » les stratégies linguistiques et territoriales d'Auberée autour du lit conjugal de la jeune épouse. Le nom « lobe / lobbe » désigne une ruse ou une tromperie (notamment féminine, dans un contexte où elle rime avec « robes »), voir Frédéric Godefroy, *Dictionnaire de l'ancienne langue française et de tous ses dialectes du IX*e *au XV*e *siècle*, tome V, Vaduz, Kraus Reprint Ltd., 1965 [1888], p. 9.

Auberée est bien une couturière, qui sait coudre les cœurs, en brodant des histoires chaque fois crédibles et émouvantes. D'ailleurs, sa magie est un type d'attractivité qui s'accommode à merveille de la métaphore textile : « ja si ne fust fame anserree / Qu'a sa corde ne la treïst »[520]. Un magnétisme noir se tisse autour d'elle, et crée des attaches plus fortes que celles du mariage, du respect filial, de la piété.

Un petit détail éclaire pertinemment les agissements de l'héroïne : l'abbaye Saint-Corneille[521] (lieu de la scène nocturne destinée à émouvoir l'époux du fabliau), où furent sacrés plusieurs rois de France, est aussi le lieu d'un scandale célèbre, qui se traduit par des mesures extrêmes : tous les moines en sont éconduits et remplacés à cause de leurs mœurs honteuses. C'est Suger, abbé de Saint-Denis, qui prend ces mesures, en établissant sur ces lieux des bénédictins qui font prospérer l'abbaye[522]. Dans ces (fraîches !) circonstances (du XIIe siècle), il est permis de supposer que cette abbaye pouvait apparaître aux lecteurs comme un lieu de perdition, et que sa présence au sein de l'intrigue n'est pas innocente : la moindre teinte de luxure suffit pour changer l'ordre en anarchie, la renommée en déshonneur, la sainteté en stupre.

Le nom de l'héroïne, *Auberee*, anime un autre signe du pouvoir métamorphique de l'éros. Le narrateur est sensible surtout au rapport de la vieille femme avec l'aube. En cffet, ce qui la distingue de tous les personnages est son rythme matinal, sa disponibilité à ourdir, dès les premières lueurs du soleil, la trame (ou la *raie*[523]) du nouveau jour : « Au matinet, quand l'aube crieve, / Dame Auberee si se lieve »[524]. Cet empressement à devancer les autres êtres, à projeter, en première, l'éclairage tour à tour inquiétant, cruel, rassurant, jouissif du vécu, relève d'un *ethos* qui ne saurait étonner chez une Parque. Pré-science, prévoyance, Auberée a tout pour préparer non seulement les plats, mais aussi la nourriture affective[525] de la journée.

---

520 *Auberee*, dans *Nouveau recueil complet des fabliaux*, éd. Willem Noomen et Nico van den Boogaard, tome I, éd. cit., v. 113-114, p. 299. En traduction : « jamais il n'exista une femme si bien tenue qu'on ne l'attirât avec sa propre corde », *Contes pour rire ? Fabliaux des XIIIe et XIVe siècles*, éd. et trad. Nora Scott, Paris, Union Générale d'Éditions, 1983, p. 65.

521 Il s'agit d'une abbaye mérovingienne dont il demeure encore aujourd'hui un prieuré de saint Corneille, voir la note au vers 419, *Notes et variantes au cinquième volume*, éd. cit., p. 287.

522 Eric Blanchegorge et Juliette Lenoir, « L'Abbaye Saint-Corneille », article disponible en ligne sur le portail de la Société historique de Compiègne, http://www.histoire-compiegne.com/shc-abbaye-saint-corneille-compiegne.asp, consulté le 4 mars 2015.

523 En ancien français, la « raie » désigne le rayon de soleil, mais aussi une broderie ; voir Frédéric Godefroy, *Dictionnaire de l'ancienne langue française et de tous ses dialectes du IXe au XVe siècle*, tome VI, Vaduz, Kraus Reprint Ltd., 1965 [1889], p. 559. *Auberee* pourrait s'écrire aussi *Auberaie*.

524 *Auberee*, dans *Nouveau recueil complet des fabliaux*, éd. Willem Noomen et Nico van den Boogaard, tome I, éd. cit., v. 409-410, p. 306.

525 Le syntagme désigne cette ambiance de douceur et de reconnaissance alimentée par la présence de l'autre à soi, pour soi ; dans le cas d'Auberée, tout le spectre des caresses est allumé, indirectement et savamment. Voir Jean-Marie Lange, *Une Introduction à la*

En général, l'aube d'Auberée est industrieuse et théâtrale, criarde comme le chant du coq. Quelque chose de masculin et d'autoritaire, de strident, distingue sa tonalité affective. C'est une femme qui tire les femmes par les ficelles, pour les rendre, ficelées, à des hommes. Une femme qui vend ses services à des amants en détresse, une maquerelle sentimentale et vénale... qui voit le gain des trois côtés : chez le jeune aspirant aux faveurs de l'ancienne amie, chez le mari jaloux et rassuré, chez elle-même, sous la forme de quarante livres.

Le narrateur salue en Auberée une travailleuse qui fait bien son métier, quelque immoral qu'il soit. Il salue aussi la comédienne quadruplement émotive, qui sait rester dans les grâces du violeur, du cocu et de l'épouse : « Bien ot son loier deservi, / Quant touz troi sont a gré servi »[526] – tout en divertissant le public projeté par l'histoire. Auberée est une professionnelle de la jonglerie, méconnue.

L'étymologie du nom suggère, d'ailleurs, d'autres pistes[527] : le rôle de *reé*[528] se retrouve bien dans l'image d'Auberée – elle défend le droit à la libre interaction homme-femme, autant dire à cette *aube* qui sépare les couples sans les forcer à se quitter... Elle est l'instance d'immoralité à accuser, et, en même temps, à tout faire excuser. Un génie juridique, qui se fraie une place dans la société en déplaçant et en replaçant les autres, à la lumière de l'esprit et des matines...

Enfin, le nom *Auberee* renvoie aussi à un arbre mythique, le peuplier blanc[529]. Dans la mythologie grecque et romaine, c'est la nymphe Leuké qui se mue en grisard, lorsqu'elle est entraînée par Pluton dans l'Élysée[530]. Virgile lui-même consacre le peuplier comme arbre double, dont la feuille verte (recto) et

---

psychopédagogie. Des méthodes d'éducation active aux méthodes d'intervention sociale spécifiques, Liège, Céfal, 2001, p. 91-92.

[526] *Auberee*, dans *Nouveau recueil complet des fabliaux*, éd. Willem Noomen et Nico van den Boogaard, tome I, éd. cit., v. 652-653, p. 312.

[527] « En ce qui concerne le prénom *Auberée*, il pourrait s'agir d'une variante d'*Auberon*, prénom d'origine germanique latinisé en *Adalbero*. Formé de *adal*, 'noble', et *-ber*, 'ours', ce prénom suggère la puissance. Mais le public de langue romane y reconnaît davantage la racine *aube* venant du latin ALBA, 'blanc', et qui a d'ailleurs produit le nom commun *auberee*, signifiant « lieu planté de peupliers blancs » (God.). C'est pourquoi on peut penser que le choix du prénom Auberée, évoquant la blancheur et au figuré, la candeur, pourrait être motivé par antiphrase ou ironie. », Marie-France Collart, « L'Univers de la prostitution dans les fabliaux et sa représentation : le point de vue d'un genre », sous la direction de Claude Benoit Morinière, Université de Valence, 2012, article disponible en ligne sur le site http://roderic.uv.es/bitstream/handle/10550/29333/Tesis%20doctoral%20Marie-France%20COLLART.pdf?sequence=1, consulté le 4 mars 2015, p. 11.

[528] Le « reé » est un nom masculin qui désigne l'accusé, mais aussi le défenseur. Voir Frédéric Godefroy, *Dictionnaire de l'ancienne langue française et de tous ses dialectes du IXe au XVe siècle*, tome VI, éd. cit., p. 710.

[529] En effet, « auberee, aubaree, aubarede, auberade » est un nom commun qui désigne, en ancien français, une « plantation de peupliers blancs », voir Frédéric Godefroy, *Dictionnaire de l'ancienne langue française et de tous ses dialectes du IXe au XVe siècle*, tome I, éd.cit., p. 493.

[530] Sur l'histoire de Leuké, voir Servius, *Commentaire des Églogues de Virgile*, 7.61.

blanche (verso) renvoie tout naturellement à un espace-seuil, propice au voyage transcendant et comportant un aller, mais aussi un retour sain et sauf – du moins pour un bienheureux comme Hercule [531]. Certes, Auberée n'est pas Hercule, pas plus que la jeune épouse de l'histoire ; toutefois, elle envisage et fait réussir une traversée impunie de la nuit, et suggère que, pour réitérer cette réussite, il faut juste connaître les règles de libre circulation entre les mondes. Or, ces règles sont des normes sentimentales (« *feeling rules* »[532]) aussi secrètes et aventureuses, pour les « profanes », que la traversée du Styx.

Jeux et travaux : règles émotionnelles

La règle numéro 1, pour une pucelle aimée purement par un homme[533] et mariée vénalement à un autre, est d'éviter l'ami et de rester fidèle au mari. C'est, du moins, ce que suggère le conteur, qui se borne à montrer sous un jour bienveillant (et souriant) le conformisme initial de la jeune héroïne, capable d'épouser le *borgois* élu par son père et d'avouer sans dégoût : « Ci se couche / Mi sire et je les son flanc »[534]. L'intimité et la richesse d'un autre ne semblent point lui déplaire. Oubli ou conformisme, l'héroïne connaît les avantages de sa position et ne songe guère à la changer contre le statut d'amante.

Lorsque l'ancien « doz amis »[535]/ « chier amis »[536] de l'héroïne se glisse dans le lit[537] où elle s'était réfugiée après le bannissement conjugal, par les soins de dame Auberée, tout ce qu'elle fait est de proférer une menace contre l'intrus et de réguler son émotion sur son devoir : « Par foi ! fet ele, rien ne valt, / Que je crierai

---

531 Chez Virgile, il s'agit bien d'un signe heureux : les feuilles entourent les chefs des prieurs, dans une expression de reconnaissance et de confiance ; voir *l'Énéide*, Livre 8, dans *Œuvres complètes de Virgile*, tome I, éd. et trad. Claude Michel Cluny, Paris, La Différence, 1993, v. 276-286, p. 367.

532 Voir Arlie Russell Hochschild, *The Managed Heart, op. cit., passim.*

533 D'après le manuscrit 12603 de la Bibliothèque Nationale, cet amour était au seuil de la consommation ; une étreinte désirante – et non-fécondante – est donc de mise entre amis : « Si l'enbracha par mi les flans / Que ele avoit bien fais et blans », voir *Notes et variantes au cinquième volume*, dans *Recueil général et complet des fabliaux des XIIIe et XIVe siècles imprimés ou inédits*, éd. par MM. Anatole de Montaiglon et Gaston Raynaud, tome V, éd. cit., p. 265.

534 *Auberee*, dans *Nouveau recueil complet des fabliaux*, éd. Willem Noomen et Nico van den Boogaard, tome I, éd. cit., v. 201-202, p. 301.

535 Selon l'édition Montaiglon-Raynaud, voir D'Auberée de Compiègne, dans *Recueil général et complet des fabliaux des XIIIe et XIVe siècles imprimés ou inédits*, éd. par MM. Anatole de Montaiglon et Gaston Raynaud, tome V, éd. cit., v. 367, p. 13.

536 Voir *Auberee*, dans *Nouveau recueil complet des fabliaux*, éd. Willem Noomen et Nico van den Boogaard, tome I, éd. cit., v. 371, p. 305.

537 Il convient de rappeler ici « le rôle de marqueur social et affectif que joue le lit dans l'imaginaire », fort pertinent pour comparer le statut de l'épouse bourgeoise à celui de la solitaire et déclassée Auberée. Voir Danièle Alexandre-Bidon et Marie-Thérèse Lorcin, *Le quotidien au temps des fabliaux. Textes, images, objets*, *op. cit.*, p. 125.

ja si haut / Que tost sera ci acorue / Tote la gent de ceste rue »[538]. L'allusion à la *foi* n'est pas une simple façon de parler[539]. Elle devient la réponse émotionnellement adéquate à la déclaration de désir du jeune homme – « Mult vos avoie desirrée »[540]– qui ne soulève en elle aucune autre émotion. Si surprise il y a, elle n'est pas agréable. Aucun déchirement, aucun regret de la belle *amistié* ne travaille la jeune épouse, qui n'est aucunement tentée par le corps de son premier amoureux. Oubli ou vertu, la femme du *borgois* est devenue une *borgoise* à plein titre.

Prête à opérer une régulation émotionnelle qui vaut une uniformisation des mœurs, Auberée, la metteuse en scène de cette rencontre (qui pourrait être aussi touchante qu'un rendez-vous de Tristan et Yseut[541]), avait imaginé tout autre chose : « Lieve les dras[542], si te bout enz : / Tantost com el te sentira, / La borgoise autrement ira : / Maintenant la verras taisir, / S'en porras faire ton plaisir ! »[543]. Seulement, la jeune femme *sent* le corps mâle et ne s'apaise pas : au contraire, elle crie comme si la présence de son ancien amoureux, la douleur qu'il éprouve[544] face

538 *D'Auberée, la Vielle Maquerelle*, dans *Recueil général et complet des fabliaux des XIII*e *et XIV*e *siècles imprimés ou inédits*, éd. par MM. Anatole de Montaiglon et Gaston Raynaud, tome V, éd. cit., v. 373-376, p. 14.

539 Pourtant, l'édition Noomen-Boogaard préfère donner une variante qui élude la foi : « - Certes, dist ele, rien ne vaut ! », *Auberee*, dans *Nouveau recueil complet des fabliaux*, éd. Willem Noomen et Nico van den Boogaard, tome I, éd. cit., v. 377, p. 305.

540 Ce vers n'apparaît que dans l'édition Montaiglon-Raynaud : *D'Auberée, la Vielle Maquerelle*, dans *Recueil général et complet des fabliaux des XIII*e *et XIV*e *siècles imprimés ou inédits*, éd. par MM. Anatole de Montaiglon et Gaston Raynaud, tome V, éd. cit., v. 372, p. 14. Il est remplacé par un vers beaucoup moins suggestif dans l'édition Noomen-Boogaard : « Par le conseil dame Auberee ! », *Auberee*, dans *Nouveau recueil complet des fabliaux*, éd. Willem Noomen et Nico van den Boogaard, tome I, éd. cit., v. 376, p. 305.

541 Tristan et Yseut sont bien célèbres au XIIIe siècle grâce au *Roman de Tristan en prose*, véritable best-seller de l'époque, diffusé dans plus de quatre-vingt copies.

542 C'est la « robe » qui est levée dans l'édition plus récente du fabliau, tandis que la « besoigne » remplace la « borgoise » : « Lieve la robe, si entre ens ! » ; « Autrement la besoigne ira », *Auberee*, dans *Nouveau recueil complet des fabliaux*, éd. Willem Noomen et Nico van den Boogaard, tome I, éd. cit., v. 358 et v. 360, p. 305.

543 *D'Auberée, la Vielle Maquerelle*, dans *Recueil général et complet des fabliaux des XIII*e *et XIV*e *siècles imprimés ou inédits*, éd. par MM. Anatole de Montaiglon et Gaston Raynaud, tome V, éd. cit., v. 354-358, p. 13. La traduction de Nora Scott atténue l'invitation à la violence érotique : l'homme est censé « se glisser » sous les draps, où il fera « tout ce qu'il voudra », voir *Contes pour rire ? Fabliaux des XIII*e *et XIV*e *siècles*, éd. cit., p. 69.

544 Le jeune homme fait à son amie une déclaration de douleur – « je sui vostre doz amis / que vos avez en dolor mis » – autant que de désir. Il ne parle guère explicitement d'amour. Voir *D'Auberée, la Vielle Maquerelle*, dans *Recueil général et complet des fabliaux des XIII*e *et XIV*e *siècles imprimés ou inédits*, éd. par MM. Anatole de Montaiglon et Gaston Raynaud, tome V, éd. cit., v. 367-368, p. 13. L'édition Noomen-Boogaard retient aussi cette allusion à la « dolour » : voir *Nouveau recueil complet des fabliaux*, éd. Willem Noomen et Nico van den Boogaard, tome I, éd. cit., v. 372, p. 305. Le manuscrit 12603 de la Bibliothèque Nationale va plus loin dans cette attribution doloriste, dévoilant l'effort du

à ce mariage qui la lui dérobe, ne lui disaient rien. Elle n'est ni empathique, ni impressionnable tactilement. Elle ne se rend pas plus qu'elle ne se tait. Surprise, elle n'est guère prise[545] : l'ébahissement initial ne semble mener à nul aboutissement. Pour la plier à la régulation par la fornication, pour l'attirer dans la sphère du commun des mortels, du commun des pécheurs, il faut un autre émotif qu'une étreinte. Mais lequel ?

N'ayant aucune suggestion de la part d'Auberée, pour qui la reddition de la femme au contact de l'homme va de soi, le jeune héros invente lui-même une solution, sous la poussée du désir : la menace de la « *fama* »[546]. Au cri et au saut[547] dénonciateurs, il oppose la rumeur, à l'impuissance, le déshonneur. C'est une lueur de génie qui lui ouvre la voie vers « [s]on plaisir ». Et une lueur d'émotion : en parlant de ce qu'il appelle « nostre assanblée »[548] et des dangers d'une rupture de complicité, il réveille la sensibilité de la bourgeoise à sa propre image sociale. Le *semblant* étant plus convaincant que la vérité, l'ami s'engage (implicitement) à garder le secret de l'amie, et à défendre, face aux éventuels médisants, sa réputation.

---

personnage de s'arracher au passé : « Pour che aloit entre la gent / Qu'il voloit oublier l'amour / Là u pensoit et nuit et jour », *Notes et variantes au cinquième volume*, dans *Recueil général et complet des fabliaux des XIII*e *et XIV*e *siècles imprimés ou inédits*, éd. par MM. Anatole de Montaiglon et Gaston Raynaud, tome V, éd. cit., p. 268.

545 Tous les manuscrits notent la surprise de la jeune femme, qui semble suggérer que son sens moral est aux aguets. « Tresalie » (manuscrits français 837, 1553 et 1593 de la Bibliothèque Nationale), « de paor [...] esbahie » (manuscrit français 12603 de la Bibliothèque Nationale), elle est « mout formant esmarie » dans le manuscrit 354 de la Burgerbibliothek de Berne, voir la note au vers 363, *ibid.*, p. 283.

546 La *fama* désignait, dans la littérature néo-latine du Moyen Âge, la rumeur et la réputation ; pour une exploration socio-historique du sujet, voir *Fama. The Politics of Talk and Reputation in Medieval Europe*, éd. Thelma Fenster et Daniel Lord Smail, Ithaca et Londres, Cornell University Press, 2003.

547 En effet, l'éditeur retient la leçon « si est saillie / Fors du lit », *D'Auberée, la Vielle Maquerelle*, dans *Recueil général et complet des fabliaux des XIII*e *et XIV*e *siècles imprimés ou inédits*, éd. par MM. Anatole de Montaiglon et Gaston Raynaud, tome V, éd. cit., v. 364-365, p. 13. Les manuscrits français 837 et 1553 de la Bibliothèque Nationale et le manuscrit 354 de la Burgerbibliothek de Berne préfèrent atténuer cette manifestation émotionnelle, en consignant un saut raté : « A bien poi qu'el n'est salie », voir la note au vers 364, dans *Notes et variantes du cinquième volume*, *ibid.*, p. 283. L'édition Noomen-Boogaard retient aussi cette leçon bondissante : « Quant celui sent, si est saillie / Hors du lit », *Auberee*, dans le *Nouveau recueil complet des fabliaux*, éd. Willem Noomen et Nico van den Boogaard, tome I, éd. cit., v. 368-369, p. 305.

548 *D'Auberée, la Vielle Maquerelle*, dans *Recueil général et complet des fabliaux des XIII*e *et XIV*e *siècles imprimés ou inédits*, éd. par MM. Anatole de Montaiglon et Gaston Raynaud, tome V, éd. cit., v. 386, p. 14. L' « asemblee » est aussi retenue par l'édition Noomen-Boogaard, avec cette orthographe, voir *Auberee*, dans le *Nouveau recueil complet des fabliaux*, éd. Willem Noomen et Nico van den Boogaard, tome I, éd. cit., v. 390., p. 306.

Malgré ces apparences amicales, un véritable pacte avec le diable se met en place. Volupté contre complicité, le troc est de nature à faire d'une tentative de viol une tentative d'échange réciproquement avantageux.

Pour la jeune héroïne, l'enjeu de cette entrevue est exclusivement égocentrique – garder le respect des voisins – et ne circonscrit aucune sympathie envers cet homme aimé autrefois[549]. Un rendez-vous forcé n'est pas une occasion de *druërie* ; de ce point de vue, l'attitude de la femme est émotionnellement correcte, selon les standards du conteur – et invalide selon ceux d'Auberée – « riens ne vaut »[550] de l'attoucher. Cependant, si elle comprend que « Mieus li vendroit estre a repos »[551], si elle accepte, passivement, les attentions de l'intrus, rien ne lui interdit de se sauver le lendemain ou au moins de tenter une évasion. D'autant plus que c'est une demoiselle « orguilleuse », d'après le manuscrit 12603 de la Bibliothèque Nationale[552], qui s'avère capable, dans tous les manuscrits du fabliau, de tenir son soupirant indéfiniment « en repos » si le mariage est impossible.

Toutefois, l'histoire achemine l'héroïne, *via* les manœuvres d'Auberée, vers l'intimité de son éternel soupirant. Curieusement, la parole est aussitôt démentie par le langage du corps : lorsque la tentation s'incarne, la jeune femme ne se rebelle pas[553] contre cet homme qui finit par lui imposer « tot [s]on gré »[554]. Ce qui est plus curieux encore – pour le lecteur naïf que le texte construit à ce stade – est que l'héroïne ne se rebelle pas contre Auberée non plus ; au contraire, elle continue de se fier à elle et de la suivre, dans quelque lieu que ce soit, à quelque heure que ce soit. Ni irritation, ni reproche, ni demande d'explication : en dehors du lit, la jeune dame se conduit comme si aucun tort ne lui avait été infligé[555]. Et elle est

---

549 Il est permis de supposer que l'étincelle du jeune ami ne lui était pas indifférente, puisque l'héroïne déclarait qu'elle serait heureuse de l'épouser ; en même temps, elle se gardait bien d'un lien sans débouché conjugal : « Cele li dist apertement / Que mieus le vendroit reposer / S'il ne la voleit espouser », *ibid.*, v. 22-24, p. 296. Un certain rationalisme érotique domine la future dame de l'histoire. Elle se sent obligée de devenir une épouse.

550 Voir plus haut, *ibid.*., v. 377, p. 305.

551 *Ibid.*, v. 397, p. 306.

552 Anatole de Montaiglon et Gaston Raynaud, *Notes et variantes du cinquième volume*, dans *D'Auberée, la Vielle Maquerelle*, dans le *Recueil général et complet des fabliaux des XIIIe et XIVe siècles imprimés ou inédits*, éd. par MM. Anatole de Montaiglon et Gaston Raynaud, tome V, éd. cit., p. 267.

553 Dans la traduction de Nora Scott, la « bourgeoise a tourné la page » ; voir *Contes pour rire ? Fabliaux des XIIIe et XIVe siècles*, éd. cit., p. 70.

554 *D'Auberée, la Vielle Maquerelle*, dans *Recueil général et complet des fabliaux des XIIIe et XIVe siècles imprimés ou inédits*, éd. par MM. Anatole de Montaiglon et Gaston Raynaud, tome V, éd. cit., v. 84, p. 14. L'édition Noomen-Boogaard remplace le « gré » par la « volenté » accomplie « a grant plenté », *Auberee*, dans le *Nouveau recueil complet des fabliaux*, éd. Willem Noomen et Nico van den Boogaard, tome I, éd. cit., v. 387-388, p. 306.

555 D'autres lecteurs s'étonnent aussi de cette « docilité persistante », qui est exceptionnelle chez une dame, dans le corpus des fabliaux. Voir Marie-Thérèse Lorcin, *Façons de sentir et de penser…*, *op. cit.*, p. 89.

prête à retourner à ce lit où le secret, obscurément, l'appelle[556]... Le changement est si radical, du cri bondissant au couchage satisfaisant, que le lecteur est en droit de supposer que l'accord de la bourgeoise était en fait acquis dès les premiers attouchements[557]. Auberée ne se serait donc pas trompée dans son pari sur la corruptibilité d'une femme temporairement – et objectivement – vertueuse... D'autres paris l'attendent, tout aussi précis du point de vue du savoir-faire émotif.

C'est la maternité nourricière qui constitue l'appât suivant. Si, au début, la couturière mendiait un petit pain pour sa fille, ce genre de soins est prodigué aussi à la *borgoise* et à son *ami* : Auberée fait la cuisine copieusement et offre ses plats plantureusement. Sa démarche relève d'une régulation corporelle qui passe par l'éveil de tous les appétits. Bien manger, bien coïter : là est toute son émotionologie, qui s'impose sans autre opposition, et persuade le corps sans toucher la raison.

Comment « faire dangier »[558] devant « char de porc et chapons[559] / poucins[560] en rost » ? Devant des « pastés / Qu'on fait à Compiegne faitis »[561] ? Ou devant le « soulas » qui attend la jeune femme au lit, désormais sans le moindre cri ? Déjà éveillée à l'idée que le lit rime avec le *delit*, depuis qu'Auberée lui avait fait apprécier le luxe voluptueux[562] de sa propre couche conjugale, l'héroïne prend *en gré* ce premier lieu d'insomnie, de plaisir éveillé, à goûter par le *servise* de son initiatrice.

---

556 Les manuscrits français 837 et 1593 de la Bibliothèque Nationale parlent d'une chambre « encourtinée », voir la note au vers 296, dans *Notes et variantes du cinquième volume*, dans *Recueil général et complet des fabliaux des XIIIe et XIVe siècles imprimés ou inédits*, éd. par MM. Anatole de Montaiglon et Gaston Raynaud, tome V, éd. cit., p. 280.

557 « Mult soëf à lui adoise », dit la version retenue par l'édition Montaiglon-Raynaud, v. 361, p. 13. Plus pragmatique, le manuscrit français 837 de la Bibliothèque Nationale précise, après le vers 359, que le héros « commence à tastoner » son ancienne amie, voir *Notes et variantes du cinquième volume*, *ibid.*, p. 283. L'attouchement est pertinent pour l'édition Noomen-Boogaard aussi, voir *Auberee*, dans le *Nouveau recueil complet des fabliaux*, éd. Willem Noomen et Nico van den Boogaard, tome I, éd. cit., v. 365, p. 305.

558 *Ibid.*, v. 414, p. 306. La traduction est toute simple : « faire dangier » devient « refuser ». Voir *Contes pour rire ? Fabliaux des XIIIe et XIVe siècles*, éd. cit., p. 70.

559 *D'Auberée, la Vielle Maquerelle*, dans *Recueil général et complet des fabliaux des XIIIe et XIVe siècles imprimés ou inédits*, éd. par MM. Anatole de Montaiglon et Gaston Raynaud, tome V, éd. cit., v. 404, p. 15.

560 Les poussins interviennent dans l'édition plus récente du fabliau, où ils remplacent les chapons : *Auberee*, dans le *Nouveau recueil complet des fabliaux*, éd. Willem Noomen et Nico van den Boogaard, tome I, éd. cit., v. 412, p. 306.

561 La couleur locale serait plus vive dans le manuscrit français 12603 de la Bibliothèque Nationale, voir la note au vers 404, *Notes et variantes du cinquième volume*, dans *Recueil général et complet des fabliaux des XIIIe et XIVe siècles imprimés ou inédits*, éd. par MM. Anatole de Montaiglon et Gaston Raynaud, tome V, éd. cit., p. 286.

562 En effet, les auteurs de fabliaux « s'intéressent à la notion de confort et savent en souligner la valeur relative. Ils n'ont pas tendance à gommer les écarts sociaux, mais à les montrer du doigt. [...] D'une façon générale, alimentation et costume servent de marqueurs socioculturels. », Danièle Alexandre-Bidon et Marie-Thérèse Lorcin, *op. cit.*, p. 256.

Ce plaisir qui succède de façon si abrupte au chantage, au viol et à la stimulation sensorielle–émotionnelle est un signe que la belle incorruptible est désormais corrompue, que l'uniformisation anticipée par Auberée est atteinte : une fois de plus, l'ingénuité s'arrange bien de la sensualité. Le théorème de l'excitabilité généralisée, selon lequel l'attouchement d'un ancien ami est aussi irrésistible que le toucher[563] de la *char de porc*, vient d'être démontré[564]. On peut saluer l'avènement d'un hédonisme sans bornes et sans repos[565].

Vaincue, « foutue », convaincue, la « bele fille »[566] se laisse aller à la tutelle de cette marâtre sans scrupules, qui sert à merveille la cause misogyne du conteur. La jouvencelle embrasse d'avance toutes les causes et toutes les émotions que lui prescrit Auberée : saveur du goût, plaisir du toucher, désir de tout prendre et de tout savourer. Son corps est aussi remué que son esprit, malgré la décision initiale de jeûner jusqu'au moment où elle saura la vérité ; toute au ravissement des sens, la jeune dame oublie son combat de femme injustement répudiée, et se contente de jouer tout bonnement le jeu.

Cette abdication complète vient confirmer les soupçons du lecteur : comme pour la *damoisele qui ne pooit oïr parler de foutre*, il y a un certain opportunisme érotique derrière la résistance initiale de l'héroïne. Et si le refus d'une femme était un « oïl » déguisé ? Et si la belle voulait précisément se laisser forcer ? Pour que la faute ne lui soit pas imputable ? Pour que l'ami se flatte d'être persuasif, en plus de séduisant ?

La plupart des manuscrits montrent le « bel atret »[567] que la bourgeoise fait à son ami, dès qu'elle prête l'oreille à l'alibi honorifique. Un seuil est franchi, et le

---

[563] Certes, la viande est enveloppée dans la pâte feuilletée, et il faut toucher l'enveloppe, la goûter, l'incorporer, pour arriver au cœur (charnu !) du produit. Le toucher est une étape importante dans ce rapprochement progressif, qui s'opère par la médiation (tactile aussi) d'Auberée ; plus généralement, « *the sense of touch is at least as important as the senses of taste and smell in the culinary comedy of the fabliaux* », Sarah Gordon, *Culinary Comedy in Medieval French Literature*, West Lafayette, IN, Purdue University Press, 2007, chap. 3, « Much Ado about Bacon », p. 30.

[564] Sur l'attrait et le sens de cette présence porcine dans les fabliaux, sur les affinités entre personnages et cochons, voir Kristin L. Burr, « Hamming It Up : Porcine Humor in the Old French Fabliaux », *The Old French Fabliaux : Essays on Comedy and Context*, éd. Kristin L. Burr, John F. Moran et Norris J. Lacy, Jefferson, Londres, McFarland, 2007, p.8.

[565] Malgré le fait qu'il est considéré comme une viande moins noble que le poulet, le mouton et le veau, le porc connote le christianisme versus l'altérité sarrazine, voir Sarah Gordon, *op. cit.*, p. 133-134.

[566] *Auberee,* dans le *Nouveau recueil complet des fabliaux*, éd. Willem Noomen et Nico van den Boogaard, tome I, éd. cit., v. 433, p. 307.

[567] Il s'agit des manuscrits français 837 et 12603 de la Bibliothèque Nationale et du manuscrit 354 de la Burgerbibliothek de Berne. En particulier, le manuscrit 12603 supprime dix vers et en ajoute deux, qui donnent une teinte de coquetterie, voire de tendresse, à cette vulnérabilité de la jeune héroïne : « Et celle li fait bel atrait : / Li uns devers l'autre se trait » ; dans cette version des faits, la réciprocité semble vite assurée. Voir la note au vers 389, dans *Notes et variantes du cinquième volume*, dans *Recueil général et complet des fabliaux des XIIIe et XIVe siècles imprimés ou inédits*, éd. par MM. Anatole de Montaiglon et Gaston Raynaud, tome V, éd. cit., p. 284. En revanche, le manuscrit français

changement s'annonce radical : la bourgeoise « est tornée en autre fuel » (a tourné la page) au sens moral le plus paradoxal : elle abandonne son « orguel »[568]. On dirait qu'elle vit une conversion, aussi bien qu'une humiliation. Mais le conteur est peu sensible à ces subtilités qu'il ne fait que frôler.

Si le plaisir féminin prend généralement une tournure bénévole[569], voire ludique (manuscrits français 837 de la Bibliothèque Nationale et manuscrit 354 de la Burgerbibliothek de Berne[570]) et délicate (manuscrit français 12603 de la Bibliothèque Nationale[571]), le manuscrit 1553 de la Bibliothèque Nationale va jusqu'à parler d'un amour voluptueux et partagé : « Si se deduisent par amor / Trestoute nuit de chi au jour »[572].

Plus tard, les manuscrits 1553, 1593 et 12603 de la Bibliothèque Nationale évoquent tous, de concert, l'« amor » des protagonistes[573], qui devient, au vers 424,

---

1593 de la Bibliothèque Nationale parle de « let atrait », puis d'un couple qui se rejoint, malgré tous les atermoiements féminins. Voir la note au vers 397, *ibid.*, p. 285. Le « bel atrait » devient, dans la traduction de Nora Scott, « un doux accueil », *Contes pour rire ? Fabliaux des XIIIe et XIVe siècles*, éd. cit., p. 70.

568 Voir les leçons des manuscrits français 837 et 1553 de la Bibliothèque Nationale et le manuscrit 354 de la Burgerbibliothek de Berne, dans la note au vers 397, *Notes et variantes du cinquième volume*, dans *Recueil général et complet des fabliaux des XIII*e *et XIV*e *siècles imprimés ou inédits*, éd. par MM. Anatole de Montaiglon et Gaston Raynaud, tome V, éd. cit., p. 285.

569 Il s'agirait d'une adhésion à un autre système de valeurs émotionnelles ; on constate donc « *the wife's transition from faithful adherence to the dictates of one system, Christian marriage, to initially reluctant but ultimately enthusiastic endorsement of the rival and heretically opposed system of fin' amor* », mais aussi « *a shift from a conflict between culture and nature to a conflict between cultural systems* », ce qui contribuerait à faire d'*Auberee* un fabliau plutôt qu'une fable. Voir Roy James Pearcy, *Logic and Humour in the Fabliaux : An Essay in Applied Narratology*, *op. cit.*, p. 117.

570 Dans les deux manuscrits mentionnés, les personnages « se jouent ensamble et font / Tot ce por qoi ensamble sont », note au vers 397, *Notes et variantes du cinquième volume*, dans *Recueil général et complet des fabliaux des XIII*e *et XIV*e *siècles imprimés ou inédits*, éd. par MM. Anatole de Montaiglon et Gaston Raynaud, tome V, éd. cit., p. 285. D'après Roy James Pearcy, la version du fabliau donnée par le manuscrit de Berne serait représentative de la mentalité de la fable ; voir *Logic and Humour in the Fabliaux : An Essay in Applied Narratology*, *op. cit.*, p. 111.

571 Le narrateur a quelque chose de la retenue de Chrétien de Troyes devant la description de la scène érotique proprement dite (dans le cas de la nuit d'amour de Lancelot avec Guenièvre) , qui manque, d'ailleurs, dans tous les manuscrits : « Car n'en quier ichi plus parler / Ne vilain mot ne ruis conter ; / Toute la nuit jurent ensamble », *Notes et variantes du cinquième volume*, dans *Recueil général et complet des fabliaux des XIII*e *et XIV*e *siècles imprimés ou inédits*, éd. par MM. Anatole de Montaiglon et Gaston Raynaud, tome V, éd. cit., p. 286.

572 *Ibid.*, p. 285.

573 L'édition moderne du fabliau reprend aussi cette mention émotionnellement pertinente : « cil se gisent / Qui lor *amors* s'entredevisent », *Auberee,* dans le *Nouveau recueil complet des fabliaux*, éd. Willem Noomen et Nico van den Boogaard, tome I, éd. cit., v. 431-432, p. 307, notre italique.

manifestement réciproque. Tout de même, le mot est aussi fugitif que cette éclosion du sentiment.

La narration est vite dominée par la réhabilitation conjugale de l'héroïne, qui dépend des émotions du mari – spectateur.

Dès ce matin où sonnent les cloches de Saint-Corneille, il n'est plus possible de douter : pour cette dame réceptive au plaisir et attentive à ses propres intérêts sociaux, les émotions de l'hypocrisie ont l'occasion de se déployer dans toute leur splendeur. Lorsque « entre la vieille et la bourjoise / S'en sont issues de l'ostel »[574], les affinités entre les deux femmes sont patentes. Confiance, discrétion, solidarité : la complicité est consommée. Elles quittent l'amoureux assouvi et plein d'espoir, en l'assurant qu'il y aura une prochaine fois, mais pas tout de suite.

Le nouveau projet – compris et embrassé aussitôt par la belle – est de refaire le nœud conjugal en obtenant un accueil pacifique, voire aimable, dans la maison du bourgeois[575]. La peur du mari, qui devient explicite dans le manuscrit français 12603 de la Bibliothèque Nationale[576], catalyse le vécu érotique de la jeune femme[577], mais aussi son désir de recouvrer un statut dans la société.

Tout à coup, le désir sexuel n'est plus pertinent : la magie des sens se dissipe au son des carillons, pour faire place à des émotions qui relèvent de la conscience de soi et de son image. Il y a donc une règle émotionnelle implicite, qui stipule la priorité du moi sur toute altération-aliénation par les sens, et Auberée fait comprendre cette règle, sans le moindre effort, à sa jeune élève. Par ailleurs, le pacte conclu avec le jeune amant prévoit bien la conservation du « los » et du « renon »[578] de l'amie / victime ; il convient donc de l'observer scrupuleusement, surtout quand les circonstances le permettent.

Si *dyablie* il y a, elle prend, avec Auberée, une tournure mystérieusement régulatrice : la jeune fille corrompue doit passer par une autre sorte de coucherie, cette fois-ci devant l'autel, afin de connaître l'uniformisation prescrite par les normes du *bon sentir*. Pour une femme chassée de chez elle, le meilleur endroit pour passer la nuit est une église, et le meilleur état d'âme est un mélange de recueillement, humiliation et mortification du corps. Même si la jeune épouse n'a,

---

[574] *Ibid.*, v. 446-447, p. 307.

[575] Le retour au foyer est une donnée narrative essentielle ; après tout, « les personnages de fabliaux semblent soumis au tropisme du foyer, et l'on pourrait dire que la première fonction que leur attribuent les poètes est d'habiter. », Danièle Alexandre-Bidon et Marie-Thérèse Lorcin, *op. cit.*, p. 101.

[576] « La bourgoise de paour tranble, / Que ele crient mout son mari / Qui mout avoit le cuer mari », note au vers 400, *Notes et variantes du cinquième volume*, dans *Recueil général et complet des fabliaux des XIIIe et XIVe siècles imprimés ou inédits*, éd. par MM. Anatole de Montaiglon et Gaston Raynaud, tome V, éd. cit., p. 286.

[577] Cet aspect est évident dans le manuscrit français 12603 de la Bibliothèque Nationale, qui souligne la jubilation érotique de la femme libre de se délecter avec un autre homme : « Mais elle fait bien son soulas : / Son ami tient entre ses bras », *ibid.*, p. 286.

[578] *Auberee,* dans le *Nouveau recueil complet des fabliaux*, éd. Willem Noomen et Nico van den Boogaard, tome I, éd. cit., v. 398-399, p. 306.

devant son époux, aucun tort à reconnaître, une expiation formelle est nécessaire, simplement pour se faire ré-accepter.

Ainsi, l'église, avec ses lumières qui succèdent à la nuit du compromis, est un passage obligé pour la réhabilitation morale et sociale de la *borgoise* : la *sagesse* d'Auberée – car « mult fu sage »[579] – se résume à ce savoir qui consiste à instrumentaliser les croyances d'autrui à son besoin d'être crue.

C'est le service des matines qui, sous le signe de la croix et à la lumière des chandelles, assure la crédibilité de la jeune dame. La présence de la statue (*ymage*) de Notre-Dame y est pour beaucoup aussi : l'image d'une marâtre (Auberée) est éclipsée par la présence de la bonne mère qui trône sur l'autel, au-dessus de tout soupçon ; et l'épouse corrompue se voit gracieusement relevée, dans un geste que l'époux accomplit en s'excusant pour ce qu'il appelle son *yvrece*.

Malgré le « maltalent » de son mari, l'épouse retrouve facilement son repos dans son lit conjugal, bien qu'elle ait un tort envers lui. La faute de l'un compense, implicitement, la faute de l'autre, et l'équilibre est rétabli. Errer, rentrer, dormir et recommencer : telles sont les étapes prescrites par Auberée et suivies par l'héroïne. Le tout, pour se *deporter* et pour assurer le *bel deport* de sa compagnie – le mari y compris...

Le catéchisme d'Auberée est clair sur un point : il faut respecter Dieu, créateur du corps humain, et, en même temps, éviter la *papelardie* ; ainsi, il est préférable, pour une belle femme, de faire la grasse matinée[580] en bonne compagnie plutôt que de prier nuit et jour à l'église[581].

La maquerelle énonce, sans en avoir l'air, la règle des règles : un *tendron* mérite tous les égards dus à sa *bele forme*. Du coup, le mari capable de condamner sa fraîche épouse à l'ascèse d'une vie pieuse est digne de l'enfer : « Mau feu et male flambe l'arde, / Qui jane fame issi envoie ! »[582]. Cette morale profane passe, bien entendu, par l'église – lieu d'un spectacle féminin émouvant, lumineux, fumant – mais à éviter, fémininement. La régulation finale s'accomplit sous le signe d'un pragmatisme populaire qui stipule que la beauté a le droit de savourer, généreusement (et subrepticement), tous les plaisirs *souz [...] cortines* que l'on puisse prendre et donner.

---

[579] *Ibid.*, p. 16.

[580] Ce petit supplément de sommeil est vu comme une nécessité pour la jeune fille de fabliau. Voir Danièle Alexandre-Bidon et Marie-Thérèse Lorcin, *op. cit.*, p. 126.

[581] Auberée montre son indignation par rapport à la veillée pieuse de sa protégée, qui serait tout le contraire du régime conjugal où elle s'est engagée. Le blâme tombe, bien entendu, sur l'époux : « Et si le tieng a grant merveille / De cel enfant qui einsi veille / De cel tendron qui ier fu nee / Qui deüst la grant matinee / Dormir ceanz souz les cortines / Et vos l'envoiez as matines ! », *Auberee,* dans le *Nouveau recueil complet des fabliaux*, éd. Willem Noomen et Nico van den Boogaard, tome I, éd. cit., v. 506-510, p. 309.

[582] *Ibid.*, 517-518, p. 309.

Émotion et submersion

Auberee n'est pas uniquement un fabliau misogyne ; au-delà de la critique des mœurs féminines – enjouée, voire complice, plutôt que moralisatrice – le conte propose un autre sujet à rire : l'irascibilité masculine. Il est important d'avoir un mari redoutable pour amorcer une histoire érotique suffisamment piquante ; les escapades de l'épouse n'auraient pas d'intérêt dans l'absence de cette crainte féminine à surmonter, pour atteindre à une sorte de vaillance toute proche de l'insolence. Ce mari de fabliau, presque toujours cocu, doit être capable de se fâcher assez gravement pour rendre la transgression plus risquée, plus osée. Il incarne l'obstacle émotionnel et s'impose comme une nécessité *sine qua non* du genre.

Une loi émotionologique se dégage de ce constat : dans les fabliaux, la vocation féminine à cultiver le plaisir repose sur la vocation masculine à manifester la colère. Deux natures, deux émotions de base structurent les champs de l'expérience narrative, et la grande variété des fabliaux érotiques ne fait que recombiner les ingrédients de cette recette de base hédoniquc-colérique.

Dans un sens, l'érotisme féminin devient un prétexte agréé pour mettre l'homme hors de ses gonds, pour dénoncer sa faiblesse, pour la caricaturer. C'est de ce point de vue que la notion de « submersion » se révèle pertinente : définie comme l'état psychique où une émotion prend possession d'une personne, au point de devenir la seule force maîtresse de ses actions, et de plier la raison à ses exigences, elle prend la forme d'un véritable « coup d'État »[583]. Lieu d'un déséquilibre majeur, susceptible de redéfinir le contexte d'interaction et de redistribuer les rôles des participants, la submersion est l'un des spectacles de prédilection des fabliaux. *Auberee* nous en fournit un exemple précieux : la colère du personnage-pivot de l'histoire, l'époux.

En effet, pour que l'intrigue tourne dans le sens prévu par Auberée, il faut que le mari se courrouce au point de chasser notre jeune héroïne au cœur de la nuit. Et celui-ci tombe effectivement dans le piège de la submersion : dès qu'il découvre le *surcot* glissé par Auberée sous son matelas, il se laisse envahir par une jalousie incontrôlable, prête à éclater, de jour ou de nuit, en gestes plutôt qu'en paroles, contre la femme soupçonnée. Même s'il n'a jamais vu un homme tourner autour de sa jeune et belle épouse, il lui suffit de tenir entre ses mains un objet vestimentaire masculin pour se croire en droit de punir celle qui semble avoir accueilli cet objet, voire son possesseur, dans le lit conjugal. Objectivement, le *surcot* est un obstacle au repos, corporel et spirituel : une bosse qui sourd du matelas (qui « boçoie »[584]), qui rend le sommeil d'un époux impossible, après toute une journée de travail honnête et serein.

---

583 Voir Daniel Goleman, *L'intelligence émotionnelle. Comment transformer ses émotions en intelligence*, tome I, trad. Thierry Piélat, Paris, Robert Laffont, 1997 [1995], p. 181.

584 En traduction, il « fait bosse », voir *Contes pour rire ? Fabliaux des XIIIe et XIVe siècles*, éd. cit., p. 67.

C'est le sens du territoire qui irrite d'abord la bile jaune et le feu du mari, qui, s'il n'est plus jeune, reste proprement colérique[585] : le lit est avant tout sa propriété, et c'est un lit bourgeois, apparemment plus riche que celui où l'homme tenait sa première épouse, un lit où la nouvelle venue est simplement accueillie pour dormir « les son flanc »[586]. D'ailleurs, le mari est le seul à faire la découverte, à tourner et retourner la chose entre ses mains, à la ranger et à la reprendre pour la regarder, tout en s'appuyant sur le lit pour soutenir corporellement l'émoi qui perturbe son esprit. Notoirement, la femme est absente. Tout se passe comme si elle n'entrait dans la chambre conjugale que lorsqu'elle y était invitée, comme si elle n'était pas libre d'y dormir « .I. petit » avec lui à tout moment de la journée ou de la soirée. La solitude de l'homme dans sa chambre, son face-à-face avec le *surcot* ne sont possibles que dans ces circonstances particulières où le droit à l'intimité est réservé au maître de la maison. Tout est au beau fixe pour une manifestation de « bon courroux participant du discours de l'autorité »[587].

À ce titre, le bourgeois éprouve une émotion violente et invasive, comparable, d'après le narrateur, au coup d'un « coutel par desouz le flanc »[588]. Quant à la nature de cette émotion, c'est l'ébahissement qui semble d'abord la définir – « tant durement » fut-il esbahiz[589] / « esmarriz » / « abaubis »[590] – sous son jour le plus intense. Il y va d'une intériorisation brusque et complète de la révélation, qui ne laisse couler aucune goutte de sang[591], d'une incision imaginaire, qui modifie la réactivité du corps de façon insolite et paradoxale.

Au fond, cette intrusion de l'Autre symbolique équivaut à une violation de l'intimité d'un homme ; c'est une question de virilité et de domination, où le bannissement de la femme représente, pour l'homme, une manière rapide et

---

585 Sur la théorie des humeurs au Moyen Âge, voir, par exemple, Françoise Loux, *Le Corps dans la société traditionnelle*, Paris, Berger-Levrault, 1979, et Jean-Marie Fritz, « La Théorie humorale comme moyen de penser le monde. Limites et contradictions du système », *Écriture et mode de pensée au Moyen Âge (VIIIe-XVe siècles)*, Paris, Presses de l'ÉNS, 1993, p. 13-26. Pour une mise en lumière du rapport entre théorie des humeurs et réalité des émotions (notamment princières), voir Laurent Smagghe, *Les émotions du prince. Émotion et discours politique dans l'espace bourguignon*, Paris, Classiques Garnier, 2012, chap. « Le corps d'émotions », p. 59-83.

586 Voir plus haut, *Auberee,* dans le *Nouveau recueil complet des fabliaux*, éd. Willem Noomen et Nico van den Boogaard, tome I, éd. cit., v. 202, p. 301.

587 Voir Laurent Smagghe, *op. cit.*, p. 414.

588 *Auberee,* dans le *Nouveau recueil complet des fabliaux*, éd. Willem Noomen et Nico van den Boogaard, tome I, éd. cit., v. 244, p. 302.

589 *Ibid.*, v. 246, p. 302.

590 Le manuscrit 1593 de la Bibliothèque Nationale préfère la forme « esmarriz » et 12603 « abaubis » ; voir la note au vers 237, *Notes et variantes du cinquième volume, D'Auberée, la Vielle Maquerelle*, dans *Recueil général et complet des fabliaux des XIIIe et XIVe siècles imprimés ou inédits*, éd. par MM. Anatole de Montaiglon et Gaston Raynaud, tome V, éd. cit., p. 277.

591 *Auberee,* dans le *Nouveau recueil complet des fabliaux*, éd. Willem Noomen et Nico van den Boogaard, tome I, éd. cit., v. 245, p. 302.

efficace d'évincer l'intrus et de rétablir la maîtrise de son lit, de sa maison, de sa vie. Aux yeux du mari, cette inconnue qui dort *lez ses flancs* aurait accepté de coller ses flancs à ce vêtement autre, substitut ou fétiche d'une altérité coupante... Ce qui presse donc, pour rétablir l'équilibre, est le désir obscur de libérer ses flancs de toute proximité obscure, de toute aliénation ; si la femme est le lien douloureux avec cet autre homme spectral, inimaginable, et pourtant capable d'habiter un surcot bien concret, il faut couper justement ce lien, enlever le couteau de la plaie. Le *surcot*, lui, n'a pas besoin d'être jeté ou mis en pièces (il finit par rester intact) : le fétichisme reste lié à la femme, et le mari préfère rejeter celle-ci.

Il existe, dans le répertoire comportemental des fabliaux, une expression plus agressive et plus à propos pour ce genre d'émotion : le protagoniste des *Tresces*, par exemple, est prêt à battre et à défigurer son épouse plutôt que de la mettre à la porte ; l'ébahissement peut bel et bien conduire au corps-à-corps, le choc aux coups de poing. Ici, la submersion se révèle plus paisible, puisque la colère frappe sa cible sans frapper la personne ciblée. En effet, l'acte d'évincer l'homme à travers la femme dont il est *l'ami* (supposé) n'implique pas un effort de comprendre, de punir ou de supprimer le plaisir *altéré*. Aucune enquête n'est menée par ce jaloux atypique (voir son contemporain meurtrièrement jaloux, le roi Marc, qui domine la tradition si populaire du *Tristan en prose*), aucune vengeance n'est mise sur pied. Il ne veut pas savoir ; il ne veut pas penser ; il ne veut pas châtier ; il veut juste se libérer de ce mal ébahissant.

Au fur et à mesure que l'émotion gagne du terrain, le mari perçoit son état comme une pathologie connue et déplorable – « Car jalosie l'a soupris, / Qui est pire que mal de dens »[592]. La surprise initiale, une fois coulée dans la forme précise de la jalousie, connaît une expansion totalisante. Les *dens* sont juste le point de départ, le seuil oral d'un séisme – « "Hé ! Dieus, dist il, "que porrai *dire* ?" »[593] – qui gagne tout son être. Il n'est plus question seulement de faire face à un problème cognitif dans le genre de l'énigme : qui, comment, pourquoi moi, pourquoi elle, pourquoi un autre ?... « Tant [...] pleins de corouz et d'ire »[594], le personnage se laisse submerger par un flot d'émotions de plus en plus résolument négatives, si bien que l'ébahissement se fond dans la colère et la colère dans un mal sans charnières, si charnel que « il n'a membre qui ne se dueille »[595].

Le lecteur moderne ne peut que saluer la complexité de cette description graduée de la submersion : coup de couteau, abcès dentaire, douleur des membres... Chacune de ces images focalise une étape, et l'appréhende avec une précision que l'on dirait chirurgicale. Si l'émotion est parfois une sorte d'explosion[596], elle relève ici d'une dynamique proprement volcanique, qui va de

---

[592] *Ibid.*, v. 251-252, p. 302.
[593] *Ibid.*, v. 257, p. 302.
[594] *Ibid.*, v. 256, p. 302.
[595] *Ibid.*, p. 255, p. 302.
[596] Telle serait la vision de Frederick S. Perls, pour qui l'explosion relèverait d'une forme de *catharsis*, connaissant quatre états explosifs majeurs : la peine (*grief*), l'orgasme sexuel (*sexual orgasm*), la colère (*anger*) et la joie (*joy*). Voir *id.*, "Four Lessons", *Gestalt Therapy*

l'hypocentre – la surprise de trouver un *surcot* dans son lit – aux zones les plus éloignées logiquement, en secouant par exemple la certitude d'être aimé par sa femme.

En langage psychanalytique, on dirait que l'homme éprouve une sorte de sevrage affectif, qui le conduit à projeter sur sa compagne l'image menaçante du « mauvais sein »[597]. Privé de sa sérénité, de sa foi dans la normalité conjugale, de son impression générale d'être bien nourri affectivement, l'homme voit la femme comme une source d'angoisse et durcit ses propres contours – ferme son huis – pour se protéger contre elle.

Un seul cri, vite ravalé, exprime ce changement de perspective – « "Halas !" ». Il répond au drame d'un mal-aimé qui s'ignorait, et qui, par un coup d'émotion qu'il fait retentir dans tout son être, se sent obligé de s'assumer comme tel. Le savoir qu'il tire, en-deçà de sa porte, de ce *surcot* examiné avec l'attention d'un acheteur[598] n'est pas d'ordre déductif ; il survient viscéralement, du dedans, et s'impose de façon indubitable, malgré la pénurie des preuves extérieures. C'est un savoir qui s'épanouit dans un discours minimal, où la logique heurtée répond à l'enchaînement de l'affectivité : « "tant sui trahiz, / Onc ceste fame ne m'ama !" »[599]. Même si la trahison est seulement soupçonnée et apparemment passagère[600], le sevrage d'amour est ressenti comme une perte qui s'étend sur l'ensemble de la vie du couple. « Onc » : tout amour, présent ou passé, est nié ; toute capacité d'aimer est déniée à cette femme susceptible d'avoir touché au *surcot* d'un autre.

Le bannissement de la mal-aimante traduit sans écart cette pensée émotive : il faut répondre au manque par un manque, au mal par un mal, au soupçon par une conviction, radicale, si possible. Puisque l'amour est perdu, la femme doit être perdue, elle sera éloignée pour être perdue, éperdument, totalement, définitivement. Dès que le cadre amoureux s'effondre, sous le coup de cette conclusion aussi aberrante qu'irréfutable, la femme n'est plus elle-même, n'est plus à sa place (affective), n'est plus pertinente, n'est plus. Le mari n'a qu'à l'expulser de son monde – et la submersion est complète.

Now, éd. J. Fagan et I. Shepherd, New York, Harper and Row, 1970, p. 14-38. Voir aussi Barry Guinagh, *Catharsis and Cognition in Psychotherapy*, New York, Springer-Verlag, 1987.

[597] Voir Mélanie Klein, *La Psychanalyse des enfants*, Paris, PUF, 2009 [1932], *passim*.

[598] « De fors le remire et dedens / Qu'il semble c'achater le veille », *Auberee,* dans le *Nouveau recueil complet des fabliaux*, éd. Willem Noomen et Nico van den Boogaard, tome I, éd. cit., v. 253-254, p. 302.

[599] *Ibid.*, v. 247-248, p. 302.

[600] Le manuscrit français 837 de la Bibliothèque Nationale rend la situation de façon plus explicite : « Bien m'a honi et deceü, / Quant sus moi a fet noviau dru », voir la note au vers 253, *Notes et variantes du cinquième volume*, dans *Recueil général et complet des fabliaux des XIII*e *et XIV*e *siècles imprimés ou inédits*, éd. par MM. Anatole de Montaiglon et Gaston Raynaud, tome V, éd. cit., p. 278.

Or, bannir une femme de chez soi, au fond de la nuit, est une cruauté gantée, une cruauté sûre et fine : cette épouse sans époux, déjà déshonorée, pourra devenir une prostituée ou se voir assommer par un agresseur d'aventure, dès qu'elle perd la protection du statut conjugal. Ce n'est pas surprenant qu'elle en soit quasiment « acorée »[601], voire quasiment « forsenée »[602] ou « dervée »[603], selon les versions. La répudiation est un émotif efficace. Néanmoins, cette sanction nocturne et silencieuse est un moindre mal, un mal privé, où la première pierre n'est pas véritablement jetée.

Selon toute apparence, le jaloux de notre histoire a un style émotionnel plutôt doux ; même quand il a l'occasion de s'investir dans une émotion viscéralement négative, il se contente de lui donner une tournure nette et efficiente, sans se livrer à la brutalité, sans chercher un apaisement directement sadique. Bourgeois est maître chez soi : il se sert donc du langage implicite des portes – fermé, ouvert, refermé – afin de « ruer » sa bourgeoise « fors de la meson »[604]. Son corps est minimalement impliqué dans cet acte qui se communique uniquement par la parole et par un saisissement du bras de la femme.

Émotion et résilience

Après la submersion, le récit met en scène une émersion, voire une sur-mersion émotionnelle, au moment où l'homme se remet du choc et fonce sur les promesses d'une surprise agréable, en passant du soupçon à l'exaltation via le soulagement. Si Auberée détient la clé de cet aller-retour émotionnel, c'est qu'elle a trouvé, pour l'éprouver, un matériau on ne peut plus élastique : un humain influençable, capable de passer d'un pôle affectif à l'autre.

D'après Richard Davidson et Sharon Begley[605], l'une des caractéristiques les plus pertinentes du style émotionnel d'une personne est justement la résilience, ou la capacité à se remettre d'un choc émotionnel, en faisant preuve de cette élasticité qui est le signe d'une certaine adaptabilité à la réalité. Il est à parier que ce trait

---

601 C'est la version retenue par les deux éditions de référence. Voir *Auberee,* dans le *Nouveau recueil complet des fabliaux*, éd. Willem Noomen et Nico van den Boogaard, tome I, éd. cit., v. 271. Voir aussi l'édition Montaiglon-Raynaud, en particulier la note au vers 263, *Notes et variantes du cinquième volume*, dans *Recueil général et complet des fabliaux des XIII*[e] *et XIV*[e] *siècles imprimés ou inédits*, éd. par MM. Anatole de Montaiglon et Gaston Raynaud, tome V, éd. cit., p. 278. On y précise que cette leçon est commune aux manuscrits 1593 de la Bibliothèque Nationale et 354 de la Burgerbibliothek de Berne, pris ici comme repères.

602 « A poi de duel n'est forsenée », version du manuscrit 837 de la Bibliothèque Nationale, *ibid.*, p. 278.

603 « Pour .I. peu qu'ele n'est dervée », version des manuscrits français 1553 et 12603 de la Bibliothèque Nationale, *ibid.*, p. 278.

604 *Auberee,* dans le *Nouveau recueil complet des fabliaux*, éd. Willem Noomen et Nico van den Boogaard, tome I, éd. cit., v. 269, p. 303.

605 Voir Lea Winerman, *Questionnaire avec Richard Davidson*, « Changing Our Brains, Changing Ourselves », *Monitor on Psychology*, 43, 2012, p. 30..

intègre bien la typologie de personnage de fabliau, qui se montre, souvent, un véritable jongleur émotionnel, souple et prêt à se plier aux exigences toujours neuves et surprenantes de sa situation.

Le mari du récit d'Auberée correspond, lui aussi, à ce profil résilient, même si son épouse est incapable de s'apercevoir de cette élasticité.

Si l'époux incarne une catastrophe féminine de l'ordre de la fatalité – la répudiation subite et sans raison – il réussit à se montrer convaincant dans ce rôle, surtout devant sa victime. En « réalité », il n'est redoutable que pour la jeune épouse sans expérience : Auberée voit en lui une pâte susceptible de prendre, entre des mains adroites, toutes les formes souhaitées.

Plus la crainte est forte, plus le soulagement s'annonce heureux et prometteur. Comparée à l'ébriété, la submersion de l'époux connaît, tel un ressort trop sollicité, des moments de détente propices à la manipulation féminine. Ce retour à la sobriété affective est une question de temps : il faut attendre « jusqu'a tant que [s]es sire avra / Trespassee tote s'ivresce »[606]. L'histoire nous montre qu'une nuit de solitude suffit pour catalyser la résilience du mari, qui, comme tout jaloux de la tradition narrative médiévale (voir Marc devant Yseut), n'attend qu'un démenti de circonstance pour s'investir, de nouveau, dans son lien avec l'épouse.

L'aime-t-il ? Le fabliau est discret sur le spectre affectif du mari, et disert sur celui de l'amant-désirant. Toutefois, quelques indices éclairent bien les affects liés au cocuage : au cœur de la nuit, la victime tend l'oreille et guette le moindre signe de réconfort, réconciliation, re-fidélisation de sa femme. Quand on frappe à sa porte, il se laisse envahir par des émotions positives qui gravitent dans la sphère de l'espoir ; aucune trace d'indignation ou de mauvaise humeur ne persiste. Et quand il retrouve sa femme au beau milieu d'une église, enveloppée d'une nuée lumineuse s'élevant en signe de croix, il est prêt à lui montrer de l'empathie, voire de la tendresse et de la compassion. « Et le borgeis tot por veir quide / Que sa fame eit la teste wide / De geüner et de plorer / Et que puis ne finast d'orer / Devant l'autel por son seignor / Et que plorast et nuit et jor ! »[607]. Face au Seigneur et à la perspective de voir sa femme succomber à une passion si contraire à la sienne, le bourgeois décide de laisser tomber tout reproche et même toute tentative d'approche : il laisse la veilleuse retrouver sa nature première, à travers une nuit de repos et de silence. Une *teste vuide* vaut des ménagements pour le corps entier – et aucune interaction érotique ne vient troubler ce moment de pure délicatesse masculine, où la raison cède le pas à l'émotion d'avoir, à ses côtés, une forme vivante d'altérité.

---

[606] *Auberee,* dans le *Nouveau recueil complet des fabliaux*, éd. Willem Noomen et Nico van den Boogaard, tome I, éd. cit., v. 304-305, p. 303.

[607] *Ibid.*, v. 544-549, p. 309-310. Dans la traduction de Nora Scott, qui suit l'édition Montaiglon-Raynaud, le bourgeois « craint que sa femme n'ait la tête vide de veiller ou de pleurer et que désormais elle ne s'arrête de pleurer longuement devant l'autel ou qu'elle ne pleure nuit et jour », *Contes pour rire ? Fabliaux des XIIIe et XIVe siècles*, éd. cit., p. 72.

Respectueusement, sans pour autant embrasser l'idée de la sainteté de son épouse, le mari embrasse l'expérience d'une résilience qui repose sur la passivité et la non-agressivité. Le surcot peut rester en suspens dans un placard d'aventure : il est temps de fermer l'huis sur ce choc si frais encore, qui pourrait encore tout dévaster. Le besoin d'équilibre trouve à se satisfaire, momentanément, par une rupture de la communication avec soi-même, au profit d'une attention exclusive à la vulnérabilité de l'autre.

Le matin n'apporte aucun changement émotionnel : le mari laisse dormir sa victime, sort au soleil et se signe la tête et le corps, dévotement. L'empathie va donc jusqu'au partage de cette dévotion imaginaire à laquelle le bourgeois préfère croire pour ne pas compromettre sa convalescence toute fragile, pour ne pas chavirer de nouveau dans les tourments de la jalousie. La délicatesse envers sa femme est, en fait, une délicatesse envers sa propre personne : il y a deux têtes vides à soigner, deux êtres fragilisés par le « mauvais sein » d'Auberée...

L'aliment le plus sain, dans cette circonstance, est la joie : pour rétablir pleinement l'équilibre intérieur de cet homme frappé dans sa foi conjugale, il faut une émotion contraire au choc qui l'avait laissé exsangue, une émotion de même intensité ou de même portée cognitive.

Si le coup assené par la présence d'un surcot masculin dans son lit avait appris au mari l'existence d'un potentiel de trahison vraisemblablement actualisé, le contrecoup idéal est une révélation qui désamorce ce potentiel, en lui désapprenant cette nouvelle...

Et c'est précisément la stratégie qu'envisage Auberée : la mise en scène d'une contre-révélation plus émouvante que celle du lit. Pour administrer une contre-émotion, un antidote efficace, il suffit de recentrer l'événement sur l'objet matériel, en l'objectivant. Loin d'être un *coutel*, celui-ci devient un objet vestimentaire en train de subir une opération banale, relevant de la couture. Loin d'être le signe d'un lien adultère, il signale l'existence d'un lien socio-professionnel libre de tout soupçon, entre un jeune homme chiche et une vieille femme oublieuse. Une gaffe ! Le choc initial se fond dans l'hilarité d'une gaffe à constater, partager, réparer.

Le mari est heureux de pouvoir s'investir dans une action réparatrice qui se révèle étrangère à ses obsessions. Tout d'abord, il *s'esbahist*, en assistant au *deuil* d'Auberée – ce qui montre qu'il est de nouveau disponible à l'émotion d'autrui, même quand il s'agit d'une personne complètement inintéressante érotiquement. Cet ébahissement altruiste fait pendant à celui que le mari ressentait en découvrant le surcot dans sa couche. Les frissons de la compassion mettent en sourdine le frémissement de sa passion : le bourgeois écoute et plaint la femme, comprend son souci d'honorabilité et l'imminence de son effondrement pécuniaire. Il l'écoute comme on écouterait de nos jours un collègue : l'intérêt que suscite, dans ses moindres détails, une démarche lucrative échouée, le touche d'abord en tant que *borgeois*.

Peu à peu, l'affaire de la couturière prend pour lui une tournure autrement intéressante, et lui fait pressentir le dénouement heureux de son propre malentendu intime : la question « Fustes vos piecha en meson ? »[608] relève d'une initiative de rétablir la vérité pour Auberée, tout en sentant que cette vérité est pertinente aussi pour soi. Quand il rentre chez lui afin de chercher le dé et l'aiguille, indices (donnés pour) sûrs de l'appartenance du surcot, le bourgeois œuvre à sa propre résilience affective. Il coopère avec ce destin – ou cette Parque – qui s'apprête à recoudre les lèvres de sa plaie. Il veut, espère, croit être bientôt guéri ; l'anticipation, déjà heureuse, a, toutefois, besoin d'une confirmation. Sa subjectivité doit s'accrocher à un objet pour se justifier, sa joie à une preuve pour durer : « Quant li sires ot ces noveles, / Mout li furent gentes et beles ; / Mes s'il i trueve le deel / Einz n'ot tele joie en son ael / Com il avra, se il l'i trueve ! / Tart li est qu'il voie la prueve ! »[609]. Une *novele* est déjà plus qu'une hypothèse ; il manque seulement un prétexte matériel pour qu'elle devienne une certitude, en libérant, du même coup, cette émotion envahissante que le narrateur appelle simplement *joie* et qu'il distingue par son intensité vitale inégalée jusque-là.

Le bourgeois, comprend le lecteur, n'a probablement pas aimé sa première femme – ou du moins ne l'a jamais assez aimée pour la jalouser. Les secondes noces, inaugurées par un goût marqué pour la grâce et la beauté juvéniles et par un évincement hâtif du veuvage (après un mois et un jour !), sont le théâtre d'une initiation à sa propre vulnérabilité affective. La différence en termes d'âge et d'expérience y joue, sans doute, un certain rôle, que le narrateur préfère ne pas développer.

Le personnage laisse émerger, en fin de compte, une émotion positive de l'ordre du *deport*, qui se révèle être un fil rouge dans la texture de sa vie affective. Après la mort de sa première épouse, le bourgeois « bel se deporte »[610] ; après la suppression du soupçon éveillé par sa seconde épouse, le même bourgeois « bel se deporte »[611]. Chaque fois, le *deport*[612] est lié à la vocation du personnage à se dispenser des mauvais souvenirs (dont il sait *se deporter*, ou se débarrasser[613]), pour renaître à la liesse de vivre, à tout hasard, « s'aventure »[614]. Le bourgeois goûte cette liberté au nom de Dieu, devenu un dénominateur commun de toutes les

608 *Auberee,* dans le *Nouveau recueil complet des fabliaux*, éd. Willem Noomen et Nico van den Boogaard, tome I, éd. cit., v. 609, p. 311.

609 *Ibid.*, v. 629-634, p. 312.

610 *Ibid.*, v. 64, p. 297.

611 *Ibid.*, v. 645, p. 312.

612 En général, le « deport » désigne une « manifestation joyeuse, [une] joie, [un] plaisir, [une] distraction » ; Voir Frédéric Godefroy, *Dictionnaire de l'ancienne langue française et de tous ses dialectes du IXe au XVe siècle*, tome II, Vaduz, Kraus Reprint Ltd., 1965 [1883], p. 517.

613 Voir la dernière acception – « cesser de se livrer à, se débarrasser de, se dispenser, s'abstenir, renoncer à, se refuser à » – du verbe « deporter » à la voie pronominale, *ibid.*, p. 517.

614 Telle est, d'ailleurs, la dernière image émotionnelle que le narrateur projette à l'égard du bourgeois, qui semble durablement « liez de s'aventure », conjugale et humaine, voir *Auberee,* dans le *Nouveau recueil complet des fabliaux*, éd. Willem Noomen et Nico van den Boogaard, tome I, éd. cit., v. 644, p. 312.

instances émotives reconnues : morale, religieuse, esthétique, sociale – et, implicitement, amoureuse[615].

On l'a vu, cette élasticité ou labilité psychique correspond bien au moule du mari de fabliau, prêt à passer d'un extrême à l'autre, émotionnellement et cognitivement. C'est une donnée majeure de la recette narrative, qui conserve tout le suspens propre au genre bref : on ne sait jamais, avec un mari de fabliau, si c'est le visage grimaçant ou indifférent qui va se montrer. D'où la nécessité de créer, afin d'assourdir la menace d'une retombée tragique, une Auberée assez fine pour garder le triangle érotique dans la sphère du *conte à rire* – et *à jouir*.

Après tout, le fabliau est une histoire d'*écureuils*, autant dire de sexualité maîtrisée, au féminin. Quant à la moralité que dégage le conteur – ou plutôt « l'arrangeur » Jean[616] (qui se nomme au seuil du dénouement), elle vient confirmer la corruptibilité de la nature humaine, en rappelant que les rapports intersexuels ne sont, en fait, qu'une forme de sociabilité ou de solidarité entre femmes. Autrement dit, ce n'est pas la force de séduction de l'ami, ni de l'amour, qui émeut une femme, mais plutôt l'invitation d'une autre femme à faire *mesfait* de son corps, en quittant la *droite voie*... L'homme, amant ou époux, qui reste anonyme, ne sert que de trait d'union entre une Auberée et sa jeune initiée. C'est la communion féminine qui a le fin mot de l'histoire – tacite, puissante, redoutable. Le fabliau *Auberee* avertit son public d'amis et maris : la femme serait « nete, pure et fine »[617] s'il n'y avait pas de femmes âgées et corruptrices[618]. Dans cette optique,

---

[615] La nuit des chandelles ardentes, le mari ouvre sa porte à Auberée et entrevoit déjà l'aube de l'espoir lorsqu'il invoque Dieu à l'appui : « Dame, pour Deu et por son non », *ibid.*, v. 523, p. 309. Telle est la leçon commune aux manuscrits français 837, 1553, 1593 et 12603 de la Bibliothèque Nationale ; voir la note au vers 516, *Notes et variantes du cinquième volume*, dans *Recueil général et complet des fabliaux des XIIIe et XIVe siècles imprimés ou inédits*, éd. par MM. Anatole de Montaiglon et Gaston Raynaud, tome V, éd. cit., p. 291.

[616] C'est seulement dans le manuscrit français 837 de la Bibliothèque Nationale que l'on trouve ce nom. Sur son identité, nos éditeurs du XIXe siècle avancent l'hypothèse suivante : « s'agit-il ici du poète picard Jean de Boves, dont nous possédons plusieurs autres pièces ? La chose est probable, si l'on remarque que la scène de notre fabliau se passe à Compiègne, à la limite de la Picardie. », Anatole de Montaiglon et Gaston Raynaud, *Notes et variantes du cinquième volume*, dans *Recueil général et complet des fabliaux des XIIIe et XIVe siècles imprimés ou inédits*, tome V, éd. cit., p. 303. Les éditeurs du XXe siècle, eux, trouvent ces arguments « trop fragiles pour être retenus » et en citent d'autres (fondés sur les recherches de Joseph Bédier, Charles Foulon et Rita Lejeune) étayant deux attributions plus probables – à Jehan Bodel, respectivement à Jean Renart – qu'ils justifient sans trancher ; voir l'Introduction au *Nouveau recueil complet des fabliaux*, éd. Willem Noomen et Nico van den Boogaard, tome I, éd. cit., p. 166.

[617] C'est la version du manuscrit 19152, suivie par l'édition Montaiglon-Raynaud : voir *D'Auberée, la Vielle Maquerelle*, dans *Recueil général et complet des fabliaux des XIIIe et XIVe siècles imprimés ou inédits*, éd. par MM. Anatole de Montaiglon et Gaston Raynaud, tome V, éd. cit.,, v. 661, p. 23. La traduction de Nora Scott rend aussi les trois épithètes : « pure, propre et parfaite », *Contes pour rire ? Fabliaux des XIIIe et XIVe siècles*, éd. cit., p. 74.

le mal semble devenir une affaire de contagion émotionnelle, autant dire de consubstantialité – et de con-sexualité... Pour sauver donc la vertu féminine, la stratégie qui s'impose, implicitement, serait de garder sa belle de la compagnie des autres beautés, fussent-elles passées. Le tout, au nom d'une société d'hommes avertis, sceptiques et parfois ascétiques[619], que le fabliau tâche de rallier contre la tendance des dames à fonder une confrérie à elles, où le bondissement (de l'écureuil !) est le meilleur mode de vivre l'érotisme humain... d'un lit à l'autre – et retour – en passant par une halte christique nuitamment ecclésiastique.

Comme pour exorciser l'idée, indicible et obsédante, que Dieu accepte de soutenir, tacitement, les manœuvres de ces femmes sautillantes, le narrateur du manuscrit 12603 de la Bibliothèque Nationale propose une solution extrême pour l'amant : après avoir épousé son amie – libérée entre temps par un veuvage fort opportun – celui-ci préfère mettre son cœur et son *entente* en Jésus, et partir, sans bondir, en pèlerinage.

Si la plupart des manuscrits font d'Auberée un stimulus de la sagesse plutôt que de la religiosité masculine, une chose demeure : le fabliau appelle à la cristallisation d'une émotionologie virile, qui suggère, plaisamment, comment s'émouvoir, comment se refroidir, devant une femme pour laquelle l'émotion de base est, sans exception, le désir d'être désirée, conquise, regrettée.

...Aimée ? Le mystère retombe sur cette parabole du *surcot* vide qu'une femme est censée avoir touché, en y coulant l'être en creux de son *ami* à vie ou de son « lecheor »[620] d'une nuit...

Entre l'amour et l'appétence au plaisir, entre la biographie d'un lien proscrit et l'aventure de chair et de nourriture[621], il n'est pas possible de trancher : *Auberee* reste un carrefour de mondes émotionnellement possibles.

---

618 Il s'agit d'une vision partagée par des théologiens comme Jacques de Vitry et Aelred de Rievaulx. Voir Nicole Nolan Sidhu, art. cit., p. 54.

619 Le manuscrit français 12603 de la Bibliothèque Nationale envoie le nouvel époux en pèlerinage, « outre mer » pour « bien confesser » son péché. Voir la note au vers 662, dans *Notes et variantes du cinquième volume*, dans *Recueil général et complet des fabliaux des XIII*^e^ *et XIV*^e^ *siècles imprimés ou inédits*, éd. par MM. Anatole de Montaiglon et Gaston Raynaud, tome V, éd. cit., p. 302.

620 Le mot désignerait le « galant, [l']amant d'une femme mariée, lorsque la situation entraînerait une idée de culpabilité. Voir Marie-France Collart, « L'Univers de la prostitution dans les fabliaux et sa représentation : le point de vue d'un genre », thèse citée, p. 90.

621 En général, les deux isotopies sont associées, et la nourriture se met presque toujours au service de l'érotisme : « On peut donc faire une petite constatation de travail : dans le monde des fabliaux, le sexe peut se passer de manger, mais la nourriture se sert rarement non-accompagnée de sexe ; autrement dit, dans 7 / 8 des fabliaux à motif gatronomique il s'agit de sexe », Larry S. Crist, « Gastrographie et pornographie dans les fabliaux », *Continuations...*, *op. cit.*, p. 252.

Leçons d'évasion :
De la sorisete des estopes[622]

Les « puceaux » de fabliau se laissent initier par des femmes adroitement transgressives, comme Auberée, ou simplement chanceuses de transgresser sans se faire attraper – comme la *souricette des étoupes.*

Dans les deux cas, les faux pas sont nécessaires pour que l'homme voie son désir proprement acheminé. Guider, c'est d'abord faire prendre conscience de la destination, ensuite dévoyer, et enfin, convoyer et faire aboutir. Des implications maternelles, comme dans *Le Sot chevalier ou le Fol vilain*, hantent ces mondes possibles. Belle-mère ou marâtre, protectrice plus ou moins catratrice, l'être-femme sait infliger l'initiation d'une façon émotionnellement efficace, en dosant plaisir et frustration, espoir et procrastination. Si la désirée est reconnue comme une cible loisible, cela n'empêche pas la metteuse en scène de se montrer maternelle envers elle comme envers son désirant et de lui ménager quelques évasions ludiques. Une désirée qui se respecte doit savoir jouer... quelle que soit sa classe sociale et la distance à surmonter pour maîtriser son partenaire masculin.

Ludique à souhait, le fabliau *De la sorisete des estopes* fait état de l'initiation linguistique et sexuelle d'un *vilain* nouvellement marié. Le jeu de la nomination en guise de prélude à l'acte sexuel prend comme cible un damoiseau et non une *damoisele*, comme dans la plupart des situations du corpus ; le conte se révèle une exception du point de vue codicologique aussi : il est conservé uniquement dans le manuscrit français de Berne, Burgerbibliothek, 354. La force du mâle y devient la *fable* et la *risee* d'un monde qui tolère, par ailleurs, la « grace » d'un prêtre[623] et l'astuce d'une femme adultère, tout en ouvrant une voie à l'empathie avec ce marié qui finit par devenir « homme » et « mari ».

Le motif de l'animal caché dans un vase rattache ce fabliau anonyme à la fable *l'Ermite*, de Marie de France, en remuant un essaim de signifiances qui frôle la Genèse et le péché originel[624]. La période allant de la fin du XIIe siècle à première moitié du XIIIe tend à disculper la femme et à incriminer une curiosité

---

[622] Nous suivons l'édition Noomen-Boogaard, tout en la confrontant à celle de Montaiglon-Raynaud, lorsque cela semble s'imposer.

[623] Il ne faut pas conclure à une attitude anticléricale lorsque le rival est incarné par le prêtre-intrus ; voir David Crouch, « Humour and Identity in the Twelfth Century », dans *Grant Risee ? The Medieval Comic Presence. La présence comique médiévale*, *op. cit.*, p. 222. Par ailleurs, le prêtre représente, comme le dit Marie-Thérèse Lorcin, « le troisième sexe » ; et c'est un sexe « luxurieux » par excellence. Voir *Façons de sentir et de penser: les fabliaux français*, Paris, Honoré Champion, 1979, p. 108.

[624] Pour un périple intertextuel qui rattache le motif de l'animal importunément découvert à des contextes narratifs arabes et persans, mais aussi judéo-chrétiens, avant d'explorer la littérature française anglo-normande, voir Jacques Merceron, « Des souris et des hommes : pérégrination d'un motif narratif et d'un exemplum d'Islam en chrétienté. [À propos de la fable de *L'Ermite* de Marie de France et du fabliau de *La Sorisete des Estopes*] », *Cahiers de civilisation médiévale*, 181, 2003, p. 53-69.

masculine mal placée. « Cette masculinisation de la faute est renforcée et corroborée par le fait que c'est un homme et non une femme qui [...] échoue au test de la souris. Démonstration est donc faite que la curiosité est aussi bien dans la nature de l'homme que de la femme »[625].

Mais comment peut-on réussir le test de la souris ? Quelles leçons faut-il avoir appris ?...

Émotions nuptiales

Le monde du fabliau *De la sorisete des estopes* tourne autour du sexe d'une jeune mariée, devenu matière principale d'étude pour son marié néophyte, qui suit et assaillit une souris. C'est une réalité émotionnelle où les ficelles sont tirées principalement par les femmes, épouse et belle-mère, qui se réservent le rôle d'initiatrices[626].

Toutefois, pour préparer le terrain à l'acte conjugal, un enseignement masculin est nécessaire, et c'est un prêtre[627] qui le dispense, fort à propos, à l'héroïne, sans jalousie ni souci d'exclusivité. Une émotionologie du ménage à trois se met en place : si la belle a perdu sa virginité avec un clerc, elle n'a pas à perdre le commerce sexuel avec celui-ci au moment du mariage, car il s'agit d'une « grace »[628] qui suppose le transfert de certaines compétences – voluptueusement renforcées – de la sphère de la libre fornication vers celle du *debitum conjugale*.

Conformément à un pacte (« li afaire »[629]) qui repose sur le consentement – « je voil [...] s'il vos loist »[630] – le prêtre entend faire la leçon une fois de plus à sa belle, avant de la confier à un époux dont il ne conteste nullement les droits. Ce relayage sexuel comporte deux étapes : l'enseignement adultère (homme-femme) et l'enseignement conjugal (femme-homme).

Le premier stade est marqué par la promotion du plaisir à deux, mais aussi par le respect d'une autorité ; en effet, la femme se sent endettée envers son

---

625 *Ibid.*, p. 65.

626 Un autre fabliau, intitulé *Le Fol vilain* et signé par un certain Gautier, connaît aussi le motif de la *sorisete* et l'exploite de façon à mettre en lumière la capacité de préméditation de la femme ; sur la pertinence de ce rapprochement intra-générique, voir Roy James Pearcy, « Fabliau Intertextuality, Some Connections between Related Comic Narratives », art. cit., p. 52.

627 L'appétence sexuelle du prêtre – y compris pour les femmes roturières – constitue un cliché dans les fabliaux français. En revanche, les *Débats du clerc et du chevalier*, tout comme le *Traité de l'amour courtois* d'André le Chapelain, cultivent l'image d'un amant clerc bien instruit, courtois. L'ambiguïté est au coeur de ces projections culturellement déterminées : « *Thus the two contrasting images of the clerical lover in Latin literature, the goliardic and the courtly, are reproduced in the dominant images of such lovers in the fabliaux : the French stories present the goliardic stylization, the German the courtly.* », Stephen L. Wailes, « Vagantes and the Fabliaux », *The Humor of the Fabliaux*, *op. cit.*, p. 56.

628 *La Sorisete des estopes*, dans *Nouveau recueil complet des fabliaux*, éd. Willem Noomen et Nico van den Boogaard, tome VI, Assen et Maastricht, Van Gorcum, 1991, v. 22, p. 178.

629 *Ibid.*, v. 23, p.178.

630 *Ibid.*, v. 14-15, p. 178.

initiateur érotique et lui déclare sa volonté d'accomplir ce qu'elle voit comme un *debitum extraconjugale* : « Volantiers, sire / Que je ne vos os escondire [...] / Que perdre ne voil vostre grace. »[631]. Cette *grace*, outre son caractère parodique – puisqu'il s'agit d'un homme dont la fonction ecclésiastique implique l'accueil de la grâce divine – est d'ordre essentiellement émotionnel : la femme se sent honorée de recevoir les attentions érotiques de celui qui est le vrai *sire* de son corps. Un lien de connaissance – au sens biblique – et de reconnaissance affective se noue au seuil de ce concubinage. Par ailleurs, le narrateur précise que c'est par ce prêtre[632] que la jeune mariée « avoit ja seü / Tot ce que home sevent faire »[633]. Il n'est pas exclu que ce soit le même prêtre qui a appliqué le saint sacrement au jeune couple, en le bénissant proprement et improprement.

Quoi qu'il en soit, le prêtre maîtrise le langage émotionnel à tous les niveaux ; en particulier, il sait appeler sa bien-aimée, avant de la céder au mari, « Doce amie »[634]. C'est seulement après avoir obtenu son consentement sous forme d'invitation – « venez tost et sanz demore »[635] – qu'il cherche et trouve le moment propice à un rendez-vous érotique. En fin de compte, il se montre capable d'éprouver et de partager « grant joie » et « grant delit »[636].

La décision de jouir de sa présence avant tout vécu nuptial rappelle, certes, le mythe du droit de cuissage, qui concerne le rapport (hypothétiquement sexuel) du suzerain et de la femme du vassal[637], et qui s'étend ici, parodiquement, aux relations entre le prêtre et la femme de son paroissien. La littérature montre bien la possibilité d'un tel rapport sexuel inégalitaire : chez Marie de France, dans le lai *Équitan*, un roi va jusqu'à projeter le meurtre de son vassal pour en épouser la

---

631 *Ibid.*, v. 17-18 et 22, p. 178.

632 Souvent, le prêtre est un personnage sexuellement dominant, dans les fabliaux : « *It would be wrong to ignore the limits of the layperson's powers over the priest, who on a number of occasions proves to be a redoubtable adversary. Particularly in his sexual adventures, the priest's unbridled potency and colossal phallus grant him an overwhelming and dangerous tenacity.* », Daron Burrows, *The Stereotype of the Priest in the Old French Fabliaux. Anticlerical Satire and Lay Identity*, Berne, Peter Lang A.G., 2005, p. 123.

633 *La Sorisete des estopes*, dans *Nouveau recueil complet des fabliaux*, éd. Willem Noomen et Nico van den Boogaard, tome VI, v. 6-7, p. 178.

634 *Ibid.*, v. 13, p. 178.

635 *Ibid.*, v. 19, p. 178.

636 *Ibid.*, v. 54, p. 179.

637 Sur ce mythe moderne au sujet de la conjugalité médiévale, sur ses interférences avec la réalité historique, voir Marie-Victoire Louis, *Le Droit de cuissage, France, 1860-1930*, Paris, Éditions de l'Atelier, 1994 et Alain Boureau, *Le Droit de cuissage, la fabrication d'un mythe, XIIIe-XXe siècle*, Paris, Albin Michel, 1995. Pour une tentative de reconnaître la possibilité d'une telle pratique selon des lois sociales n'ayant pas besoin d'être écrites ou promulguées, mais dérivant simplement de l'ascendant hiérarchique du seigneur, voir Geneviève Fraisse, « Droit de cuissage et devoir de l'historien », *Clio, Femme, Genre, Histoire*, 3, 1996, article disponible en ligne sur le site http://clio.revues.org/476, consulté le 4 mars 2015.

femme ; aussi finit-il par tomber dans le piège tendu au mari, et mourir avec son amante d'une même mort infâme : le bain brûlant[638].

Le fabliau de la première moitié du XIIIe siècle préfère ne pas donner le mauvais rôle au mâle dominant : tant qu'il y a consentement, savoir-dire et savoir-faire, tant qu'il y a un sens de l'harmonie érotique, tout est excusable, voire admirable chez l'amant. Faire « qan que li plot a faire »[639] est une compétence reconnue, voire applaudie, qui donne au personnage droit d'accès au lit du mari vilain.

L'épouse, tout comme le lecteur, a l'opportunité de comparer le grimoire verbal et corporel du clerc avec la grammaire purement gestuelle du vilain, qui « l'anbraça mout duremant / – Que il nel sot faire autremant – »[640]. Assaillie par celui-ci de façon brutale, sans prélude ni souci de communication, elle comprend aussitôt ce qui manque à ce nouveau rapport : « ele ne l'ot gaires chier »[641]. Certes, la « chierté » autoritaire du prêtre ne saurait emporter non plus l'adhésion du lecteur moderne (encore moins celle de la lectrice !), mais il est clair que, pour la jeune femme, la *grace* du *douz ami* éclaire défavorablement la rudesse musclée et impatiente, froide et directe, du *dur* mari. Si elle invitait le premier de son plein gré, elle ne peut que rejeter le second, ne voulant pas entamer sa vie d'épouse par un viol en toutes lettres : « Et l'a mout soz lui estandue. / Et cele s'est mout desfandue »[642]. Lors de la nuit de noces, le climat est hostile, émotionnellement blessant, et ne connaît que la syntaxe de la subordination, du sujet et de l'objet direct. Comme la femme ne peut pas renverser ce rapport de force par une intervention physique, elle a recours à la parole. C'est une émotionologie essentiellement discursive qu'elle promeut, reposant sur la valorisation de la lucidité, du bon sens et du comportement téléologique. Le dénominateur commun auquel elle veut ramener son mari est celui de l'*homo rationalis*, et suppose la capacité à (re)connaître ses objectifs et à les exprimer pertinemment : « Qu'est ce que volez faire ? »[643]. Elle ne saurait subir simplement ce *faire*, sans l'interroger, sans l'expliciter, sans l'humaniser.

Certes, il est difficile, pour un couple fraîchement marié, d'avoir une conversation satisfaisante durant la première interaction sexuelle ; d'autant plus que la femme entend remplacer le faire par le dire, et l'homme, le dire par le faire. Ce que la réponse du *vilain* rend, en revanche, manifeste, est l'impossibilité, à ce stade, d'envisager la construction d'un climat émotionnel compatible avec la structuration d'une relation : « Je voil », précise-t-il sans le moindre égard, « vit

---

638 Marie de France, *Équitan*, dans *Lais de Marie de France*, éd. Karl Warnke, trad. Laurence Harf-Lancner, Paris, Librairie Générale Française, 1990, p. 72-87.

639 *La Sorisete des estopes*, dans *Nouveau recueil complet des fabliaux*, éd. Willem Noomen et Nico van den Boogaard, tome VI, éd. cit., v. 55, p. 179.

640 *Ibid.*, v. 29-30, p. 178.

641 *Ibid.*, v. 26, p. 178.

642 *Ibid.*, v. 31-32, p. 179.

643 *Ibid.*, v. 33, p. 179.

avant traire : / Si vos fotrai se j'onques puis, / Se vostre con delivre truis. »[644]. Un tel vouvoiement est d'un comique féroce aux oreilles du public moderne : *vos fotrai* n'est qu'une anticipation (menaçante ?) de la conjonction d'un *vit* et d'un *con*, alors que la dame a l'habitude d'être considérée comme la *doce amie* d'un homme qui la vouvoie autrement. Aucune place n'est faite, justement, à l'épanouissement interpersonnel. Il n'y a pas d'*afaire* entre ces deux êtres réduits au statut d'appendices de leurs propres sexes ; et sans *afaire*, il n'y a pas de résonance affective, ni de potentiel empathique.

Le projet du mari est d'ordre purement biologique, et il ne prend guère en considération le *voloir* ou *doloir* de la femme. La mention du *con delivre* est une question technique plutôt que la recherche d'un consensus érotique.

C'est à ce point zéro de sa vie affective, où elle se voit à la fois réifiée et distanciée linguistiquement (vous, ma chose), que la femme trouve la solution à son drame. Elle se presse d'embrasser la grammaire heurtée du vilain pour l'éloigner de toute idée de conjonction : puisqu'elle comprend que le seul destinataire des élans conjugaux est son sexe, elle l'investit d'une vie propre, d'une vie *delivre*. Le morcellement du corps féminin devient un atout, opportunément joué : « Jel vos dirai o est, par m'ame, / Muciez as piez do lit ma dame, / O je hui matin lo laissai. »[645]. Il y a donc une âme, siège de la fiabilité, et un sexe, détachable et siégeant, pour l'instant, auprès du lit maternel. Hormis le corps – inintéressant s'il manque de *con* – la femme se définit principalement comme la somme de ces deux éléments. Elle est un *sexe animé*, qui appelle à une quête, plutôt qu'à une prise en possession. « Par saint Martin, et je irai »[646], finit par répondre le mari, en spiritualisant l'ambiance conjugale par un automatisme de langage qui fait allusion à ce saint capable de déchirer son manteau pour le partager avec un pauvre. L'ombre d'un altruisme exemplaire passe sur ce couple où chacun poursuit un but égocentrique : lui, la maîtrise du sexe conjugal, elle, le recentrement sur la *grâce* de l'adultère.

Dès que l'homme s'adonne aux émotions ambiguës d'une quête où le *con* est pris pour une bête, la femme reçoit le prêtre *dedanz son lit*, sans ambages ni ambiguïté.

Les émotions du couple illégitime sont clairement positives et ne connaissent aucune dévalorisation morale ; le narrateur parle volontiers de *joie*, *delit*, et réserve tout ce qu'il y a de plus gênant, angoissant, déplaisant au *fous*, tout en le condamnant, au nom de l'intelligence[647], à une leçon qui rime avec la *deception*.

---

[644] *Ibid.*, v. 34-36, p. 179.

[645] *Ibid.*, v. 41-43, p. 179. Il s'agit pour la dame de créer un monde possible alternatif, qui fasse obstacle au désir de l'homme. Voir l'*Introduction* au fabliau, *ibid.*, p. 174.

[646] *Ibid.*, v. 44, p. 179.

[647] L'intelligence de fabliau est une valeur reconnue, traduite par deux registres : celui de la sagesse et celui de la ruse. Voir Marie-Thérèse Lorcin, *Façons de sentir et de penser, op. cit.*, p. 108.

Il y a folie et folie : si celle d'un Tristan, par exemple, frôlait la hardiesse et le sacrifice de soi, c'est parce que l'objet en était une femme au « cler vis »[648] et non un vagin. Du roman au fabliau, on assiste à une chute de la métaphore la plus distinctement humaine (le visage illuminé, spiritualisé, d'une reine identifiable, respectée et admirée par le roi Arthur lui-même) à la métonymie la plus animale (une bête obscure et velue, sans face ni place au monde)...

Folie et bêtise : déficiences émotionnelles

Tromper, pour la femme-*sorisete*, est une façon de se défendre contre un viol imminent, tout en mettant les rieurs et les raisonneurs de son côté. Plus elle est efficace, plus le divertissement est abouti. La jubilation finale dépend directement de la violence de l'acte déjoué ; le succès d'une stratégie défensive, de la brutalité de l'offensive. Et nous avons vu le caractère abrupt et hostile de l'approche sexuelle « à la vilaine ». Il convient donc de désarmer le brutal, en le ridiculisant.

La quête du mari fournit une occasion d'exhiber toutes ses déficiences émotionnelles, en les portant au superlatif : « Onques plus fous ne fu veüz »[649]. Incapable de sentir que sa femme le rejette en lui fournissant la petite information sur le *con*, il ne pénètre pas le sens communicationnel du langage féminin. Ce qu'il cherche est une vulve et non une femme ; aussi cible-t-il sa recherche sur un gibier génital qui n'en finit pas de le fuir[650]. La *folie* est une sorte d'autisme travesti en grossièreté.

En effet, lorsque l'épouse dit « Mon con ne troveroiz vos pas »[651], le côté négatif du message échappe à l'interlocuteur. Il prend cette déclaration pour un défi, une invitation, voire un ordre de passer à l'acte, et s'exécute promptement. Renvoyé, il se croit envoyé en mission.

Il n'est pas difficile de deviner, derrière ce renversement de la situation, le ricanement de la femme qui n'attendait peut-être pas une telle réaction, quelque sûre qu'ait été son intuition de la stupidité du mari. Le personnage est peint sous un jour délibérément invraisemblable et caricatural : se montrant d'une sollicitude qui dépasse toute attente, il sort du lit pour chercher dans un autre bourg, près d'une autre couche, cette satisfaction qui reste, palpitante, dans son propre lit. En général, nous assurent les chercheurs modernes, la crainte est une émotion à coloration

---

648 Allusion à «Yseut o le cler vis », Béroul, *Le Roman de Tristan* dans *Tristan et Iseut. Les poèmes français. La saga norroise*, éd. Philippe Walter et Daniel Lacroix, Paris, Librairie Générale Française, "Lettres Gothiques", 1989, v. 2605, p. 142.

649 *La Sorisete des estopes*, dans dans *Nouveau recueil complet des fabliaux*, éd. Willem Noomen et Nico van den Boogaard, tome VI, éd. cit., v. 58, p. 179.

650 En effet, le fabliau construit une vision du sexe comme objet autonome et incontrôlable : « *genitals are slippery, unstable, their meaning difficult to catch : the husband's chase of his wife's elusive con aptly figures the manner in which her sexuality escapes his control* », Simon Gaunt, *Gender and Genre in Medieval French Literature*, *op. cit.*, p. 267.

651 *La Sorisete des estopes*, dans dans *Nouveau recueil complet des fabliaux*, éd. Willem Noomen et Nico van den Boogaard, tome VI, éd. cit., v. 38, p. 179.

pessimiste : plus elle est intense, plus la prévision du futur est sombre[652]. Aussi peut-on attribuer à l'épouse coincée sous le corps bestial du rustre une surprise d'autant plus savoureuse qu'elle est rassurante, et encourageante. Il est impossible, peut conclure, soulagée, la jeune femme, que ce paquet de muscles mal assortis soit une vraie menace : il suffit de l'expédier dans une direction précise pour qu'il cesse de se montrer importun.

Telle est la leçon nuptiale que la femme apprend aussitôt : pour manipuler un époux, il suffit de le mettre sur une voie qui le dévoie, en lui donnant l'impression de répondre à son désir de façon pertinente et involontairement décalée. Un refus détourné, s'il est suffisamment délicat, s'il est énoncé sur un ton prompt et poli, fait d'un vilain un chevalier errant prêt à toute errance. Un fou inoffensif, voire amusant.

L'amusement proprement dit commence lorsque la géographie du sexe se superpose à celle du bourg natal de la femme. Le vilain essaie, en toute bonne foi, de refaire le chemin vers la mère de sa femme, afin d'avoir des nouvelles du *con*. Il lui faut parcourir une *lée* pour y arriver, précise le narrateur, en laissant imaginer la vive allure du quêteur. Le doute qu'il exprimait au lit – « si vos fotrai se j'onques puis »[653] – cherchc à se rassurer par une tâche faisable, comme la marche à pied vers une destination connue. Il se peut que ce cheminement plaise au damoiseau vierge et hésitant plus qu'une réussite immédiate au lit. Le lecteur de fabliaux (familiarisé avec la figure du mari ridiculement lâche de *Berengier au lonc cul*) peut imaginer que la folie dérive d'une virginité mal gérée, qui fuit les espaces étroits et les femmes que l'on chevauche sans pouvoir *chevir*[654] d'elles. L'idée d'une impotence psychologique hante le récit : pouvoir ou ne pas pouvoir, telle est la question. Émotionnellement, le héros n'est pas prêt à se mesurer avec une héroïne qu'il sent plus expérimentée que lui, et dont il ne peut que suivre les recommandations, tout en se mettant à l'abri du danger imminent (!) d'un affrontement sexuel.

La déficience est, certes, de nature affective, et repose sur le manque d'empathie et même de sympathie avec la femme. Or, pour « sentir avec », il faut « [percevoir] les sentiments d'autrui de l'intérieur. Sans cela, il n'y a pas de perception d'autrui. Si l'observateur ne partage pas ses sentiments, le sujet n'est pas traité de manière humaine »[655]. La question qui se pose, dans ce cas littéraire, est si le « vilain » peut ou non prendre conscience de ses propres émotions, et les

---

[652] Le pessimisme dicte un comportement de nature à faire éviter le risque à la personne dominée par la peur ; voir Jennifer S. Lerner et Dacher Keltner, « Fear, Anger, and Risk », *Journal of Personality and Social Psychology*, 81, 1, 2001, p. 149.

[653] *La Sorisete des estopes*, dans dans *Nouveau recueil complet des fabliaux*, éd. Willem Noomen et Nico van den Boogaard, tome VI, éd. cit., v. 35, p. 179.

[654] Selon Frédéric Godefroy, *Dictionnaire de l'ancienne langue française et de tous ses dialectes du IXe au XVe siècle*, tome II, éd. cit., p. 117, « chevir de » signifie « venir à chef, venir à bout [...] se rendre maître d'une chose, d'un animal ou d'une personne. ».

[655] Marc-Alain Descamps, *Le langage du corps et la communication corporelle*, *op. cit.*, p. 206.

gérer lucidement. À supposer qu'il ait voulu éviter l'interaction sexuelle avec son épouse et accepté le premier prétexte pour la fuir, il faudrait que la fuite n'ait pas de sens arrêté ni de destination. Un simple mouvement centrifuge aurait suffi.

Or, le spectacle appelle un ridicule plus éclatant : le vilain va jusqu'à demander à sa belle-mère, le lendemain des noces, où est le *con* de sa femme. Cette fois, la narration évince toute ambiguïté. Incapable de comprendre qu'il exhibe sa propre impuissance, et l'infirmité émotionnelle de son être désirant, il se montre également incapable d'imaginer l'émoi que suscite sa question chez la mère de l'héroïne. La politesse est observée, cependant, dans ce tête-à-tête plus que dans l'autre. Il y a même une coloration affective de ce discours digne d'un gendre de fabliau : « Ma chiere dame, / Vostre fille m'anvoie ça / Por son con que ele muça, / Ce dit, as piez de vostre lit. »[656]. Au lieu d'exprimer la *chierté* face à sa femme – qu'il honorait uniquement d'un prophétique *je vos fotrai* – il s'avise de la mettre en paroles devant sa belle-mère, en plaçant sa confiance, une fois de plus, de façon ridiculement erronée.

En effet, tout porte à croire que le vilain, malgré les exigences de la vraisemblance, s'est fié à sa femme et se fie désormais à la mère de celle-ci, tout en rendant, verbalement, le caractère négatif et volontaire de l'événement qui le frustre : *mucier*. Il est clair qu'il rate la réalité émotionnelle du refus[657], même s'il la communique par ce verbe de la dérobade, du déplaisir évité de près. Un peu comme s'il déclarait sa honte sans l'éprouver : votre fille ne m'aime pas, elle me trompe de façon flagrante et me cache ce que je cherche (et fuis ?) le plus. Tel est, en tout cas, le message que la mère comprend, à travers les mots de son gendre. Mais puisque le trompé n'entend pas être détrompé, elle sent que son visiteur n'est pas prêt à prendre pleine conscience de l'implication défavorable de ses propres dires, qui font un écho fidèle aux dires de sa femme. Le vilain expose son humiliation sans se l'approprier, et focalise son attention sur les pieds d'un lit, où il projette la seule cachette dont il puisse reconnaître l'existence.

Il est impossible de plaindre un homme qui rate de si près une évidence, et la mère de l'héroïne est mal placée pour plaindre le vilain. Loin d'éprouver la *chierté* invoquée, elle fait une lecture émotionnelle du message et en conclut qu'il faut être solidaire avec sa fille même quand celle-ci met sur pied une tricherie légendaire. La seule émotion qu'éprouve cette mère relève donc de la sympathie ; elle plaint peut-être sa fille d'avoir épousé un humain aussi peu doué pour la communication affective, un mâle si ciblé sur le sexe, qu'il rate jusqu'à l'idée qu'il existe une communauté émotionnelle féminine où l'union fait la force.

Or, l'intelligence émotionnelle suppose une capacité à sentir les courants qui sous-tendent et animent une société donnée, tout en essayant de naviguer sur ses

[656] *La Sorisete des estopes*, dans *Nouveau recueil complet des fabliaux*, éd. Willem Noomen et Nico van den Boogaard, tome VI, éd. cit., v. 60-63, p. 179.

[657] Mary Jane Stearns Schenck l'admet aussi : les personnages de certains fabliaux (dont celui-ci) sont capables de créer, grâce au langage, une autre réalité, qu'ils savent substituer à celle de départ. Voir *The Fabliaux : Tales of Wit and Deception*, *op. cit.*, p. 102.

eaux[658]. Le vilain se montre incapable d'une telle finesse ; il ne navigue pas, il reste constamment à sec, dans une attitude involontairement asociale. La communication familiale ne lui réussit pas mieux que la communication conjugale, à cause de cette même obsession anatomique que personne ne partage. Il est peu flatteur, après tout, pour une femme médiévale, d'apprendre que sa fille est abandonnée dès le premier jour du mariage par un mari qui ne sait quérir que son *con*, sans ressentir la moindre « dilectio » ou « caritas » pour sa compagnie, sa présence, son humanité[659]. Aucun modèle conjugal, aucun script émotionnel de l'époque ne prévoit une telle réaction aux réserves plus ou moins virginales d'une jeune mariée. C'est un époux insolite, qui semble mériter le cocuage, aux yeux de cette mère qui couvre allègrement les faits (vite devinés) de sa fille.

Puisque le vilain est porté à la réification sexuelle, une *chose* lui est présentée : un panier d'étoupes, où toute surprise peut se loger. Content de voir un contenant assez large pour le précieux butin recherché, il ne se montre aucunement inquiet ; l'apparence douillette et confortable de ce logis sexuel semble correspondre à toutes ses attentes.

Mais, justement, les étoupes ne laissent pas la *voie delivre*, et le vilain continue à faire corps avec son désir craintif. Comme la présence – inhibitoire – de sa femme n'est plus un obstacle, il entreprend une nouvelle folie : la pénétration d'un sexe portable, qu'il imagine à sa portée. Une émotion « réflexive » gagne l'esprit du héros ; il devient de plus en plus avidement conscient de son envie de connaître l'être-femelle, et verbalise, à part soi, cette envie. Le vocabulaire dont il use en privé n'est pas plus raffiné que celui qu'il mobilisait devant sa mariée : les saints et le *foutre* y font bon ménage. Ce qui est singulier, c'est cet air pince-sans-rire qui lui fait associer saint Pol à saint Vol… et au sexe extra-conjugal au sens strict : « Li cons ma fame, par saint Pol, / … mout volantiers, par saint Vol, / Lo fotisse, ainz que je venisse / A l'ostel »[660]. Il s'agit soit d'un grand humoriste qui s'ignore, soit d'un analphabète sentimental irrécupérable… Ce qui est sûr, c'est

---

[658] Selon l'expression du célèbre titre de William M. Reddy, *The Navigation of Feeling*, Cambridge, Cambridge University Press, 2001.

[659] Sur le tandem *révérence-dilection*, et les autres nuances du spectre de la charité conjugale, par opposition à l'érotique profane, voir Georges Duby, *Le Chevalier, la femme et le prêtre*, Paris, Hachette Littératures, 1981, p. 229 s.. Dès le XIIe siècle, « l'élaboration doctrinale » part de la « métaphore : l'Église est l'épouse du Christ. Entre l'une et l'autre, un lien de charité s'établit. Ou plutôt, le courant vivifiant émanant du *sponsus* hausse la *sponsa* vers la lumière. Ça n'est point l'*amor*, qui vient du corps, mais la *dilectio*, cette sollicitude désincarnée, condescendante, opérant au sein de la hiérarchie nécessaire, fondement de tout l'ordre terrestre, qui place le masculin au-dessus du féminin », *ibid.*, p. 192.

[660] Nous rendons ici la version, riche en ambiguïtés, de l'édition Montaiglon-Raynaud ; voir *La Sorisete des estopes*, dans *Recueil général et complet des fabliaux des XIIIe et XIVe siècles imprimés ou inédits*, éd. par MM. Anatole de Montaiglon et Gaston Raynaud, éd. cit., v. 83-86, p. 161. L'édition Noomen-Boogaard corrige ces vers de la façon suivante : « Li cons ma fame, par saint Pol / […] mout volantiers, par mon vol / Lo fotisse ainz que je venisse / A l'ostel », *Nouveau recueil complet des fabliaux*, éd. Willem Noomen et Nico van den Boogaard, tome VI, éd. cit., v. 83-86, p. 180.

que cet être de fiction se sent réellement excité devant un panier d'étoupes, et que l'excitation résulte de deux émotions objectales : le désir de découvrir la saveur du *con* et la crainte de rater cette découverte. Une lucidité aiguë préside au processus de décision ; l'apôtre invoqué, ainsi que le saint ludique qui incarne la volonté, créent un climat de sécurité propice à l'épanouissement du désir. « Voici donc l'émotion conquérante, l'émotion motrice par excellence, le désir », dirait Paul Ricœur[661]. La motion qui traduit cette émotion n'a, elle, rien de conquérant : le vilain use de son sexe comme d'une lance et s'apprête à pénétrer les étoupes. La masse qu'il accepte de prendre globalement pour *le con* s'éparpille aussitôt, et un hasard vient changer le référent du sexe féminin – une souris, tapie dans ce panier fétiche, s'enfuit dans la nature.

La « mout doce et mout soef beste »[662] du sexe s'incarne donc bestialement, comme espéré, et le vilain connaît une surprise si bouleversante, qu'il en sort transfiguré.

Une émotion contemplative la couronne, tout en favorisant la distance : « Deus ! si bele beste ! »[663]. Ainsi, l'animalité n'exclut pas la perception d'une altérité à valeur esthétique – et même empathique. Pour une fois, l'Autre n'est plus une cible possible, mais plutôt une entité à part, capable de susciter, sinon une vraie prière adressée au Créateur des créatures, au moins l'émotif *Deus !*, et cela, sans rapport à la consommation d'un *pain* marital théologiquement garanti…

Empathie avec une souris

Le narrateur ne nous dit pas si l'excitation de ce marié virginal tombe au moment de la révélation (!) ou s'il y a un simple transfert érotique, qui implique l'investissement de l'être des champs après les étoupes du panier ; en tout cas, la *sorisete* est d'un intérêt indéniable, qui n'exclut pas la poursuite sexuelle. À partir de ce moment, la narration pourrait inviter à une lecture zoophilique. Le *vilain* reste ciblé sur son objectif de *foutre* l'autre, pour sa beauté, pour sa féminité et non pour son identité ontologique, quoiqu'il voie bien que sa nouvelle cible est un animal qui relève indéniablement du *même* : un rongeur n'est pas exotique dans le paysage campagnard...

Le lecteur peut très bien imaginer que ce héros non-initié est capable de désirer un mammifère femelle à la place d'un autre, simplement parce qu'il y projette l'image rêvée du sexe féminin en soi, au-delà de toute espèce particulière. Le comique dérive justement de cette dérive : un animal entier est réduit à une partie de l'être « femme », et le spectacle *entier* de quatre pattes rapides, de plusieurs dents aiguës, d'une queue grise, n'annule pas la motivation suscitée par la *partie* convoitée. La découverte d'un animal déjà vu et su – envisagé globalement, sous le coup d'un nom et d'une catégorie – ne rend pas le vilain plus savant, car il

---

661 Paul Ricœur, *Philosophie de la volonté*, tome I, *op. cit.*, p. 247.

662 *La Sorisete des estopes*, dans *Nouveau recueil complet des fabliaux*, éd. Willem Noomen et Nico van den Boogaard, tome VI, éd. cit., v. 91, p. 180.

663 *Ibid.*, v. 101, p. 180.

n'est pas prêt à se rendre à l'évidence que la souris est une espèce distincte de l'homme… Le dénominateur commun étant cette féminité complémentaire du phallus en action, le vilain se contente d'y déceler une nature essentiellement fuyante, et néanmoins désirable.

Malgré cette limitation de l'horizon cognitif, qui fait de la crédulité un défaut hilarant[664] et parfaitement invraisemblable[665], il y a une sorte de progrès chez le vilain : au moment où surgit la souris, il perçoit au moins une réalité nettement – il existe une distance entre l'animé et l'inanimé, ce qui lui permet de faire un premier pas sur la voie de l'empathie.

En effet, le héros commence à se forger une perspective sur l'autre comme sujet émotionnel, en le dotant même d'une émotionologie fondée sur la peur : la *souris-con* est un être vulnérable, qui se définit avant tout par la peur de l'inconnu. Toutes les angoisses de ce mari raté sont projetées sur la souris, qui appréhende ainsi le premier contact sexuel et ignore tout de l'équipement génital de l'autre. Le progrès consiste au fait que le vilain parvient à se voir comme de l'extérieur, et à prendre une conscience grandissante de son propre comportement émotionnel. Sortir le sexe et attaquer la femelle lui semble tout à coup un émotif négatif, dont il peut concevoir l'effet par le biais d'un bestiaire sexuel attribué à la femelle, où le « vit noir » et le « musel »[666] rouge créent un ensemble menaçant. Ainsi, le vilain devient capable non seulement de se rendre compte que l'autre a un point de vue distinct du sien, qui mérite d'être pris en considération, mais aussi à imaginer l'autre de l'autre… le mâle de la femelle, dans toute sa monstruosité naturelle (et culturelle ! Chez un vilain, la saleté, voire la maladie, peuvent accompagner le visage grimaçant du sexe, comme nous l'apprend la *Couille noire*). L'homme accomplit donc une performance inouïe : il parvient à voir son sexe non plus comme un moyen d'initiation et de satisfaction personnelles, mais comme une face inter-personnelle grimaçante, susceptible de révulser l'autre. Le noir et le rouge lui semblent les couleurs les plus adéquates pour provoquer l'anxiété chez un être dont il n'a même pas eu le temps d'apprécier la couleur, mais qui semble vivre dans un monde plus compatible avec le gris. La stridence du fait sexuel n'en ressort que plus vivement.

---

[664] Ici, la crédulité est une forme de vulnérabilité, et, comme telle, elle sied mal à un homme ; « l'autorité est bonne chez l'homme », tout en devenant un défaut exécrable chez la femme de fabliau. Sur cette relativité (sexiste !) des qualités et défauts, voir Marie-Thérèse Lorcin, *Façons de sentir et de penser, op. cit.*, p. 101.

[665] Ce serait, justement, le défaut nécessaire à l'existence du grotesque ; quant au côté invraisemblable, il relève peut-être d'un « défaut » de construction, délibérément plaisant, du moins dans la perspective de ce que Hugo de Saint-Victor appelait les « *convenienter ineptiae* », censées provoquer le plaisir autant que l'appréhension de la beauté. Voir l'Introduction de l'ouvrage *Versions of Medieval Comedy*, éd. Paul G. Ruggiers, Norman, University of Oklahoma Press, 1977, p. III.

[666] *La Sorisete des estopes*, dans *Nouveau recueil complet des fabliaux*, éd. Willem Noomen et Nico van den Boogaard, tome VI, éd. cit., v. 110-111, p. 180-181.

Le *vilain* devient donc conscient non seulement du mode de visibilité de son moi, mais aussi de cette inter-face que la sexualité – animale ou humaine – implique inévitablement. Et alors c'est un inter-museau qu'il conçoit, comme mode de communication masculine, sinon comme *common ground*. Sauvagerie, agressivité : du noir au rouge, le spectre de l'homme est lié, dans l'imaginaire de *cet* homme, à des surprises immondes, ou au moins percevables comme telles.

Plus le héros se sent terrifiant, plus il s'inquiète pour le sexe terrifié /-fiable. L'émotion de cet acte d'imagination appelle des émotifs verbaux sur mesure : « Je voi bien que mout est petite : / *A Deu et a saint Esperite / La commant et au Sauveor* »[667]. Ainsi, la petitesse est traitée, pour la première fois, avec un brin de délicatesse ; pour un être inoffensif et craintif, il faut savoir appeler la Grâce, comme on le fait pour un enfant lors du baptême ; le besoin de jouir, pour l'autre, de la protection divine, esquisse un début d'altruisme chez le personnage. Seulement, la prière pour le salut d'une souris est ici une convention qui tourne à vide, en jetant le ridicule sur son contexte d'application. Que le « Saoveor » d'une souris se superpose à Jésus, et que Jésus devienne un sauveur du sexe, est un non-sens si criant, qu'il configure une transcendance insolite et humoristique, où les interdits chrétiens se relâchent dans un éclat de rire-délire.

Toutefois, le personnage, au-delà de sa dimension caricaturale, est censé transmettre – du moins pour justifier la moralité finale – un enseignement misogyne. Aussi faut-il appréhender la dimension grave du texte, à partir de ce moment où la marionnette sexuelle[668] s'humanise par une tentative de saisir la différence féminine en saisissant le *con*. Au fond, c'est un époux dans son droit, et s'il est obsédé par la consommation, c'est qu'il l'a ratée. Or, ce genre de cas est traité de façon sérieuse par les tribunaux ecclésiastiques de l'époque, qui prévoient le *matrimonium ratum* comme couronnement du *matrimonium initiatum*. Il faut rappeler que, selon la tradition « réaliste » d'origine carolingienne suivie par Gratien et l'école de Bologne, « la copulation est l'élément essentiel qui constitue vraiment et indissolublement l'union conjugale. Le mariage est *initiatum* par l'échange des consentements, mais il n'est *ratum* que par la copulation. »[669]. En outre, selon Hostiensis, *auctoritas* reconnue au XIIIe siècle, le critère qui devrait gouverner la formation d'un mariage ne serait pas l'âge – 12 pour les filles et 14 pour les garçons, comme le veut la loi – mais plutôt la capacité sexuelle[670]. Or, il est clair que cet homme-enfant n'est pas prêt à la consommation, alors que la femme l'est bel et bien ; si la vie conjugale est avant tout un remède à la fornication[671], alors le fabliau de la *sorisete* illustre pertinemment l'inefficacité

---

667 *Ibid.*, v. 105-107, p. 180, nos italiques.

668 De son côté, Brian J. Levy parle de « *human puppets* », aux ficelles tirées par le diable. Voir *The Comic Text…*, *op. cit.*, p. 196.

669 Philippe Toxé, « La copula carnalis chez les canonistes médiévaux », art. cit., p. 125.

670 James A. Brundage, *Law, Sex and Christian Society in Medieval Europe*, Chicago et Londres, University of Chicago Press, 1987, chapitre « Sex, Marriage, and the Legal Commentators, 1234-1348 », p. 434.

671 Voir Georges Duby, *Le Chevalier, la femme et le prêtre*, *op. cit.*, p. 30.

flagrante du remède – du moins dans certains cas... où l'homme a le tort d'être vierge sans être spirituel (les *Romans du Graal* distinguent la virginité du pucelage, l'âme intouchable du corps intouché)[672].

Dans ces circonstances, il convient de lire la course à la souris comme une tentative – ridiculement maladroite, mais touchante – de réussir son mariage, de le ratifier aux yeux de l'église et du monde. Le vilain craint de perdre sa face autant que de perdre le vagin de sa femme. Malgré sa naïveté hilarante, il a la lucidité d'apprécier à sa juste taille l'ampleur du ratage sexuel, qu'il traduit dans un langage savoureusement cynégétique : « Faite en sera mout grant risee / S'an set qu'*eschapez me soiez.* »[673]. Il faut donc attraper la *beste*, la dompter et la ramener à la maison, pour la rendre à l'épouse.

Le personnage est en train de faire un deuxième pas vers l'empathie animale : il imagine, comme du dedans, les sentiments de la souris pour sa maîtresse, et comprend, sans plus, qu'il y a un lien entre une femme et son sexe, qui doit devancer la liaison de l'homme avec ce dernier... Il est donc prêt à saisir une loi naturelle jamais soupçonnée jusqu'alors, selon laquelle il ne suffit pas que le vagin soit *delivre* pour que la consommation aboutisse : il faut, en outre, que l'humaine maîtrise son petit animal de compagnie et qu'elle le dispose à accueillir favorablement l'homme. Le mariage devient une affaire plus complexe que la conjonction de deux sexes ; il implique désormais l'orchestration de deux autres agents, dont il prend une conscience de plus en plus intense.

Avant tout, il y a donc l'épouse ! Le vilain la perçoit enfin comme une personne, c'est-à-dire comme un être qui a lieu de réclamer le respect de ses possessions et affections, et qui pourrait fort bien se plaindre de cette trahison qui consiste, pour une femme supposée vierge, à entendre que son marié s'apprête à *foutre* son sexe en son absence – sous la forme d'une souris. Les canons de l'époque interdisent sévèrement toute perversion zoophilique[674] aussi bien que la fixation obsessionnelle sur le plaisir sexuel[675] ; essentiellement, le mariage exige l'union des âmes aussi bien que celle des corps.

---

672 Voir Philippe Ménard, *Le Rire et le sourire dans le roman courtois en France au Moyen Âge* (1150-1250), Genève, Droz, 1969, p. 686 et note 19. *La Queste del Saint Graal* (213, 27-29) et *l'Estoire del Saint Graal* (126, 16-20) font une distinction nette entre l'état de « pucelage » et la vertu de la « virginité » ; le chercheur souligne le caractère de plus en plus grivois du mot « pucelage » à travers les lettres françaises.

673 *La Sorisete des estopes*, dans *Nouveau recueil complet des fabliaux*, éd. Willem Noomen et Nico van den Boogaard, tome VI, éd. cit., v. 136-137, p. 181, nos italiques.

674 Laïcs et clercs mineurs doivent accomplir trois ans de pénitence pour expier ce crime. Voir Jacques Voisenet, « Figure de la virginité ou image de la paillardise : la sexualité du clerc au Moyen Âge », *Le Clerc au Moyen Âge*, Senefiance, 37, 1995, p. 571-578, note 12.

675 Les prêcheurs et les moralistes du XIIIe siècle font du péché sexuel un sujet favori de leurs discours. Il s'agit, après tout, d'un sacrement conféré par l'Église, comme le soutiennent, par exemple, John Duns Scotus et Thomas d'Aquin. Aussi faut-il envisager ce lien gravement, sans s'adonner à des positions bestiales et généralement réprouvées, comme la pénétration *a tergo*, condamnée sans appel par Alexandre de Hales. Voir James A. Brundage, *Law, Sex and Christian Society in Medieval Europe*, *op. cit.*, p. 452 et 453.

L'idée que l'autre puisse exiger une *fiance* – plutôt que l'acte mécanique décrit au début comme *traire le vit avant* et *foutre* – s'insinue peu à peu dans l'esprit du héros. « Tote ma fiance tenez »[676], plaide-t-il. La nécessité d'une communication émotionnelle lui devient manifeste, face à cette souris vue désormais comme une médiatrice entre lui-même et sa femme. Il s'agit de gagner la confiance de ce quadrupède « qui brait et pipe »[677], de le persuader, sous peine de se déshumaniser. Entre l'humain et le bestial, la différence est donnée justement par une forme d'intelligence relationnelle – qui passe par le bon usage des mots aussi bien que des corps.

À ce moment d'initiation au langage inter-animal, l'image d'un singe rieur passe sur l'histoire, comme pour rappeler au public que les femmes et les animaux partagent les plaisirs du jeu et de l'hilarité[678]. Pour certains critiques, toutefois, il s'agirait plutôt d'une mimique grotesque du *vilain*, à un moment où celui-ci était particulièrement éprouvé[679]. À notre tour, nous considérons que le narrateur réserve les émotions négatives – colère et frustration, désespoir, sens de sa propre impuissance – à l'homme, qui « ses deus poinz detuert »[680], et les émotions positives – le rire triomphant, nargueur et rusé – à la souris (qui a partie liée avec la femme). C'est ce face-à-face émotionnel qui correspond le mieux à la vision moralisatrice du conteur, aussi bien qu'à sa perception aiguë du ridicule de la situation.

Le plus intéressant, sinon le plus émouvant – car le lecteur est invité à sanctionner l'inadéquation par un rire distant, désolidarisant – est le constat que le discours du vilain vient se plier, en toute bonne foi, aux exigences de la courtoisie : « Biaus cons, doz cons, tost revenez ! »[681]. Un clin d'œil suggère au lecteur que, si le vilain choisissait son épouse plutôt qu'une souricette comme interlocutrice, il pourrait désormais devenir l'égal de son rival, capable de faire retentir, lui aussi, l'appellatif « Doce amie »[682]. La *douçor*, en tout cas, est une dimension affective qui semble de plus en plus compatible avec le profil du *vilain* ; la vilenie serait donc réversible, avec un peu d'enseignement sur le vif.

D'autre part, cette douceur revêt des formes risiblement extrêmes : le héros redoute la mort de la souris, et, avec cela, sa propre mort au sexe. Altruisme

---

676 *La Sorisete des estopes*, *Nouveau recueil complet des fabliaux*, éd. Willem Noomen et Nico van den Boogaard, tome VI, éd. cit., v. 130, p. 181.

677 *Ibid.*, v. 123, p. 181.

678 Ulf Malm, « *Par foi, ans mes ne vi tel con.* Medieval Sexually Explicit Narrative : Fabliau », *Samlaren*, 133, 2012, p. 60.

679 « *A final animal image is that of the husband, but this time (wringing his hands in the fields, his face twisted in despair) as a gibbering ape* », Brian J. Levy, *The Comic Text. Patterns and Images in the Old French Fabliaux*, Amsterdam – Atlanta, Rodopi, 2000, p. 61.

680 *La Sorisete des estopes*, dans le *Nouveau recueil complet des fabliaux*, éd. Willem Noomen et Nico van den Boogaard, tome VI, éd. cit., v. 122, p. 181.

681 *Ibid.*, v. 129, p. 181.

682 *Ibid.*, v. 13, p. 178.

oblige : « Que ferai je, se ele muert ? »[683], se demande-t-il, candidement, face aux gambades nonchalantes de l'animal. La noyade dans une fosse, à l'heure où la rosée bat son plein, lui semble un danger si redoutable, qu'il se tourne vers « Sainte Marie »[684] pour contrecarrer le hasard. L'idée d'un déluge frôle le récit, en lui donnant une tournure faussement catastrophique ; le lecteur est invité à saisir – et à invalider – une autre réalité émotionnelle.

Réalités émotionnelles

Plus un événement est ressenti comme réel, plus il a des chances d'émouvoir profondément, nous assurent les dernières recherches en psychologie ; d'après Aaron Ben-Ez'ev, la réalité émotionnelle dépend du critère épistémologique autant que du critère ontologique[685]. Il suffit qu'une souris réfère au sexe d'une femme pour que cette référence acquière une réalité dramatique et une valeur intégrative en ce qui concerne l'ensemble des croyances de l'homme sur la réalité. Ainsi, l'évasion de la *bête savoureuse* produit une crainte réelle chez le maître légal de cette bête ; comme motivation, il y a, d'un côté, l'assertion de deux femmes au sujet de la modularité du vagin, et l'existence palpable du panier d'étoupes où loge la souris ; de l'autre côté, il y a la qualité de *seignor* que le vilain reçoit par le mariage et qu'il entend exercer sur son épouse, sous la force de l'impératif de maîtriser toutes ses parties, plus ou moins *delivres*. L'homme sait qu'il doit être le *chef* de sa femme, et souffre de ne pas achever, de son propre chef, la consommation de ce sexe rétif, fugitif.

C'est l'altérité de cette réalité émotionnelle infantile qui rend le texte irrésistiblement comique, à partir du moment où la Vierge est invoquée par *le* vierge. Certes, la mère de Jésus a une réalité émotionnelle déjà consacrée par les usages des chrétiens de toute farine, prêtres ou vilains, adultes ou enfants. Mais qu'une icône de la pureté, de la spiritualité, vienne ressaisir la cible sexuelle d'un chasseur marital, est simplement insoutenable épistémologiquement. Toutefois, le

---

683 *Ibid.*, v. 121, p. 181.

684 *Ibid.*, v. 115, p. 181.

685 Aaron Ben-Ez'ev, « The Thing Called Emotion », *The Oxford Handbook of Philosophy of Emotion, The Oxford Handbook of Philosophy of Emotion, op. cit.*, p. 51 : « *In analyzing the notion of "emotional reality", two major senses should be discerned : a. ontological, and b. epistemological. The first sense refers to whether the event actually exists or is merely imaginary. The second sense is concerned with relationships of the event to other events. The first sense expresses the "correspondence criterion" of truth where a claim is seen as true if its content corresponds to an existing event in the world. The second sense is related to the "coherence criterion" of truth in which truth is determined in light of whether the given claim is coherent with other claims we hold. In analyzing the perceived reality associated with our emotional experiences, the ontological sense is expressed in the actual existence of the emotional object, and the epistemological sense is typically expressed in its vividness. The degree of reality is highest when the object is real in both senses.* ».

héros y investit un espoir aussi authentique que sa peur : Marie et la souris deviennent des référents pareillement émouvants.

Si l'émotion mariale est rituellement instituée par des émotifs comme la prière, l'émotion *souricière* n'a aucun caractère institutionnel, surtout en contexte sexuel. Le système de croyances en train de se constituer met ses postulats de sainteté et d'animalité sur le même plan. Il est intéressant de voir le *vilain* en train de concevoir une vue de la féminité qui bascule entre le *con* et la mère de Dieu, entre une absence insécurisante et une omniprésence secourable. Après l'épouse et la mère de l'épouse, cette troisième figure féminine est censée tendre la main au marié impuissant. La triade a de quoi provoquer le rire : elle gravite autour d'un sexe dont l'inaccessibilité cristallise celle de la femme sous toutes ses formes. La grande absente, naturellement, est la mère. Il n'y a donc rien d'étonnant à voir l'épouse assumer peu à peu ce rôle auprès du héros.

Mais avant d'arriver à ce degré de réalité émotionnelle, où *l'autre* devient volontairement une instance du *même*, prête à offrir l'initiation si longtemps refusée, il faut passer par le recadrage de la *seignorie*.

Un objet symbolique montre la voie : le vilain possède un gant, dont il offre le dedans à la souris, à titre de refuge et d'antichambre du cœur : « Venez, si entrez en mon gant ; / Je vos metrai dedanz mon sain »[686]. Le gant n'est pas un simple tremplin vers l'intimité, ou une invitation au contact des corps, mais aussi et surtout un indice de la seigneurie maritale. Le vilain rappelle ici Marc, dans la loge de feuillage où il glissait son gant sur la poitrine d'Yseut, en souricière de royauté… et de conjugalité[687]. Comme lui, il veut reprendre en mains sa vie conjugale – en toute souveraineté.

Seulement, la délicatesse du geste d'autorité est ici dirigée vers la mauvaise destinatrice, qui fait sourde oreille à tout *travail* de persuasion. Le narrateur ne nie pourtant pas la réalité de l'investissement émotionnel : « Tot ensi se travaille en vain, / Que il ne set tant apeler / Que ele voile retorner »[688]. La voix qui se lève et relève est une expression émotionnelle de cet espoir de briser la solitude et de rappeler la fugitive à l'ordre, l'animal-femme au service de son maître-homme. Il est question, ni plus ni moins, de tester et d'attester la réalité d'un monde social patriarcal. Pour le vilain, tout comme pour les lecteurs masculins auxquels s'adresse la moralité finale, il existe un univers où le gant est un signe efficace, où le *seigneur* (ou son *gant*) n'est pas un contenant vide.

---

686 *De la Sorisete des estopes*, dans le *Nouveau recueil complet des fabliaux*, éd. Willem Noomen et Nico van den Boogaard, tome VI, éd. cit., v. 140-141, p. 181.

687 Le roman de Béroul véhicule une tradition « commune » qui se perpétue oralement, et qui est diffusée, par ailleurs, en allemand aussi bien qu'en français, au XIIIe siècle. Pour un aperçu de la diffusion de la matière tristanienne à l'époque des fabliaux, voir *Tristan et Yseut, Les premières versions européennes*, dir. Christiane Marchello-Nizia, Paris, Gallimard (Bibliothèque de la Pléiade), 1995 et *Le Roman de Tristan en prose*, dir. Philippe Ménard, Genève, Droz, 9 tomes, 1987-1997.

688 *De la Sorisete des estopes*, dans le *Nouveau recueil complet des fabliaux*, éd. Willem Noomen et Nico van den Boogaard, tome VI, éd. cit., v. 142-144, p. 181.

Après la Vierge, c'est le « biau sire Deus »[689] qui est invoqué, au secours de cette triste virginité. L'intervention vise, plus concrètement, le sauvetage de cette souris inondée par la rosée ; cet élément féminin qu'est l'ambiance aquatique reçoit une interprétation diluvienne, nécessitant toute la rhétorique de l'arc-en-ciel : « Ostez, biau sire Deus, ostez ! / Que ferai je, se ele muert ? »[690]. La fécondité est une réalité du monde naturel dont le principe et le fonctionnement échappent au vilain. Si la terre – de même que le lecteur – accueille la rosée comme une prédiction de fertilité, si les souris n'ignorent pas que les trous sont des refuges plus adéquats que les gants, tous ces savoirs sont inaccessibles au vilain, qui se voit brusquement dépaysé dans un univers illogique, où le droit du seigneur est bafoué sous les yeux du Seigneur.

Le terrain émotionnel est prêt pour une dernière étape de l'initiation : la tristesse ouvre la porte à des émotions réflexives, puisque le vilain « devient mornes et *pansis* »[691]. Il prend conscience du fait qu'il vient de perdre, par sa faute, le droit de jouir d'un bien qui était dans sa possession / juridiction et qui ne le sera plus. Pour la première fois, il se perçoit lui-même en raté et tâche de s'adapter à cette nouvelle image privée, qu'il n'hésite pas à *publier* devant sa femme. En effet, l'émotion négative ne prend pas, chez le héros, un tournant dépressif ou isolationniste : il renonce simplement à la souris (plus ou moins noyée ...) et rentre à la maison. Il se rend à l'évidence de sa propre impuissance tout en se rendant chez / à sa femme.

Lorsque celle-ci le voit revenir muet et « mie liez »[692], elle prend l'initiative de le saluer et de lui indiquer le bon ton d'une première scène de retrouvailles conjugales. L'appellatif « Biau sire »[693] fixe un standard de conduite émotionnelle qui prescrit l'harmonie, voire la flatterie. En même temps, on sent l'amusement à peine contenu de cette femme qui est le premier témoin du premier échec érotique du vilain. Elle adopte une attitude tutélaire, didactique, parentale, qui n'exclut ni le reproche, ni l'ironie, mais qui impose comme valeurs affectives la gratitude pour son état de bonne santé et de sauveté. On croirait entendre un prêcheur en train de fustiger le péché de désespoir[694] : « Qu'est ce ? Je ne vos oi mot dire ; / Don n'iestes vos haitiez et sains ? »[695]. Tandis que la dame recommande une conscience de soi lumineuse et reconnaissante – comme la sienne, peut-être, jamais troublée par le doute ou la culpabilité – le vilain ignore ce modèle et sombre dans son

[689] *Ibid.*, v. 120, p. 181.
[690] *Ibid.*, v. 120-121, p. 181.
[691] *Ibid.*, v. 147, p. 181, notre italique.
[692] *Ibid.*, v. 152, p. 182.
[693] *Ibid.*, v. 153, p. 182.
[694] Sur la gravité de ce péché, nous nous rapportons au point de vue de Thomas d'Aquin, qui affirme que le désespoir est la plus périlleuse des déchéances, assurant la ruine complète de l'âme, *Somme théologique*, Paris, Cerf, 1999, II a, Question 20, article 3, disponible en ligne sur le site http://docteurangelique.free.fr, consulté le 26 février 2015.
[695] *De la Sorisete des estopes*, dans le *Nouveau recueil complet des fabliaux*, éd. Willem Noomen et Nico van den Boogaard, tome VI, éd. cit., v. 154-155, p. 182.

mutisme ascétique, tout en se déchaussant lentement, avec l'air d'un homme qui suspend toutes ses quêtes.

Cet air boudeur, comparé à celui d'un ermite, colle parfaitement à la figure virginale et aux oraisons mal placées du vilain. L'inadéquation émotionnelle bat son plein : incapable de lire le signal érotique que l'épouse daigne lui transmettre, consistant en un geste accueillant, apaisant, voire attirant, « elle li hauce / La coverture et lieve en haut »[696], l'homme se conduit toujours aussi candidement. Dans son monde, il est simplement arrivé au point terminus de son ratage, et s'avère vaincu avec un dépit qui relève d'une émotionologie infantile, où l'aveu de l'échec est vu comme un apaisement acceptable, comme une situation où un garçon peut se montrer perdant devant une fille sans perdre contenance : « Je non, dame, je non, je non ! »[697]. La répétition montre à quel point la faculté d'expression émotionnelle du vilain est primitive, et à quel point il dérape de la *droite voie* vers sa propre satisfaction. À deux pas du *oïl* attendu de sa mariée, à un pas de la consommation fantasmée, il se fige dans le *non* obsessionnel d'un fiasco irréparable, mais attendrissant. Il ne voit pas que sa femme est désarmée par son comportement inoffensif, qu'elle est aussi amusée que disposée à lui offrir l'inespéré.

L'inattention à l'autre, l'aveuglement sur l'effet émotionnel de sa propre attitude, condamnent de nouveau le vilain à cet autisme qu'il montrait dès le début. Même quand la femme « lo prant entre ses braz »[698], charitablement encline à lui offrir non seulement le *debitum*, mais aussi un supplément de tendresse, le vilain reste noyé dans son dépit (tout à son obsession de la noyade animale) et s'abandonne à une colère vengeresse. Sa réalité émotionnelle n'investit pas le lit de ces connotations positives qu'avait, par exemple, le panier d'étoupes. La présence du corps de l'autre, l'appel à la communication intime, ne lui disent rien : seuls comptent le trophée perdu, et le droit – perdu aussi – au triomphe. Une absence animale tient plus de place, dans son monde, qu'une présence humaine.

L'analphabétisme émotionnel devient encore plus patent ; au lieu d'exprimer le désir, comme le demande le script du lit conjugal, le vilain exprime un appétit de destruction parfaitement déplacé : « Je lo foutroie, par ma foi, / Et voir en l'oil li boteroie, / Einsi que je lo creveroie / Por lo coroz que il m'a fait »[699]. Aveugle devant la démarche initiatique de sa femme, qui tâche de lui ouvrir les yeux sur le comportement susceptible d'amener le succès dans la vie sexuelle, il ne songe qu'à aveugler la souris. *Foutre* devient un synonyme de *crever*, l'acte sexuel un lieu de défoulement violent, où l'homme est actif et la femme passive.

Or, ce qui se passe, dans la réalité émotionnelle construite par le narrateur, intelligible comme telle au lecteur, est un malentendu d'ordre affectif : la femme mène un jeu digne de l'expression « navigation émotionnelle » de William M.

---

[696] *Ibid.*, v. 158-159, p. 182.

[697] *Ibid.*, v. 168, p. 182.

[698] *Ibid.*, v. 174, p. 182.

[699] *Ibid.*, v. 182-185, p. 182. Aveugler l'autre, quand on a été aveuglé soi-même par les soins de l'autre, prend l'aspect d'une vengeance sexuelle (assumée ?).

Reddy, et l'homme s'accroche à son code de conduite vindicatif, faussement dominateur, en essayant de « tenir as mains »[700] la (gardienne de la) *sorisete*.

Deux émotionologies s'affrontent sous la couverture : d'une part, le sexe est vu comme un règlement de comptes, de l'autre, comme une façon de partager un plaisir humain « tot soavet et belemant »[701]. Finalement, ce qui établit un certain équilibre relationnel est la démarche consolatrice et compensatrice adoptée par l'épouse. L'émotif anodin « ne vos chaille »[702], renforcé de gestes caressants, finit par se faire entendre. Au fond, ce que l'épouse propose est d'éviter tout ce qui est déplaisant, et d'embrasser la conviction que la peur et le désir ne vont pas bien ensemble. Le mode d'emploi du corps comme émotif légitime se fait de plus en plus précis : après l'attouchement du sexe féminin, censé rassurer le perdant sur la réalité des retrouvailles, il faut une caresse dompteuse. La femme adopte le langage émotionnel du vilain, en évoquant quelques stratégies censées favoriser la communication ; ainsi, pour éviter d'être *mordu*, *fui* ou *rejeté*, il suffit d' « aplanir » l'autre « don tot au mains »[703], en établissant un contact sécurisant pour les deux parties. Dans l'émotionologie qui prévaut, et qui est celle agréée par l'épouse, ce sont les mains (et non le pénis) qui doivent créer un lien entre les deux humains – des mains masculines, manipulées avec assez de féminité pour créer un common *ground* favorable à l'approfondissement du lien. Cet alphabet relationnel est compris de travers par le jeune écolier, qui y voit une réaffirmation de l'animalité du *con*... Ressurgissent, une fois de plus, ses angoisses animales, autour de l'imminence de l'attaque d'un chat...

Pour l'éternel vilain, « aplainer », c'est « flatter » plutôt que « caresser »[704]. Malgré ces incompatibilités lexico-épistémologiques, une leçon est enseignée et apprise : il peut exister une réalité émotionnelle commune dans la dyade conjugale la moins prometteuse, pourvu que la mansuétude, la bienveillance et le ménagement de l'autre donnent le ton à la communication (à titre de « feeling rule », comme le dirait Arlie Russell Hochschild[705]).

Une entente parent-enfant se met en place, au fur et à mesure que l'épouse encourage et guide l'époux à apprivoiser la *beste*, en lui conseillant la bonne façon de la « tenoier »[706] afin d'éviter de la « mal atorner »[707]. Cet acte tutélaire est placé,

---

[700] « Gel tain as mains. », *ibid.*, v. 193, p. 183.

[701] *Ibid.*, v. 191, p. 183.

[702] *Ibid.*, v. 175, p. 182.

[703] *Ibid.*, v. 194, p. 183.

[704] Les deux sens sont attestés ; voir Frédéric Godefroy, *Dictionnaire de l'ancienne langue française et de tous ses dialectes du IXe au XVe siècle*, tome I, éd. cit., p. 340.

[705] Voir Arlie Russell Hochschild, *The Managed Heart., op. cit., passim.*

[706] C'est le verbe retenu par l'édition Montaiglon-Raynaud, voir *De la Sorisete des estopes*, dans le *Recueil général et complet des fabliaux des XIIIe et XIVe siècles imprimés ou inédits*, éd. par MM. Anatole de Montaiglon et Gaston Raynaud, éd. cit., v. 180, p. 164. L'édition Noomen-Boogaard transcrit simplement l'imparfait de « tenir » : « teniiez », dans le *Nouveau recueil complet des fabliaux*, éd. Willem Noomen et Nico van den Boogaard, tome VI, éd. cit., v. 180, p. 182.

[707] *Ibid.*, v. 189, p. 182.

d'ailleurs, sous la puissance de « Deus », dès que l'idée d'un danger trophique se fait place dans l'esprit infantile du vilain. Une fois de plus, le texte signale le décalage émotionnel entre la perspective adulte, où l'humectation génitale est plutôt une source d'émotions positives, et la perspective enfantine, où l'humidité est une souillure associée à des émotions négatives. Des interjections comme « ha las ! » et « ahi ! » ponctuent vivement le regret et le reproche, sans toutefois atteindre à l'intensité de la colère initiale. Le vilain change de regard : dans sa nouvelle réalité émotionnelle, la vengeance n'est plus une option, la violence n'a plus cours ; pour un apprivoisement réussi, il faut des expressions émotionnelles indirectes, atténuées, favorisant l'empathie. Et d'appliquer la nouvelle émotionologie avec son ancienne candeur : « Com vos m'avez hui corecié ! / Mais ja par moi n'en iert grocié, / De ce que il est arosez »[708].

Ayant joui d'un traitement doux et parental de la part de sa femme, le *vilain* essaie de se comporter « soavet et belemant »[709] envers cette créature qui lui apparaît à présent comme une sorte d'alter-ego enfantin, vite fatigué « de core et d'aler »[710] dans ce milieu aquatique « o il chaï »[711]. Le mari semble prêt à devenir père, émotionnellement parlant : la tendresse et le désir de protéger l'autre, l'attention active et vigilante aux besoins d'un être plus fragile, l'y disposent d'une façon spectaculaire. Seulement, le succès éducationnel de l'épouse n'est pas complet : l'époux n'est toujours pas prêt à faire l'amour.

Abandonner une femme au moment où celle-ci est prête, émotionnellement, à consommer son mariage, est une traduction littérale de l'émotionologie de la délicatesse, prêchée justement par l'héroïne, à la suite de l'expérience érotique acquise avec un prêcheur plus digne de ce rôle.

Arrivé à ce point, le lecteur est en droit de se demander si cette compréhension infantile du message féminin, qui génère une réalité émotionnelle où l'homme apprend non seulement à exprimer son désir, mais aussi à le différer, n'est pas, en fait, une revanche nuptiale du « vilain sot »[712] sur cette femme qui « set plus que deiable »[713]. Et si l'homme en savait davantage ?

Le narrateur parle en homme et recommande une lecture aussi misogyne, au fond, qu'elle est admirative. Or, il est permis d'imaginer que le dénouement offre une certaine satisfaction au public masculin, en faisant en sorte que l'arrosé arrose l'arroseur… d'un peu de rosée. La revanche de la sottise émotionnelle est, justement, d'appliquer la loi du talion à cette vie sexuelle qui débute sous les auspices de l'hostilité : à la frustration, on répond par la frustration, à l'évitement, par l'évitement. Une fin de non-recevoir est donnée à ce mariage qui reste dans l'ignorance de « nul deduit q'apartenist / A feme »[714].

---

708 *Ibid.*, v. 207-209, p. 183.
709 *Ibid.*, v. 191, p. 183.
710 *Ibid.*, v. 212, p. 183.
711 *Ibid.*, v. 205, p 183.
712 *Ibid.*, v. 1, p. 178.
713 *Ibid.*, v. 214, p. 183.
714 *Ibid.*, v. 3-4, p. 178.

Le puceau du fabliau finit par imposer la chasteté dans son couple, tout en ayant l'air de s'intéresser, infantilement, à la bonne santé d'une *sorisete* à laquelle il croit toujours, d'une façon pour le moins étonnante... D'une part, il pense que c'est un animal qui aime prendre refuge dans l'herbe, malgré la rosée, de l'autre, il accepte facilement l'idée qu'il vit habituellement entre les jambes de sa femme ; pour un *vilain*, il est curieusement ignorant des habitats du monde campagnard[715]. Lorsque la caresse génitale porte son fruit de « rosée », le narrateur note malicieusement, comme pour indiquer, en clin d'œil, la possibilité d'une lecture autrement complice : « Si sant mout bien qu'il est moilliez »[716]. Aussi voit-on le « santir » faire pendant au « rien ne sot »[717] du début. La possibilité d'attribuer au *vilain* une certaine intelligence émotionnelle, qui l'avertisse sur l'état d'ouverture de l'autre à soi[718] et sur l'opportunité d'une communication érotique, prend corps au moment d'activation de la faculté de perception sensorielle (voire sensuelle). Ainsi, le mari serait éveillé à la réalité *fame* autant qu'à la réalité *sorisete*...

En fin de compte, et malgré la moralité pessimiste et misogyne, *li afaire* tourne à l'avantage des deux protagonistes : l'homme tient à l'écart les bêtes *douces* et fuyantes, la femme tient à distance son mari importun. Quant à la souricette, elle échappe à la menacc (*vilaine*) de la zoophilie[719]. La distance émotionnelle est optimale pour tout le monde, et chacun se sent rassuré au sujet de sa propre réalité.

Si le fabliau de la *sorisete* reste un texte comique, malgré l'avertissement final[720], c'est que la perte n'est pas aussi redoutable, émotionnellement. Quand le chat n'est pas là, il y a une souris de réserve[721], il y a une épouse réservée : l'insatisfaction est une étape dans l'initiation, que le rire aide à surmonter.

---

[715] Si le fabliau du *Fol vilain* reflète le même genre d'ignorance, incarnée toujours par une souris, il faut « traiter les deux séparément », comme le propose Nico van den Boogaard dans « Les fabliaux : versions et variations », *Marche romane*, 28, 1978, p. 156.

[716] *De la Sorisete des estopes*, dans le *Nouveau recueil complet des fabliaux*, éd. Willem Noomen et Nico van den Boogaard, tome VI, éd. cit., v. 203, p. 183.

[717] *Ibid.*, v. 2, p. 178.

[718] Cette humidité, en elle-même, renvoie à des clichés de bestiaire : « *according to the Bestiary, the mouse is actually born of damp earth ; and, in more popular medieval tradition, it subsequently shuns water and dew* », Brian J. Levy, *The Comic Text...*, *op. cit.*, p. 60.

[719] En effet, le sexe masculin devient, lui aussi, un animal, du spectre de la monstruosité, ce qui facilite les rapprochements même en cas d'incompatibilité chien-souris : le pénis devient « *some savage black dog-monster with red jaws* », *ibid.*, p. 61.

[720] Cet avertissement représente l'amplification typique d'un noyau proverbial banalisé par l'usage ; voir Élisabeth Schulze-Busacker, « Proverbes et expressions proverbiales dans les fabliaux », *Marche romane*, 28, 1978, p. 163-174.

[721] Le proverbe à évoquer à propos de cette situation serait plutôt *Quand le chat n'est pas à la maison, les souris jouent sur la table*, comme le rappelle, en lecteur anglophone (et amateur de paradoxes !), Brian J. Levy : « *the ironic truth is that while the mouse has been away, the cat has already been at play (in the person of the priest).* », *The Comic Text...*, *op. cit.*, p. 61.

S'il y a une émotion gagnante, dans ce jeu d'échecs, c'est le plaisir du bavardage affable, amical, presque nuptial. Les deux scènes au lit s'opposent, justement, par le rôle que la communication verbale tient dans le face-à-face nuptial. Tandis que la première scène est dominée par un vécu doublement douloureux, où la violence est sur le point d'éclater, la seconde est saturée verbalement, ce qui comble un besoin humain aussi essentiel que la sexualité, tout en maîtrisant les pulsions destructrices. Le « vilain » ne fait plus de vilenie : il parle de chats et de souris, et apprend à caresser ; quant à la « dame », elle ne rejette plus : elle parle de la beauté de la suavité, et apprend à tolérer son mari de plus en plus beau et suave.

Un *happy end* paradoxal se profile, aussi souriant que sceptique – l'harmonie conjugale reste possible, pourvu qu'elle intègre et surmonte les harmoniques extraconjugales… En même temps, les époux-lecteurs sont invités à surveiller leurs épouses (exclues du lectorat en voie d'initiation) afin d'éviter le sort du vilain, qui reste un exemple d'évasion féminine plutôt que d'initiation masculine. L'épilogue fait pleinement sentir l'écart entre l'amoralité joyeuse du texte de fiction et la morale tranchante de la réalité sociale. Pour préparer le retour au monde extratextuel, il faut suspendre le « transport narratif » et l'arc-en-ciel des nuances, afin d'accueillir, sans autre déluge, l'émotion de la circonspection.

Si les faux pas conduisent, dans les contes à rire, vers de vraies initiations, c'est que le spectre des possibles s'élargit, et la victime connaît un dépassement de soi à la fois triste et exemplaire. La femme a le rôle d'initiatrice seulement si elle se laisse persuader par des arguments matériellement parlants : ainsi en est-il d'Auberée, dont il faut acheter les soins, et de la *sorisete*, dont il faut plier les résistances par une vue charitable de l'animal noyé, vulnérable, égaré.

Les émotions transgressives cultivées par les fabliaux du triangle initiatique ne sont pas de nature à favoriser une évasion totale et irréversible : chacun rentre chez soi, et se dispose à être, selon le cas, une femme plus éveillée aux réalités du plaisir ou un mari plus éveillé à la réalité de sa femme.

Avec Auberée, émouvoir est une question de pouvoir ; insinuations, plats, boissons, chandelles de minuit, cris de jour, tout émotif est bon quand il s'agit de gagner sa vie en unissant deux corps obscurs, dans une danse attentivement orchestrée, qui suppose d'écarter et de rapprocher deux autres corps, cette fois sous le jour social le plus favorable.

Les tours de génie émotif de la femme-souricette comportent aussi des coulisses (extraconjugales) et une scène (conjugale) ; mais c'est la discrétion qui domine ici le spectre des émotifs féminins : un refus voilé, un ajournement suivi d'une escapade et d'une embrassade ; et, comme ponctuation érotique à peine notée par l'intéressé, un léger dévoilement au lit...

Tous ces jeux initiatiques se fondent sur l'alternance absence-présence, et conduisent à des moments explosifs, où la submersion est inévitable, et aboutit à un recadrage émotionnel et cognitif de la situation accablante. Des leçons nuptiales sont dispensées pour aider l'autre à pallier ses déficiences émotionnelles ; la résilience s'apprend, et la bêtise, dès qu'elle dépasse la bestialité, s'ouvre à des réalités émotionnelles autrement pertinentes. L'empathie n'est pas exclue dans ces fabliaux de l'évasion, où la distance a parfois la vertu de favoriser les efforts de reconnaissance et d'interprétation de l'altérité.

Si l'éducation sentimentale passe par une initiation libidinale, tous les chemins conduisent à la résignation souriante, au scepticisme, au savoir que seul le vécu émotionnel peut donner. Il est humain – et surtout féminin – d'errer, il est masculin de s'en consoler. D'autant plus facilement que toute errance conduit à l'inévitable retour au même.

… Et le jeu est à recommencer. Parfois, sous le jour d'une véritable joute, qui oppose les hommes et les femmes sur l'arène du lit, de l'église, du rêve. Partout, les faux pas font les bons appâts, et débouchent sur les plus belles voies émotives et narratives.

III.

Initiation
et confrontation

Prélude à la violence

Si les jeux de *jangle* et d'évasion excluent la violence grâce à la médiation des mots, des choses et des êtres, ce dernier chapitre invite à la découverte des situations où le viol et le rapt sont effectifs, incontournables, émotifs.

Pour que les fabliaux abordent de tels sujets tout en restant des « contes à rire », les conteurs ont trouvé des solutions fascinantes : dans un cas, tout est relativisé par le voile onirique, dans l'autre, par le travesti dramatique. Passer du sommeil à la veille, du masque de moine à celui d'épouse, devient malgré tout hilarant.

Malgré tout ?

Il faut compter avec des infractions que le code canonique punit sévèrement, des abus phallocratiques qui exigent des réparations humiliantes et conséquentes. La force biologique ou théologique du mâle (alpha ?) finit par être abolie, et une sorte de jubilation féministe éclate. Certes, il est trop tôt pour parler de féminisme, surtout dans le cas de ces héroïnes qui se révèlent assez dénuées du sens de l'honneur, de la réalité et de la vulnérabilité pour devenir des victimes faciles. Leur intelligence émotionnelle semble minimale, mais, en fin de compte, elles arrivent à maîtriser l'art des re-motivations émotives en triomphant, sur le plan symbolique, de leurs agresseurs. Justice est faite – émotionnellement parlant... Dans un cas, le violeur est violé, dans l'autre, le séducteur est (séduit et) éconduit ; plus important encore, l'équilibre relationnel est rétabli, et la liberté d'agir – et jouir – est rendue à la partie offensée. Le tout, par une offense tout aussi intense...

Le lecteur moderne peut bien se demander si offenser est une façon d'initier. Paradoxalement, les fabliaux semblent le suggérer : la demoiselle rêveuse resterait ignorante si son ami se contentait de rester un personnage onirique ; et la belle Denise, à son tour, réussirait son vœu de virginité si elle ne se laissait pas entraîner – échevelée – par Simon le cordelier. De nouveau, les faux pas sont nécessaires, sans pour autant être adultères. De nouveau, transgression est raison. Biologiquement – selon le bestiaire des fableors – les pucelles apprennent non seulement les lois de la pénétration à force de chocs et résurrections, mais aussi l'art sournois de la domination progressive, jouissive, décisive.

Les éventuelles auditrices de ces comédies de la violence peuvent rire à gorge déployée, puisque leurs héroïnes s'installent, en fin de compte, dans des positions que les hommes peuvent leur envier. Tant pis, suggèrent les auteurs, si l'émancipation se fait sous les auspices de la violation...

Du réveilleur recouché
et
de la Damoisele qui sonjoit

Le rêve et le récit *de La Damoisele qui sonjoit*[722] font retentir un rire élémentaire et sexué, qui colore familièrement le corpus des fabliaux. Selon une conception innéiste qui fait de la femme un génie du sexe (même quand elle est vierge !), le script du désir invite la sensibilité féminine à construire un monde où l'homme revêt une pertinence hautement érotique, voire exclusivement génitale. Le morcellement du corps mâle, favorisé par le cadre onirique, concentre le désir et instrumentalise le phallus en renversant le régime émotionnel de la phallocratie. Deux manuscrits du XIIIe siècle conservent cette histoire d'anticipation et d'agression : Paris, Bibliothèque Nationale de France, français, 837 et Berne, Burgerbibliothek, 354, en lui assignant un dénouement non seulement heureux, mais empreint d'une certaine exemplarité, qui va jusqu'à exposer aux dames une émotionologie du bonheur sexuel salutaire et involontaire. La clé de cette attitude face au viol n'est autre que le phallus : dans ces mondes possibles, le désir de l'autre se réduit au désir de l'autre-sexe.

Typiquement, la femme-de-fabliau réifie le pénis pour en faire un déclic fantasmatique, comme dans *Li sohaiz desvez* ou *Les .IIII. souhais saint Martin*. Il s'agit, le plus souvent, d'une femme qui connaît déjà l'expérience du plaisir et qui s'offre une vue choséiste sur les objets de son appétence. Dans notre fabliau, la situation s'éloigne premièrement de ce topos narratif : la consommation d'un lien n'est pas envisagée par l'héroïne comme la consommation d'un bien, mais plutôt comme un acte à accomplir ensemble, dans une concertation qui ne manque pas de pertinence affective et même élective : « Une damoisele sonjoit / Que uns bachelers qui *l'amoit* [...] / *avoeques li* se couchoit »[723]. Il est bien question, toutefois, d'une coucherie dans le rêve de la *damoisele*, mais aussi et surtout d'une orchestration entre le songe et la réalité de deux personnes. L'Autre demeure un Sujet, prêt à s'unir *avoeques* le Moi.

Un type différent, qui semble relever du spectre émotionnel du roman ou du lai courtois, se fait jour : celui de la demoiselle songeuse, pour laquelle les premiers

---

[722] Nous nous rapportons à l'édition Noomen-Boogaard et à certaines variantes retenues par l'édition Montaiglon-Raynaud.

[723] C'est la version retenue par l'édition Montaiglon-Raynaud qui nous semble ici rendre un tableau plus compatible avec le climat émotionnel du fabliau : les protagonistes sont déjà amants en esprit, avant de passer à l'acte. Voir *De la damoisele qui sonjoit*, *Recueil général et complet des fabliaux des XIIIe et XIVe siècles imprimés ou inédits*, éd. MM. Anatole de Montaiglon et Gaston Raynaud, tome V, Paris, Librairie des bibliophiles, 1883, v. 1-2 et 5, p. 208, nos italiques. L'édition concurrente implique que la demoiselle fabrique la relation de toutes pièces, et n'est guère aimée, en réalité, par ce parfait inconnu qui lui deviendra bientôt intime : « Une damoisele sonjoit / Que uns biaus bacheliers l'amoit / ...et avoque li se couchoit », *Nouveau recueil complet des fabliaux*, éd. Willem Noomen et Nico van den Boogaard, tome IV, Assen et Maastricht, Van Gorcum, 1988, v. 1-2 et 5, p. 53.

émois sensuels naissent dans l'orbite d'un sentiment à peine pressenti, mais irrésistible – l'amour. Il y a un grain de Psyché dans l'anonyme demoiselle du fabliau… ou, plus vraisemblablement encore, un grain de Melior, puisque le roman de Partonopeus de Blois est plus proche de cet horizon initiatique, nocturne et complice que révèle le texte[724].

Avant tout, l'homme du rêve, l'homme dont on rêve, est défini par son cœur autant que par son appartenance à une classe sociale (ici, la chevalerie)[725] : il ne peut être qu'« uns *bachelers qui l'amoit* »[726]. Comme Cupidon, il a donc une identité d'ordre subjectif, fondée sur une seule qualité – la faculté ou le savoir-sentir de l'amour, et l'exclusivité de cette orientation. De même que dans la triade antique (voir le cas de Lavine ou Médée), la pucelle semble rêver d'une intimité physique avec l'homme, avec l'aimant, avec le désiré…

Malgré ces élans nubiles et innocents, l'héroïne semble connaître déjà le scénario de cette intimité inter-sexuelle : comme dans le fabliau *De la damoisele qui ne poot oïr parler de foutre*, l'ingénuité cache un savoir insondable[727], que le lecteur doit premièrement supposer, ensuite scruter d'un œil de plus en plus compréhensif et enfin célébrer par le rire.

Le rite littéraire veut que la vierge brille d'abord par sa naïveté et qu'elle finisse par révéler tout un abîme de science sexuelle. La transition, pour être comique, doit survenir rapidement, au bout de quelques vers vivaces, où une cascade de verbes précipite le vécu de la (fausse) métamorphose. Le contraste doit être flagrant, hilarant, entre la passivité du début et l'activisme inventif de la fin : l'esthétique de la surprise invite à un divertissement conjointement cognitif et émotionnel. L'élève dépasse son maître, la pucelle son dépuceleur ; le sexe est simplement un contexte didactique, où les émotions violentes viennent à la fois s'alimenter et se dépasser.

---

724 Voir *Partonopeus de Blois*, éd. Joseph Gildea, Villanova, Villanova University Press, tome I, 1967, v. 1137-1145, p. 47. Ici aussi, l'intrus est un homme dans le noir, mais assez délicat pour attendre que sa « voisine » féerique constate elle-même sa présence, sans la lui imposer corporellement ou linguistiquement.

725 La condition de « bacheler » implique non seulement la jeunesse et l'inexpérience, mais aussi la vaillance, comme le montre l'adjectif « bachelereus » ou le nom « bachelerie », de la même famille lexicale. Voir Frédéric Godefroy, *Dictionnaire de l'ancienne langue française et de tous ses dialectes du IXe au XVe siècle*, tome I, p. 545. Pour Luciano Rossi et Richard Straub, le « bachelers » devient simplement un « écuyer ».

726 *De la damoisele qui sonjoit*, *Recueil général et complet des fabliaux des XIIIe et XIVe siècles imprimés ou inédits*, éd. MM. Anatole de Montaiglon et Gaston Raynaud, tome V, éd. cit., v. 2, p. 208, nos italiques.

727 La connaissance onirique, chère aux poètes romantiques, illustre le retour à l'unité originelle, *via* l'intuition ; « le sommeil est, en fait, une anamnèse par laquelle l'homme découvre sa propre identité, une modalité symbolique par laquelle l'âme perd l'existence pour retrouver l'être. », voir Puiu Ioniță, *Eminescu, de la poetic la divin (Eminescu, du poétique au divin)*, Iași, Doxologia, 2014, p. 193, notre traduction.

Dynamiques érotiques : éveil féminin, agonie masculine

Plus qu'un songe, le fabliau *De la damoisele qui sonjoit* raconte une histoire d'activation émotionnelle : la belle au bois dormant, coïtant[728]. En même temps, il suit la désactivation progressive de l'homme[729], sous le jour d'une passivité à laquelle le réduit l'exercice répété de sa propre virilité. L'illimitation des possibilités expressives de l'héroïne entraîne, justement, une limitation de celles de son visiteur nocturne[730].

Deux voies s'ouvrent à l'empathie du public – soit on épouse les émotions de la dormeuse, soit celles de l'éveilleur. À la fin du texte, le narrateur semble favoriser la première variante: « Et à ces dames qui ci sont / Les premiers qu'eles troveront / Soit autretel com cil fu : / Mout lor seroit bien avenu »[731] ; l'ensemble du récit se recentre alors sur l'expérience émotionnelle de la *damoisele*, qui devient un idéal d'*aventure* et de *trouvaille* sexuelles. L'hypothèse d'un mode d'emploi érotique à la portée des dames semble donc s'imposer : « peut-être l'auditoire était-il essentiellement composé de femmes, ce qui aurait poussé le récitant à leur porter un intérêt privilégié et à prendre parti pour elles plutôt qu'à s'appesantir sur leur débauche intrinsèque ».[732]

---

[728] La trame narrative de *La Belle au Bois Dormant* a des racines médiévales. En témoigne *Le Roman de Perceforest*, qui consere l'histoire de Zellandine et Troïlus, Voir *Perceforest. Un roman médiéval et sa réception*, dir. Christine Ferlampin-Acher, Rennes, PUR, 2012. Par ailleurs, ce motif est attesté dans la tradition religieuse ; il est diffusé, entre autres, par Guibert de Nogent, Bernard de Clairvaux et Thomas d'Aquin, qui mentionnaient que des femmes, notamment mariées, subissaient des interactions nocturnes avec des démons sexuels – succubes ou incubes – et développaient des liens plus ou moins volontaires avec ces derniers ; voir, par exemple, Paul Lacroix Jacob, *Curiosités de l'histoire des croyances populaires au Moyen Âge*, Paris, Adolphe Delahays, 1859, chap. « Les Démons de la Nuit », notamment p. 169-171.

[729] À l'époque, cette domination féminine (notamment coïtale) est vue comme une perversion, et elle est sévèrement condamnée par l'église. Voir Brian J. Levy, « Le dernier tabou ? Les fabliaux et la perversion sexuelle », *Sexuelle Perversionen im Mittelalter. Les perversions sexuelles au Moyen Âge*, éd. Danielle Buschinger, Greifswald, Reineke, 1994, p. 114-115.

[730] Il s'agirait de la fantaisie médiévale de l'incube, voir Thomas D. Cooke, « Pornography, the Comic Spirit, and the Fabliaux », *The Humor of the Fabliaux*, *op. cit.*, p. 155.

[731] *De la damoisele qui sonjoit*, *Recueil général et complet des fabliaux des XIIIe et XIVe siècles imprimés ou inédits*, éd. MM. Anatole de Montaiglon et Gaston Raynaud, tome V, éd. cit., v. 75-78, p. 210. Ici encore, l'édition du XXe siècle privilégie une vision à dominante onirique : « Et a cez dames qui ci sont, / Lo premier que il *songeront*, / Soit autresi com cel fu : / Mout lor seroit bien avenu ! », *La Damoisele qui sonjoit*, dans le *Nouveau recueil complet des fabliaux*, éd. Willem Noomen et Nico van den Boogaard, tome IV, éd. cit., v. 71-74, p. 55, notre italique. Il s'agirait donc, avant tout, d'une aventure dérivant directement du courage de rêver…

[732] Sur la possibilité que les dames soient les destinataires de choix des fabliaux, ou au moins d'une partie considérable des fabliaux, voir Marie Cailly, *Les fabliaux, la satire et*

Néanmoins, comme le moi du narrateur surgit dans les derniers vers sur le mode du désir, pour faire corps avec le personnage masculin[733], un certain équilibre est assuré entre les pôles phénoménologiques du fabliau : « Ensi torna son sonje a bien. / Autresi face a moi lo mien »[734]. Chacun a droit à l'assouvissement rêvé d'un vœu bien réel. *Torner a bien* est un clin d'œil à la réussite du héros – ombragée tout de même par l'impuissance finale – et au triomphe de l'héroïne – pragmatique et efficace. Cette double perspective promet un élargissement créatif de l'expérience sexuelle, en invitant tantôt au fantasme féminin, tantôt à la réalité masculine, dans un va-et-vient qui relativise les deux points de vue, et débouche sur un vécu conjointement jouissif.

Tout commence avec un sommeil qui transporte l'être, en le dérobant à son environnement physique et social.

Assoiffée d'amour et d'intimité, une vierge s'élance à corps perdu sur la longueur d'onde du bleu. Sa fantaisie érotique se construit autour d'un *bachelers* aimant, qui n'est pas un simple porteur de *vit* : il porte avant tout « une cote de pers »[735], un statut, un rôle de prétendant épousable, aimant et aimable. Le bleu est une couleur noble, qui enveloppe le jeune homme d'un halo lointain et mystérieux. « Les armoiries familiales des Capet (fleurs de lys sur fond d'azur) deviennent l'emblème du roi de France vers 1130 »[736], lorsque « le bleu devient royal : c'est la couleur du légendaire roi Arthur »[737]. Par ailleurs, le *pers* est un tissu qui donne à la couleur tout son prix, en lui assignant une place aux côtés de la soie[738].

Significativement, l'homme rêvé est un individu anonyme, mais socialement déterminé : habillé. Il n'est pas un corps, mais plutôt un acteur social qui a son chemin à faire dans la vie, mais qui sait s'arrêter lorsqu'il croise une *damoisele*, la *damoisele* aimée.

Malgré ces prémisses amoureuses, la rencontre onirique n'a rien d'un rendez-vous. Elle semble, au contraire, créer une rupture dans le cheminement de la jeune fille, en figurant l'intrusion d'un Autre, d'un Ailleurs : le bachelier vient « d'entort et de travers »[739], ce qui implique le franchissement d'un espace-seuil

---

son public. L'oralité dans la poésie satirique et profane en France, XIIe-XIVe siècles, Cahors, La Louve, 2007, p. 174.

733 Sur le conteur de fabliaux et son implication subjective, voir Michel Zink, *La Subjectivité littéraire. Autour du siècle de saint Louis*, Paris, PUF, 1985, p. 92-106 .

734 *La Damoisele qui sonjoit*, dans le *Nouveau recueil complet des fabliaux*, éd. Willem Noomen et Nico van den Boogaard, tome IV, éd. cit., v. 69-70, p. 54-55.

735 *Ibid.*, v. 3, p. 53.

736 Michel Pastoureau, *Bleu. Histoire d'une couleur*, Paris, Seuil, 2000, p. 60.

737 *Ibid.*, p. 57.

738 Voir Frédéric Godefroy, *Dictionnaire de l'ancienne langue française et de tous ses dialectes du IXe au XVe siècle*, tome I, éd. cit., tome VI, p. 112.

739 Dans la traduction de Ned Dubin, il s'agit d'aller sur un chemin qui ne mène pas droit au but, et qui doit rester secret : « *a roundabout and secret way* ». Voir l'édition et la traduction en anglais de Ned Dubin, *La Damoisele qui songoit / The Dreaming Damsel*, disponible en ligne sur le portail de l'Université East Carolina, États-Unis,

« d'une extrémité à l'autre dans le sens de la largeur »[740]. La trajectoire prépare la pénétration, et suggère le manque d'obstacle physique et moral, la facilité d'une traversée qui est aussi une transgression ; par ailleurs, le manuscrit 354 de la Burgerbibliothek de Berne use de la forme « de tort et de travers »[741] et préfère le verbe « entrer » pour rendre compte de la dynamique du personnage : « Entra icil en la maison »[742]. Il est question d'un double seuil : celui du rêve et celui de la féminité vue comme une forme de dedans[743].

Le silence et l'obscurité sont des dimensions de la réalité avec lesquelles cet homme surgi du rêve féminin doit composer : aussi se borne-t-il à *quérir* son amie – « Tant *quist* que il *trova* lo lit »[744], en tâtant probablement meuble par meuble, et en évitant de faire du bruit ou d'allumer la lumière. Curieusement, personne n'entend le pas de l'intrus, ni l'éventuel grincement de la porte durant l'effraction.

Les lois physiques sont tacitement suspendues, en faisant place à un univers autre, onirique ou littéraire sinon science-fictionnel. On dirait qu'il s'agit de ce « mouvement violent » d'un corps dans le vide qui intriguait les philosophes médiévaux sensibles à la notion d'*impetus* de Jean Philoponus : le héros semble mû par une énergie incorporelle comparable à celle de la lumière, qui ne trouve aucune résistance... Sous ce jour invraisemblable[745], les émotions de l'effraction sont d'autant plus excitantes ; elles traduisent l'impondérabilité, le flou, l'inexplicable

---

http://myweb.ecu.edu/sidhun/La%20Damoisele%20qui%20songoit.pdf, consulté le 4 mars 2015.

[740] Tel est le sens de l'expression « de travers » au seuil du XIIIe siècle, d'après la rubrique « Étymologie et histoire » de l'article « travers » du *Trésor de la langue française informatisé du Centre National de Ressources Textuelles et Lexicales*, disponible en ligne sur le site http://www.cnrtl.fr/definition/travers, consulté le 4 mars 2015.

[741] Voir les Notes du fabliau *De la damoisele qui sonjoit*, *Recueil général et complet des fabliaux des XIIIe et XIVe siècles imprimés ou inédits*, éd. MM. Anatole de Montaiglon et Gaston Raynaud, tome V, éd. cit., p. 369. Luciano Rossi et Richard Straub traduisent cette expression par « on ne sait d'où », voir *De la damoisele qui sonjoit*, dans *Fabliaux érotiques. Textes de jongleurs des XIIe et XIIIe siècles*, éd. Luciano Rossi et Richard Straub, éd. cit., p. 83.

[742] Voir les Notes du fabliau *De la damoisele qui sonjoit*, *Recueil général et complet des fabliaux des XIIIe et XIVe siècles imprimés ou inédits*, éd. MM. Anatole de Montaiglon et Gaston Raynaud, tome V, éd. cit., v. 7, p. 369. Ce sont aussi les variantes retenues par l'édition Noomen-Boogaard, v. 4 et 7, p. 53.

[743] Dans la traduction de Luciano Rossi et Richard Straub, cette audace ou impertinence est bien dépeinte stylistiquement : « *le voilà* qui entra dans la maison », *De la damoisele qui sonjoit*, dans *Fabliaux érotiques. Textes de jongleurs des XIIe et XIIIe siècles*, éd. cit., v. 7, p. 83, nos italiques.

[744] *La Damoisele qui sonjoit*, dans le *Nouveau recueil complet des fabliaux*, éd. Willem Noomen et Nico van den Boogaard, tome IV, éd. cit., v. 9, p. 53, nos italiques.

[745] Sur les rapports de Jean Philoponus avec la philosophie d'Aristote, et la possibilité d'un mouvement dans le vide, voir Edward Grant, *Physical Science in the Middle Ages*, Cambridge, Cambridge University Press, 1971, p. 49. Au XIIIe siècle, Roger Bacon et Thomas Aquinas contestaient l'existence d'un « impetus » incorporel.

du rêve : « Ausi comme en songe estoit, / En va celui en sa maison, / Si c'onques ne li oï on »[746]. La dynamique du glissement invite le lecteur à accepter les coordonnées d'un univers où la jouissance promet d'être abritée, catalysée, et libre de toute conséquence. Un espace vide, qui reste, justement, à configurer.

Voleur ou violeur, l'homme habillé est impossible à arrêter. En outre, il ignore les rites de passage : malgré la noblesse de son attirail[747], il enfreint les normes de la sociabilité sans le moindre scrupule et ne s'attarde pas à des détails comme la salutation ou le prélude. Il incarne une excitation solitaire et préméditée, pour ainsi dire ; simple sujet en quête d'un objet (rêvé ?), dès qu'il le trouve, il le prend.

Après le glissement, c'est le bond qui répond à la cinétique du mâle : entrer, sauter sont des mouvements qui traduisent ici une nature plus qu'une culture. Toutefois, le fabliau communique, plus ou moins subtilement, avec d'autres espaces littéraires, notamment celui du roman. Un signe livresque qui ne trompe pas est, justement, cet algorithme qui consiste à prendre son élan, pieds joints, et à bondir pour rejoindre l'amie dans son lit : il incarne bel et bien l'avatar comique du Tristan de Béroul, lors de la nuit du flagrant délit[748]. Ici, il n'y a ni roi ni nain aux aguets, mais le réflexe sauteur demeure : il est plus expressif, pour traduire l'intensité d'une émotion érotique, de recourir à une gymnastique à visée verticale que d'opter pour l'avancée horizontale. L'homme advient, sur-vient dans l'univers de la femme. Comme Tristan lorsqu'il s'élance par-dessus le piège de la fleur de farine, le visiteur nocturne doit s'arracher à une situation socialement déterminée pour se projeter dans un script émotionnel qui est celui de l'intimité.

Dans le cas de Tristan, la plaie s'ouvrait et saignait, en offrant un contrepoint possible au plaisir. Ici, comme pour se distancier comiquement de l'amant de roman, le héros est parfaitement sain, et même au plus fort, au plus carré de sa santé. Surtout, il s'accorde à la jouissance tout naturellement, dans chacune de ses fibres, et cela sans avoir le moindre recours à la magie. L'amour seul – puisqu'il est dit que ce personnage, du moins dans le rêve, *amoit* la demoiselle – lui sert de force motrice. Mais le verbe *amer* se charge ici d'un sens avant tout corporel, et l'*impetus* initial impulse une simple érection : « vit a roit »[749].

---

[746] *De la damoisele qui sonjoit*, *Recueil général et complet des fabliaux des XIIIe et XIVe siècles imprimés ou inédits*, éd. MM. Anatole de Montaiglon et Gaston Raynaud, tome V, éd. cit., v. 6-8, p. 208. L'édition Noomen-Boogaard préfère la précision simultanéiste : « Ensin com ele ce sonjoit, / Entra icil en la maison, / Si c'onques ne l'oï nus hom », *La Damoisele qui sonjoit*, dans le *Nouveau recueil complet des fabliaux*, éd. Willem Noomen et Nico van den Boogaard, tome IV, éd. cit., v. 6-8, p. 53.

[747] Chez Ned Dubin, le bachelers (*young man*) est « *clad in rich purple* », éd. et trad. cit., v. 4.

[748] Dans ce sens, voir la note 12 de l'édition de Luciano Rossi et Richard Straub, p. 82, qui juxtapose les textes de référence sous un jour éclairant. C'est surtout le moment du saut qui rattache les deux textes de façon spectaculaire : « Les piez a joinz, esme, si saut, / El lit le roi chaï de haut », Béroul, *Le Roman de Tristan*, éd. cit., 729-730, p. 56.

[749] *De la damoisele qui sonjoit*, *Recueil général et complet des fabliaux des XIIIe et XIVe siècles imprimés ou inédits*, éd. MM. Anatole de Montaiglon et Gaston Raynaud, tome V, éd. cit., v. 14, p. 208. Dans l'édition Noomen-Boogaard, « li pautoniers estoit aroit »,

En second lieu, les émotions qui émergent lors de cette activation physique relèvent d'un contexte compatible, en principe, avec la vie courtoise ; une élégance fondée sur la retenue, mais aussi sur l'habileté (*cointes*), une perspective optimiste sur l'issue de l'interaction (*liez*), ainsi qu'une ouverture positive et audacieuse à l'autre (*baud*) colorent le potentiel social de ce mâle bien tourné : « Et mout ert cointes, liez et baud »[750]. Il s'agit donc d'un homme qui est censé avoir revêtu non seulement la cote de *pers*, mais aussi l'émotionologie d'une classe, sa sociabilité affable, bienveillante, maniérée, confiante[751].

L'assurance et la maîtrise, ainsi que l'intrépidité conviennent, par ailleurs, à un individu qui est en éveil non seulement au niveau génital, mais aussi au niveau de la présentation de soi. En termes goffmaniens, on dirait que le protagoniste est prêt à faire bonne figure (*biau semblant*), qu'il porte haut sa face, conscient des atouts de sa personne et prêt à assumer sa ligne de conduite[752]. Ceci reste possible même s'il s'agit d'une effraction (suivie d'une in-fraction).

Seulement, le narrateur relativise cette vue, en caricaturant le *semblant* de cet acteur courtois qui devient, d'un vers à l'autre, « Li pautoniers qui vit a roit »[753]. Certes, il est rare qu'un homme soit en même temps « cointe » et « pautoniers »,

---

La Damoisele qui sonjoit, dans le *Nouveau recueil complet des fabliaux*, éd. Willem Noomen et Nico van den Boogaard, tome IV, éd. cit., v. 14, p. 53.

750 *De la damoisele qui sonjoit*, *Recueil général et complet des fabliaux des XIIIe et XIVe siècles imprimés ou inédits*, éd. MM. Anatole de Montaiglon et Gaston Raynaud, tome V, éd. cit., v. 14, p. 208, v. 11, p. 208. L'édition Noomen-Boogaard, qui suit le manuscrit de Berne, donne « Et mout ert cointes lo ribaut », *La Damoisele qui sonjoit*, dans le *Nouveau recueil complet des fabliaux*, éd. Willem Noomen et Nico van den Boogaard, tome IV, éd. cit., v. 11, p. 53. Voir aussi l'édition de Luciano Rossi et Richard Straub, v. 11, p. 82, fidèle au même manuscrit.

751 Pour Ned Dubin, toutefois, « cointes » peut se traduire simplement par « *lusty* », tandis que Luciano Rossi et Richard Straub proposent la traduction « fougueux ». Selon Frédéric Godefroy, « cointe » est avant tout « habile, sage, prudent », ensuite « brave, vaillant », mais aussi « propre, net, bien soigné, élégant, coquet » ; voir *id.*, *Dictionnaire de l'ancienne langue française et de tous ses dialectes du IXe au XVe siècle*, tome II, éd. cit., p. 173-174.

752 « On peut définir le terme de *face* comme étant la valeur positive qu'une personne revendique effectivement à travers la ligne d'action que les autres supposent qu'elle a adoptée au cours d'un contact particulier. La face est une image du moi délinéée selon certains attributs sociaux approuvés », Erving Goffman, *Les Rites d'interaction*, trad. Alain Kihm, Paris, Minuit, 1974, p. 9. Dans le noir, le jeune héros, dirait le même chercheur, « pénètre dans une situation où [il] reçoit une certaine face à garder », ce qu'il fait, à sa façon, en maîtrisant « son corps, ses émotions » et leurs expressions, *ibid.*, p. 13. Comme sa ligne de conduite est celle d'un amant (soupirant ou déjà suppliant), le protagoniste peut se permettre certaines performances qui relèvent de la sphère érotique – et passer au stade d'amant agréé... Sur les stades de la relation érotique selon les troubadours, voir René Nelli, *L'érotique des troubadours...*, tome I, *op. cit.*, p. 179.

753 Voir plus haut, *De la damoisele qui sonjoit*, *Recueil général et complet des fabliaux des XIIIe et XIVe siècles imprimés ou inédits*, éd. MM. Anatole de Montaiglon et Gaston Raynaud, tome V, éd. cit., v. 14, p. 208.

élégant[754] et grossier. C'est ce défi que le héros représente, comiquement : agent émotionnel ambigu, il se situe tantôt du côté de l'amour et du bon ton sociétal, tantôt du côté de la vilenie la plus flagrante. Après tout, le *pautoniers* est souvent un valet, avant d'être (par extension) un « homme sans profession et sans aveu », un « souteneur de tripot, de taverne, de mauvais lieu » ou tout simplement un « coquin, scélérat, homme dur, prêt à tout faire »[755]. La cote de *pers* pâlit, ainsi que l'éclat de cette galanterie aimante que le songe projetait.

Ce qui suit est un spectacle univoque, phallocentrique. Le jeune homme – chevalier, écuyer ou valet – est prêt à dominer érotiquement une femme endormie, passive, absente ; son code d'interaction dyadique lui permet d'assaillir un adversaire désarmé. Féminin. Et apparemment vierge !

Pendant cette (inter ?)action qui ne la concerne pratiquement pas comme personne, la demoiselle rêve d'une consommation partagée, où l'homme aimant n'a rien d'un *pautoniers*.

Une intimité paradoxale se construit dans chacun des deux mondes : aux yeux (fermés) de la femme, on *se couche avoeques* l'autre, amoureusement ; aux yeux (ouverts dans le noir ?) de l'homme, on *embronche* l'aimée, dans un esprit de confirmation belliqueuse de sa propre virilité. Deux coucheries s'accomplissent dans ces monades, et chacun des héros est content de soi, à part soi. Le plaisir est partagé d'un côté, volé de l'autre. La femme se sent bien aimée, l'homme se sent bon aimant ; la seule manifestation d'amour validée par la narration est le sexe (le *foutre*). Les émotions du moi sont positives, à l'unisson, malgré le manque de communication : une sorte de « résonance » émotionnelle se met en place, et les corps se disent oui dans l'inconscience[756].

Au fond, les deux solitudes s'offrent une sorte de *delectatio morosa* qui n'a rien d'abouti, dans une vision moderne, puisqu'elle n'aboutit pas à la réalité de l'autre. Toutefois, le narrateur suggère autre chose : le désir confus de la vierge fonctionne comme un appel subliminal lancé à l'homme, qui l'entend et accourt, avec la force et le naturel d'un fantasme. Il y a une communion – malgré l'absence d'échanges conscients – qui brouille les contours entre sujet et objet ; tantôt on dirait que l'homme court et saute pour répondre à l'invitation de la femme, tantôt

---

[754] Nous retenons, pour la version du manuscrit français 837 de la Bibliothèque Nationale, la traduction *élégant* pour *cointe*, qui nous semble la plus compatible avec l'attirail du *bachelers* rêvé. Au fur et à mesure que le texte avance, l'élégance diminue jusqu'à frôler l'indigence.

[755] Voir l'article « pautonier » dans Frédéric Godefroy, *Dictionnaire de l'ancienne langue française et de tous ses dialectes du IXe au XVe siècle*, tome VI, éd. cit., p. 49. Voir aussi la thèse de Marie-France Collart, « L'Univers de la prostitution dans les fabliaux et sa représentation : le point de vue d'un genre », thèse citée, p. 89 et 141.

[756] « Sans passer par le mental, les corps peuvent communiquer directement. Ils se mettent en résonance et ressentent ce qui se passe dans l'autre. […] Cette mise en résonance des corps est plus sensible dans l'excitation corporelle » et révèle un aspect intéressant de « ce fait social total qu'est le corps », Marc-Alain Descamps, *Le langage du corps et la communication corporelle*, *op. cit.*, p. 214-215.

que la femme finit par s'éveiller pour répondre au message (réitéré) de l'homme. La quête est réciproque, au fond, suggère la voix narrante, en insinuant qu'il y a un lien causal entre le désir de l'un et l'acte de l'autre. Télépathie ? Empathie ?

Certes, le lecteur (et surtout la lectrice) moderne dira : viol. Mais l'interprète doit tâcher de faire sens du contexte de l'époque, et de se demander dans quelle mesure un tel jugement est pertinent en la circonstance. C'est le rire, plutôt, qui est invité par le contraste entre l'activité laborieuse de l'un – « La prent, et la courbe, et l'embronche »[757] – et la passivité inébranlée de l'autre – « Et cele dort toz jors et fronche »[758]. Un rire d'autant plus éclatant qu'il fait converger, dans le lit du rêve / de l'assaut, deux types d'émotions à valence probablement positive : le fantasme érotique et l'extase du conquérant. Il y a donc une synchronisation – syntonisation qui révèle un type inouï de communion émotionnelle, où deux individus éprouvent une satisfaction causée par l'existence de l'autre, même si cette altérité se construit sur des projections plutôt que sur des réalités.

On pourrait, certes, se demander s'il est pertinent d'attribuer une émotion positive – relevant du plaisir érotique en contexte onirique – à quelqu'un qui est non seulement réduit à l'inactivité physique, mais même à l'instrumentalisation par autrui. Le narrateur ne craint pas ce défi : l'émotion peut bien être ressentie sur le mode de l'absence au monde. Par ailleurs, les penseurs modernes le suggèrent aussi : le « manque de présence phénoménale » n'annule pas la réalité des émotions[759]. Les états mentaux inconscients n'en sont pas moins vrais…

En outre, le narrateur de notre fabliau retient un indice qui attire bruyamment l'attention du lecteur : la vierge… « fronche »[760]. Autrement dit, la « damoisele » ronfle ! Comme un homme. Comme Tristan quand il imite le sommeil pour échapper aux soupçons de Marc[761]. Elle émet donc autre chose que des pensées oniriques : son corps n'est pas complètement absorbé ailleurs… Par ailleurs, le

---

[757] *De la damoisele qui sonjoit*, *Recueil général et complet des fabliaux des XIII*^e^ *et XIV*^e^ *siècles imprimés ou inédits*, éd. MM. Anatole de Montaiglon et Gaston Raynaud, tome V, éd. cit., v. 15, p. 208. La version Noomen-Boogaard est ici légèrement différente, notamment dans la juxtaposition des verbes : « Si la prant et corbe et enbronche », *La Damoisele qui sonjoit*, dans le *Nouveau recueil complet des fabliaux*, éd. Willem Noomen et Nico van den Boogaard, tome IV, éd. cit., v. 15, p. 53.

[758] *De la damoisele qui sonjoit*, *Recueil général et complet des fabliaux des XIII*^e^ *et XIV*^e^ *siècles imprimés ou inédits*, éd. MM. Anatole de Montaiglon et Gaston Raynaud, tome V, éd. cit., v. 16, p. 208.

[759] Voir l'article de John Deigh, « Concepts of Emotions in Modern Philosophy and Psychology », *The Oxford Handbook of Philosophy of Emotion*, éd. Peter Goldie, New York, Oxford University Press Inc., 2010, notamment au sujet des « passions calmes » de David Hume, p. 21-22.

[760] Le manuscrit de Berne préfère le verbe « roncher », qui est univoque : il signifie exclusivement « ronfler ». C'est le choix de l'édition Noomen-Boogaard, *La Damoisele qui sonjoit*, dans le *Nouveau recueil complet des fabliaux*, éd. Willem Noomen et Nico van den Boogaard, tome IV, éd. cit., v. 16, p. 53.

[761] « Tristan faisoit / Senblant conme se il dormoit, / Quar il ronfloit forment du nes », Béroul, *Le Roman de Tristan*, éd. cit., v. 759-761, p. 58.

lexique de l'ancien français permet de lire le verbe *froncher* sous un jour plus actif. En effet, il renvoie non seulement au bruit involontaire du dormeur (ou, plus rarement, de la dormeuse), mais aussi à l'opposition plus vigoureuse d'un corps qui se refuse. Peut-être le ressenti de la dormeuse est-il hybride, se plaçant à la fois sous le signe du plaisir et sous celui de la réticence... Le conteur (du manuscrit français 837 de la Bibliothèque Nationale, suivi par l'édition Montaiglon-Raynaud) concède à la demoiselle la possibilité de se montrer *revêche*, même si elle n'arrive pas à s'activer suffisamment pour émettre des bruits articulés, qui rendent le message explicite. Une aura d'animalité *revêt* la rêveuse féminine, qui se démène hors-la-langue.

Textuellement, cette faible activation physique, minimalement humaine, se traduit par une immobilité qui confine à l'insensibilité : « .III. fois l'a foutue en dormant ; / Que n*e se mut ne tant ne quant* »[762]. Certes, l'invraisemblance est un ressort comique familier aux lecteurs de fabliaux[763] ; toutefois, elle est si criante (ou ronflante) par moments, qu'elle invite à relativiser la compréhension du texte. Dans ce fragment particulier, la triple pénétration d'une vierge en bonne santé devrait produire au moins une réaction physiologique. La douleur, suivie d'un certain soulagement, est attendue en la circonstance – du moins dans des romans comme *Érec et Énide*, où la nuit de noces est présentée comme une partie de bravoure pour l'héroïne aimante et vaillante[764]. Si aucun signal ne se fait entendre – à part ce ronflement monotone et peut-être saccadé à cause des mouvements induits par le corps de l'homme – cela suggère que l'action de l'homme n'est pas très vigoureuse, malgré ces qualités physiques si vantées au commencement du récit. Un certain nombre de fabliaux invitent à penser que le besoin de stimulation féminin surpasse presque toujours les possibilités érotiques masculines, même en contexte amoureux et consensuel (voir les exigences épuisantes de *Morel* et de *Porcelet*). Insaturé par excellence – et par préjugé masculin – le désir serait l'émotion typique de la femme-de-fabliau. Il faut donc plus que .III. tentatives (réussies) pour qu'elle s'en ressente. C'est à la *quarte* qu'elle cesse de ronfler et de dormir (si le sommeil reste une hypothèse plausible dans ce monde de fiction).

---

762 *De la damoisele qui sonjoit*, *Recueil général et complet des fabliaux des XIIIe et XIVe siècles imprimés ou inédits*, éd. MM. Anatole de Montaiglon et Gaston Raynaud, tome V, éd. cit., v. 17-18, p. 208, nos italiques. L'édition Noomen-Boogaard conserve un adverbe qui ponctue ce cas exceptionnel : « ainz [ne se mut] », *La Damoisele qui sonjoit*, dans le *Nouveau recueil complet des fabliaux*, éd. Willem Noomen et Nico van den Boogaard, tome IV, éd. cit., v. 18, p. 53.

763 Voir Ewa Dorota Zolkiewska, « L'expression des émotions dans les fabliaux d'adultère », *Traduire l'émotion,* Actes des colloques de Cracovie (octobre 2001) et de Louvain /Anvers (juin 2002), études réunies par Jan Herman, Nathalie Kremer, Marcela Świątkowska, Liège, Céfal, 2004, p. 38.

764 L'érotique d'Énide est véritablement héroïque : « Tot soffri, que que li grevast », Érec et Énide, dans *Chrétien de Troyes, Romans suivis de Chansons avec, en appendice, Philomena*, éd. cit., v. 2101, p. 126.

Certes, il est impossible de savoir si la Belle-au-bois-dormant simule ou non le sommeil (comme la Fiona de Shrek) afin de mieux appréhender le baiser attendu. Le ronflement, s'il est en effet un clin d'œil à *Tristan* (de même que le geste de joindre les pieds avant de sauter), peut accréditer l'idée d'une feintise. Technique de camouflage masculine, cet acte de langage (paraverbal) prépare le terrain à la masculinisation progressive de la demoiselle, dans la mesure où l'initiative et l'activisme sont vus comme des attributs mâles.

Après le sommeil des sens et l'approfondissement onirique, le script émotionnel de la *damoisele qui sonjoit* exige une scène d'éveil à soi, à l'autre, à l'amour – une séquence de reconnaissance, qui passe par l'activation de la faculté cognitive et qui conduise, en toute douceur, sinon en tout honneur, à l'octroi de ce qui était d'abord pris de force.

Aussitôt que les yeux de l'héroïne s'ouvrent et *choisissent* (aperçoivent) le nouveau-venu, une évaluation de la situation se met en place : il n'est pas sûr qu'elle ait reconnu en lui son propre amoureux, mais il est hors de doute que l'image de cette intrusion nocturne est jugée d'un œil âprement moralisateur. Cette évaluation est tout de suite verbalisée, comme pour montrer que l'éveil mobilise automatiquement l'intellect. Elle recadre l'interaction de façon véhémentement négative, tout en retenant son interlocuteur auprès d'elle. Il y a un conflit de plus en plus évident entre le refus linguistique tranchant et le message corporel coulant, entre la gifle audible et la main qui prend l'autre pour cible.

Constatée immédiatement, sans diagnostic chromatique ou tactile, la défloration est vue comme une perte à réclamer, à dédommager. La femme semble vivement affectée, et son pouls émotionnel s'accélère au fur et à mesure qu'elle se livre à des actes de parole contradictoires, comme la réclamation et l'invitation, le défi, l'insulte et l'invocation de Dieu, l'allusion aux parents ou la fausse auto-dénigration. Il est clair que la réactivité de la jeune femme est haute et protéiforme.

Une certaine labilité psychique, propre à illustrer littérairement la jeunesse et ses premières pulsions-en-situation, se fait jour ; elle est si ample et imprévisible dans ses manifestations, qu'elle pourrait passer pour de la versatilité. Soit l'héroïne est vraiment confuse, à cause d'un éventuel choc post-défloratoire, soit elle veut rendre l'autre confus, le désarmer. Son hyperactivité verbale est frappante, à côté du laconisme de son interlocuteur. La demoiselle refuse d'être une simple patiente dans ce jeu initiatique, et sait que la perte de la virginité n'est pas une maladie ; quitter la passivité la conduit à tâcher de jouer le metteur en scène de cette rencontre. Elle a tous les scripts à sa portée, et s'active tour à tour pour les éprouver sur son partenaire : mari ? amant de fortune ? violeur puni ? bien-aimé réprimandé ? client d'une couturière, prêt à troquer son sexe pour un bout de toile ?

La demoiselle est fiévreusement éveillée, et furieusement créative ; ses scénarios se greffent sur des émotions aussi riches et variées que l'aspiration sociale, le désir, la crainte d'une frustration, la haine vengeresse, la colère, la tendresse à accents didactiques, la convoitise vénale, l'indignation, la jubilation justicière ; pour décider lequel de ces scénarios émotionnels doit avoir le dessus, elle attend les réactions de son partenaire, dans un dialogue sous-jacent qui se poursuit à son avantage, grâce à une dose surprenante d'intuition et de disponibilité (pulsionnelle, émotionnelle, cognitive) au changement.

La première solution envisagée pour rétablir l'équilibre après le dépeçage du *parc* est le mariage, qui fait figure de réflexe régulateur, au même titre que l'évocation de l'évêque. Pour donner un cours « droiturier »[765] à l'interaction, sans s'attarder à de plus amples réflexions, la demoiselle attrape donc le damoiseau et le menace lourdement ; elle n'est pas prête à accepter, dirait-on, une déclaration d'amour lâche et furtive, et se montre prête à la traiter comme on le ferait d'une vraie infraction sexuelle, malgré le contexte créé par cet amour dont le bachelier serait animé, aux dires du conteur.

L'ambiguïté persiste : amis ou déjà ennemis, les deux jeunes protagonistes sont liés affectivement, et oniriquement. Ils se connaissent et ne sauraient ignorer ce lien qui rend toute intimité désirable, au fond... Aussitôt qu'elle constate que le « despeceor »[766] n'a aucune intention de s'enfuir ou de se défendre, l'héroïne active son pragmatisme sexuel, jusque-là seulement latent. Elle a un homme dans son lit, un homme qui reste et qui vient de prendre plaisir avec elle. Son émotion première – la peur de l'abandon, de l'humiliation sociale, mais aussi de la frustration – n'a plus besoin de se greffer sur la possibilité lointaine d'un mariage régulateur, ou sur la grâce improbable d'un évêque. La demoiselle n'a pas eu le temps de digérer le changement, de filtrer et d'assumer les sentiments qui l'accompagnent. Peut-être avait-elle d'autres attentes envers cet homme qu'elle désirait oniriquement ; peut-être est-elle déçue par la réalité ou par la rapidité avec laquelle la réalité s'est manifestée. Pragmatiquement donc, elle décide de saisir l'opportunité d'en apprendre davantage sur ses émotions, sur le contact sexuel comme contact humain, sur le plaisir fondé sur le déplaisir de l'autre[767], sur ce que veut dire être homme, être femme, virilement.

Peu à peu, l'héroïne s'achemine vers une sagesse de circonstance qui ne manque pas d'attrait : elle se dit que la réparation d'un tort manque de motivation tant que le tort n'est pas ressenti dans toute son étendue. Le revirement est de taille : si la jeune femme commence par blâmer l'intrus, elle finit par lui demander, à la place de la réparation conjugale, une nouvelle violation de son intimité – un nouveau viol. Sur un ton évoquant ce défi rituel que s'adressent, avant un duel, les chevaliers du *Roman de Tristan en prose* lorsqu'ils se croisent au

---

[765] Voir *De la damoisele qui sonjoit*, *Recueil général et complet des fabliaux des XIIIe et XIVe siècles imprimés ou inédits*, éd. MM. Anatole de Montaiglon et Gaston Raynaud, tome V, éd. cit., v. 25, p. 209. L'édition Noomen-Boogaard va à peu près dans le même sens : « Vos covanra a droitoier ! », *La Damoisele qui sonjoit*, dans le *Nouveau recueil complet des fabliaux*, éd. Willem Noomen et Nico van den Boogaard, tome IV, éd. cit., p. 25, p. 53.

[766] *Ibid.*, v. 26, p. 53.

[767] Au sujet du plaisir féminin dans les fabliaux, et de sa dominante ludique, voir Lisa Perfetti, « The Lewd and the Ludic : Female Pleasure in the Fabliaux », *Comic Provocations : Exposing the Corpus of Old French Fabliaux*, *op. cit.*, p. 17-31.

royaume de Logres, la belle veut « gaaingner »[768] en faisant en sorte que l'autre « esploite [...] tost »[769]. Loin d'encourager la continuation de cette initiation sexuelle entamée par l'homme (où elle ne serait que la destinataire de l' « amor », bénéficiaire passive), elle devient l'initiatrice d'une interaction lucide et optimiste, où l'homme est appelé à « giter les cos lo roi »[770], tout en recevant, tel un mendiant, une « toile »[771] qui l'aide à remplacer ou renouveler sa chemise et ses braies. Elle est donc prête à payer pour une nouvelle « pointe »[772] ou « empointe »[773] – et pour une nouvelle émotion, qui rappelle, de plus en plus, la joie orgueilleuse d'un chevalier qui pressent la victoire.

Le geste a, bien entendu, des implications dramatiques sinon machiavéliques : acheter les faveurs de l'amant comme s'il s'agissait d'un *foteor a gages* (voir le fabliau du Libertin-*Foteor*) semble la meilleure façon de honnir l'homme[774], de remettre en question sa prétendue autorité, son indépendance redoutée. L'amour n'a pas tous les droits. La virilité non plus. Il y a une toile blanche[775] qui peut faire d'un cher *pautoniers* une mariée de carnaval.

Émotionnellement, le paysage change : l'agent royalement vêtu et doté est en train de devenir un simple patient (indigent !), tandis que la *cote de pers* rompt le mirage du bleu en cédant le pas à unc simple chemise de toile. Ce qui reste de l'apparat royal, dans ce nouveau scénario, est la demande ironique de *geter les cops le roi*, de jouer à dominer l'autre sexuellement, à le soumettre, assujettir, frapper du hasard de sa supériorité. Cette invitation au jeu rappelle, en quelque sorte, le relativisme du duel judiciaire. Que celui qui gagne ait la justice de son

---

768 *La Damoisele qui sonjoit*, dans le *Nouveau recueil complet des fabliaux*, éd. Willem Noomen et Nico van den Boogaard, tome IV, éd. cit., v. 43, p. 54.
769 *Ibid.*, v. 39, p. 54.
770 *Ibid.*, v. 36, p. 54.
771 *Ibid.*, v. 40, p. 54.
772 *Ibid.*, v. 51, p. 54.
773 *De la damoisele qui sonjoit*, *Recueil général et complet des fabliaux des XIII*e *et XIV*e *siècles imprimés ou inédits*, éd. MM. Anatole de Montaiglon et Gaston Raynaud, tome V, éd. cit., v. 55, p. 210.
774 Si cela se justifie dans la situation narrative donnée, tel n'est pas toujours le cas ; recevoir une récompense, en tant que jeune homme érotiquement actif, est même une façon de se voir honnorer, surtout lorsque la bénéficiaire est une dame : « Le jeune homme n'est [...] pas toujours pauvre, ni la jeune fille solliciteuse, mais l'homme est récompensé de son *service* ; le mot *prostitution* serait excessif ; mais d'une aventure érotique, l'homme jeune et célibataire tire un profit matériel. Cette manière de vivre aux dépens des foyers constitués est justifiée par l'un des postulats qui sous-tend l'érotique des fabliaux : la femme est plus sensuelle que l'homme. Ce déséquilibre entre les sexes, qui se manifeste surtout entre mari et femme, explique la *prostitution* masculine, tout comme la présence d'un grand nombre de célibataires de tout âge justifie la protitution féminine. », Marie-Thérèse Lorcin, *Façons de sentir et de penser*, *op. cit.*, p. 48.
775 La toile est blanche dans le manuscrit de Berne. Voir *De la damoisele qui sonjoit*, dans *Fabliaux érotiques. Textes de jongleurs des XII*e *et XIII*e *siècles*, éd. Luciano Rossi et Richard Straub, éd. cit., v. 40, p. 84.

côté ! Si la justice veut bien se manifester… Au XIIIe siècle, dans les romans chevaleresques, il arrive parfois que le tort l'emporte sur la raison, et que Dieu se taise. Le relativisme du Droit divin[776] est au cœur du problème, dans ce fabliau à relents tristaniens.

Après tout, la « foi » n'est qu'une forme de communication, à troquer contre la consommation du fruit défendu. La demoiselle défendue se pose en Ève, en femme, en dame, désireuse de s'initier : « Car je ne sai en moie *foi* / Com vos gitez les cos lo roi / La o lo mal *as dames* tient »[777]. L'homme est appelé donc à soulever, royalement et servilement, le défi de combattre une dame mise à mal, sur le terrain de sa propre faiblesse. L'enjeu de ce défi relève d'un désir de savoir. Il y a un pari à l'horizon, et la demoiselle y va de bon cœur : un homme ne saurait prolonger ses *empointes* au-delà d'une certaine limite, et le *mal as homes* est plus conséquent, peut-être, que le *mal as dames*.

Une jouissance cognitive – tel est l'objectif auquel tend l'acte émotif de la demoiselle. Sans empathie pour l'objet de son expérimentation… En effet, appeler au duel sexuel un homme qui a déjà connu quatre extases durant la même nuit, c'est lui infliger des émotions qui relèvent nettement du spectre de la brimade-humiliation-mortification – et tout cela, pour savoir ! Pour connaître, de façon immédiate, les points faibles du sexe fort. Si l'initiation de la vierge a commencé sous le signe d'un vécu involontaire, imposé de l'extérieur et motivé confusément de l'intérieur, elle continue de façon volontaire et ciblée. L'initiée entend donner une leçon à son initiateur.

Cette volte-face émotionnelle se fait sentir, comme on l'a vu, au niveau du langage : la *demoiselle* de l'histoire se réconcilie avec sa situation de *dame* célibataire – de non-vierge, non-mariée – lorsqu'elle assume le *mal des dames*, et se montre prête à transformer cette insuffisance axiomatique (misogyne) en atout social. L'émotion qui prévaut, en cette nouvelle circonstance, est le désir d'avoir raison de l'autre, musculairement, économiquement, idéologiquement, érotiquement. Tourner l'amour en combat (inégal) ou en bonne affaire (couturière), désamorcer la jubilation d'une quadruple gloire, transformer, en fin de compte, le délice furtif en ordre précipité – « Esploitiez, que faire l'estuet »[778] – relèvent d'une émotionologie de la dignité, simple et opportuniste, qui ne s'arrête pas à des détails comme le risque d'une grossesse. Il est, certes, irrationnel qu'une femme violée provoque son assaillant à une nouvelle pénétration, vu les conséquences physiologiques déjà redoutables après quatre interactions complètes. Mais le

[776] Ce relativisme de la justice divine est pertinemment souligné par Howard Bloch dans son analyse d'une séquence de *La Mort le roi Artu*, où la fragilité d'une pratique judiciaire (impliquant Mador, Gauvain, Lancelot et Guenièvre) devient évidente, à cause de l'application de la morale de l'intention ; voir R. Howard Bloch, *Medieval French Literature and Law*, Berkeley, Los Angeles, Londres, University of California Press, 1977, p. 29-37.

[777] *La Damoisele qui sonjoit*, dans le *Nouveau recueil complet des fabliaux*, éd. Willem Noomen et Nico van den Boogaard, tome IV, éd. cit., v. 35-37, p. 54.

[778] *Ibid.*, v. 44, p. 54.

dédain suscité par ce faux champion – « Trop estes de mal menaie »[779] – ainsi que le pari qu'il sera incapable de jouir une cinquième fois, surtout avec une amie qui lui jette à la figure des paroles si peu excitantes que l'évocation de l'évêque de Paris ou des parents offensés, semblent l'emporter sur la raison.

Et le lit devient tout simplement un champ clos, auquel le mauvais chevalier (le *ribaud*[780]) est étroitement confiné. Seuls manquent les spectateurs, dirait-on, pour que cette joute soit une vraie réussite. Mais la demoiselle ne néglige pas cet aspect : elle pense à Dieu et sait qu'elle peut compter sur lui (plus que sur les autres autorités) pour rétablir son honneur. La *foi* n'est pas une notion complètement laïcisée, malgré le fait que les émotions qui colorent ici le sens de la dignité féminine convergent vers un égocentrisme orgueilleux, qui n'a rien de chrétien. Un éveil religieux accompagne l'activation cognitive et émotionnelle, et cela met le feu à toutes les contradictions d'une âme féminine désireuse de s'explorer au contact du masculin. Un émotif bien établi, tout conventionnel, et attendu en situation de crise, vient donc appuyer l'initiative de la demoiselle : le nom de Dieu. Honnie dans les faits, la demoiselle entend recadrer sa honte de façon paradoxalement théologique. Ainsi, le *bachelers* devient un don venu d'en haut, comme le marié de la Bible chez les vierges en attente. Il faut lui faire un accueil généreux (huileux), sous peine de châtiment divin : « Male honte Dieus li envoit / Qui ne gaaingne quant il puet ! »[781]. Pouvoir, gagner : la demoiselle, une fois éveillée, incarne des aspirations de plus en plus hautes, actives, et hâtives.

En revanche, la virilité du « bachelers » faiblit dès que son approche de la veilleuse se heurte à la vivacité et à la complexité de sa réception. L'homme se révèle incapable de tenir tête (ou corps) à une *blonde* si imprévisible et belliqueuse. Malgré la présence d'une arme comme le « grant vit », il ne saurait « estoutoier »[782] la belle, qui ne se laisse guère émouvoir, et qui sait « se tenir ». L'attaque n'est plus redoutable, malgré sa violence réitérée (les verbes « prendre », « entoiser »,

---

[779] *Ibid.*, v. 30, p. 53.

[780] Le manuscrit de Berne propose, fort à propos, la leçon « lo ribaud ». Voir *De la damoisele qui sonjoit*, dans *Fabliaux érotiques. Textes de jongleurs des XIIe et XIIIe siècles*, éd. Luciano Rossi et Richard Straub, éd. cit., p. 82.

[781] *De la damoisele qui sonjoit*, *Recueil général et complet des fabliaux des XIII*^e *et XIV*^e *siècles imprimés ou inédits*, éd. MM. Anatole de Montaiglon et Gaston Raynaud, tome V, éd. cit., v. 43-44, p. 209. L'édition Noomen-Boogaard place Dieu en anaphore, sans pour autant changer significativement le sens des deux vers ; voir *La Damoisele qui sonjoit*, dans le *Nouveau recueil complet des fabliaux*, éd. Willem Noomen et Nico van den Boogaard, tome IV, éd. cit.,42-43, p. 54.

[782] Voir *ibid.*, v. 59, p. 54. Selon le dictionnaire de Frédéric Godefroy, il est possible de suivre deux pistes interprétatives pour le verbe *estoutoier* : d'une part, bouleverser, déconcerter, intimider, de l'autre, malmener ; voir *Dictionnaire de l'ancienne langue française et de tous ses dialectes du IX*^e *au XV*^e *siècle*, tome III, Vaduz, Kraus Reprint Ltd., 1965 [1884]. Nous optons pour la première, qui renvoie à un état émotionnel que la *damoisele* réussit, justement, à surmonter ; Luciano Rossi et Richard Straub préfèrent la seconde, qui met l'accent sur le trauma physique. Ned Dubin propose la traduction « *vanquished and unseated* », en réconciliant subtilement les deux versants de l'expérience.

« lesser courre », « fraper », le montrent bien par leur dynamisme cavalier[783]) : c'est une offensive sexuelle qui « ne vaut rien »[784].

Valoir, lors d'un « tournoi aristocratique »[785], c'est montrer plus de vigueur que l'adversaire, le dépasser dans son ardeur et sa puissance. La façon dont la demoiselle exprime cette tension – « Por ce que vous estes pingnié, / Et je sui encontre ce blonde »[786] – reste énigmatique pour les récepteurs modernes. Comment saisir le rapport entre la couleur des cheveux et une peignée, entre un attribut esthétique et une interaction conflictuelle ? Selon Ned Dubin, la blondeur renverrait, justement, à une attitude guerrière particulière, qui ferait pendant à celle exprimée par le verbe « poindre » / « poingnier » (éperonner, piquer des deux)[787], et trouverait sa place dans un contexte militaire plus large, crayonné notamment par

---

783 Nous attribuons la plupart de ces actions, avec Ned Dubin, au jeune homme, tout en acceptant le caractère hypothétique de cette attribution : « *It is [...] impossible to tell exactly what who does to whom. Noomen emends prise to pris and makes the girl the subject of that verb and of rembronche, entoise and se tient, and the man the subject of eschape, lest corre and frape. I think that the defiant speech she makes him after this initial onslaught suggests that he is the subject of all seven verbs.* », voir l'édition et la traduction en anglais de Ned Dubin, *La Damoisele qui songoit / The Dreaming Damsel*, disponible en ligne sur le portail de l'Université East Carolina, États-Unis, http://myweb.ecu.edu/sidhun/La%20Damoisele%20qui%20songoit.pdf, consulté le 4 mars 2015. Toutefois, nous pensons que le sujet du verbe *se tenir* est plutôt la demoiselle, qui oppose, justement, sa propre force bio-émotionnelle aux tentatives à la fois vives et molles de son interactant. Le manuscrit de Berne est plus clair sur ce point : « Mais la meschine bien se tient », comme le reconnaissent Luciano Rossi et Richard Straub en faisant de cette rédaction la base de leur édition.

784 *De la damoisele qui sonjoit*, *Recueil général et complet des fabliaux des XIIIe et XIVe siècles imprimés ou inédits*, éd. MM. Anatole de Montaiglon et Gaston Raynaud, tome V, éd. cit., v. 53, p. 210.

785 Tel est le contexte interprétatif proposé par Luciano Rossi et Richard Straub, voir la notice de leur édition, p. 81 : « Le combat érotique qui constitue le motif central du fabliau parodie le tournoi aristocratique ».

786 *De la damoisele qui sonjoit*, *Recueil général et complet des fabliaux des XIIIe et XIVe siècles imprimés ou inédits*, éd. MM. Anatole de Montaiglon et Gaston Raynaud, tome V, éd. cit., v. 58-59, p. 210. L'édition Noomen-Boogaard donne cette variante : « Por ce que estes bien paignié, / Et je sui encontre assez blonde ! », *La Damoisele qui sonjoit*, dans le *Nouveau recueil complet des fabliaux*, éd. Willem Noomen et Nico van den Boogaard, tome IV, éd. cit., 54-55, p. 54. Nous retenons ici l'interprétation qui accompagne et fonde ce choix : « vous avez déjà fait un grant effort et [...] moi, par contre, je suis toute dispose ».[...] *Paignié* doit sans doute être considéré comme une variante graphique de *poignié*, participe passé de *soi poignier*, s'efforcer, faire un effort ». Quant à « blonde », le terme « doit avoir ici un sens figuré : fraîche, dispose ; nous n'en connaissons pas d'autres exemples », *ibid.*, p. 372.

787 L'édition Montaiglon-Raynaud propose la forme « pingnier », qui a également le sens de « donner des coups, s'acharner » (enregistrée sous les forme « peignier » et « pignier »), voir Frédéric Godefroy, *Dictionnaire de l'ancienne langue française et de tous ses dialectes du IXe au XVe siècle*, tome VI, éd. cit., p. 61. C'est aussi le choix de Luciano Rossi et Richard Straub, voir *De la Damoisele qui sonjoit*, éd. cit., v. 54, p. 86. Voir aussi la note citée plus haut de l'édition Noomen-Boogaard, p. 372.

les expressions « prendre a la torcoise » (combattre aux mains) et « entoiser » (ajuster son coup)[788]. D'autre part, le dictionnaire de Frédéric Godefroy met le lecteur sur la piste d'une blondeur qui serait une forme de bon accueil : « faire blondete chiere » suppose « [une] réception ou [des] façons gracieuses »[789]. Quant à Luciano Rossi et Richard Straub, ils suggèrent que la blondeur pourrait renvoyer à Yseut, et qu'une « blonde » serait une femme « fraîche », « reposée », voire « difficile à satisfaire » (sens qui, remarquent les éditeurs, n'est pas attesté ailleurs), qui chevaucherait déjà son chevalier[790].

Vu les circonstances, sinon les acteurs – puisqu'il s'agit tout de même d'un homme qui appelle la demoiselle *ma douce amie*, en s'estimant, pour quelque raison, digne de ses attentions – l'érotisme féminin prend la forme d'un ressenti ambigu, qui déchaîne à la fois la jouissance et la violence. Quant à la douceur... elle n'est qu'un reflet, démenti, des attentes (amoureuses, avant toute chose) du bachelier.

Pour la vierge-folle, ou plutôt pour la dame-sans-époux, il s'agit de se montrer forte et efficace, en affrontant l'intrus d'une manière qui soit à la hauteur de l'affront. Plus qu'une série de pénétrations, la multiple *empointe* est traitée, dans le flux d'une émotion déjà rétrospective, comme une offense personnelle qui nécessite une contre-offensive personnalisée. Ceci dit, l'éthique militaire de la jeune blonde prête à troquer la *toile* contre le *vit*, se révèle, sur un plan réaliste, juste assez déplacée pour provoquer le rire, en configurant une belle opposition entre le potentiel rêvé et les possibles de la veille.

Ce rire est jaune et se joue de l'homme comme de la femme. Il comporte des inflexions graves, puisque se comporter en *baron* revient à se comporter en *laron*, selon la tradition manuscrite[791]. La morale sexuelle qui hante et sur-détermine le récit finit par assombrir le comique de la situation. Somme toute, le coït se définit, émotionnellement, comme une épreuve qualifiante, suite à laquelle une femme, aussi bien qu'un homme, peut s'élever au-dessus de la *ribauldie*, à condition de faire face à sa peur, de la maîtriser et de la surmonter. Pour ce faire, il ne faut ni dormir, ni fuir, mais plutôt *choisir* l'autre, et *bien se tenir*, intérieurement, interactivement.

Car le fabliau *De la damoisele qui sonjoit* est bien une histoire de peur, esquivée, affrontée, et finalement dominée. Si le songe initial aide la vierge à triompher de cette émotion en son for intérieur, l'interaction sexuelle proprement dite l'aide à la réguler au niveau comportemental. Les deux volets de l'émotion – le

---

788 Voir l'édition et la traduction en anglais de Ned Dubin, *La Damoisele qui songoit / The Dreaming Damsel*, *loc. cit.*.

789 Frédéric Godefroy, *Dictionnaire de l'ancienne langue française et de tous ses dialectes du IXe au XVe siècle*, tome I, éd. cit., p. 664.

790 Voir *De la Damoisele qui sonjoit*, éd. Luciano Rossi et Richard Straub, note 53, p. 86.

791 Voir les *Notes* du fabliau *De la damoisele qui sonjoit*, *Recueil général et complet des fabliaux des XIIIe et XIVe siècles imprimés ou inédits*, éd. MM. Anatole de Montaiglon et Gaston Raynaud, tome V, éd. cit., note 51, p. 370.

ressenti et l'expression – sont envisagés avec une insistance, toute littéraire, sur les modes expressifs.

Après avoir montré à l'homme qu'il ne faut pas user de la force pour s'imposer devant un adversaire distrait ou (provisoirement) impuissant, la dame nouvelle s'installe confortablement dans le rôle d'enseignant(e) et décrète qu'il ne faut craindre aucun déshonneur si l'on permet à une femme de *monter*, pour compenser ses propres faiblesses. L'important, c'est d'avoir une *chaude* : un combat qui vaille[792] ; de ne pas laisser les émois du sexe – et de l'affrontement – refroidir. « Por noiant [...] ne vos crient ! »[793] déclare l'héroïne, en fin de compte, comme pour célébrer son apprentissage du courage par un morceau de bravoure.

Quant au héros, il semble redouter, d'abord, le rejet, le manque de *merci* de sa *douce amie*, puisqu'il n'ose l'approcher que lorsqu'elle est endormie. Peut-être a-t-il peur de faillir devant sa propension à la nargue ; peut-être craint-il l'obligation d'assumer les conséquences de son acte, en épousant celle qu'il voulait seulement aimer et / ou *embroncher*. Serait-il timide ou lâche pour autant ? Tout suggère que le jeune homme est simplement incapable de voir en l'autre une personne à part entière, un moi. Seules la nuit et l'absence psychique de l'autre le rassurent en lui offrant un cadre propice à l'accomplissement de son acte biologique : et c'est exactement pour cette approche réductrice que la demoiselle lui reproche d'être « de male menaie »[794]. Face à cette angoisse de l'échec, ce n'est pas la performance génitale (ou génésique) qui est recommandée : la simple activation d'une fonction corporelle doit se laisser supplanter par les émotions de la coopération-confrontation.

Finalement, c'est l'émotionologie féminine qui prend le dessus : lorsque la demoiselle en vient à *monter* et le damoiseau à *faillir*, il devient clair que le plaisir recommandé est une affaire de couple et non de domination, de négociation et non d'imposition. Jouir, c'est être *avoeuques* et non seulement *aller desus* : telle est la norme sentimentale qui infuse l'histoire. Par ailleurs, la crainte que ce serait *honte* d'inverser les rôles traditionnels est purgée. Après le saut de Tristan au lit de Marc, c'est la chevauchée du lépreux par Yseut qui reparaît à l'horizon intertextuel. La *damoisele* du fabliau est, à sa façon, une reine, qui ne manque ni de trône ni de spectateurs : sa revanche de l'état de veille devient le rêve de toute une communauté émotionnelle de dames et chevaliers, qui embrasse l'idéal de la performance sexuelle à deux, et de l'amitié *droituriere*, taquine et réciproque. La femme est promue, d'une manière paillarde et complice, l'égale de l'homme. Tel *pautoniers*, telle *blonde* – et telle *empointe*...

---

792 Le public féminin est censé applaudir à cette audacieuse affirmation de la sexualité féminine, tout en se flattant de décrypter les allusions élitistes au tournoi. Voir Brian J. Levy, « Performing Fabliaux », *Performing Medieval Narrative*, éd. Evelyn Birge Vitz, Nancy Freeman Regalado et Marilyn Lawrence, Cambridge, Brewer, 2005, p. 135.

793 *La Damoisele qui sonjoit*, dans le *Nouveau recueil complet des fabliaux*, éd. Willem Noomen et Nico van den Boogaard, tome IV, éd. cit., v. 50, p. 54.

794 Voir l'édition et la traduction en anglais de Ned Dubin, *La Damoisele qui songoit / The Dreaming Damsel*, loc. cit.

Profil d'une communauté émotionnelle : songe et littérature

Ouïr un fabliau, c'est s'exposer à une surprise, et en jouir selon certaines normes d'expression émotionnelle : le vers octosyllabique, le langage cru, le rire plus ou moins gras. L'adhésion à cette communauté implique un certain laxisme moral et une disposition à faire du désir le mobile de toute interaction signifiante, sous des formes et des angles stratégiquement surprenants. Homme ou femme, le récepteur est prêt à tout, et surtout à ce qui frôle la transgression du régime émotionnel au pouvoir. Le viol est-il au ban ? Il y a un moyen de l'intégrer par le rire, par le rêve, par la grâce d'une feintise. Par un *amour* mal compris, ensuite bien appris, par exemple...

Conçu selon l'esthétique de la brièveté et de l'intensité, le fabliau *De la Damoisele qui sonjoit* parvient à tenir son public en haleine : après l'étalage des attributs masculins considérés comme agréables par le public féminin projeté au début (élégance, liesse, hardiesse, équipement sexuel opérationnel), le conteur déclare que ce serait « une grant merveille »[795] si l'héroïne n'était pas contente d'être l'élue d'un tel héros... Ainsi légitimée, la scénographie émotionnelle de la surprise encadre de façon pittoresque la réaction rancunière de la femme après l'acte sexuel infligé.

Mais pourquoi miser, dans ce cas, sur la surprise ? sur la *grant merveille* ? s'étonne le lecteur moderne. Il serait, au contraire, surprenant, dans l'optique moderne, que la victime d'un viol s'en déclare satisfaite et reconnaissante et qu'elle suscite le rire plutôt que la compassion.

Il est indéniable que les règles émotionnelles portant sur le ressenti en cas de rapports sexuels forcés ont changé : il n'est plus concevable, même en contexte fictionnel comique, qu'une spectatrice s'amuse à encourager le coït non-consensuel, à voir les bénéfices de l'acte plutôt que les coûts, et à se montrer surprise si l'actrice y répond par l'indignation ou la colère. Dormeuse ou veilleuse, une femme *prise* sans *congé* est une victime, et le rire est normalement prohibé en une telle circonstance.

Or, le fabliau invite au dépaysement : il configure un monde où un conteur et ses auditrices (des *dames*) peuvent partager les émotions positives d'une défloration désirable et désirée, dont il faut accepter l'évidence jouissive, au-delà de tout consensus préalable. Un tel acte n'est presque jamais importun, malvenu, sincèrement regrettable. En général, il oriente les autres émotions, et organise les autres actes autour de l'impératif du plaisir – de faire, mais aussi d'entendre faire.

Néanmoins, il ne faut pas en conclure à l'altérité irréductible de l'érotique médiévale : les dames projetées par le fabliau illustrent un pacte de lecture / représentation propre au genre, qui stipule le plus souvent la valence positive des rapports hétérosexuels. Une véritable communauté émotionnelle se cristallise

---

795 *De la damoisele qui sonjoit, Recueil général et complet des fabliaux des XIIIe et XIVe siècles imprimés ou inédits*, éd. MM. Anatole de Montaiglon et Gaston Raynaud, tome V, éd. cit., v. 20, p. 208.

autour de cette valorisation du sexe pour l'amour du sexe, et célèbre l'efficacité masculine aussi bien que l'ingéniosité féminine – mais cette communauté est ouverte, comme on l'a constaté, à d'autres univers fictionnels. À la même époque, dans le roman chevaleresque, les chevaliers gardent leur habits en se mourant d'amour pour des dames sans merci – il suffit de penser à Kaherdin et à Palamède dans le *Tristan en prose*… Le rêve érotique peut devenir poésie ou chant (plutôt que *foutre*), et ce sont même ces expressions émotionnelles qui sont recommandées en milieu raffiné (fût-il chrétien ou sarrasin).

Les médiévistes seront prêts à affirmer que, typiquement, la création artistique sublime les pulsions des héros de roman, les exacerbe, puis les satisfait chez les *ribauds* de fabliau. Néanmoins, il arrive aussi que deux protagonistes romanesques « s'entrefoutent » comme dans l'épilogue d'*Ipomédon*[796] ou qu'une épouse de fabliau sauve sa chasteté par un déploiement surprenant d'amour et foi.

Mais la plupart du temps, dès qu'un conteur s'apprête à faire son travail de *fableor*, il actualise un horizon d'attente fondé sur le tandem rire-jouir. Philippe Ménard le note bien : c'est une « morale du plaisir » compatible avec celle de la courtoisie (et pas forcément parodique) qui règne dans les fabliaux[797] ; les *dames* et leur conteurs[798] sont prêts à soutenir que les personnes sont avant tout des corps – prêts à se mettre en résonance, sur fond d'émotion positive et jouissive. Leurs personnages favoris restent donc déterminés par les ficelles du besoin organique, notamment érotique. Si un être (de parchemin) échappe à cette détermination, il est simplement une anomalie à réguler – par un *coup* de rire ou des *coups de roi*... Il faut donc imaginer que la communauté émotionnelle prévue par le récit *De la Damoisele qui sonjoit* est construite de façon à privilégier l'étonnement devant l'attitude d'une jeune femme célibataire qui se proclame mécontente du traitement *cointe* de son amant, d'autant plus qu'il a actionné trois fois, sans faute ni lassitude, son sexe *gros [...] et quarré*… Et que le narrateur mène son jeu en déplaçant le point focal de cette surprise.

Lorsque la dormeuse s'éveille et « giete les poinz »[799] pour saisir son ami, ce n'est pas exactement ce que l'homme espérait de son (quadruple) acte ; ce n'est

---

796 *Ipomédon*, éd. A. J. Holden, Paris, Klincksieck, 1979, p. 514.

797 Philippe Ménard, *Fabliaux*, Paris, PUF, 1983, p. 139-140. L'accent tombe sur le divertissement et non sur la culpabilité des personnages ; le système de valeurs adopté par les fabliaux relève aussi d'une forme d'idéalisme (p. 165), qui se construit autour d'une « bonhomie souriante » propre à « l'esprit gaulois » (p. 223) et subtilement compatible avec l'idéalisme des écrits courtois.

798 Le public des manuscrits de fabliaux est tout aussi courtois que celui des romans en prose. L'opposition courtois-populaire serait donc à relativiser, sinon à congédier ; *cf. ibid.*, p. 101-102. Cependant, la tradition en médiévistique (remontant au début du XXe siècle) veut que des genres chantés comme la ballade se métamorphosent en fabliaux en accordant une place grandissante à l'étude des états mentaux, à la conscience de soi et à l'exercice de la réflexion ; voir Walter Morris Hart, « The Fabliau and Popular Literature », *Publications of the Modern Language Association of America*, 23, 1908, p. 336 et 371.

799 *La Damoisele qui sonjoit*, dans le *Nouveau recueil complet des fabliaux*, éd. Willem Noomen et Nico van den Boogaard, tome IV, éd. cit., v. 22, p. 53.

pas, non plus, ce que le public en espérait. L'émotion de la révolte s'inscrit en rupture avec toute attente heureuse et amoureuse : elle crée une discontinuité dans cet optimisme de fond qui colorait les prémisses de l'histoire. Qui plus est, la demoiselle, *prise* malgré elle, sur-*prend* l'homme. Elle entreprend non seulement une lutte physique – un peu comme si elle avait surpris un voleur en flagrant délit – mais aussi un combat idéologique, et, dirions-nous, émotionologique. Forte de sa position – « Qui vous fist lo parc peçoier / Sanz congié, qant je me dormoie ? »[800], elle prescrit à son amant une culpabilité rétroactive, en la lui indiquant comme la seule émotion adéquate. Cette morale-du-lit-sans-*delit* est une surprise de plus – qui renouvelle le vécu émotionnel en insinuant le doute quant à la belle promptitude de l'amant.

Le recadrage affectif autour de l'enchaînement offense – réparation fait fi de toute pertinence amoureuse, en rattachant un jugement à l'émotion : « "Estez", fait el, "vos estes pris : / Devant l'evesque de Paris / Vous covenra a droitoier" »[801]. Le contraste est saisissant entre la chose du lit et l'accusatrice de Paris, entre la dormeuse ronfleuse et l'instance de droit canonique ; mais, essentiellement, l'héroïne continue à *froncher*. C'est juste une question de gradation d'une même émotion, apparemment rétive et négative. Le public est censé rire devant les émissions phoniques plus ou moins articulées de cette automate mue et émue par l'homme. Il pourrait y mesurer la « *felicity* » (le bonheur) de son acte par le constat d'un effet de boomerang plus ou moins intense. On dirait même que l'appréciation de cet effet constitue la clé de l'hilarité. Plus le ricochet est fort et vif, plus les dames du public jubilent de se voir représenter par une telle championne. Bouder, *froncher*, insulter, puis *venir desus* sont ainsi des effets exceptionnels – à applaudir.

Au début du fabliau, le silence semblait une condition *sine qua non* de la consommation érotique ; à présent, il y a une dénonciation de la communion sans communication. Ce flux de paroles contraste avec l'insensibilité initiale, en créant, une fois de plus, une surprise risible. Dès que la demoiselle ouvre les yeux, elle perçoit l'autre et s'érige en sujet face à lui ; spontanément traduit en paroles cohérentes et bien pesées, le regard évaluateur qu'elle pose sur l'intrus n'a rien d'hésitant, d'intimidé. Les amants sont censés trembler et pâlir, disent les romans de concert. Mais ici, aucun balbutiement : l'émotion est exprimable, directement, vivement, richement. Aussitôt, l'activation émotionnelle est au comble : questions rhétoriques, exclamations, invocations et lamentations se succèdent dans un rythme vif et saccadé.

Le public est invité à suivre, cognitivement et émotionnellement, cette pensée haletante, surexcitée – et à y reconnaître les signes d'un déchaînement corporel imminent, tout en observant les tentatives d'enchaînement logique des phrases. Une troisième surprise (ou merveille) l'attend, après les poings et les accusations de la demoiselle : le *bachelers* est demandé en mariage, ou, plutôt, menacé d'une correction de mœurs conjugale, à travers la figure (redoutable et justicière) d'un évêque.

---

[800] *Ibid.*, v. 26-27, p. 53.
[801] *Ibid.*, v. 23-25, p. 53.

L'homme n'a même pas le temps de dire oui : il est entraîné, sans autre forme de procès, dans un tournoiement qui fait le délice des spectateurs – y compris modernes. Ned Dubin lui-même se déclare prêt à donner libre cours à son imagination (*let my imagination run wild*), quitte à ne pas savoir exactement qui fait quoi et à qui. Il est à supposer que les auditrices du *fableor* se laissaient, elles aussi, *transporter* dans cet univers où tout est possible, où l'on peut concevoir – dernière surprise ! – que « ce n'est pas honte / quant homme faut, se fame monte » [802]).

Avec la notion de « honte », la communauté émotionnelle rassemblée par le *fableor* est invitée à faire un pas de plus vers la libération : un tabou positionnel éclate dans le monde de fiction, et les personnes réelles qui constituent le public sont appelées à s'identifier à la « damoisele », et à « monter »[803]. *Women on top*... comme dirait Lesley Johnson.

Sans être lui-même une femme, le narrateur projette une utopie où l'homme est content de voir dans la femme son égale, son adversaire sinon sa partenaire. Une sorte de démocratie avant-la-lettre (onirique et littéraire) prend corps, lorsque le conteur s'identifie lui-même avec ce héros vaincu et heureux de se rendre, pris et désireux de rester, rêvé et incarné. La saveur de la défaite en amour devient un *desideratum* pour l'homme, de même que la victoire pour la femme. Parfois, il faut savoir perdre, suggère le fabliau. Et attendre que tous nos rêves s'accomplissent...

Certes, en souhaitant aux dames de trouver un homme « autretel comme cil fu »[804], l'homme qui les interpelle n'oublie pas qu'il est un homme, et qu'il s'adresse à l'autre camp. Il ose tout de même attribuer à ces femmes le désir d'être prises, de prendre, de participer au grand tournoi qui *torne [le] songe a bien*. Il se mêle de briser leur intimité, de leur tendre un miroir jovial et dénudant. Une psyché. Il va peut-être jusqu'à fantasmer l'application, par ces comtesses et duchesses réelles, de sa recette grivoise. Il est leur complice et surtout leur voyeur – grâce aux vertus spéculaires de ce texte diversement éclairé, éclairant et miroitant.

Il est connu que la phénoménologie du voyeurisme, déjà présente dans les romans de l'époque – notamment sous l'influence du corpus tristanien – bat son plein dans les fabliaux. Dans le cas de la *Damoisele qui sonjoit*, on a accès au rêve

---

802 « Ce n'est pas une honte / que la femme monte quand l'homme déçoit », *De la damoisele qui sonjoit*, dans *Fabliaux érotiques. Textes de jongleurs des XIIe et XIIIe siècles*, éd. Luciano Rossi et Richard Straub, éd. cit., 67-68, p. 86. Voir aussi l'édition et la traduction en anglais de Ned Dubin : « *There's no shame, when a man is downed / [...] to have the woman mount* », *La Damoisele qui songoit / The Dreaming Damsel*, disponible en ligne sur le portail de l'Université East Carolina, États-Unis, *loc. cit.*

803 La traduction peut aller jusqu'à remplacer « monter » par « venir au-dessus ». Voir Jacques Lemaire, *Auteurs français du Moyen Âge. Les fabliaux français du Moyen Âge, op. cit.*, p. 15.

804 Le vœu pourrait être lu comme un anathème aussi, à en croire Simon Gaunt : « *The woman is in control here and she comes off best. She demands to be satisfied and points out that he is not equipped to satisfy her. Despite the admirable size of his member [...] her desire exceeds his capacity to meet it* », *Gender and Genre in Medieval French Literature*, *op. cit.*, p. 270.

d'une femme, à la consommation d'un homme, à l'avenir projeté par l'un, ignoré par l'autre, enfin, au présent de toutes ces superpositions[805]. On a même accès, de façon fulgurante, à la perspective de certains tiers éveillés, mobilisés, émus par la damoisele : l'évêque de Paris, le père, la mère, Dieu. Tour à tour, le public féminin imagine – et ressent, pour quelques secondes – la froideur justicière, mais peut-être suspicieuse ou même désabusée de l'évêque ; la colère bouillante, mal digérée, des parents ; la miséricorde de Dieu, prêt à intervenir pour restaurer la pureté de ces corps qui sont censés être des temples et, enfin, la convoitise tue, mais transparente, du conteur lui-même, qui s'investit, sur le mode du fantasme, dans la possession furtive d'une belle endormie, aimée et prête à se réveiller...

Après ce zapping émotionnel aussi épuisant que l'*empointe* du récit, les dames sont priées de choisir la longueur d'onde de l'idéalisme érotique : il est bon de rêver, car les rêves les plus osés s'accomplissent. Le scandale du (soi-disant ?) viol est minimisé, relativisé, au carrefour de toutes ces vues qui se laissent absorber dans le spectre de la jouissance et de la réjouissance.

Au fond, les nobles dames ont des raisons d'être flattées : elles peuvent partager l'omniscience voyeuriste du conteur, et surtout sa reconnaissance du droit de la femme d'enseigner l'homme, dans un esprit de jubilation et de supériorité. C'est l'émotionologie de l'émulation érotique – et irréductiblement ironique – qui a le fin mot de l'histoire.

Sic et non : pourquoi un homme aimerait-il *faillir* ? Pourquoi une dame aimerait-elle acheter la compagnie de son amant ? Le fabliau est un duel de possibles – aussi énigmatique, émotionnellement, que le conte de la *Belle au bois dormant*.

Expériences de l'*akrasie* : du féminin au masculin

Selon une définition qui dérive d'Aristote, l' « akrasie » concerne les actions intentionnelles, mais entreprises contre le meilleur jugement d'une personne. Le phénomène traduit une faiblesse de la volonté qui empêche l'agent de guider et contrôler ses actions[806]. Il repose, d'une part, sur la divergence entre la pensée et le fait, ensuite sur l'accomplissement libre et délibéré de ce dernier.

La *damoisele* du fabliau incarne ce type de comportement où le « pathos » l'emporte sur la raison en se substituant à toute motivation logique[807]. Lorsqu'elle décide de porter plainte contre son violeur, sa démarche paraît raisonnable : la dénonciation d'un péché criminel devant l'évêque de la région serait une

---

[805] Sur le voyeurism dans les fabliaux, voir Sophie Poitral, « Des apparences fantasmées dans les fabliaux érotiques », *Apparences médiévales*, 2, 2008, article disponible en ligne sur le site http://apparences.revues.org/413, consulté le 5 mars 2015.
[806] Voir Sabine A. Döring, « Why Be Emotional ? », chap. 12, *The Oxford Handbook of Philosophy of Emotion*, éd. Peter Goldie, éd.cit., p. 286.
[807] Richard Kraut, « Aristotle's Ethics », *The Stanford Encyclopedia of Philosophy* (Winter 2012 Edition), éd. Edward N. Zalta, disponible en ligne sur le site http://plato.stanford.edu/archives/win2012/entries/aristotle-ethics/, consulté le 4 mars 2015.

conséquence attendue du péché lui-même. L'approche justicière semble donc correspondre au « meilleur jugement » de cette fille surprise dans son lit. Pourquoi y renonce-t-elle si facilement ?

Ce que le lecteur moderne doit se rappeler, avant de congédier la demoiselle rêveuse, c'est que la dénonciation n'est prise au sérieux que si elle est l'expression d'une résistance audible, manifestée au moment même de l'infraction. Et, non moins négligeable, que le Droit civil du XIIIe siècle prévoyait la possibilité de punir un tel crime avec la mort de l'inculpé[808].

Ainsi, il faudrait que la demoiselle crie et qu'elle révèle au voisinage, à commencer par ses parents, l'affront subi. Effectivement, elle émet des sons assez désordonnés, dont la fréquence et le ton sont hostiles et font appel à des autorités reconnues pour trancher le problème. L'immédiateté de la réaction émotionnelle – saisissement de l'intrus, exclamations, interrogations, imprécations – montre que l'héroïne est capable de prendre des décisions rapides et conséquentes, en conformité avec les normes de comportement social qu'elle semble avoir bien intériorisées.

Seulement, elle en vient peut-être à comprendre, après les premiers émois, que celui qu'elle tient entre ses mains (ou poings) n'est autre que son amoureux. Le déférer à la justice serait un acte radical : il se solderait par la mort de l'inculpé selon le droit civil et par son esclavage, sa flagellation, son excommunication et la confiscation de la moitié de sa fortune, selon le droit canonique[809]. Le monde de fiction est ainsi constitué, qu'il renvoie à un évêque, à des parents, à Dieu ; il est donc probable que ces châtiments sévères influencent le processus – fulgurant – de cette délibération.

Certes, il se peut que la *damoisele* soit déçue par une approche si dépourvue de tendresse de la part de son ami, et qu'elle y lise son désintérêt quant au mariage. Ce n'est pas ainsi que l'on traite une bien-aimée, ni une éventuelle fiancée. Il serait donc rationnel qu'elle défende son honneur et la possibilité d'un mariage ultérieur. La justice serait de son côté : même une prostituée convertie a une chance de se marier, si elle rompt avec sa vie pécheresse. Et il est clair que la pucelle n'est pas indifférente à la perspective conjugale, ni à l'approbation de sa famille et de la société en général ; elle est une rêveuse sensuelle, voire amoureuse, mais, une fois qu'elle s'éveille, elle devient d'un réalisme sec, incisif, conformiste. On lui vole un droit, à elle et à sa famille[810], présente et future – elle est prête à dénoncer le voleur.

---

808 « *In the age of Bracton (c. 1230-1275), the rape of virgins was considered a felony, punishable by death or blinding* », voir Kathryn Gravdal, *Ravishing Maidens : Writing Rape in Medieval French Literature and Law*, Philadelphie, University of Pennsylvania Press, 1991, p. 123.

809 Voir James A. Brundage, *Law, Sex and Christian Society in Medieval Europe*, *op.cit.*, chapitre "Marriage and Sex in Canon Law from Alexander III [1159-81] to the *Liber Extra* [1234]", p. 398.

810 Quant au vol que suppose le viol, le *Décret* de Gratien – document qui représente une référence majeure du droit médiéval – précise qu'il est de nature spirituelle aussi bien que physique. La perte n'est pas uniquement celle de l'hymen proprement dit : « *By his willful*

La demoiselle a une cause, et elle sait que c'est une cause juste, ou au moins justifiée. Qu'est-ce qu'elle en fait ?

Après un premier pas vers la publication du crime sexuel – la série de reproches rhétoriques déjà évoqués – elle prend peut-être conscience du fait que cela suppose la destruction de la sphère intime de l'*amistié* en vue d'une reddition *droituriere* à la sphère publique la plus large. Autrement dit, elle devrait se brouiller avec l'ami et aller à contre-courant du rêve, rompre jusqu'à la possibilité d'une réconciliation avec l'homme rêvé. Un autre détail s'avère pertinent en la circonstance : certaines autorités juridiques[811] stipulent qu'un homme s'expose à perdre, par le viol de sa fiancée, tout droit d'exiger le *debitum* conjugal, à l'avenir. Il se peut donc que la demoiselle – fiancée ou pas, le texte est vague sur ce point – préfère jouir de ce droit et garder une chance d'assouvir son désir, à présent comme à l'avenir. Aussi peut-on comprendre l'ambiguïté de ses vociférations : d'une part, les mots sont relativement adéquats pour soutenir la dénonciation, de l'autre, le ton ne monte pas assez pour que ces mots appuient un cri dénonciateur. Ce carrefour de possibilités est le lieu d'une *akrasie* imminente. À mi-chemin entre le silence complaisant et la résistance bruyante d'une victime authentique, l'attitude de l'héroïne peut être figurée, par les auditeurs, comme un chuchotement hurlé, ou comme un cri susurré. Comme un jeu où elle ne sait pas encore sur quel pied danser.

Avec chaque nouvelle locution, la demoiselle s'engage dans une voie sans se désengager de l'autre. Tout de même, c'est la logique binaire qui sous-tend le contexte légal de la situation : si la victime ne proteste pas assez vivement, le viol sera considéré comme une simple fornication, la privant du droit au dédommagement [812]. En outre, elle doit savoir que c'est seulement le repentir du violeur, suivi de pénitence, qui rouvre la possibilité d'un mariage-réconciliation (plus ou moins blanc !) ; or, un tel repentir ne saurait être suscité avec des murmures et des ronflements. Tout réclame, rationnellement parlant, une réaction bien plus vigoureuse, à la fois musclée et criée, de la victime réveillée.

Ce qui se passe est typique d'une *akrasie* : les idées de justice sexuelle et d'opportunité conjugale n'ont pas la force motivationnelle nécessaire. L'indignation et le sens de la dignité ne sont pas assez gratifiants pour couvrir les promesses des autres sens, (plus ou moins) brusquement éveillés. Alors, l'héroïne

---

act, the rapist violated both the rights of his victim and of her family, stealing something over whose disposal they had rightful control. », *ibid.*, *chap.* « *Sex an Marriage in the Decretum of Gratian* », p. 249.

[811] *Ibid.*, chap. « Sexual Behavior and the Early Decretists, from Paucapalea to Huguccio (1140-1190) », p. 312. L'auteur cite le « Cardinal », tout en précisant que ce point de vue n'était pas partagé par toutes les autorités en la matière.

[812] Il faut compter aussi avec la typologie (narrative) du *juvenis* : « Le jeune, à la différence de l'homme mûr, n'assume pas la responsabilité de ses actes. Il tire toujours son épingle du jeu sans une égratignure. Qu'il profite de la niaiserie d'une jeune fille ou de la générosité d'une famille qui l'héberge, il s'en va toujours impuni. », Marie-Thérèse Lorcin, *Façons de sentir et de penser*, *op. cit.*, p. 78.

abdique son meilleur jugement, et palpite sur le mode émotionnel ; la cohérence cognitive cède le pas à cette cohésion des corps que le rêve offrait – et le pire choix gagne la partie.

Demander au violeur de reprendre le viol expose la demoiselle à la triple possibilité d'une grossesse, de l'infamie et de la perte de crédibilité juridique. Elle se rend donc triplement vulnérable, sur le plan social. S'il est vrai que la colère rend optimiste[813], la demoiselle est juste assez furieuse pour négliger ces risques et pour se lancer frénétiquement dans un cours d'action qu'elle désire, qu'elle assume et qu'elle désapprouve.

Face au *despeceor du parc*, l'héroïne s'apprête à dépecer quelque chose en retour : la certitude jouissive du mâle. Si elle réussit, c'est que l'action irrationnelle libère un fonds émotionnel dont elle n'est pas consciente, que la psychanalyse nommerait la « pulsion de mort »[814]... La demoiselle désire la destruction sous toutes ses formes – *une chaude* – et ce désir se traduit par la brisure plus profonde de son hymen – sans l'anesthésique du rêve – et par l'anéantissement de cette façon d'être de l'autre, si légère et si confiante. En même temps, elle veut prendre plaisir aux dépends de son agresseur, dans une empathie paradoxale avec lui, qui rappelle celle du prisonnier avec son geôlier[815]. Il s'agit de molester l'amant et d'en jouir : de *venir sus*, de dire que « homme faut » (l'homme défaille)[816], de proclamer sa victoire en termes de santé et d'endurance.

S'il est vrai que les émotions humaines ne sont pas structurées de façon inférentielle[817], il est impossible d'attribuer des jugements convergents à la demoiselle. Au fond, elle veut vivre son rêve avec l'autre, mais finit par le vivre sur et contre l'autre. Elle désire faire l'amour à son ami décevant au lieu de porter plainte contre lui, mais elle finit par lui faire la haine. Le narrateur, lui, préfère focaliser une seule facette de la situation : corporellement, le rêve est accompli, puisqu'il y a union sexuelle avec l'homme rêvé. Il congédie comme superflues toutes les considérations qui relèvent de la désunion et congédie tous les enjeux honorifiques, sociaux et religieux qui avaient d'abord mobilisé la demoiselle. Dans un sens, il fait comme elle, en intégrant sous le signe du désir-d'un-homme-

---

813 Les recherches montrent que la conduite en situation à risque est portée à l'optimisme chez les personnes en colère et au pessimisme chez celles donimées par la peur ; il est question d'une « urgence » émotionnelle, et la précipitation fait partie du comportement typique dans un tel contexte. Voir Jon Elster, « Emotional Choice and Rational Choice », *The Oxford Handbook of Philosophy of Emotion*, *op. cit.*, p. 275.

814 Sigmund Freud, « Le problème économique du masochisme » in *Névrose, Psychose et perversion*, Paris, PUF, 1999 [1924], p. 287-297.

815 Voir, par exemple, Ian K. McKenzie, « The Stockholm Syndrome Revisited : Hostages, Relationships, Prediction, Control and Psychological Science », *Journal of Police Crisis Negotiations*, vol. 4, n° 1, 2004, p. 5-21.

816 Selon la traduction de Jacques Lemaire, éd. cit., p. 15.

817 Justin d'Arms et Daniel Jacobson, « Demystifying Sensibilities : Sentimental Values and the Instability of Affect », *The Oxford Handbook of Philosophy of Emotion*, *op.cit.*, notamment p. 594 et Sabine A. Döring, art. cit., notamment p. 297.

désirable tous les états affectifs qui accompagnent cette pulsion : déception, indignation, humiliation, colère, résignation.

Akrasia : la demoiselle finit par se laisser emporter dans le tourbillon d'une émotion « concupiscible » aussi destructrice que réparatrice, aussi agréable à soi qu'incommode à l'autre, qui l'appelle à une empathie avec soi-même en victime, avec l'autre en co-victime, avec soi-même en bourreau, avec l'autre en sur-bourreau. Et elle parvient à nouer le fil de ces empathies paradoxales, tout en se disant qu'elle eût dû faire emprisonner et interroger l'autre, et qu'elle a tort de se contenter de la seule justice sexuelle. Le conflit entre la motivation cognitive et celle affective débouche sur le triomphe de la seconde : « Mes or me fetes autrestant, / Quant je veille, comme en dormant »[818]. Paradoxalement, le prétexte en est d'ordre cognitif : « Car je ne sai... »[819]. En fin de compte, si la « force concupiscible » s'impose aux dépens de la « force irascible »[820] – considérée comme plus adéquate à la situation – c'est qu'elle s'approprie les énergies, toujours vives, de cette dernière. Le résultat est un cocktail émotionnel détonant, dont l'explosion est imputable à l'autre : « Por qoi passastes vous l'esponde / Quant je me dormoie en mon lit ? »[821]. Ainsi, l'agression sexuelle – cette espèce de viol au féminin – peut continuer indéfiniment, pour le délice du narrateur, qui ne croit guère à la possibilité du *raptus* entre amis.

Ce qui est intéressant, c'est que l'akrasie affecte aussi le héros du fabliau : après quatre extases successives, solitaires et actives, il est physiquement épuisé et en semble conscient ; il serait raisonnable qu'il évite le déplaisir d'un échec. Lorsque l'amie lui demande une cinquième action sexuelle – qui représenterait la première inter-action de ce genre, à ses yeux rêveurs – il comprend bien l'enjeu de cette performance, la seule consciente, la seule à pouvoir le qualifier comme (bon) amant. Ainsi le suggèrent, du moins, ses paroles : « Si le ferai, *si m'aït Dieus*, /

---

[818] *De la damoisele qui sonjoit, Recueil général et complet des fabliaux des XIIIe et XIVe siècles imprimés ou inédits*, éd. MM. Anatole de Montaiglon et Gaston Raynaud, tome V, éd. cit., v. 33-34, p. 209. Suivant le manuscrit de Berne, l'édition Noomen-Boogaard propose « Mais or me faites autretant / Par acorde com en dormant », *La Damoisele qui sonjoit*, dans le *Nouveau recueil complet des fabliaux*, éd. Willem Noomen et Nico van den Boogaard, tome IV, éd. cit., v. 33-34, p. 54. La traduction, donnée en note, serait « Mais maintenant, faites-moi en guise de raccommodement (pour que je ne vous dénonce pas) ce que vous me faisiez pendant mon sommeil », *ibid.*, p. 371.

[819] *Ibid.*, v. 35, p. 54.

[820] Il s'agit des notions psychologiques utilisées par les penseurs de l'époque et systématisées par Thomas d'Aquin, à la suite de l'effort de structuration d'Isaac de Stella (1100-1169) : la force irascible, responsable d'émotions comme le plaisir et l'espoir, s'oppose à la force concupiscible, qui sous-tend les émotions de la tristesse et de la peur. Voir Peter King, « Emotions in Medieval Thought », *The Oxford Handbook of Philosophy of Emotion*, *op.cit.*, p. 172 et 176.

[821] *De la damoisele qui sonjoit, Recueil général et complet des fabliaux des XIIIe et XIVe siècles imprimés ou inédits*, éd. MM. Anatole de Montaiglon et Gaston Raynaud, tome V, éd. cit., v. 60-61, p. 78.

Tant que il vous en sera mieus »[822]. L'émotif consistant à invoquer l'aide divine prend tout son sens dans ce contexte d'épuisement corporel et de méfiance. Il est peut-être un clin d'œil à la demoiselle, une façon de suggérer qu'il vaudrait mieux attendre un meilleur moment humainement (et divinement) propice... En tout cas, il est à parier que le visiteur tâche de gagner du temps lorsqu'il formule son oui, par exemple : « Par foi, [...] ma douce amie, / Je ai bien vo requeste oïe »[823]. Cette préface est soit une politesse tardivement éveillée, soit une tentative de tergiversation. Peut-être voudrait-il amorcer une petite négociation réciproquement avantageuse... Peut-être croit-il avoir la *merci* (sans *guerredon*, avec pardon !) de sa *douce amie*. Ce qui est certain, c'est qu'il n'a aucune raison soutenable de se montrer impuissant devant la femme aimée.

Si l'amant décide tout de même de s'exposer, c'est à contrecœur et à contre-tête qu'il le fait. Il reçoit, d'ailleurs, la promesse d'avoir un habit blanc comme prix de sa propre – et prévisible – humiliation. Un renvoi à la virginité symboliquement rachetée est possible ; mais il y fait sourde oreille. La blancheur est une question de femmes ou d'Éden : le rameau où se tenait le fruit défendu, au paradis, aurait d'abord donné naissance à un arbre blanc, après le bannissement[824]. Or, ce signe de chasteté qui hante les romans du Graal serait planté par Ève en personne, en souvenir de la transgression ou de l'Éden... Si l'on remonte jusqu'au *Jeu d'Adam*, première pièce de théâtre en français (et en latin), on y voit une Ève habillée, elle aussi, en blanc, à l'époque qui précède la Chute[825].

Certes, la *damoisele* du fabliau est une autre sorte d'Ève ; mais rien n'interdit au jongleur de connaître les romans en prose ou la tradition des mystères, ni de jouer sur la symbolique des couleurs. Aussi peut-on comprendre pourquoi le marchandage de l'héroïne n'est ni accepté, ni rejeté par le héros : l'appel du blanc n'est pas une bonne motivation pour quelqu'un qui veut « gaaingner quant il puet »[826]. La seule question qu'il se pose est probablement : puis-je ? Aucune nostalgie pour le *parc* ou l'Éden ne l'anime...

Ayant abandonné la piste du remords avant même de lui frayer une voie de paroles (et de gestes), le jeune homme s'abandonne à l'espoir de *pouvoir* consoler

---

[822] *Ibid.*, v. 47, p. 209. Ce vers manque du manuscrit de base (Berne, Burgerbliothek, 354) de l'édition Noomen-Boogaard, qui évacue donc Dieu et la bonne foi du cavalier chevauché, en lui prêtant une conduite agressivement défensive.

[823] *De la damoisele qui sonjoit*, *Recueil général et complet des fabliaux des XIIIe et XIVe siècles imprimés ou inédits*, éd. MM. Anatole de Montaiglon et Gaston Raynaud, tome V, éd. cit., v. 45-46, p. 209.

[824] Voir l'article de Joël Grisward, « L'arbre blanc, vert, rouge de la *Queste del Saint Graal* et le symbolisme coloré des Indo-Européens », *Actes du 14e congrès international arthurien*, Rennes, PUR, 1985, p. 273-287.

[825] En effet, dès son apparition sur la scène du premier « jeu » français, Ève porte « un vêtement de femme blanc – ce peut être un voile de soie blanche », *Le Jeu d'Adam*, éd. et trad. Véronique Dominguez, Paris, Champion, 2012, p. 181.

[826] *De la damoisele qui sonjoit*, *Recueil général et complet des fabliaux des XIIIe et XIVe siècles imprimés ou inédits*, éd. MM. Anatole de Montaiglon et Gaston Raynaud, tome V, éd. cit., v. 43, p. 209.

sa demoiselle, par une démonstration aboutie des gains que suppose la nouvelle étape. Si elle invoquait Dieu pour faire advenir la *male honte*, lui l'appelle au secours de son sexe, de son travail émotionnel (la consolation : *tant que il vous en sera mieus*) et physique (*l'empointe*). Ce qui suit est un comportement essentiellement guerrier, qui trahit le fait que le bachelier n'est pas entièrement *pris*, et qu'il agit uniquement par complaisance, dans une akrasie vouée au ramollissement complet de la volonté. Il est pertinent de rappeler que, pour Anselme de Cantorbéry et Pierre Abélard[827], les émotions sont des formes de volition qui ont leur force motivationnelle spécifique. Or, ici, l'appétit sensitif est en chute libre, ce qui oblige le personnage à une approche forcée, qui l'épuise sans offrir à la femme le plaisir attendu. À l'état de veille, l'initiation masculine est un échec, qui ne correspond guère aux objectifs de sa visite. C'est la demoiselle qui réussit son travail d'initiation, en finissant par apprendre, malgré son manque d'engagement initial, malgré son malaise pré-conjugal, les limites de la sexualité masculine et les possibilités virtuellement illimitées de l'appétence féminine à l'œuvre. Jouir en toute lucidité – tel est l'aboutissement de ses tentatives de *prendre* l'autre et de le punir / récompenser de ses initiatives solitaires.

En fin dc compte, c'est la demoiselle qui est proclamée gagnante de la nuitée, malgré l'éventualité – toujours forte – d'un échec social à long terme. En lui faisant poursuivre son désir d'expérimenter dans le champ (spatio-temporel, notamment positionnel) de l'érotisme, le narrateur la peint en modèle, malgré le fait que cette émotion *concupiscente* reste un pis-aller, une solution de compromis par rapport à ses buts le plus profondément investis. Le besoin de respect, de sécurité affective et familiale, de dignité face à l'évaluation morale et religieuse de la situation, est éclipsé par le versant ensoleillé de ce début intempestif de sa vie sexuelle.

Avoir une position haute est plus qu'une affaire de positionnement coïtal ; mais le fabliau enseigne aux dames à se contenter de la liberté rêvée plutôt qu'à chercher un engagement voulu et recommandé. La motivation onirique l'emporte sur toute orientation sociale plus large. Trouver un homme qui se mette au service de ses songes et fantaisies est déjà un accomplissement, même s'il ne correspond pas à une aspiration pleinement valorisée.

« Mout [...] seroit bien avenu »[828] à toute femme, suggère le conteur, d'avoir une telle *adventure* lors de sa première nuit d'intimité : se laisser aller à l'inspiration primesautière de son propre corps, dans un corps-à-corps cru et heurté avec *uns bachelers qui l'amoit*.

Et qui l'aime toujours ?

---

827 Ce point de vue focalise une dimension déjà connue de la pensée d'Augustin. Voir Peter King, art. cit., p. 172.

828 *La Damoisele qui sonjoit*, dans le *Nouveau recueil complet des fabliaux*, éd. Willem Noomen et Nico van den Boogaard, tome IV, éd. cit., v. 74, p. 55.

Happy end et congruence affective

Au début du fabliau et de la nuit, la demoiselle était de bonne humeur, et son rêve l'entretenait dans un vécu voluptueux, où l'amour trouvait une expression heureuse et partagée, où le plaisir répondait aussitôt au désir, où tout était harmonie, assouvissement, entente.

De son côté, le jeune homme était mû par un désir qui lui faisait affronter tous les obstacles, dans le rêve de l'amie comme dans sa propre réalité. Le narrateur lui attribue la faculté d'aimer, ce qui ajoute un ingrédient savoureux à l'audace de sauter dans un lit au milieu de la nuit, dans une maison inconnue. Lorsque le plaisir couronne son désir, dans une course vers la jouissance solitaire et répétée, le héros est sans doute de bonne humeur, ayant trouvé la bonne demeure, le bon corps, le bon moment pour faire son *talent*...

La suite perturbe le cours du désir et risque de changer le climat affectif de chacun des protagonistes : la demoiselle est dépucelée sans congé et le jeune homme condamné à la peine d'*amor*, sur un ton de reproche sermonneur qui ne promet rien de bon.

Toutefois, la bonne humeur, dominante au début, tend à s'imposer ; ce serait, d'ailleurs, la suggestion des recherches en psychologie moderne : « Les personnes qui se trouvent dans un état affectif ou motionnel particulier ont tendance à chercher des situations, à retenir des informations et à exprimer des jugements congruents avec leur état affectif »[829]. Si l'on embrasse ce point de vue, le récit illustre un cas mémorable de congruence affective : la demoiselle veut bien qu'il lui en soit *mieus*, et trouve un moyen de traduire son « avoeques » rêvé par une réciprocité décalée ; le damoiseau, lui, se montre assidu et prêt à se mettre à la disposition de son amie. Le résultat est, comme le veut le conteur, le plaisir partagé, le rêve accompli, la faute corrigée : le triomphe de la bonne humeur pour les personnages aussi bien que pour les spectateurs.

La première étape de cette synchronisation est la fameuse requête : « or me faites autretant »[830], qui donne le signal à la danse finale. Malgré la volonté – consciente – d'humilier l'autre, et de lui faire subir une sorte de contre-défloration, en *montant sus* pour lui faire l'amour (ou le sexe / le *foutre*) dans cette position réservée, en principe, aux hommes ; malgré l'esprit de revanche qui anime l'héroïne lorsqu'elle prodigue accusations et insultes ; malgré la frustration de perdre ses chances à une vie respectable, en encourageant le commerce charnel

---

[829] Il s'agit de l'hypothèse des chercheurs John D. Mayer, Laura J. McCormick et Sara E. Strong, « Mood-Congruent Memory and Natural Mood : New Evidence », *Personality and Social Psychology Bulletin*, 21, 1995, p. 736-746, retenue et favorablement présentée par Paula M. Niedenthal, Silvia Krauth-Gruber et François Ric, dans leur ouvrage de synthèse *Comprendre les émotions. Perspectives cognitives et psycho-sociales*, Wavre, Mardaga, 2008, p. 39.

[830] *La Damoisele qui sonjoit*, dans le *Nouveau recueil complet des fabliaux*, éd. Willem Noomen et Nico van den Boogaard, tome IV, éd. cit., v. 33, p. 54.

avec un *bachelers pautoniers*, la femme reste bien disposée envers son ami. Au fond, elle renoue avec l'état affectif du rêve et se montre prête à improviser, à recoudre la trame déchirée de son scénario émotionnel, à prendre son plaisir *in praesentia, avoeques* et *contre* l'autre. L'immédiateté de la consommation du songe se traduit, dans la réalité, par une impatience impolie, qui va jusqu'à revêtir l'aspect d'une négociation mercantile, pressée, irréfutable. À désir pressant, plaisir lassant : la demoiselle est infatigable dans les deux mondes de l'expérience, au grand dam de l'ami, qui n'arrive pas à garder la hauteur rêvée.

L'échec est étonnamment joyeux : perdre devant l'amie, c'est continuer à jouer, tout en lui donnant une motivation supplémentaire – le plaisir de gagner. C'est le climat ludique qui se réinstalle chez le jeune homme, durablement. Content peut-être d'échapper au danger d'un procès qui incrimine son assaut nocturne, il retrouve simplement le goût de l'érotisme en liberté. Tout comme il a sauté dans le lit, il assiste à un bond au féminin, qui l'intéresse virilement, en tant que performance sportive et jouissive. Il apprend peut-être que le plaisir est aussi, en amour, de donner du plaisir, et non seulement d'en prendre. En tout cas, l'optimisme du début fait peau neuve, malgré l'érection ratée : il reste désirable aux yeux (rêveurs !) des dames auxquelles s'adresse le conteur. En fin de compte, les deux protagonistes sont contents d'avoir une *chaude*, après leurs rêves solitaires et prometteurs. Dans un sens, trouver sa moitié, pour un *ami* violeur, revient à apprendre que son *amie* est capable de viol aussi.

Partager les émotions du triomphe – comme cible et bénéficiaire de l'autre – est une possibilité que le rêve envisageait déjà, sous un jour plus vague et complaisant.

La situation construite par les amis ainsi réconciliés correspond justement à un déclic mémoriel sur l'état affectif qui constitue la toile de fond de l'histoire : la volupté.

Et c'est l'impression première qui persiste : pour la femme, l'homme est associé avec un plaisir désiré, pour l'homme, la femme reste associée avec le plaisir déjà pris. Chacun est censé se rappeler[831] la pertinence émotionnelle de l'autre, et la revivre aussi positivement que le permettent les circonstances.

Violente, et pourtant aimante, la confrontation homme-femme, *pautoniers-damoisele*, violeur-violeuse aboutit à la satisfaction.

Durable ?...

Autant que peut le faire espérer une double initiation solitaire – et finalement solidaire...

[831] Les spécialistes de la congruence affective nomment ce déclic « *the mood-congruent memory effect* », voir John D. Mayer, Laura J. McCormick et Sara E. Strong, art. cit., p. 743.

Pris ou prise : Rutebeuf, *Frere Denise*[832]

Parfois, la confrontation de l'initiateur et de l'initiée se fait sous l'égide d'un tiers justicier, et elle revêt des allures de crucifixion.

Fort de sa rudesse, Rutebeuf / Rudebeuf commence son fabliau *De Frere Denise* par une invitation à la juste colère[833] : face à l'hypocrisie du moine moyen contemporain[834], la dénonciation littéraire peut se révéler une réponse adéquate. C'est l'époque artistique où la satire est en fleur chez ce poète qui « se plaît à jouer le rôle de censeur, à critiquer chaque classe sociale, à blâmer les uns et les autres »[835], sans perdre son goût pour le dépassement, l'enthousiasme, le miracle.

S'il commence par saluer l'effort humain (notamment masculin et monacal) de mener une « vie pure »[836] et de nourrir des aspirations austères, en accordant son style vestimentaire à l'idéal du dépouillement, le conteur appelle aussitôt à une prise de conscience punitive de ces comportements où le « mervilleuz semblant »[837] trompe merveilleusement. Le versant cognitif de cette double émotion est éclairé par des ambitions didactiques : il faut suivre la piste de la fausse merveille pour découvrir ce *faillir* à parfum de beauté et à relent de *mauvestié*.

S'appuyant sur l'image de l'arbre sans fruit, condamné, dans le Nouveau Testament, au feu[838], le *fableor* proclame haut et fort le droit de souhaiter la mort à ces êtres capables de trahir les espoirs de leurs proches : « Il semblent les aubres qui faillent, / Qui furent trop bel au florir : / Bien dovroient teil gent morir, / Vilainnement et a grant honte »[839]. Ce qui est surprenant, dans cette proclamation

---

832 Nous confronterons à l'occasion les éditions Noomen-Boogaard et Montaiglon-Raynaud, tout en privilégiant la première, pour des raisons pragmatiques et philologiques. L'édition et la traduction de Michel Zink nous serviront constamment de garde-fous.

833 Voir Geneviève Bührer-Thierry, «"Just Anger" or "Vengeful Anger"? The Punishment of Blinding in the Early Medieval West », *Anger's Past : The Social Uses of an Emotion in the Middle Ages*, éd. B.H. Rosenwein, Ithaca, Cornell University Press, 1998, p. 75-91.

834 L'hypocrisie des ordres mendiants est un thème chéri par Rutebeuf, présent également dans une satire comme *La Complainte de Guillaume de Saint Amour* ; voir Brian J. Levy, *The Comic Text…, op. cit.*, p. 175, note 32. Par ailleurs, nous avons là un type humain promis à une belle fortune littéraire : « *In the end, this medieval Tartuffe is likened to [...] agents of deceit [...] : an image of a rotten, damned creature very like the Strasbourg cathedral statue of the Temptor (a handsome shell of a youth, all eaten inside by serpents and hellish rodents* », *ibid.*, p. 175.

835 Paul Rousset, « Rutebeuf poète de la croisade », *Revue d'histoire ecclésiastique suisse*, 60, 1966, p. 107.

836 Rutebeuf, *Frere Denise*, *Nouveau recueil complet des fabliaux*, éd. Willem Noomen et Nico van den Boogaard, tome VI, Assen et Maastricht, Van Gorcum, 1991, v. 6, p. 15.

837 *Ibid.*, v. 9, p. 15.

838 « Tout arbre qui ne porte pas de bons fruits est coupé et jeté au feu. », Mathieu, 7, 19.

839 Rutebeuf, *Frere Denise*, dans le *Nouveau recueil complet des fabliaux*, éd. Willem Noomen et Nico van den Boogaard, tome VI, éd. cit., v. 10-13, p. 15. Michel Zink parle ici

de la honte méritée, est l'intensité du ressenti : plus on investit les émotions positives suscitées par les apparences, plus on risque de s'en vouloir et d'en vouloir à ces autres qui les entretenaient. Avec Rutebeuf, la rancune fait feu de tout bois, de tout arbre qui croît et déçoit.

Par rapport au discours christique, la floraison est une nouveauté qui vient colorer la métaphore arboricole de façon à la détourner vers la parabole du semeur[840]. En effet, l'arbre tombé en stérilité rejoint, théo-moralement, ces grains du sol rocailleux qui « lèvent rapidement parce que la terre sur laquelle ils étaient tombés n'était pas profonde »[841]. Une défaillance commune sous-tend les deux images : les belles prémisses végétales se laissent spectaculairement – et gravement – démentir. Il y a va d'un péché où la verdeur est dévoyée, en cassant le cycle du développement naturel, ou, mieux dit, en le dénaturant…

Implicitement, la maturation d'une créature – fût-elle un ermite habillé – suppose la succession exacte de trois phases : ensemencement, floraison, fécondation. Ce que l'ermite rate et fait rater à sa pupille est, justement, cette dernière œuvre de nature. Comme par hasard, le fabliau de Rutebeuf commence et s'achève sur l'idée d'un épanouissement sexuel compatible avec la *vie pure*. Mais pureté n'est pas virginité : en fin de compte, porter son *bon fruit*, c'est se marier, selon sa position dans l'arbre ou la hiérarchie. Aucune autre *fruition* n'est acceptée[842].

Lorsqu'il est confronté à un paysage délibérément stérile, qui suspend les sèves du « Multipliez-vous », le conteur s'acharne sur l'observateur autant que sur l'observé : il fustige la naïveté et l'optimisme du premier autant que l'hypocrisie du second. Acteur ou spectateur, il préfère rejeter le crédo de la virginité.

Un script émotionnel incontournable émerge de ce tableau du *mal florir* : l'émerveillement devant un être *trop bel* (une fleur du mal !) est suivi d'un scepticisme à la hauteur de l'excès. Le script a l'autorité du proverbe, de la parabole, de la satire virulente de Rutebeuf ; puisque *Li abis ne fait pas l'ermite – La fleur ne fait pas le fruit – Le vœu de chasteté ne fait pas le chaste – L'abstinence*

---

de « floraison superbe », en jouant sur la « *superbia* » d'une façon esthétiquement pertinente, voir Rutebeuf, *Œuvres complètes*, édition et traduction par Michel Zink, Paris, Bordas, tome I, 1989 et tome II, 1990, disponible en ligne sur le site de Gallica, http://visualiseur.bnf.fr/CadresFenetre?O=NUMM-0101490&M=notice, consulté le 3 mars 2015.

840 Sur une occurrence célèbre de cette parabole dans la littérature médiévale, voir Jeff Rider, «'Wild Oats': The Parable of the Sower in the Prologue to Chrétien de Troyes' Conte del Graal », *Philologies Old and New : Essays in Honor of Peter Florian Dembowski*, éd. Joan Tasker Grimbert et Carol J. Chase, Princeton, NJ, Edward C. Armstrong Monographs, 2001, p. 251-266.

841 Voir Marc 4, 5.

842 Cette mentalité jouissive et conjugalement fruitive n'est pas sans rappeler un autre texte bref du XIIIe siècle : *Le Lai du Conseil*, où une dame est avertie contre le risque de « planter jardin sanz fruit » et écoute si bien le conseil de son chevalier-confident, qu'elle finit par épouser son amant. Voir *Le Lai du conseil,* éd. Brîndușa Elena Grigoriu, Catharina Peersman et Jeff Rider, éd. cit., notamment les vers 430-436, p. 92.

ne fait pas le pur, il est sûr que le pessimisme[843] est la meilleure réponse à la « bele moustre »[844]. À telle ostension, telle veine d'émotion.

Le pessimisme, à son tour, conduit à une légitimation de la discrimination. Sans fruit, la vie d'un arbre n'a plus de sens ; cette logique négatrice illustre une nécessité cruelle et impersonnelle (*Bien devroient teil gent morir*), qui n'est pas sans suggérer le genre de divinité pragmatique, calculatrice, flagellatrice, qui domine les scènes punitives du Nouveau Testament. Pas de rendement – en *talents* – pas de place auprès du Maître ; pas de bon vêtement, pas d'accès aux noces... pas de respect pour le temple, pas d'accès aux mystères du dedans...

Certes, cette émotionologie du rejet a un revers protecteur, voire prophylactique : elle cultive la vigilance affective du public de tout âge et de tout sexe. Mais, essentiellement, la vigilance alimente la suspicion, l'intransigeance, et, finalement, l'inclémence la plus radicale. Le spectre émotionnel proposé par ce conte à rire est plutôt sombre : l'humour y est un réflexe défensif si fort, qu'il en devient contre-offensif. Comment rire et de quoi jouir quand l'état émotionnel recommandé est la méfiance généralisée ?

Paradoxalement, le *flabel* hante le fléau, le divertissement la satire. Après tout, *De Frere Denise* invite aussi au spectacle de la transsexualité de circonstance, se rapprochant, thématiquement, du *Roman de Silence*, écrit à la même époque[845]. Une femme devient homme, moine et finalement dame, comme pour s'approprier les modes d'être et de paraître d'une société à peine fictionnelle, où l'individu apprend à choisir un rôle sexué et à embrasser le *modus sentiendi* qui lui incombe.

C'est la gymnastique émotionnelle de la sexuation qui illustre ici le spectre de l'initiation érotique ; l'héroïne se montre particulièrement flexible de ce point de vue, et favorise les apprentissages et désapprentissages émanant d'initiateurs des deux sexes. L'enthousiasme à se laisser modeler n'altère pas définitivement sa nature, qui reste une sorte de porte-culture. Denise est une adepte des métamorphoses en soi et pour soi, ce qui ne la protège guère des modèles et des modeleurs de mauvaise foi.

---

843 Toutefois, le fabliau de Rutebeuf nourrit aussi une ambition (implicite) de changer le monde, et s'achève par une tentative de rétablir l'adéquation idéale entre la beauté et la bonté féminines. Sur le rôle des fabliaux dans le rehaussement du statut des femmes, voir Richard Spencer, « The Treatment of Women in the *Roman de la Rose*, the Fabliaux and the *Quinze joyes de mariage* », *Marche romane*, 28, 1978, p. 207-214.

844 Rutebeuf, *Frere Denise*, dans le *Nouveau recueil complet des fabliaux*, éd. Willem Noomen et Nico van den Boogaard, tome VI, éd. cit., v. 8, p. 15.

845 Sur la datation de ce roman d'Heldris de Cornouailles et son illustration de la thématique transsexuelle, voir *Le Roman de Silence : A Thirteenth-Century Arthurian Verse Romance by Heldris de Cornuälle*, éd. Lewis Thorpe, Cambridge, Heffer, 1972 et *Silence. A Thirteenth Century French Romance*, éd. et trad. Sarah Roche-Mahdi, East Lansing, Michigan, Colleagues Press, 1992. Une édition française est en préparation chez Champion, grâce aux efforts de Danièle James-Raoul.

Les *cordeliers* : une corde sensible

L'ordre franciscain offre un cadre historique propice à l'idée de renversement social : à la suite de François d'Assise, être cordelier revient à être disponible à l'aventure du dépouillement, de la perte de soi et du regain d'altérité le plus radical, le plus émouvant, le plus proche du divin. Cette propension à la métamorphose devient populaire au XIIIe siècle, lorsque « les franciscains font des disciples dans tous les milieux, aussi bien en Italie qu'en France et en Angleterre »[846]. Ces disciples sont avant tout des hommes[847], des frères mineurs, mais cela n'exclut pas l'existence d'aspirantes au titre de *sorores minores*, comme l'atteste, dès 1216, l'évêque Jacques de Vitry[848].

Le lecteur moderne a des raisons d'être intrigué : littérairement du moins, *Frere Denise* eût pu être *Sœur Denise*, sans honte, ni scandale. Cependant, « il semble que la première fraternité franciscaine, mêlant en un projet commun de pauvreté et de pénitence, *frères mineurs* et *sœurs mineures*, n'ait pu perdurer dans les cadres sociaux et surtout culturels du XIIIe siècle. L'assimilation précoce des Clarisses aux moniales bénédictines répond à cette peur de la femme errante non mariée qui représente, somme toute, même pour François, une *tentatio* potentielle, toujours susceptible de faire trébucher, selon la longue tradition monastique, les hommes de Dieu les mieux aguerris »[849]. Or, justement, pour réguler la peur de cette *femme errante*, l'époque propose volontiers la solution de la séparation : mieux vaut se vouer à la chasteté entre sœurs, quand on est une jeune fille remarquablement – et dangereusement – belle.

Une Denise qui devienne, selon toutes les règles de l'art, une moniale d'orientation plus ou moins franciscaine – une « pauvre clarisse » sinon une « clarisse urbaniste »[850] – est parfaitement imaginable au XIIIe siècle. C'est,

---

[846] Jacques Paul, « La Signification sociale du franciscanisme », dans *Mouvements franciscains et société française*, XIIe-XXe siècles, dir. André Vauchez, Paris, Beauchesne, 1984, p. 17.

[847] Ce sont des hommes dont la mauvaise réputation « est établie de longue date », comme le rappelle, à propos de « Frere Denise », Pierre-Yves Badel, *Le Sauvage et le sot. Le fabliau de Trubert et la tradition orale*, Paris, Honoré Champion, 1979, p. 43. L'auteur souligne aussi le fait que les cordeliers relèvent d'un sous-type humain et narratif « défini par la corrélation femme versus religieux », *ibid.*, p. 42.

[848] Sur le sexe des franciscains, voir l'article de Lezlie Knox, « Poor Clares Order », *Women and Gender in Medieval Europe : an Encyclopedia*, disponible en ligne sur le site http://cw.routledge.com/ref/middleages/women/poor.html, consulté le 4 mars 2015.

[849] Dominique Donadieu-Rigaut, *Penser en images les ordres religieux : XIIe-XVe siècles*, Paris, Arguments, 2005, p. 198.

[850] « La branche féminine des franciscains, les **clarisses**, découle de l'action de Claire d'Assise (morte en 1253), qui, dès 1212, imitant l'exemple de saint François, avait fondé les **pauvres dames** auxquelles le saint donna en 1224 une règle de vie qu'approuva Grégoire IX en 1227. Les clarisses connurent un très rapide essor, malgré les divisions entre **pauvres clarisses**, fidèles à l'observance primitive, et **urbanistes** qui acceptaient les

d'ailleurs, l'image de cette carrière vraisemblable qui sauve, en fin de compte, la face de l'héroïne lors de son retour auprès de sa mère, et qui rend possible sa rescousse conjugale : on peut bien croire, dans le monde fictionnel de Rutebeuf, que Denise « ert aux Filles Dieu rendue »[851]. On peut même croire qu'elle y était *rendue* et convaincue par une sœur, convaincue, à son tour, par la dame adepte de la bonne conjugalité : « a une autre l'ot tolue, / Qui laianz le soir l'amena, / Que par pou ne s'en forsena »[852]. Du moins, la mère de l'héroïne croit à cette histoire de conversion réversible, féminine et sentimentalement possible. Il n'est donc pas nécessaire, historiquement, narrativement, que Denise se convertisse par les soins d'un homme.

L'histoire promet, cependant, de traiter d'un ermite indigne de sa *vesteüre*. Le personnage qui incarne le Frère Mineur dans le texte de Rutebeuf est un être sans histoire, un Simon qui ne devient pas Pierre[853], qui « est de pauvres draz vestuz »[854], vit de charité et travaille comme prêcheur et confesseur. C'est juste un *frere meneur* parmi d'autres, anonyme, effacé, quelconque – du moins au début du récit. Néanmoins, il présente un potentiel de changement, voire de renversement, propre à enthousiasmer une jeune âme. Il jette une ombre sur l'idéal franciscain, en incarnant le mendiant d'amour et de foi qui passe, repasse et, pour un temps, casse les soubassements de la famille chrétienne avec laquelle il lie connaissance. Cette ombre serait plus pertinente dans un fabliau intitulé *De frere Simon*, que Rutebeuf préfère éviter d'écrire ; il se contente d'instrumentaliser Simon aux besoins d'une cause qui demeure terrible et risible : la virginité perdue et retrouvée.

Essentiellement, le « flabel » relate « une aventure / De la plus bele criature / Que hom puisse troveir ne querre / De Paris juqu'en Aingleterre »[855], et cette *criature* est une noble vierge désirable et mariable. Après la dénonciation de l'hypocrisie masculine, châtiée, de façon programmatique, par une mort honteuse, l'accent tombe aussitôt sur la beauté de cette vierge, qui se passe de toute description. L'admiration, teinte de pitié et de vigilance, fait suite à la colère, dans un flux affectif caractérisé par l'ambivalence.

Un détail vient assurer le lien entre les deux types humains – le papelard et la belle – qui sont censés susciter des émotions propres à des conventions génériques

---

mitigations apportées par le cardinal Cajetan à la demande d'Urbain IV (1264) », Pierre Roger Gaussin, *Les Cohortes du Christ : les groupements religieux en Europe et hors d'Europe des origines à la fin du XVIII*e *siècle*, Rennes, Ouest France, 1985, p. 90.

851 Rutebeuf, *Frere Denise*, dans le *Nouveau recueil complet des fabliaux*, éd. Willem Noomen et Nico van den Boogaard, tome VI, éd. cit., v. 321, p. 23.

852 *Ibid.*, v. 322-324, p. 23.

853 *Simon* est typiquement choisi pour marquer des contextes de tromperie ou, plus spécifiquement, de « simonie ». Voir Anne Cobby, « "Saint Amadour et sainte Afflise": Calling upon the Saints in the Fabliaux », *Grant Risee? The Medieval Comic Presence. La présence comique médiévale*, art. cit., p. 176-177.

854 Rutebeuf, *Frere Denise*, dans le *Nouveau recueil complet des fabliaux*, éd. Willem Noomen et Nico van den Boogaard, tome VI, éd. cit., v. 3, p. 15.

855 *Ibid.*, v. 17-20, p. 15.

différentes (le pacte satirique / le pacte romanesque) : de la honte à la fierté, le passage est assuré par « Uns proverbes [qui] dit et raconte / Que tout n'est pas ors c'on voit luire »[856]. À côté de l'image de l'arbre en fleurs qui rate sa promesse printanière, cette dorure de surface met en garde le lecteur sur les deux faux semblants de l'histoire : une maturité monacale et une jeunesse virginale.

Le *flabel* se construit autour du motif, souvent exploité par les contes à rire, de la pucelle sans merci. L'inaccessibilité, la froideur et l'isolement de la société masculine sont donc de mise. Seulement, les fabliaux d'initiation acheminent habituellement l'intrigue vers un apprentissage hilarant de la sexualité, couronné parfois du mariage de l'initiateur et de l'initiée. Or, Rutebeuf respecte en grandes lignes le programme narratif de ce type de conte, tout en lui imposant un climat affectif sombre et sévère. Au fond, c'est un rapt commis par un clerc qu'il décrit, et la fin heureuse et marieuse n'y change rien : le rire sait châtier, tandis que la tolérance, l'optimisme et la philosophie de l'arrangement, propres aux genres humoristiques, demeurent inexploités.

L'*aventure* annoncée advient de façon dialogique : tout d'abord, la jeune héroïne parée de toutes les beautés choisit comme interlocuteurs Dieu et Notre Dame, aux dépens de la vingtaine d'hommes qui lui demandent la main. L'option est présentée sur un ton sensible aux avantages de l'*ordre de mariage* dans ce cas particulier. En effet, la noblesse, la richesse, le prestige des prétendants et de la demoiselle semblent s'accommoder fort bien du statut conjugal, les « grans gentiz homes » étant plus compatibles avec une « gentilz fame »[857] que les frères mineurs, par exemple…

Or, il n'en est rien : malgré l'amour qu'elle suscite autour d'elle, dans sa propre famille dominée par la mère et dans la famille potentielle qu'elle est censée former, la pucelle se révèle distante, altière, autre. Dans les textes hagiographiques, ce trait est vu comme le signe d'une vocation spirituelle : il suffit de penser à saint Alexis, par exemple, et à son rejet des affections humaines[858]. L'hostilité à toute alliance familiale est, ici, présentée comme une exception à la règle, voire comme un comportement illogique. Il faut être bien naïf, suggère l'auteur, pour ne pas voir le bien du côté des « grans gentiz homes plus de vint »[859] qui s'empressent à honorer la demoiselle. D'autant plus que la maison est hantée par une foule de moines franciscains – prêts à apprécier la beauté féminine, selon toute apparence – qui pourraient fournir des raisons bien sérieuses de dire *oïl* à un gentilhomme bien intentionné… En effet, « frere meneur laianz hantoient, / Tuit cil qui par ilec passoient »[860]. Ils sont donc tous attirés par l'hospitalité juvénile de cette demeure

---

[856] *Ibid.*, v. 14-15, p. 15.
[857] *Ibid.*, v. 22 et 28, p. 15.
[858] « Il les esguardet, / sil met el considrer, / N'at soing quel veiet, si est a Deu tornez » ; « Plus aimet Deu que trestot son lignage », *La Vie de saint Alexis*, éd. Gaston Paris, Paris, Champion, réédition de 1980, v. 244-245 et v. 250, p. 302.
[859] Rutebeuf, *Frere Denise*, dans le *Nouveau recueil complet des fabliaux*, éd. Willem Noomen et Nico van den Boogaard, tome VI, éd. cit., v. 22, p. 15.
[860] *Ibid.*, v. 33-34, p. 16.

où la mère se montre, d'ailleurs, tout aussi accueillante que la fille, sans nourrir d'ambition spirituelle particulière.

L'état fusionnel mère-fille favorise ce double investissement de foi : les moines franciscains sont les bienvenus dans cette ambiance aimante et confiante. « Mout s'entramoient, ce me semble, / La pucele et sa mere encemble »[861], précise le narrateur, en coulant son histoire dans le moule des fabliaux à parents jaloux, crédules et influençables.

Une anti-émotionologie maternelle se nourrit du potentiel affectif de cette figure : aimer, c'est surveiller, et non laisser aller, suggère Rutebeuf. L'amour d'une mère ne devrait pas, comme dans ce cas malheureux, se fier complètement à l'apparence de la vertu et au plaisir de la côtoyer au quotidien ; l'ingrédient émotionnel qui manque est, justement, l'inquiétude. La bonne maternité suppose un esprit toujours en alerte, veilleur et pénétrant, et non une foi aveugle au *mervilleuz semblant*. La mère de l'histoire manque précisément de cette dimension de l'intelligence émotionnelle qu'est l'empathie : incapable de sentir les troubles qui agitent l'âme de sa fille, et la tentation qui aiguise les appétits des *frères*, elle se plaît simplement à croire à l'équilibre immuable d'une maison honnête et honorablement fréquentée.

Qui plus est, Rutebeuf suggère que l'attachement exclusif de la mère pour sa fille unique prive celle-ci des belles opportunités conjugales susmentionnées : au lieu de voir que la fleur s'apprête à porter son fruit, elle la garde possessivement sous sa coupe, pour faire d'elle un attrape-cordeliers, attrape-sainteté. Sa compétence intra-personnelle échoue aussi : la mère n'est pas consciente du pourquoi de son contentement, qui est un dévoiement ; elle ne connaît et ne gère pas son expérience affective. Le devoir de marier son enfant est mal rempli, indique le conteur, en suggérant, une fois de plus, que la norme en matière de comportement maternel oblige à un altruisme lucide, habile, intelligent. Se soucier de l'autre, c'est s'ouvrir à son altérité particulière, devenir capable de la concevoir, de l'interroger.

Fort opportunément, le poète tient en réserve une seconde mère, qui remplit au mieux ces exigences émotionologiques, en incarnant un amour capable de trancher l'ombilic...

---

[861] *Ibid.*, v. 31-32, p. 16. « Sa mère et elle, je crois, / s'aimaient beaucoup », voir la traduction de Michel Zink, éd. cit., http://visualiseur.bnf.fr/CadresFenetre?O=NUMM-0101490&M=notice, site consulté le 3 mars 2015.

Conquis(e) : défaites émotionnelles

Lorsque la pucelle fait *veu* à Dieu et à la Vierge, elle s'attelle, secrètement, à un idéal émotionnel qui suppose de troquer un plaisir pour un autre, plus hautement valorisé : le vécu de l'amour humain pour la grâce de l'amour divin. Essentiellement, ce qu'elle cherche n'est pas le sacrifice ou l'humilité, mais la plus « grant joie »[862] disponible dans son environnement.

Approcher un moine franciscain pour une autre raison que la confession est déjà une transgression des normes en cours. La déclaration de vocation devrait se faire dans un cadre institutionnel qui prévoie des solutions rituelles pour l'intégration des femmes, et non dans un tête-à-tête intersexuel spontanément constitué, selon la logique du cœur. « Se Dieux me doint *honeur* ! », dit-elle, avec un résidu de prudence noyé dans l'enthousiasme, « Si grant *joie* avoir ne porroie / De nule riens conme j'avroie, / Se de votre ordre pooie estre »[863]. Ainsi, la *joie* serait compatible, tout naturellement, avec l'honneur, à condition que Dieu s'en charge. Un seul oubli assombrit cette émotionologie de la joie honorable : Notre Dame.

En effet, le vœu initial est significativement double, et comporte deux garants : le Créateur et la Mère[864]. Ce sont le masculin et le féminin qui fixent le cadre sécurisant indispensable à cette métamorphose spirituelle. Or, la vierge ne songe guère à son affinité avec la Vierge, et préfère se tourner, pour des raisons qui restent obscures, vers un homme dont le modèle émotionologique est le Christ (et non Marie). La crucifixion qui s'ensuit n'en est que plus prévisible. Au lieu de se vouer à une union avec l'Époux, elle veut devenir l'Époux, en supprimant toute distinction sexuelle.

La sexuation de Denise commence avec la création d'une réalité émotionnelle alternative ; comme cet Autre auquel la demoiselle veut s'identifier est auréolé de la renommée d'un saint, elle projette sur lui toutes ses attentes en matière de sainteté. Conscient de cet atout, Simon incite au perfectionnement spirituel sur un mode personnalisé et rassurant : « Ma douce amie, / Se meneir voliez la vie / Saint Fransois, si com nos faison, / Vos ne porriez par raison / Faillir que vos ne fussiez sainte »[865]. Côté *raison*, côté émotion, ce discours est irrésistible. Placé sous le signe d'une hypothèse confirmée – puisque la demoiselle lui a déjà communiqué son désir de changer de vie – cet émotif relève de la prophétie autant que de la promesse. Simon se fait le garant potentiel d'un épanouissement humain et divin.

---

[862] C'est, du moins, ce qu'elle déclare à son frère porteur de corde : le syntagme « grant joie » y vibre au superlatif relatif ; voir Rutebeuf, *Frere Denise*, dans le *Nouveau recueil complet des fabliaux*, éd. Willem Noomen et Nico van den Boogaard, tome VI, éd. cit., v. 51-53, p. 16.

[863] *Ibid.*, v. 50-53, p. 16, nos italiques.

[864] Denise « ot fait de son pucelage / Veu a Deu et a Notre Dame », v. 26-27, p. 15.

[865] *Ibid.*, v. 41-45, p. 16.

Par un court-circuit parodique, cette certification rappelle les conventions de la *fin'amor* : indirectement, elle signale la transition du stade de soupirant à celui de suppliant, tout en suggérant une inversion comique des rôles, puisque l'initiative locutive et associative émerge de la femme. En outre, le vœu de chasteté prend la forme d'un pacte qui établit un rapport causal entre la réussite virginale et l'acceptation au sein de l'ordre franciscain : « Se de voir pooie savoir / […] que senz fauceir peüssiez / Gardeir votre virginitei, / Sachiez de fine veritei, / Qu'en nostre bienfait vos metroie »[866]. L'assurance de *fine veritei* vaut une confirmation rassurante et obligeante de la réputation d'infaillibilité sexuelle et morale de l'ordre.

De son côté, la demoiselle confirme son désir de rester pucelle toute sa vie et accepte, implicitement, le projet de sainteté qui va avec, si bien que l'entente est scellée entre les deux parties.

Le seul problème, on l'a vu, est le caractère privé de ce *bienfait* requis et promis ; l'adhésion au mode de vie de l'ordre implique habituellement une communauté plus large que la dyade. Pour la demoiselle, devenir la *douce amie* de Simon, c'est entrer dans la douceur d'un lien humain amical, égalitaire, désiré, sans avoir à subir les rigueurs d'une mère supérieure. Sur le plan spirituel, le frère remplace Notre Dame en recevant le vœu de cette enfant vivement féminine et provisoirement vierge : « Et cil maintenant la resut »[867].

Cette réception n'est guère passive, comme le souligne le conteur ; en effet, le frère mineur assume aussitôt la mission de guide ou plutôt de maître enchanteur[868]… Le rapport de forces change de façon si flagrante, que la demoiselle devient le simple exécutant des recommandations du moine : « atainte / Et conquise et mate et vaincue »[869], elle connaît un état de submersion complète, lorsque son inclination pour la vie monacale peut embrasser, en toute bonne foi, les normes de pureté émotionnelle et corporelle proposées par le Franciscain. Un véritable coup d'État bouleverse sa vie affective : Denise connaît, inopinément, ce « choc du connaître, dans un tressaillement du corps », cette « irruption de l'autre dans la conscience »[870] qu'apportent l'amour ou l'enthousiasme. Une émotion du genre de celle qui impulse, par exemple, le brusque départ d'Alexis face à sa

---

[866] *Ibid.*, v. 60 et 62-65, p. 16.
[867] *Ibid.*, v. 69, p. 16.
[868] Simon « la damoizele enchanta », nous dit le conteur d'entrée de jeu ; c'est le type du séducteur spirituel par excellence qu'il incarne, du moins dans la première partie de l'histoire ; voir *ibid.*, v. 36, p. 16. Cette séduction ne va pas sans magie, ni sans diabolisme, comme le suggère Brian J. Levy, *The Comic Text…*, *op. cit.*, p. 175. Voir aussi l'interprétation de Simon Gaunt : « ***Enchanta*** *could mean that Simon cast a spell on Denise, or it could mean that she found him attractive.* », *Gender and Genre in Medieval French Literature*, *op. cit.*, p. 244. Michel Zink suit également cette piste : le frère mineur « ensorcela la demoiselle », *loc. cit.*
[869] Rutebeuf, *Frere Denise*, dans le *Nouveau recueil complet des fabliaux*, éd. Willem Noomen et Nico van den Boogaard, tome VI, éd. cit., v. 46-47, p. 16.
[870] Paul Ricœur, *Philosophie de la volonté…*, *op. cit.*, p. 238.

pucelle étendue sur le lit de la première nuit : l'émotion-conversion, l'émotion-révélation.

À la place de la mère, qui favorisait jusqu'alors, plus ou moins consciemment, ces motivations virginales, Denise s'attache désormais à ce frère en virginité, qui les arbore et les incarne ; il *est* déjà (à ses yeux) ce qu'elle voudrait *devenir*. Implicitement, ce qu'on reproche à cette belle néophyte est de choisir le mauvais modèle d'identification ; mais, vu les limitations de la mère – vaguement épouse et importunément matrone – le choix ne saurait la privilégier… et il n'y a aucun autre modèle valable dans son environnement immédiat.

Quelques gestes ponctuent cette transformation dont l'exaltation sacrificielle, déjà présente dans l'élan de mortification virginale, éclipse l'aspect mutilant : il faut recevoir une tonsure ; revêtir des habits de jeune homme ; se rendre ainsi paré(e) en un lieu secret, pour un nouveau rendez-vous – déterminant, minorant – avec le frère mineur. Le tout, sous le signe d'une affection plus exigeante que le narcissisme d'une femme à « beles treces blondes »[871]…

Ces actes par lesquels l'héroïne signe le double abandon de son statut et de son sexe sont accompagnés d'émotions comiquement positives. Loin de regretter ses liens passionnément familiaux, encore moins la présence de sa mère, « cele n'i done une bille »[872] ; elle s'embarque à pleines voiles sur la mer houleuse de son aventure franciscaine.

Soulagée ? Libérée d'un amour oppressant ? Simplement oublieuse ou ingrate ? Le narrateur ne précise pas la coloration de ce je-m'en-foutisme filial. Il omet de préciser aussi qui opère la révolution capillaire et vestimentaire, mais on sous-entend que la pucelle se fait faire, en toute sérénité, ces ajustements d'image. Le factitif est de mise : elle « feïst / Copeir »[873], « feïst faire estauceüre »[874]… On devine déjà chez elle une certaine assurance, une forte motivation, une maîtrise de soi et d'autrui, traduite dans le langage efficace du secret : « Mais si celéement feïst […] / Que ja ne le seüst li mondes »[875]. La jeune fille est douée d'une intelligence émotionnelle qui fait d'elle le chef d'orchestre (tonsuré !)[876] de toute une série de chambrières, coiffeuses, couturières ou confidentes… À peine effleurée d'un désir véritablement motivant, elle sait agir et se faire obéir, dans la discrétion la plus fine, la plus naturelle… elle est consciente de ce qu'elle veut, et elle mobilise promptement ses ressources émotionnelles, en gérant non seulement sa propre impatience, mais aussi la solidarité, la discrétion et la complaisance de ses complices. Noblesse oblige.

Qui plus est, la sérénité de la *damoizele* est nourrie par une foi aimante et inébranlable, mais aussi par cette surexcitation qui accompagne, à son âge, tout

---

[871] Rutebeuf, *Frere Denise*, dans le *Nouveau recueil complet des fabliaux*, éd. Willem Noomen et Nico van den Boogaard, tome VI, éd. cit., v. 75, p. 17.
[872] *Ibid.*, v. 132, p. 18.
[873] *Ibid.*, v. 74-75, p. 17.
[874] *Ibid.*, v. 77, p. 17.
[875] *Ibid.*, v. 76, p. 265.
[876] C'est ainsi que Michel Zink traduit l'*estauceüre*, *loc. cit.*

changement secret et conséquent. Courage, persuasion, exaltation, espoir : ces émois l'emportent sur tout instinct de conservation. Dieu et Simon ne font qu'un, et ils attirent irrésistiblement la demoiselle : « Cele tint tout a prophecie / Quanque cil li a sermonei, / Cele a son cuer a Dieu donei »[877]. Le cœur révèle donc, en termes théologiques, ce que l'on pourrait voir – si le contexte était celui du genre hagiographique – comme une vocation monacale authentique. Renoncer à ses tresses, par exemple, n'entraîne aucun regret chez Denise, alors que le geste demeure, dans la tradition patristique, particulièrement ardu, en constituant, à l'époque, une épreuve qualifiante féminine. Il existe même, dans la *Vie des Pères*, une « perche » à tresses[878] qui témoigne des efforts pénitentiels de toutes les femmes sauvées ou sauvables.

Ainsi, l'exaltation de Denise se traduit en pensées qui préparent à l'action, en soutenant idéologiquement une cause émotionnellement pertinente : « cele *pence* a li retraire, / Et osteir de l'orgueil dou monde »[879]. La retraite au couvent est donc envisagée comme un essai de *contemptus mundi* sur le mode du combat – provisoirement gagné – avec l'orgueil. Loin du rayonnement des tresses blondes, cet affect centrifuge prend un aspect moral, que le narrateur met en balance avec l'ardeur violente du moine.

En fait, un coup d'État sentimental menace de sévir chez Simon aussi : sous l'inspiration d'un désir de plus en plus éloquent, il cède à des pensées opportunistes qui surgissent irréfutablement, comme pour illustrer l'orchestration des idées et des émotions aux moments déterminants de l'intrigue. Pour le « feu de luxure », un baptême – le « baig ou il se wet baignier »[880] – est envisagé. Le brûlant et le chaud composent un climat sensoriel bien accordé à l'anticipation subliminale du plaisir[881].

---

[877] Rutebeuf, *Frere Denise*, dans le *Nouveau recueil complet des fabliaux*, éd. Willem Noomen et Nico van den Boogaard, tome VI, éd. cit., v. 90-92, p. 17.

[878] Nous faisons allusion au conte *De la fame a qui Nostre Dame rendi la veüe*, qui représente un « miracle annulé » pour cause de narcissisme. Le conte se distingue de tous ceux contenus dans la collection du XIIIe siècle intitulée *La Vie des Pères*, comme le soulignait Élisabeth Pinto-Mathieu dans sa conférence à l'Université Alexandru Ioan Cuza de Iaşi, le 26 mars 2014. Dans cette histoire édificatrice, la chevelure représente un trophée féminin que la pénitence réclame irréfutablement et qui conditionne jusqu'à l'entrée dans l'espace sacré : « Bele creature, / Bien sai que de ces beles tresses / Tu en as fet de grans destresses / A ceulz a qui les as moustrees. / Je lo qu'elles soient coupees / En l'eneur Dieu et Nostre Dame/ Et je te jur [...] qu'el mostier enterras / Et t'offrande fere porras », v. 29245-29253.

[879] Rutebeuf, *Frere Denise*, dans le *Nouveau recueil complet des fabliaux*, éd. Willem Noomen et Nico van den Boogaard, tome VI, éd. cit., v. 98-99, p. 17.

[880] *Ibid.*, v. 104, p. 17.

[881] Le bain, en soi, est négativement connoté : les *estuves* sont des lieux de fornication comparables aux bordels, et même une baignade conjugale est susceptible de valoir au baigneur une expiation, du moins selon les pénitentiels ; voir Brian J. Levy, *The Comic Text*..., *op. cit.*, p. 144 et James A. Brundage, *Law, Sex and Christian Society*..., *op. cit.*, *passim*.

Malgré ce désir de tremper dans la volupté, Simon n'est pas un vicieux ordinaire : il porte le nom de Simon le Zélote, frère de Judas[882]. Pour lui comme pour Denise, le sexe (illicite !) semble être une nouveauté. Narrativement, il est projeté comme *un* vierge de cœur, jamais circonscrit jusqu'ici par le cercle vicieux des délectations et des trahisons. Le lecteur est libre d'imaginer le risque de cette situation que le protagoniste tâche de concevoir, de cacher et de mettre en œuvre, en naviguant pour la première fois sur la mer orageuse de la sensualité.

Un témoin est nécessaire pour dramatiser ce processus de préméditation et d'émancipation émotionnelle rendu par l'expression totalisante « metre sa pencee et sa cure »[883] ; le narrateur parle donc d'un anonyme « compains »[884], qui demeure juste et effacé, immune au désir. Même s'il est tout aussi *maté* et *vaincus* que Denise, Simon a l'occasion, grâce à ce tiers, de se sentir triomphant. Le prétexte – méditer « un sermon, / [le] meilleur ou je pensasse onques »[885] – suggère le côté didactique de l'opération qui va suivre. Avant de s'y engager, l'homme a donc besoin de s'approuver, à haute voix, devant une instance pertinente, et même de se féliciter de son inspiration. L'hypocrisie a besoin de s'assumer comme telle. Elle commence nécessairement par une traduction du rapt en acte pédagogique, du délit en profit ; l'émotion se charge désormais d'un potentiel positif, défini, gaillardement, par une expression qui réinvestit l'emblème des cordeliers : « estre ceinte de la corde »[886]. L'ambiguïté y est de nature phallique et phallocratique – la jeune fille ne peut être que le patient de cette manœuvre cordiale[887]...

L'aiguillon réflexif (depuis Ovide, la cogitation obsessionnelle est le début de tout processus érotique[888]) est vu par Rutebeuf d'un œil distant et virtuose, puisque le verbe « penser » se prête à une véritable architecture visuelle et sonore : « A ce va li freres pensant » [889]; « Mout par est contrare sa pence / Au bon pensei ou cele pence »[890] ; « Mout est lor pencee contraire, / Cer cele pence [...] / E cil [...] a mis sa pensee et sa cure [...]»[891] ; « Frere Symons ne puet deffence / Troveir

---

[882] Voir Anne Cobby, « "Saint Amadour et sainte Afflise"... », art. cit., p. 176-177.

[883] Rutebeuf, *Frere Denise*, dans le *Nouveau recueil complet des fabliaux*, éd. Willem Noomen et Nico van den Boogaard, tome VI, éd. cit., v. 102, p. 17.

[884] *Ibid.*, v. 110, p. 18.

[885] *Ibid.*, 114-115, p. 18.

[886] *Ibid.*, v. 121, p. 18.

[887] La métaphore de la « corde » est déjà utilisée dans *Auberee*, où elle traduit une mauvaise influence féminine, érotiquement pertinente pour un homme : « ja si ne fust fame anserree / Qu'a sa corde ne la treïst », *Auberee*, dans *Nouveau recueil complet des fabliaux*, éd. Willem Noomen et Nico van den Boogaard, tome I, éd. cit., v. 113-114, p. 299.

[888] En particulier, c'est André le Chapelain qui reprend et diffuse au XIIIe siècle la doctrine ovidienne de l'amour comme « passion naturelle qui naît de la vue de la beauté de l'autre sexe et de la pensée obsédante de cette beauté », *Traité de l'amour courtois*, éd. cit., Livre I, chap. I, p. 47.

[889] *Frere Denise*, dans le *Nouveau recueil complet des fabliaux*, éd. Willem Noomen et Nico van den Boogaard, tome VI, éd. cit., v. 109, p. 17.

[890] *Ibid.*, v. 95-96, p. 17.

[891] *Ibid.*, v. 97-98 et 100 et 102, p. 17.

en son cuer, qu'il ne pence / A la pucele »[892]. Irrésistiblement, un même état émotionnel conquiert les deux corps non-communicants. Comme le dirait Paul Ricœur : « Voici donc l'émotion conquérante, l'émotion motrice par excellence, le désir »[893]– mué en une façon de réfléchir.

Paradoxalement, la double tourmente pensive-émotive charrie Dieu aussi, en enflammant ce « baig » où Simon « s'ardra, ce Dieux n'en pence »[894] d'une métaphore qui recycle non seulement la Pentecôte (en style mineur), mais aussi l'amour mortel d'Équitan[895].

Pour l'homme de Dieu, la submersion semble une affaire de vigilance divine aussi bien que de tempérance humaine. Simon sait qu'il souffrira des suites de son état passionnel, et pourtant il s'y prête « toz »[896], avec un mince espoir, conventionnellement tourné vers la Providence (celle des pécheurs débutants !). Il s'agit, au fond, de l'akrasie, cette impuissance à prendre la meilleure décision – tout en la considérant comme préférable aux autres. L'irrationalité est ici sous-tendue par des prémisses pragmatiques du type : « Que ja ne li fera deffence, / Ne ne li saura contredire / Choze que il li welle dire »[897]. Autrement dit, le moine ne saurait laisser échapper une victime si sûre, même s'il est certain que, sauf miracle, il se condamne au feu (du bain brûlant ou de l'enfer culpabilisant[898]). L'opportunisme l'emporte sur la logique causale et la volonté se laisse subjuguer par la salacité : encore et encore, « Frere Symons ne puet deffence / Troveir en son cuer »[899]. Le combat moral, volitif, affectif est perdu. L'émotionologie du rapt l'emporte sur celle de la conversion.

Pour Denise, en revanche, les trois jours décisifs (et décisionnels) sont simplement rythmés par des bouffées d'impatience et des gestes qui entaillent peu à peu l'ombilic. Il n'y a pas véritablement, chez elle, de conflit intérieur ; le paysage émotionnel est monolithique – l'amour filial étant, on l'a vu, porté à la nonchalance – et orienté vers la transsexualité active, efficace, rapide. Le lecteur est appelé à contempler la robe d'homme *fendue* et la chevelure coupée, comme si devenir homme était une amputation à la fois corporelle et vestimentaire : une castration (!). Freud est contredit avant la lettre.

---

892 *Ibid.*, v. 117-119, p. 18.

893 Paul Ricœur, *Philosophie de la volonté*, *op. cit.*, p. 247.

894 *Frere Denise*, dans le *Nouveau recueil complet des fabliaux*, éd. Willem Noomen et Nico van den Boogaard, tome VI, éd. cit., v. 104-105, p. 17.

895 Voir Marie de France, *Équitan*, dans *Lais de Marie de France*, éd. cit., v. 289-312, p. 86.

896 *Frere Denise*, dans le *Nouveau recueil complet des fabliaux*, éd. Willem Noomen et Nico van den Boogaard, tome VI, éd. cit., v. 101, p. 17. Cette cohésion circonstancielle de l'*homo sentiens* est vue sous un angle moral défavorable. Il faut seulement attendre la fin pour que Simon se rende à ses propres standards émotionnels.

897 *Frere Denise*, dans le *Nouveau recueil complet des fabliaux*, éd. Willem Noomen et Nico van den Boogaard, tome VI, éd. cit., v. 106-108, p. 17.

898 Sur la culture de la culpabilité « guilt culture » au Moyen Âge, voir la thèse de Ellen Wehner Eaton, *Shame Culture or Guilt Culture : the Evidence of the Medieval French Fabliaux*, Toronto, Centre for Medieval Studies, Université de Toronto, 2000, 347 pages.

899 Voir plus haut la citation de l'édition Noomen-Boogaard, v. 117-119, p. 18.

Devenir l'amant d'une si « bele criature » – quel que soit son sexe – est une question de diabolisation, placée, avec Simon, sous la coupe d'une *joie* infernale. Émotion suspecte, elle anticipe le plaisir et fait suite au désir, tout en imposant une perspective résolument manichéenne : « Li Freres, cui li anemis / Contraint et semont, et argue, / Out grant *joie* de sa venue »[900]. Ainsi, la toile de fond sur laquelle se greffe l'akrasie du Franciscain n'est autre que la psychomachie, réduite à un combat à peine esquissé entre l'ange (sous-entendu, à l'ombre d'un Dieu *qui n'y pence*) et le démon (qui sait assaillir comme Cupidon[901]).

La « grant joie » constitue le champ d'une métamorphose trompeuse, qui adoucit les rigueurs du combat intérieur, en promettant d'ores et déjà un trophée de guerre savoureux. L'Ennemi est ici un maître du langage, puisqu'il contraint Simon à force d'actes de discours (*semoner* et *arguer*) particulièrement persuasifs. Ces émotifs demeurent secrets dans leur formulation, mais révèlent leur efficience à travers les conséquences qu'ils entraînent : la joie de l'homme inspire la confiance aux frères, et Denise devient aussitôt cordelier. Une éloquence diabolique est à l'œuvre, et Simon « en l'ordre la fist resouvoir, / Bien sot ses freres desouvoir »[902]. Typiquement, ce faire-faire trompeur (*desouvoir*) traduit l'action du diable en gestes et mots humains, monacaux, franciscains. Pour réussir une tromperie, dans la réalité émotionnelle créée par Rutebeuf, il suffit de se laisser tromper par l'Ennemi, autant dire accepter la dictature du désir, qui conduit irréversiblement à la chute.

Le règne du « concupiscible » remonte à la *Cité de Dieu* d'Augustin, selon laquelle, avant la chute, les émotions étaient sous le contrôle des humains, également capables de les gérer[903]. La pulsion sexuelle, libérée par la saveur du fruit défendu, devient l'aliment par excellence de l'hypocrisie, de la honte, de la *vilenie* : une *perturbatio*[904].

Simon est là pour incarner le concupiscible et pour transmettre la *perturbatio*, intimement, à Denise.

---

900 *Frere Denise*, dans le *Nouveau recueil complet des fabliaux*, éd. Willem Noomen et Nico van den Boogaard, tome VI, éd. cit., v. 142-144, p. 18, notre italique.

901 Anges ou diables, les « extraterrestres » suscitent en général la méfiance des auteurs de fabliaux ; voir Danièle Alexandre-Bidon et Marie-Thérèse Lorcin, *op. cit.*, p. 283.

902 *Frere Denise*, dans le *Nouveau recueil complet des fabliaux*, éd. Willem Noomen et Nico van den Boogaard, tome VI, éd. cit., v. 145-146, p. 18.

903 Peter King, « Emotions in Medieval Thought », art. cit., p. 170.

904 Sur l'influence d'Augustin sur la philosophie médiévale des émotions, et sur son recyclage par Isaac de Stella et Thomas d'Aquin, voir *ibid.*, p. 170, 172 et 176.

Émotion et contagion

Lorsque la belle pucelle accomplit son rêve franciscain, il y a une part de réjouissance spirituelle qui transcende la dichotomie féminin-masculin. Au fond, elle devient un(e) ascète selon les normes essentielles de l'ordre : renonçant sans regret à sa noblesse, à sa beauté et à tout autre avantage de sa condition, elle connaît effectivement la *grant joie* qu'elle se promettait à l'époque où le vœu n'était pas encore accompli.

Rutebeuf crée même un subtil effet de contraste entre les deux émotionologies, avant de les fondre dans la joie partagée de la lubricité : joie spirituelle du côté de Denise, qui « chante en l'esglize / Mout bel et mout cortoisement »[905], joie voluptueusement didactique – et diabolique – du côté de Simon, qui, au bout d'un temps imprécisé, « li aprist ces geux noviaux »[906] qui font toute la différence.

Au début, Denise ne trahit pas sa vocation. La courtoisie du chant relève de sa bonne éducation aussi bien que de ses compétences religieuses : « ele sot tot son sautier »[907]. La noblesse s'allie « honestement »[908] à ce potentiel monacal qui pourrait devenir, comme espéré, de la *sainteté*. En termes psychologiques modernes, elle entre dans la « zone » (*the flow*), et se révèle à la hauteur de la situation sociale en *performant* sans le moindre effort, dans cet état de grâce que connaissent, de nos jours, les sportifs et les acteurs, lorsqu'ils font corps avec leur activité et se dépassent eux-mêmes en s'y laissant absorber pleinement.

Rutebeuf ne condamne plus la crédulité[909] de Denise : elle est devenue vraiment, pour un laps de temps qui va de la tonsure au premier acte sexuel, un *cordelier*, aussi dignement, et plus spontanément qu'un homme. Ce n'est pas pour rien qu'elle reçoit la *corde* convoitée : l'identification de la pucelle au moine franciscain auquel elle est attachée, librement et durablement, par toutes sortes d'extases, relève d'une forme de sexuation (trans-générique) à laquelle le texte préparait justement son public.

Toutefois, une ambiguïté[910] éclate lorsque le poète donne ce détail ahurissant pour le lecteur moderne[911] : « Or out damoizele Denize / Quanqu'ele vot

---

[905] *Frere Denise*, dans le *Nouveau recueil complet des fabliaux*, éd. Willem Noomen et Nico van den Boogaard, tome VI, éd. cit., v. 154-155, p. 19.

[906] *Ibid.*, v. 164, p. 19.

[907] *Ibid.*, v. 152, p. 19.

[908] *Ibid.*, v. 156, p. 19.

[909] Pour Mary Jane Stearns Schenck, Denise est tout simplement une fille naïve, habilement séduite par un tricheur typique, comme la demoiselle de la grue. Voir *The Fabliaux : Tales of Wit and Deception*, *op. cit.*, p. 77.

[910] Cette ambiguïté dérive du fait que le nom peut s'appliquer indéfiniment à l'homme et à la femme, voir Roy James Pearcy, « The Source of Rutebeuf's Frere Denise », *Neuphilologische Mitteilungen*, 83, 1982, p. 123.

[911] Didier Foucault n'hésite pas à trancher sur ce point : « Frere Denise conserve son prénom féminin tout en se faisant passer pour homme. La jeune fille n'est pourtant

à devise ; / Onques son non ne li muerent : / Frere Denize l'apelerent »[912]. Derrière la réalité d'un déguisement franciscain réussi, on entrevoit une réalité collectivement résonante et lubriquement pertinente où la courtoisie masculine salue et honore un nom ambigu (sinon androgyne), sans s'inquiéter de la nature sexuée de son référent[913]. Après tout, Denise est bien le féminin de Denis au Moyen Âge aussi, en Normandie par exemple[914]. Le maintien du féminin et du sémantisme dionysiaque[915] suggère que personne n'est peut-être trompé, dans la fratrie, par le déguisement viril de l'héroïne... Rutebeuf permet à cette incertitude de hanter l'histoire en créant une ambivalence cognitive-affective où l'éclosion ardemment spirituelle[916] du nouveau venu ne fait pas tarir les sèves d'une ardeur plus profane.

La popularité du nouveau venu à nom féminin est si rapide, inouïe, et irrésistible, qu'il est superflu d'en chercher davantage la cause : « Que vos iroie ge dizant ? »[917]... Le lecteur est invité à combler cette marge d'indicible à sa guise, en développant le tableau d'une émulation religieuse mémorable ou en esquissant

---

nullement coupable. C'est elle qui est abusée. », *Histoire du libertinage : des goliards au Marquis de Sade*, Paris, Perrin, 2007, p. 73.

[912] *Frere Denise*, dans le *Nouveau recueil complet des fabliaux*, éd. Willem Noomen et Nico van den Boogaard, tome VI, éd. cit., v. 157-160, p. 19. Tandis que « Frere Denise » reste un paradoxe aussi hilarant que saillant dans cette édition – voir *ibid.*, p. 4), la traduction de Michel Zink masculinise le nom de Denise en Denis.

[913] Il s'agirait d'une fluidité du genre (*gender fluidity*), assurée par le port du vêtement. Cette fluidité rime à l'instabilité d'un système social masculine vulnérable au travestissement féminin : « *the fabliaux purposefully undermine notions of social stability by suggesting that control of clothing is equivalent to control over identity.* », Mary E. Leech, « Dressing the Undressed : Clothing and Social Structure in Old French Fabliaux », *Comic Provocations : Exposing the Corpus of Old French Fabliaux*, *op. cit.*, p. 91 et 85.

[914] Le prénom « Denise » est cité parmi les « noms de baptême chrétiens féminins » de Michel Le Pesant, « Notes d'anthroponymie normande. Les noms de personne à Évreux du XIIe au XIVe siècles », *Annales de Normandie*, 1, 1956, p. 50. En outre, le féminin normand médiéval « Denise » s'opposerait au masculin « Denis » exactement comme en français moderne : « Pour féminiser les noms masculins, le moyen le plus couramment employé a consisté dans l'adjonction d'une terminaison féminine, ainsi Chrétien conduit à Chrétienne, Denis à Denise, Martin à Martine, Simon à Simone, Robert à Hoberge, Asselin à Asseline. », *ibid.*, p. 61.

[915] *Dyonisia, Denise* s'opposeraient, étymologiquement aussi, aux formes masculines *Dionisius, Dyonisius, Denis, Denys*, voir *ibid.*, p. 65 et 71.

[916] La confusion de saint Denis avec Dionysius l'Aréopagyte – courante à l'époque des fabliaux – ne comporte pas de connotation négative ; le disciple de saint Paul l'apôtre rejoint le saint évêque martyrisé au IIIe siècle, sans en perdre le prestige royal et l'efficace scribale. Il reste une figure émouvante souvent reprise par les pièces de théâtre du haut Moyen Âge ; voir *Dictionary of World Biography*, tome I, *The Ancient World*, éd. Frank N. Magill, New York, Routledge, 1998, disponible en ligne grâce à Taylor & Francis e-Library, 2005, p. 342-345.

[917] *Frere Denise*, dans le *Nouveau recueil complet des fabliaux*, éd. Willem Noomen et Nico van den Boogaard, tome VI, éd. cit., v. 161, p. 19.

d'autres tableaux, tout aussi pittoresques, où la galanterie cléricale ferait briller des formes de disponibilité plus obscures...

Si Denise a tout ce qu'elle veut (?), c'est qu'elle est servie par tous comme une dame le serait par ses soupirants ; une véritable cour d'amour chrétienne se profile au sein de ce cloître où il y a d'autres liens humains que la corde franciscaine... Le climat devient, l'espace de deux vers, dangereusement chaleureux : « Frere Denize mout amerent / Tuit li frere qui laians erent »[918]. En effet, des expressions telles que « mout amer », « tuit [...] amer » (avec, comme complément d'objet direct, un seul et même « Frere »), dans ces circonstances si favorables à la promiscuité, risquent de mener la communauté bien au-delà de la vie spirituelle ; cette concentration d'affects sur un seul être, digne de Jésus et non d'un moine à nom de femme, a de quoi nourrir la suspicion du lecteur[919], déjà suscitée par l'atmosphère généreusement serviable qui entoure, tel un halo, le / la novice, malgré son ambiguïté sexuelle ou justement grâce à cette ambiguïté – acceptée par tous les frères.

Au-delà de ces justes soupçons, une chose est sûre : l'ambiance didactique où vit frère Denise constitue un ferment puissant de la vie commune ; il est permis de supposer qu'une certaine admiration gagne les esprits des Franciscains, contents de voir combien elle « sot » [920], combien elle était « bien [...] aprise »[921], mais aussi combien elle pouvait se révéler ouverte, disponible, malléable. La ferveur juvénile d'un être qui prise les moindres gestes du rite, qui brûle de connaître, de faire, d'être-là, doit rendre la vie plus gratifiante à tous ces humains qui saluent la fraîcheur (probablement) sans la reconnaître sous son vrai visage.

Quant à Simon, il est le seul à avoir la chance d'enseigner les « geux noviaux »[922]– qui s'ajoutent donc aux « geux » plus anciens et plus partagés, du genre « récital du psautier », « chant d'hymnes » – à cet(te) élève si sensible aux enseignements, prêt(e) à les prendre pour des arcanes de la foi inaccessibles aux humains ordinaires...

Un tournant émotionnel est à franchir : faut-il croire ou non que les *geux* en question sont ludiques pour Denise, comme ils le sont probablement pour Simon ? N'est-elle pas plutôt capable de prendre au sérieux tout *geu*, sans comprendre qu'il participe d'un autre « mode », non-sérieux, non-institutionnel[923] ? Les

---

[918] *Ibid.*, v. 169-170, p. 19.

[919] Simon Gaunt s'interroge aussi : « *In what sense is Denise* ***courtly*** *and* ***obliging*** *to all her brothers ?* », *Gender and Genre in Medieval French Literature*, *op. cit.*, p. 246.

[920] Voir plus haut la référence au psautier, *Frere Denise*, dans le *Nouveau recueil complet des fabliaux*, éd. Willem Noomen et Nico van den Boogaard, tome VI, éd. cit., v. 152, p. 19.

[921] *Ibid.*, v. 153, p. 19.

[922] *Ibid.*, v. 164, p. 19.

[923] Ce genre de difficulté ne relèverait pas uniquement du monde des personnages : « la critique ressent les fabliaux comme un genre important mais gênant, difficile à interpréter parce qu'on a du mal à discerner la frontière entre le rire et le sérieux, entre le jeu pur et simple et la mise en place d'un sens. », Dominique Boutet, *Les Fabliaux*, *op. cit.*, p. 44.

psychologues modernes parlent du *paratélique* pour désigner ces états orientés vers le présent, se suffisant à eux-mêmes, susceptibles de remplacer (dans la logique du « renversement »[924]) le vécu tourné vers l'avenir, tendu vers des buts précis et friand d'efficacité.

Nous penchons vers une interprétation qui innocente quelque peu Denise, en faisant valoir ce style émotionnel qui caractérise la novice idéale et idéaliste, qui, typiquement, « sa leson en son cuer recorde / Que li Freres li ot donee »[925]. C'est une option subjective, qui favorise l'identification et, partant, le « transport » dans le monde narratif du fabliau, mais c'est aussi une option qui s'appuie sur l'indulgence du narrateur face à la faillibilité de son héroïne. Après tout, Denise, même dépucelée, reste une *pucele accompagnée* au bain où Simon veut se baigner… autant dire, une victime, malgré son consentement.

S'il n'y a pas de viol, on pourrait parler sans doute d'une forme de séduction. Linguistique ? Théologique ? Rutebeuf n'est pas André le Chapelain ; il ne cite pas les éventuelles allégories dont un Simon aurait usé pour assurer à Denise une transition agréable de la défloration à l'intéraction érotique volontaire : jouer à la crucifixion, à l'Ascension, aux langues de feu… les possibilités verbales sont intarissables – et restent muettes. Le conteur se borne à mentionner que « cele aprist *sa pater nostre*, / Que volentiers la recevoit »[926]. L'apprentissage sexuel se fait donc assurément dans un climat riche en émotions positives ; l'ouverture à l'autre, l'accord, la coopération dans la conjonction sont le lot des amants, et le « baig » (de foi ?) est grandement partagé. Cependant, les rôles demeurent distincts : l'initiateur reste l'enseignant, l'initiée l'enseignée. Denise ne baigne pas Simon, elle se laisse baigner.

Toutefois, la connivence crée une certaine uniformité, puisque les deux, homme et femme, se comportent mêmement, en s'effaçant sexuellement derrière leur souci commun de cacher cette intimité naissante, confirmée, perpétuée. Certes, l'affaire garderait sa gravité dans le cas d'un lien homosexuel… mais curieusement, aucun des frères n'imagine un tel commerce, malgré l'exclusivisme patent des rapports Simon-Denise et la complémentarité des noms Simon-Denise. Personne ne s'avise d'appeler Simon *Simone*…

Le flux d'émotions positives nourrit, chez le couple, une conduite prudente et efficiente, où le *celers* reste une règle strictement observée, qui relève des *geux noviaux* déjà mentionnés. Le lecteur peut aisément déduire

---

[924] Nous faisons allusion ici à la théorie du renversement (*reversal theory*) illustrée par Michael J Apter (éd), *Motivational Styles in Everyday Life : A Guide to Reversal Theory*, Washington, DC: American Psychological Association, 2001.

[925] *Frere Denise*, dans le *Nouveau recueil complet des fabliaux*, éd. Willem Noomen et Nico van den Boogaard, tome VI, éd. cit., v. 122-123, p. 18.

[926] *Ibid.*, v. 178-179, p. 19. L'édition Montaiglon-Raynaud favorise la perception du syntagme comme un nom composé étroitement soudé : la « paternostre », *Recueil général et complet des fabliaux des XIII*[e] *et XIV*[e] *siècles imprimés ou inédits*, publiés avec notes et variantes d'après les manuscrits par MM. Anatole de Montaiglon et Gaston Raynaud, Paris, Librairie des Bibliophiles, 1878, tome III, v. 178, p. 269.

qu'une femme aussi appétissante qui se serait montrée moins discrète aurait vite perdu la sympathie (/ complicité ?) de ses proches – une condition *sine qua non* de l'existence du couple. Denise rappelle ici l'héroïne du *Lai du Conseil*, qui n'entreprend rien, officiellement, pour encourager ou décourager ses prétendants ; la rectitude de son comportement purement affable et plaisamment vertueux lui vaut un équilibre relationnel fondé sur la coexistence des mondes possibles envisagés par chacun[927]. L'émotion à afficher, pour que cette gymnastique communicationnelle réussisse, relève ainsi du spectre de l'indifférence. Ni plasir, ni déplaisir exclusif : à son tour, Denise n'est que le complément d'objet direct de toutes ces amours de moines, sans s'exprimer à son tour comme sujet affectif. La situation convient, justement, au positionnement moral d'une victime, permettant au lecteur d'entretenir envers elle une certaine empathie.

Simon, en revanche, agit de façon moins discrète, si bien qu'il finit par risquer son image autant que celle de Denise ; il se montre assez fier, aveugle ou optimiste pour envisager de fréquentes sorties à deux : « Par mi le païs la menoit, / N'avoit d'autre compaignon cure »[928]. De son côté, il est donc question d'une préférence affichée, d'un compagnonnage assumé. Cet usage n'est pas, en soi, compromettant. Il rappelle un fait : avant Denise, Simon circulait « par mi le païs » en compagnie d'un frère (anonyme et assez familier ou affectueux pour s'interroger sur la *pencee* de son prochain). Si ce premier compagnon n'est plus mentionné, c'est qu'il est remplacé, au vu et au su de tous, par Denise. Il est coutumier que les frères franciscains sortent par deux et qu'ils vivent dans le siècle : l'alibi serait délibérément – et satiriquement – réaliste[929].

L'idée de ménage à trois ou à plusieurs n'est pas envisagée : aucune confrérie érotique plus large ne prend corps dans le poème, qui finit par suspendre cette possibilité, malgré les suggestions de lubricité masculine qui entourent la conversion de Denise. Frère Simon se révèle un amant possessif, qui s'occupe exclusivement et passionnément de sa novice, comme d'un cas religieux qui serait de sa seule compétence. Lors de ses sorties du couvent, il pourrait normalement se faire accompagner par un autre, du moins de temps en temps. Mais son monde social est limité à la formule de la dyade étroitement complémentaire – et c'est le cas aussi pour Denise, aussi constante (malgré elle ?) dans son *geu* qu'une épouse le serait dans son mariage.

Rutebeuf a beau condamner les Franciscains à travers ce moine dont l'habit cache le vice : il en limite le péché – digne de trois ans de pénitence en réalité[930] et

[927] Voir *Le Lai du Conseil*, éd. cit., v. 21-27, p. 52.

[928] *Frere Denise*, dans le *Nouveau recueil complet des fabliaux*, éd. Willem Noomen et Nico van den Boogaard, tome VI, éd. cit., v. 180-181, p. 19.

[929] Voir Jean Subrenat, « Fabliau et satire cléricale : la spécificité de "Frere Denise" par Rutebeuf », *Risus medievalis*, *op. cit.*, p. 145-146.

[930] Jacques Voisenet, « Figure de la virginité ou image de la paillardise : la sexualité du clerc au Moyen Âge », art. cit., note 15.

de la mort en littérature[931] – au vécu d'une fornication constante avec la même personne. Cette conduite émotionnellement stable, syntone, chaleureuse semble relever d'un lien comme ceux, illicites en Occident, des prêtres et de leurs compagnes. Il se trouve que le culte orthodoxe, dont la pertinence est assurée dans le monde du fabliau[932], continue à accepter et même à vénérer les couples prêtre-épouse… Et il se trouve que saint Denis sait perdre et porter sa tête[933]… Simon aussi.

Aussi faut-il restreindre la gravité du délit : corrompue ou séduite, frère Denise ne devient jamais une prostituée. Si le rapt franciscain rappelle quelque peu la situation d'Yseut au sein des cent lépreux, l'héroïne du fabliau évoque davantage le positionnement de cet amant emprisonné au verger magique d'*Érec et Énide* : victime de l'ensorcellement érotique, il reste cloué « es limons »[934] de l'isolement, en attente d'un Messie qui le rende à la Joie de la Cour... Les murailles sont enchantées, et un seul retour est possible, pour la personne qui subit l'enchantement : une délivrance qui soit aussi une ingérence, voire une violence. Où serait néanmoins la magie ? On pourrait se poser cette quetion, justement, devant le spectacle offert par cette vierge qui n'oppose aucune résistance à celui qui l'entretient, en dehors de toute cour, avec ses *geux* de *limonier*…

« Le désir comporte toujours une magie naissante », soutient Paul Ricœur, en développant une réflexion de Jean-Paul Sartre[935]… Mais Rutebeuf n'est pas Ricœur ; chez lui, la magie désirante passe par l'image d'une chevauchée et par l'idée d'une (seule !) métamorphose bestiale, où le *limonier* renvoie au cheval et le

---

[931] Voir plus haut : « Bien devroient teil gent morir / Vilainnement et a grant honte », Rutebeuf, *Frere Denise*, dans le *Nouveau recueil complet des fabliaux*, éd. Willem Noomen et Nico van den Boogaard, tome VI, éd. cit., v. 10-13, p. 15.

[932] Justement, le mariage des prêtres jouit, grâce à ce contexte autrement chrétien, d'un éclairage qui relativise la perspective négative occidentale, d'autant plus pertinemment que saint Denis, si présent dans le conte de Rutebeuf, est parfois représenté comme un évêque orthodoxe, même en France : « *confused with Dionysius the Aeropagite, Saint Denis was sometimes thought to have been sent to Gaul by pope Clement I at the end of the first century AD, near the end of apostolic times. Because Dionysius the Aeropagite was considered the first bishop of Athens, Saint Denis is sometimes portrayed, even in France, in the vestments of an Orthodox bishop* », voir *Dictionary of World Biography*, tome I, *The Ancient World*, *op. cit.*, p. 344.

[933] C'est, du moins, le cas dans la légende qui court au sujet de Denis / Dyonisius l'Aréopagyte, voir Jean-Marie le Gall, *Le Mythe de Saint Denis entre Renaissance et Révolution*, Paris, Champ Vallon, 2007, p. 9.

[934] Rutebeuf, *Frere Denise*, dans le *Nouveau recueil complet des fabliaux*, éd. Willem Noomen et Nico van den Boogaard, tome VI, éd. cit., v. 172, p. 19. Il s'agit, selon le dictionnaire de Frédéric Godefroy, d'une partie du lit (voir *Dictionnaire de l'ancienne langue française et de tous ses dialectes du IXᵉ au XVᵉ siècle*, tome IV, Vaduz, Kraus Reprint Ltd., 1965 [1885], p. 788), et selon la traduction de Michel Zink, de « brancards », voir tome I, *loc. cit*...

[935] Paul Ricœur, *Philosophie de la volonté*, *op. cit.*, p. 258.

limon à la souillure[936]. Par ailleurs, le poète n'hésite pas à susciter chez son public des émotions morales de la sphère du mépris, compatibles avec l'ironie amère plutôt qu'avec l'humour ou la bonne humeur[937] : « Vie menoit de pautonier, / Et ot guerpi vie d'apostre »[938]. Il faut donc se sentir supérieur à ce scélérat, le désapprouver et éviter la moindre identification avec lui, même s'il continue à prendre son pain quotidien d'amour et de *limon* avec la belle demoiselle. Le climat affectif de Rutebeuf n'est pas compatible avec le cadre galant-tolérant des deux premiers livres du *Traité d'amour courtois* d'André le Chapelain : l'amour du clerc et de la femme noble est traîné ici dans la boue (d'autant plus que l'amante est ingénument célibataire, donc incapable de faire des choix amoureux).

Simon ne brille guère par la beauté, la jeunesse ou l'ingéniosité, comme d'autres initiateurs de fabliau. Il est tout bêtement un clerc plus âgé, d'allure fiable, qui se révèle assez viril pour *jouer* sans *recreantise*, puisqu'il « n'en ert pas retraiz / [...] / Mout ot en li boen limonier »[939]. Son atout est donc précisément l'aptitude à donner des bains de *feu* et *limon* à une jeune femme, et de l'y accoutumer par une magie haptonomique. Toucher, plutôt que persuader ; sécréter et faire sécréter : embourber, engluer – telle semble sa recette de succès. Les émotifs de Simon relèvent de la sphère du corps plutôt que de l'esprit, et tendent au partage exclusif des humeurs. Une contagion affective est à l'œuvre, puisque Denise passe si imperceptiblement, sans heurt ni pleur, du statut de vierge confirmée à celle d'amante apaisée. Il faut être deux, et boueux, pour « la paternostre » de Rutebeuf.

Dans un sens – tout aussi dédaigneusement ironique ! – le sexe devient l'équivalent symbolique de la prière : une occupation rituelle et dialogique (aussi terrestre, aussi nécessaire, que le nettoyage du *limon*), acceptée de bon gré, qui implique la présence de deux pôles communicationnels, un(e) enfant et un père, situés dans deux mondes différents, et communicants. Si l'image du *pater* hante cet obscur patronage spirituel, ce n'est pas uniquement pour des raisons d'idolâtrie ou de complexe œdipien : l'asymétrie du lien procède, avant tout, de la hiérarchie didactique déjà évoquée (professeur – élève). Tout *geu* a des règles, et la prière n'en fait pas exception.

À son insu (?), la jeune fille devient une nouvelle Héloïse auprès de cet enseignant de l'haptologie érotique, passé maître en théologie. Tout naturellement,

---

936 Le sens de « boue » est attesté dès la fin du XIe siècle, selon le *Trésor de la langue française informatisé*, disponible sur le site du Centre National de Ressources Textuelles et Lexicales, http://www.cnrtl.fr/definition/limon consulté le 4 mars 2015.

936 Sur la proximité du baiser de paix et de la prière *Notre Père*, ainsi que sur les dérives de l'expression à partir du XIIIe siècle, en latin, en langue d'oc, en langue d'oil et en anglais, voir Jan M. Ziolkowski, « The Erotic Paternoster », *Neuphilologische Mitteilungen*, 88, 1987, p. 31-34.

937 Sur le potentiel comique, respectivement satirique, du conte de Rutebeuf, voir Jean Subrenat, art. cit., *passim*.

938 Rutebeuf, *Frere Denise*, dans le *Nouveau recueil complet des fabliaux*, éd. Willem Noomen et Nico van den Boogaard, tome VI, éd. cit., v. 176-177, p. 19.

939 *Ibid.*, v. 173 et v. 175, p. 19.

l'histoire de défloration et de *paternostre*[940] débouche sur une histoire de castration. Pour Rutebeuf, comme pour Fulbert, un tel couple n'a aucune raison d'exister – encore moins, de perdurer. Contre la contagion du désir, une présence indésirable, immune et guérisseuse s'impose : quelqu'un qui tranche la *corde* de frère Denise et qui brise le cercle vicieux.

Ventilation et récupération émotionnelles

Comme pour Simon, le monde a, pour la jeune novice, des pôles d'attraction et des pôles de répulsion. Ce n'est pas un hasard que Denise quitte sa mère avec le premier étranger susceptible de la délivrer de son être de fille. Pour quelque raison, le cloître et les bourgs qu'elle hante avec ce dernier, en marge de la société des gens rangés, lui sont plus chers que son lieu natal et ses promesses de bonne et légitime noblesse. Dès le début, cet ailleurs l'attirait irrésistiblement, et l'attraction se maintient avec chaque expérience qu'elle fait auprès des Franciscains. L'altérité du lieu a beau s'effacer, Denise reste attachée émotionnellement à sa destination première, qui pourrait bien, sans bruit, sans ingérence, se révéler l'unique destination de sa vie.

L'attachement est si fort, en fait, que la demoiselle fait corps avec son compagnon d'ascèse au point de boire la coupe jusqu'à la lie avec lui – et c'est un vin versé à deux hommes par un chevalier de passage, et non un philtre concocté par une reine pour deux mariés – et de craindre, avec lui, la fin de cette histoire de conversion et de connivence : « Lors n'ont talent d'eulz esjoïr / Li cordelier ; dedens Pontoize / Vousissent estre ! Mout lor poize / Que la dame de ce parole : / Ne lor plot pas ceste parole, / Car paour ont de parsovance »[941]. Le même désir ou plutôt le même sens de l'indésirable (*n'ont talent*), le même déplaisir (*Ne lor plot*), la même appréhension des intrusions (*paor ont*) les unissent ; il y a bien un couple, et non deux individus sexuellement et socialement distincts. Néanmoins, si la fusion est grammaticalement patente, elle reste visuellement obscure, grâce aux efforts de couvrir justement les agissements les plus compromettants par des apparences de tandem franciscain commun. Il faut un brin d'intuition proprement féminine pour saisir et dénoncer cette fusion – et ce brin ne manque pas à l'histoire. Une dame anonyme vient l'incarner, bien à propos.

Lorsque Denise est de nouveau face à une femme laïque, attachante, ouverte à la compagnie des frères – lointaine réminiscence de sa mère – elle traverse une véritable crise. Le « *flow* » de ses belles performances esthétiques et érotiques, mais aussi (qui sait ?) spirituelles, se glace à jamais. Sa vocation de moine –

---

[940] Sur la proximité du baiser de paix et de la prière *Notre Père*, ainsi que sur les dérives de l'expression à partir du XIIIe siècle, en latin, en langue d'oc, en langue d'oil et en anglais, voir Jan M. Ziolkowski, « The Erotic Paternoster », *Neuphilologische Mitteilungen*, 88, 1987, p. 31-34.

[941] Rutebeuf, *Frere Denise*, dans le *Nouveau recueil complet des fabliaux*, éd. Willem Noomen et Nico van den Boogaard, tome VI, éd. cit., v. 202-207, p. 20.

transsexuel ! – étant remise en question, le doute remplace la foi, et la narration fait éclater le vœu de discrétion.

Il suffit d'un petit cocktail d'émotifs bien placés – séquestration, demande de confession et appel à la confiance d'une semblable – pour ébranler cet être apparemment si équilibré qu'est *Frere Denise*... Elle, qui semblait avoir trouvé une vie à son image et s'y être intégrée au-delà du soupçon (malgré l'ambiguïté déclarée du nom !), elle, qui excellait dans l'art d'exhiber son secret sans jamais le déclarer, elle qui savait tout taire et tout faire, se met à parler.

Une complémentarité de nature quasiment institutionnelle s'instaure entre la dame et *Frere Denise le cordelier* : comme entre confesseur et confessée, la question entraîne une réponse, la demande un exaucement, la proclamation de foi un abandon du masque. Les actes d'émotion appuient les actes de langage, dans un enchaînement préférentiel qui relève, une fois de plus, du rite de la confession.

Le choc de Denise – on pourrait l'appeler une reconversion ou une déconversion – n'a rien d'original, malgré sa spontanéité. La mode littéraire veut, depuis Béroul au moins, qu'une pénitente d'amour (ou de luxure) fonde en larmes aux pieds de l'ermite[942] qui écoute son histoire de philtre. Sans être au courant des agissements de sa sœur (littéraire) Yseut, notre héroïne se plie à merveille à son émotionologie : « A genoillons merci li crie, / Jointes mains li requiert et prie / Qu'el ne li fasse faire honte. / Trestot de chief en chief li conte »[943]. Si la dame confesseuse n'a rien d'érémitique, cela ne l'empêche pas d'entreprendre toutes les mesures qui s'imposent pour rendre un paria à la société. Seulement, Ogrin fondait en larmes, au moment où les amants se disaient guéris de leur *mal*, et il rendait grâces au Seigneur, alors que la bonne dame se contente de proférer insultes et reproches au coupable, sans montrer d'empathie plus profonde avec la victime. Une vision légèrement parodique semble prendre corps à fleur de texte. L'émotivité féminine du Moyen Âge central serait-elle plus pragmatique, plus sèche, plus brutale et punitive que celle masculine ? S'agirait-il plutôt d'un conditionnement de nature sociale, qui opposerait – dans un monde fictionnel – une matrone à un moine ?

Ce qui semble assuré, c'est que les émotifs de la dame touchent pleinement leur cible, et que Denise devient tout à coup, sans la moindre hésitation, la *douce amie* de quelqu'un d'autre. En effet, c'est la deuxième fois dans l'histoire que ce devenir survient[944], et un tournant émotionnel en vaut l'autre. L'héroïne a besoin de se dévouer, de s'épancher, d'avoir un pli caché à révéler, une histoire de *douceur* (violente !) à vivre avec l'Autre, fût-il homme ou femme. Il devient clair, pour le

---

942 « Iseut au pié l'ermite plore, / Mainte color mue en poi d'ore, / Molt li crie merci sovent », Béroul, *Le Roman de Tristan*, éd. cit., v. 1409-1411, p. 88.

943 Rutebeuf, *Frere Denise*, dans le *Nouveau recueil complet des fabliaux*, éd. Willem Noomen et Nico van den Boogaard, tome VI, éd. cit., v. 233-236, p. 21.

944 Le lecteur fait l'expérience d'un déclic lexical fort pertinent émotionnellement : l'appellatif « Ma douce amie » est en effet utilisé par Simon lui-même, dès ce premier discours publicitaire où il promeut son ordre au rang de tournoi de sainteté et de virginité. Voir plus haut, *ibid.*, v. 41, p. 16.

lecteur, que c'est un style émotionnel qui s'affirme ainsi, fondé sur la discrétion et le conformisme généralisés, aussi bien que sur l'éclat mémorable, coupant, à la fois de parole et de sentiment. Denise s'abandonne aux mains de la dame comme elle s'était rendue au corps de Simon : spontanément, entièrement, toute désarmée, toute vulnérable, toute, au gré de l'aventure. Cette disponibilité au changement, mieux, au bouleversement, rappelle la phénoménologie du coup de foudre. Pour l'amour d'un autre humain, d'une autre émotionologie, la jeune femme se laisse réinventer, re-intégrer. Une fois de plus, « cele [...] qui ot grant esmoi »[945] n'est plus mêmement « moi » – elle s'aliène en s'unissant à un Autre radical, qui l'annule pour la recréer.

Si elle avait lâché ses cheveux, Denise lâche à présent son histoire, *de chief en chief*. Au fond, elle accepte, d'une autre façon tout aussi engageante, de perdre – comme saint Denis – la tête (le *chief*) : elle se résigne à désinvestir tout ce que, tacitement, elle investissait ; elle tourne le sacré d'un vécu – sa *peternostre* – en sacrilège.

Un détail mérite, toutefois, d'être retenu, dans cet *esmoi* qui transforme un être vivant en être narrant, avec tout le décalage qu'un tel acte suppose : pour la première fois, Denise se défend. Elle a même des arguments ! certes, pas aussi forts que ceux de la dame, mais assez nets, malgré son trouble, pour émerger, s'exprimer, faire front à l'inquisitrice du moment. Le lecteur a raison d'être surpris : Frere Denise commence par le silence. En effet, au moment où la dame veut s'isoler avec elle / lui, pour distinguer le *voirs* de la *fable* et la femme de l'homme, aucune protestation ne se fait entendre. Le buveur à corde de moine et à face de demoiselle ne lève pas sa voix devant les deux *autres* hommes qui savourent ce vin de circonstance à ses côtés. Il / elle se laisse faire, en écoutant parler Simon, ensuite l'hôtesse, à sa place : l'un le disqualifie, l'autre le réclame comme confesseur. Toute cette petite bataille se poursuit au-dessus de sa tête, et c'est seulement lorsque la porte se ferme entre les deux mondes que Denise retrouve sa féminité, et, du même coup (!), l'usage de la parole.

Avant de se défendre, l'héroïne « s'escuse »[946] : il y a donc quelque chose d'excusable à nourrir « teil folie »[947], et, encore plus, « teil religion »[948]. Frere Denise assume en quelque sorte sa situation particulière, et la présente comme telle à une représentante du courant dominant. Finalement, « plus ne s'i pot deffendre »[949] ; mais il y a une étincelle d'intelligence émotionnelle inaltérée chez la novice, qui n'est pas simplement une championne des faux conformismes. Et cette étincelle l'incite à parler de ce qui semble incompréhensible, pour élargir sa conscience de soi aussi bien que le champ de conscience de l'autre. Si Denise est définitivement *concluze* à la fin de l'entretien, au moins elle aura essayé de comprendre et de faire comprendre son cas, en accordant le dit au ressenti. Quelque chose de cette rhétorique volontaire, non-conformiste, irrésistible, qu'elle déployait

---

945 *Ibid.*, v. 228, p. 20.
946 *Ibid.*, v. 229, p. 20.
947 *Ibid.*, v. 220, p. 20.
948 *Ibid.*, v. 221, p. 20.
949 *Ibid.*, v. 232, p. 21.

au début devant Simon, s'affirme à présent dans sa (modeste) tentative de résister à l'uniformisation sociale.

Lorsque Denise laisse jaillir ses pleurs et ses récits, c'est un moment à la fois contraignant et libérateur, qui débouche sur un épisode de communication et de partage féminins, mais aussi sur une réitération de l'éternel besoin de discrétion qu'elle entend sauvegarder. Au fond, la belle actrice des coulisses veut, encore et encore, préserver son droit au secret : « jointes mains li requiert et prie / Qu'el ne li fasse faire honte »[950]. La *honte* est à éviter puisqu'elle implique la dénonciation, à la fois de son crime et de sa complicité avec le vrai *cordelier.* Au fond, ce que la dame lui adresse n'est pas une accusation ciblée sur son propre péché, mais plutôt une incitation à inculper l'autre, en révélant tous ses torts.

Le *conflit des interprétations* – concernant la situation de Frere Denise – ou plutôt le *conflit des réalités émotionnelles*[951], ne dure pas longtemps, comme on l'a déjà remarqué. Il est pénible, inégal, timide, et possède le seul mérite d'exister – comme pour révéler le potentiel du vin ou alors celui d'une ivresse juvénile qui serait synonyme tantôt d'un premier amour, tantôt d'une première vocation.

Le fait est là, iréfutable et surprenant : sans torture ni chantage, Denise finit par trahir son ami devant le tribunal d'inquisition sexuelle : elle « li conte / Com il l'a trait d'enchiez sa meire »[952]. Se réduisant elle-même à la condition d'un simple objet, *trait* par un sujet coupeur d'ombilic, elle épouse vite le statut de victime qui lui est assigné et se laisse désormais *sauver* des bras (caressants) de son bourreau, sans tenter rien de plus vigoureux pour le sauver, lui.

L'émotionologie – très moderne, par ailleurs – de la récupération d'une victime après un trauma émotionnel s'affirme avec éclat dans le discours de cette voix féministe avant-la-lettre ; tout un bouquet d'émotions couronne ce vécu fait de pitié, espoir, empathie envers la femme, et de dépit, haine, désir de vengeance envers l'homme. Le système de valeurs est net, sexiste et ne connaît que deux possibilités : valoriser la vulnérabilité secourue, fustiger l'hypocrisie satisfaite.

En embrassant cette attitude socialement pertinente, la dame proclame haut et fort, devant deux hommes, le droit des pucelles à leur pucelage, et des nobles filles à leur mariage.

Au XXIe siècle, Denise serait la bénéficiaire d'une reconstruction chirurgicale de l'hymen. Au XIIIe, elle assiste à la reconstruction de ses chances d'avoir un bon hyménée. L'important n'est pas d'être vierge, mais de le paraître – aux yeux des intéressés[953].

---

950 Voir plus haut, v. 234-235, p. 21.

951 Nous faisons allusion à l'ouvrage de Paul Ricœur, *Le Conflit des interprétations, Essais d'herméneutique*, Paris, Seuil, 1969 et plus spécifiquement (pour notre axe de recherche) à Ray Morose, *The Mind of Consciousness*, Ocean Shores N.S.V., Ocean View Publications, 2007, p. 189.

952 Rutebeuf, *Frere Denise*, dans le *Nouveau recueil complet des fabliaux*, éd. Willem Noomen et Nico van den Boogaard, tome VI, éd. cit., v. 236-237, p. 21.

953 En effet, « *the lady plans (like Simon) to present Denise as something she is not, a virgin, and Denise colludes in the deception. The crucial element in the lady's presentation*

Au-delà de son volet incriminateur, la narration-confession de Denise aboutit à des émotions réflexives qui nourrissent le sens de sa propre identité biologique et sociale, mieux – de la permanence de son être : « Et puis li conta *qui ele ere* »[954]. Aux yeux de Denise, le *qui* est stable, malgré toutes les métamorphoses recherchées et subies. C'est un *qui* familial, correspondant, de nos jours, à l'état civil et indiquant le plus probablement (dans ce contexte de fiction médiévale), la position sociale du père dans la hiérarchie de sa communauté. La noblesse originelle est rehaussée lorsqu'elle s'allie à la beauté, même dévastée, dénaturée.

Si la dame ne se confesse pas au jeune cordelier, comme convenu, et si Denise avoue les péchés d'autrui plutôt que les siens propres, rien n'empêche l'acte de confession de conduire à une réussite émotionnelle.

D'une part, Denise se ressaisit et se re-rend, en se racontant ; d'autre part, la dame s'apitoie et s'active dans toute sa féminité militante, en écoutant. Le conte dans le conte joue un rôle majeur, même s'il n'est pas rendu dans le style direct.

Le premier effet de l'émotif narratif sur le plan de la réalité émotionnelle du fabliau est une colère justicière qui conduit à l'annulation d'un vœu : officiellement, devant son *seigneur*, la dame rompt la corde franciscaine, mais aussi la liaison humaine de Simon et Denise. Par la dissolution de ce couple de fait, grâce à un acte privé qui annule un autre acte privé, la jeune femme devient libre de retourner sur le marché du mariage. Tout se passe, comme souhaité, de façon clandestine, et la *honte* de Denise n'est guère publiée ; le premier souci de la dame est, au contraire, de garder ses transactions secrètes et centripètes.

Pour Simon, un châtiment verbal et corporel se met aussitôt sur pied : « Fauz papelars, fauz ypocrite [...] »[955] – et il vise à honnir la chair après l'esprit : « lors a une grant huche overte, / Por metre le frere dedens »[956]. La sévérité de cette revanche féminine, morale et claustrale est atténuée par son caractère privé ; une séquestration et une crucifixion à la maison sont moins infamantes qu'une exécution sur la place publique[957].

Comme le narrateur, la dame envisage une mise à mort de l'arbre sans fruit qui trompe par ses fleurs ; seulement, elle préfère l'image de la pourriture intérieure pour étoffer sa dénonciation : « Teil gent font bien le siecle pestre, / Qui

---

of Denise as a marriageable maiden is the new dress. This, of course, recalls the opening proverb. Does the first line then apply to Simon or to Denise? », Simon Gaunt, *Gender and Genre in Medieval French Literature*, *op. cit.*, p. 246.

[954] Rutebeuf, *Frere Denise*, dans le *Nouveau recueil complet des fabliaux*, éd. Willem Noomen et Nico van den Boogaard, tome VI, éd. cit., v. 238, p. 21.

[955] *Ibid.*, v. 244, p. 21.

[956] *Ibid.*, v. 268-269, p. 21. Chez Michel Zink, la huche devient « un grand coffre », voir *loc. cit.*.

[957] Sur les ambitions morales de l'allégorie comique, d'autant plus efficaces qu'elles sont, en principe, camouflées par le *stylus humilis*, voir l'article de Howard Helsinger, « Pearls in the Swill. Comic Allegory in the French Fabliaux », *The Humor of the Fabliaux*, *op. cit.*, notamment p. 105 : « *The fableor's parodic use of allegorical commonplace, by reminding us of levels of meaning beyond the literal, works to restore the entertaining spectacle to a moral context* ».

par defors cemblent boen estre, / Et par dedens sont tuit porri. »[958]. La métaphore reste végétale, et le courroux pragmatiquement justifié par l'inanité de l'arbre-homme. La dame parle d'abord d'une pendaison par la corde, ce qui revient à jeter l'opprobre sur l'ordre franciscain tout entier. Rutebeuf lui-même déverse sa philosophie hostile aux ordres mendiants à travers la colère spontanément persuasive de la dame.

L'aliment le plus remarquable de ce bûcher féminin n'est autre que l'émotion esthétique. En effet, ce que la dame condamne le plus vivement est l'emploi que le moine a fait d'une « si tres bele creature »[959] destinée à l'admiration, à l'extase, à la gratitude : il s'est borné à la traîner dans « si grant honte »[960]. À la faveur d'une inadéquation si flagrante, le reproche vise l'intelligence émotionnelle de l'individu, mais aussi le régime sentimental de sa classe.

Mieux vaut, suggère ce plaidoyer féminin, honorer une beauté par le mariage – cette forme d'épanouissement, voire de sainteté, des laïcs[961] – que la condamner au secret d'un plaisir unique. L'idée d'une alliance de la beauté et de la chasteté devient, dans ce contexte, une plate absurdité, désamorçant toutes les formes d'abstinence.

Une seule politique des émotions reste debout : puisque l'être humain est fait pour le plaisir, il faut le lui offrir de façon contrôlée et publiquement assumée, au lieu de le contraindre à des manœuvres de coulisses. Un pragmatisme sec, hédoniste par défaut, vient sceller la perspective.

Logiquement (selon la logique du conte, justement !), la jeune Denise pourrait encore avoir le choix entre les sœurs et l'époux. Si elle est considérée véritablement comme une victime, pourquoi devrait-elle recevoir un châtiment qui limite ses options de vie, de survie ?

Toutefois, la dame de l'histoire suggère qu'un seul salut est envisageable, et que celui-ci passe aussi par un homme. Le mariage est vu comme l'unique remède au poison de cet *ordre* des pécheurs mineurs… « Iteiz ordres, par saint Denise, / N'est mie boens, ne biaux, ne genz »[962]. L'ordre conjugal, en revanche, demeure la solution miracle, conjuguant sociabilité et art de vivre.

---

958 Rutebeuf, *Frere Denise*, dans le *Nouveau recueil complet des fabliaux*, éd. Willem Noomen et Nico van den Boogaard, tome VI, éd. cit., v. 249-251, p. 21.

959 *Ibid.*, v. 254, p. 21.

960 *Ibid.*, v. 255, p. 21.

961 Dans ce sens, un pas important est franchi en 1234 avec les Décrétales de Raymond de Peñafort : « Faire du mariage des laïcs un sacrement, c'est […] tenter d'encadrer leur comportement en donnant un sens chrétien à leur activité sexuelle, mais c'est aussi placer ces laïcs sous une *regula* à une époque où ils aspirent à participer plus activement à leur propre salut », Dominique Donadieu-Rigaut, *Penser en images les ordres religieux (XIIe-XVe siècles), op. cit.*, p. 20. Voir aussi André Vauchez, *Les Laïcs au Moyen Âge, pratiques et expériences religieuses*, Paris, Cerf, 1987, chap. XVII et XVIII.

962 Rutebeuf, *Frere Denise*, dans le *Nouveau recueil complet des fabliaux*, éd. Willem Noomen et Nico van den Boogaard, tome VI, éd. cit., v. 256-257, p. 21.

Interdire les divertissements courtois – qui subliment et codifient le désir – pour s'accorder l'apaisement riche, hybride, non-codifié de ce dernier, à l'insu du monde, est une forme d'hypocrisie qui remet la dame sur les traces de saint François. Au fond, le saint est bien un poète, un humain prêt à se dénuder[963] pour s'offrir au monde dans toute la splendeur de sa simplicité. Ce qui suggère probablement à la dame l'urgence d'un mariage réparateur est bien ce manque de simplicité dont les deux pécheurs se sont montrés capables. Le jeu de rôles où ils ont excellé n'a rien de rassurant : il montre une véritable vocation pour le *celers*, à corriger justement, chez la fille, par un bain de manifestations ouvertement plaisantes – « dances », « quaroles », « violes, tabours et citoles », ainsi que « toz deduiz de menestreiz »[964] – qui promettent d'être infiniment plus bénéfiques que le rythme sans musique d'une jouissance illégitime. Quant à Simon, il n'a qu'à se rendre au vécu univoque de son culte, après un petit rite de passage de l'obscurité à la lumière...

Par saint Denise (!), il faut agir. La dame n'est pas prête à croiser ses bras en contemplant le désastre d'un théâtre à deux, réussi depuis des années. Pour racheter l'honneur sinon la sainteté de Denise, il faut que quelqu'un paye[965]. Et c'est Simon qui s'y engage, après une crucifixion inutilement punitive ; il y a, pour lui aussi, une solution pratique, un moyen d'absolution : « Quant li Freres oit la novele, / Onques n'ot teil joie en sa vie : / Lors a sa fiance plevie / Au chevalier des deniers rendre »[966]. Une fois de plus, le lecteur familiarisé avec les récits du Moyen Âge central est frappé par un cliché : le rachat de l'honneur d'une femme passe par l'investissement pécuniaire d'un homme. Dans le monde romanesque de Béroul, par exemple, Ogrin lui-même achetait une robe à Yseut, pour lui permettre, moyennant un petit mensonge et une belle apparition, de réintégrer la cour[967]. Chez

---

[963] Saint François se distinguee, entre autres, par sa promptitude à se dépouiller de ses habits : saisi et lié par son père, il « lui rendit le prix de la vente de ses biens, et se défit pareillement de son habit ; dans cet état de nudité il se jeta dans les bras du Seigneur, et se revêtit d'un cilice. », Jacques de Voragine, *La Légende dorée*, trad. J.-B. M. Roze, tome II, Paris, Garnier-Flammarion, 1967, p. 255.

[964] Rutebeuf, *Frere Denise*, dans le *Nouveau recueil complet des fabliaux*, éd. Willem Noomen et Nico van den Boogaard, tome VI, éd. cit., v. 259-261, p. 21.

[965] Comme le dit Mary E. Leech, « Dressing the Undressed : Clothing and Social Structure in Old French Fabliaux », *Comic Provocations : Exposing the Corpus of Old French Fabliaux*, *op. cit.*, p. 91 : le rachat de l'honneur féminin est une affaire d'hommes, tout comme l'habillage du corps est une affaire de femmes : « *The knight's contribution to the situation is to name a price Brother Simon must pay for violating Denise, placing the transgression within the realm of wrongful commerce rather than moral sin. It is the wife, however, who rewrites Denise's social status and value as a noblewoman though the redressing of her body* ».

[966] Rutebeuf, *Frere Denise*, dans le *Nouveau recueil complet des fabliaux*, éd. Willem Noomen et Nico van den Boogaard, tome VI, éd. cit., v. 280-283, p. 22.

[967] Il s'agit, en plus, d'une robe luxueuse : « Ainz l'ermite, qui l'achata, / Le riche fuer ne regreta. / ... / Li seneschaus o lié s'envoise », Béroul, *Le Roman de Tristan*, éd. cit., v. 2885-2886 et 2889, p. 154.

Chrétien, le vêtement joue aussi un rôle qualifiant : il suffit de se rappeler la valeur symbolique de cette robe qu'Énide recevait de Guenièvre[968], au seuil de sa nouvelle vie avec Érec, et qu'elle devait porter pour devenir ce qu'elle était appelée à être, de par sa vénusté.

Au carrefour de ces influences plus ou moins courtoises, le conteur Rutebeuf n'hésite pas à faire valoir le langage des chiffres pour rendre la réhabilitation de la demoiselle plus patente : « quatre cenz livres »[969], autant vaut le droit d'accès d'une fille perdue à la conjugalité, autant le rachat du péché d'un cordelier. S'ajoute à cette dot une robe qui n'était pas faite pour son corps (celle de Guenièvre ne l'était pas non plus !), mais qui est remarquablement belle et qui appartient justement à cette dame dont la « grant franchise »[970] s'allie à la grande diplomatie.

Tandis que la *franchise* du mari s'exerce sur le coupable, promptement plaint par son « cuer tendre »[971], les femmes s'affairent ensemble, et tissent la trame de l'avenir en y accordant leurs valeurs émotionnelles. Le toucher est de nouveau un langage persuasif essentiel : la dame « ele meïmes de sa main / La vest, ansois qu'ele couchast, / Ne soffrist qu'autres i touchast, / Car priveement voloit faire / Et cortoisement son afaire »[972]. Et Denise succombe à l'argument de l'habillage féminin exclusif, en vivant l'équivalent d'une submersion esthétique sinon érotique. Elle connaît l'intimité avec une femme, s'adonnant à une communication qui relève d'une autre forme d'apprivoisement : toute à la douceur sans peur[973], à la complicité sans péché, la jeune fille se sent aussi gâtée que le serait une héroïne de conte bleu auprès de sa marraine. Le processus de sexuation se déroule enfin sous les auspices du bon sexe.

Cette intelligence émotionnelle permettant à un humain de dominer un autre, et de lui inculquer un code affectif et comportemental nouveau, relève de la transmission du « boen penceir »[974], de la sagesse et de la noblesse. En fin de compte, il s'agit, une fois de plus, d'une forme d'identification avec l'Autre.

Au début, cette identification relevait d'une aliénation biologique aussi bien que sociale : elle exigeait le sacrifice de toutes les marques visibles de la féminité, et l'adoption d'une corde nouée à titre d'uniforme ; à présent, la seule exigence consiste à apprendre l'être et le paraître d'une femme, et à assumer l'avantage d'une position correctement en-robée[975]. Lors de cette dernière uniformisation

---

968 Voir Érec et Énide, dans *Chrétien de Troyes, Romans suivis de Chansons avec, en appendice, Philomena*, éd. cit., v. 1580-1638, p. 110-112.

969 Rutebeuf, *Frere Denise*, dans le *Nouveau recueil complet des fabliaux*, éd. Willem Noomen et Nico van den Boogaard, tome VI, éd. cit., v. 278, p. 22.

970 *Ibid.*, v. 287, p. 22.

971 *Ibid.*, v. 273, p. 22.

972 Ibid., v. 308-312, p. 22-23.

973 *Ibid.*, v. 289-290, p. 22.

974 *Ibid.*, v. 300, p. 22.

975 Après tout, « *Denise's clothing is twice able to make her appear something she is not, and if the monk's abis did not make her a man, her friend's dress enables her to succeed in*

émotionnelle, une certaine liberté est conservée : redevenue belle et *gente* grâce au contact *privé* avec la dame, Denise peut élire « en toute la contree / Celui que mieulz avoir vodroit, / Ne mais qu'il soit de son endroit »[976]. Elle n'a guère perdu son ascendant sur les hommes de son entourage *naturel* (en fait culturel) et n'a rien à craindre de leur côté. Ni refus, ni brutalité : Denise aurait appris à choisir un homme digne d'elle.

Le fabliau ne nous en dit pas davantage : le chevalier qui finit par recevoir la main de mademoiselle Denise reste anonyme et parfaitement indistinct, mais il a ceci de particulier qu'il émerge de la vingtaine de prétendants qui courtisait la belle demoiselle dès le début. On peut donc parler, au moins d'un côté, d'un mariage d'amour ; quant à l'héroïne, elle est « a son grei assenee »[977], et le *grei* relève d'un agrément socialement pertinent.

Le *happy end* consacre le retour à l'émotionologie dominante : l'honneur de devenir impunément et insoupçonnablement « Ma dame Denize »[978], quel que soit le bienheureux « Monsieur », évince l'attrait stérile de « l'abit de frere meneur »[979]. L'arbre humain devient potentiellement fécond, et susceptible d'offrir au monde de beaux fruits, à la hauteur, pour une fois, du « bel florir »[980] du début[981].

Quant aux moines qui nourrissent l'ambition d'imposer leur idéal ascétique aux gens du siècle, ils deviennent, dans la vision du porte-parole féminin de Rutebeuf, les ferments d'une véritable anti-émotionologie, dont les (anti-)valeurs sont le culte de l'hypocrisie, la tolérance de la jouissance interdite, enfin l'exaltation de cette habileté à se tirer d'affaire par un coup de crucifixion ou de mendicité. Un seul comportement émotionnel marque la zone d'interférence : la démarche matrimoniale, qui devient, ironiquement, un champ d'excellence pour l'ermite comme pour la dame.

Au fond, si un Franciscain peut se révéler utile à la société, c'est en assumant sa marginalité tout en appuyant la centralité des chrétiens mariés. Investir (même des deniers !) pour qu'une demoiselle use convenablement de sa beauté, pour qu'elle fonde une cellule sociale, conseiller la voie naturelle à tous ceux qui

---

passing as a virgin. », Simon Gaunt, *Gender and Genre in Medieval French Literature*, *op. cit.*, p. 247.

[976] Rutebeuf, *Frere Denise*, dans le *Nouveau recueil complet des fabliaux*, éd. Willem Noomen et Nico van den Boogaard, tome VI, éd. cit., v. 296-298, p. 23.

[977] *Ibid.*, v. 331, p. 23.

[978] *Ibid.*, v. 334, p. 23. L'édition Montaiglon-Raynaud préfère, une fois de plus, l'orthographe synthétique : *Madame* à la place de *ma dame*, v. 334, p. 274.

[979] Rutebeuf, *Frere Denise*, dans le *Nouveau recueil complet des fabliaux*, éd. Willem Noomen et Nico van den Boogaard, tome VI, éd. cit., v. 336, p. 23.

[980] Voir plus haut la métaphore végétale du prologue, v. 10-11, p. 15.

[981] Chez Rutebeuf, la réhabilitation sociale aboutit, comme les critiques le font remarquer : « *The ability of Denise and the knight's wife to manipulate the perception of Denise's gender is a typical instance of a woman coming out on top, to use Johnson's formulation.* », Simon Gaunt, *Gender and Genre in Medieval French Literature*, *op. cit.*, p. 248. Le chercheur renvoie à une autre étude célèbre de la bibliographie du genre : Lesley Johnson, « Women on Top : Antifeminism in the Fabliaux? », *art. cit.*.

s'estiment capables de la suivre, tels devraient être les objectifs d'un ordre mendiant. L'honneur ne peut s'accommoder qu'avec le code affectif de l'amour conjugal et de l'apaisement constant et légitime du désir ; il n'est pas question de s'enivrer de l'attrait creux de la virginité, qui reste, dans l'optique de Rutebeuf, juste un seuil à franchir pour évoluer, humainement.

Certes, le fabliau ne dit pas si la robe de la dame, dans sa beauté pleine de promesses, tombe aussi sous la coupe du proverbe initial : « li abis ne fait pas l'ermite » ; après tout, le lecteur est libre d'y voir une nouvelle floraison sans fruit, et d'imaginer une Denise adultère ou bisexuelle, inapte à la procréation ou frigide. Ce « mout plus grant honeur »[982] que Rutebeuf nomme en l'opposant à l'influence du « frere meneur »[983] a de quoi susciter le sourire et le doute ; mais derrière le « non ma dame Denize »[984], la substance a-t-elle vraiment changé ? Le « boen penceir »[985] ne garantit pas le bon agir, même quand il est une forme (provisoire ?) du bon sentir.

Un indice permet de reconsidérer l'histoire sous un jour relativiste : la conversation qui change la vie de Denise, en l'inscrivant dans l'orbite du régime émotionnel politiquement correct, se déploie en fait sous le signe du faux, autant dire du tronc pourri, inapte à porter du fruit : la dame « fist acroire » à la mère, « et par droite veritei croire »[986] que sa demoiselle est toujours pucelle, et qu'elle a simplement passé quelque temps (innocent) chez les *Filles Dieu*. On a déjà vu que ce genre d'arrangement est un clin d'œil à la stratégie narrative de Béroul, qui permettait justement le retour des amants à leurs milieux de vie légitimes ; or, tout lecteur averti sait que Tristan revient auprès d'Yseut, que les mensonges et compromis continuent, malgré cette réhabilitation honorifique[987].

Chez Rutebeuf aussi, la récupération émotionnelle d'une belle sans merci – qui finit par accepter un prétendant auparavant refusé – relève d'un sens de la *droite veritei* parfaitement compatible avec le mensonge. Les frères ne sont pas des *filles Dieu*, et Simon n'est pas une nonne *forsenee*. Le lecteur sait ce que la mère de l'héroïne doit ignorer : derrière le crédible loisible, il y a la tolérance humaine pour les péchés véniels, et personne – même pas Rutebeuf, qui a la rudesse délicate – ne s'amuse à faire honte aux beaux arbres, quelque creux qu'ils fussent. Denise et Simon gardent leur *fama* intacte et retournent tranquillement aux régimes émotionnels où ils ont leur place, sous le signe des *povres draz*, respectivement des *beles robes*.

Il est toujours possible, dans tout régime émotionnel – et le mariage n'en fait pas exception, pas plus que le célibat monacal – de trouver et même de garder,

---

982 Rutebeuf, *Frere Denise*, dans le *Nouveau recueil complet des fabliaux*, éd. Willem Noomen et Nico van den Boogaard, tome VI, éd. cit., v. 335, p. 23.

983 *Ibid.*, v. 336, p. 23.

984 *Ibid.*, v. 334, p. 23.

985 Voir plus haut, v. 300, p. 22.

986 *Ibid.*, v. 319-320, p. 23.

987 Sur l'arrangement théâtral du retour des amants à la cour et sur la nécesité du mensonge, voir le fameux discours de l'ermite : « Por honte oster et mal covrir / Doit on un poi par bel mentir », Béroul, *Le Roman de Tristan*, éd. cit., v. 2353-2354, p. 130.

malgré et contre tous, des refuges laxistes et confortables, des oasis d'indulgence spirituelle. Ainsi en est-il de Denise et de Simon, dont le retour à l'ordre (conjugal et claustral) ne s'accompagne pas forcément d'un redressement moral ou religieux. Madame peut recommencer ses escapades échevelées, mâlement mises sur pied, tandis que le frère cordelier peut attraper une nouvelle beauté à sa corde, l'initier au sexe et la faire marier. La matrone anonyme, à son tour, commence à ressembler à dame Auberée : elle nourrit la gourmandise esthétique sous couvert de leçon de féminité, tout comme cette dernière nourrissait la gourmandise au sens propre, en vacillant entre la nourriture et le sexe. Le narcissisme de Denise – renforcé par le regain des cheveux, de l'honneur et par le supplément (immérité) d'une robe, de quatre mille livres et finalement d'une alliance – n'a rien à craindre d'un mari longtemps soupirant, enfin agréé. La jeune femme peut continuer à fuir les êtres qui l'aiment, et à trouver son plaisir dans des expériences centrifuges, qui lui permettent de s'éprouver comme Autre. Et l'ascète peut rester le catalyseur de ses métamorphoses les plus crues, fussent-elle intimement ou socialement pertinentes.

Tout compte fait, il est difficile de dire à quoi ressemble la réalité émotionnelle de *Madame Denize*, quels sont ses nouveaux pôles d'attraction et de répulsion. Souhaiterait-elle embrasser ce pis-aller conjugal le reste de sa vie ou est-ce uniquement un « bon penceir »[988] comme celui qu'elle nourrissait pour la virginité, vite suspendu au feu d'un événement plus excitant ? Une chose est sûre : le moment n'est pas encore venu pour que Denise devienne sainte Denise – ou pour que Simon devienne Pierre. Un sourire sceptique auréole le fabliau, lorsque toutes les fleurs sont cueillies ; rien ne garantit qu'il y a une saison des fruits. Pour chacune de ces vies émotionnelles, la *droite vérité* reste mystérieusement – et comiquement – tordue.

Aucune moralité ne saurait être dégagée de cette histoire irréductiblement ambiguë, après ces expériences où Denise, en nouveau Perceval, essaie une corde et une robe[989], dans son désir de rompre l'ombilic et de devenir l'Autre. Rutebeuf se garde de donner une réponse tranchée à cette énigme émotionnelle qui reste un défi pour le lecteur même lorsque le personnage finit par trouver son nom. Derrière *madame Denize*, c'est peut-être *Denise la chétive* qui se cache, toujours impulsive et toujours émotive.

---

[988] Un clin d'œil linguistique met en alerte le lecteur de Rutebeuf : le syntagme « boen pencei[r] » caractérise la décision de devenir *Frere Denise* aussi bien que celle, induite, de devenir *Ma dame / Madame* Denise. La coïncidence ne saurait être arbitraire chez un poète aussi lucidement ludique que Rutebeuf ; voir plus haut v. 96 et 300, p. 17 et 22.

[989] L'habit reste trompeur : « *While the outer appearance of stability is preserved, the audience that hears the tale once again understands that the appearance is very deceiving.* [...] *Part of the joke is that the audience has seen the naked truth, so to speak. The mutability of dress points to the mutability of social identities that are meant to be written on the body in an essential inscription, particularly those of gender.* », Mary E. Leech, « Dressing the Undressed : Clothing and Social Structure in Old French Fabliaux », *Comic Provocations : Exposing the Corpus of Old French Fabliaux*, *op. cit.*, p. 93.

…Quand l'initiation revêt la dynamique de la confrontation, le désir de l'un peut entraîner la douleur de l'autre. Cependant, le motif littéraire de la défloration douloureuse – illustrée notammant par le roman *Érec et Énide* de Chrétien de Troyes[990] – n'a pas de prise sur la communauté émotionnelle que bâtissent les fabliaux.

Parfois, comme dans le cas de la demoiselle rêveuse, la pénétration n'est même pas remarquée, et il faut un stimulus social – la crainte de perdre ses chances sur le marché matrimonial – pour que le corps féminin s'active. La colère est un meilleur stimulus du désir que le fantasme, et l'acte d'émotion devient un acte d'oppression. Tout se joue dans un champ clos, sans issue, et chacun finit par céder à une forme ou autre d'akrasie. La femme choisit ainsi le déshonneur croissant, l'homme l'impuissance de moment. Mais le fabliau finit par une belle trêve de la réalité émotionnelle et du rêve : au fond, tout est bien qui finit bien, et le public est invité à applaudir l'accouplement accompli sinon le couple désuni. La congruence affective a raison de toutes les frustrations : la demoiselle voulait jouir avec son ami et se contente de jouir *sur* lui ; le damoiseau cherchait son amie et, l'ayant trouvée et surtout réveillée, il se contente de se laisser recoucher sous elle. Unis dans le contentement sinon par le consentement, les héros deviennent vraisemblablement des modèles pour le public féminin.

Le fabliau de Rutebeuf est ouvert au compromis aussi : s'il commence par un rapt religieusement scandaleux, il s'achève sur un arrangement socialement pertinent. Viol ou jeu de masques, le lien qui rattache Denise à Simon n'est ni nuisible ni irréversible, aux yeux des rieurs-marieurs… Rompre la corde d'un couple cordelier est un simple truc de magie vestimentaire, et une dame est là pour s'y prêter sans faute. La régulation affective suit, sans surprise, la métamorphose d'image : repentants, les amants rentrent dans les rangs. La fleur de virginité est recouvrée, la vierge mariée, le corrupteur puni et rendu à la société. La ventilation émotionnelle a pourtant des accents d'Inquisition, et Rutebeuf s'y joint, prêt à investir les actes d'émotion le plus radicalement négatifs : mépris, révolte, regret se suivent dans une danse qui n'exclut pas l'humour le plus tolérant, le plus inavouable et compromettant… Patenôtres de circonstance, les émotifs font les bons jeux narratifs.

---

[990] *Érec et Énide*, dans *Chrétien de Troyes*, *Romans suivis de Chansons avec, en appendice, Philomena*, éd. cit., v. 2098-2104., p. 126 : « Et l'amors qui iert enr'aux deus, / Fist la pucele plus hardie : / De rien ne s'est acohardie, / Tot soffri, que que li grevast. / Ainçois que ele se levast, / Ot perdu le non de pucele ; / Au matin fu dame novele. ». Le verbe « grever » indique bien le vécu pénible de la vierge, hardie et prête au sacrifice d'amour, sur cet autel guerrier avant toute chose, censé éprouver, à travers son courage, la puissance de son amour. Plus on a mal, plus on est aimant… telle semble être l'équation de l'érotisme à la Chrétien de Troyes. Quant à la jouissance, elle relève, dans ce contexte, de la peur vaincue, du soulagement et du constat d'une métamorphose conduisant l'être de la nature de *pucele* à celle de *dame novele*. Le plaisir n'y est qu'une sophistication dérivant d'autres sources émotives…

Lorsque l'initiation se joue dans et par la confrontation, l'empathie conduit à la vengeance, la violée viole, la déguisée dénude et le conteur-amuseur punit avec un *ris* de *merci*. *Par droite vérité*, l'histoire est toujours à recommencer…

Moisson d'émotions
en guise de conclusion

Après cette quête menée dans les eaux (littéraires !) de l'initiation sexuelle médiévale, notre pêche émotionologique aboutit à quelques réflexions sur les fabliaux comme émotions.

Si le *Pescheor de Pont seur Saine* enrichit son vécu conjugal par une pêche miraculeuse – le sexe d'un prêtre mort, mais capable d'une résurrection par l'émotion – nous avons souhaité enrichir le monde de quelques fleurs de défloration. Fraîches encore : émouvantes. Parlantes. Des histoires de naissance à l'Autre – à son ontologie, à la complémentarité des corps et des langages…

Au foyer de chaque histoire, nous avons essayé de ranimer les émois de ces pucelles et puceaux d'autrefois, qui se cherchent un script et une loi sinon une foi : surgit ainsi, des répertoires de fantasmes poétiques de l'Histoire, une cohorte de couples fictionnels, qui mélange les amateurs de bestiaires idylliques, les ludiques transgressifs, les abuseurs et les abusé(e)s.

La fameuse indélicatesse des fabliaux ne nous a pas arrêtée : il y a une véritable communication émotionnelle dans ces échanges – souvent mordants – de signes érotiques. La brièveté et l'efficacité narratives ne sont pas les seuls grands mérites de ces textes, qui illustrent, à leur façon et malgré certaines inclinations sexistes, une véritable culture de l'empathie.

La tendance à faire de la dyade un lieu d'intelligence émotionnelle (avec un volet personnel et un autre interpersonnel) est plus frappante dans les textes de l'initiation allégorique.

Ainsi, la *damoisele qui vouloit voler* trouve un compagnon de vol susceptible de lui ouvrir les mondes possibles d'une langue commune. L'implantation du bec, des ailes et de la queue devient une forme de communion, digne de la fameuse expression *faire cattleya* de Marcel Proust. L'aspiration à transcender le corps pour arriver à un état de grâce aérienne ne fausse pas les rapports entre les deux aspirants. Au fond, ils s'accordent à partager une image et ce qui va avec : le ménagement de la pudeur féminine, au seuil du premier acte sexuel. Un *happy end* conjugal n'est pas exclu, malgré l'alourdissement corporel et moral des derniers vers…

De son côté, la *damoisele qui ne pooit oïr parler de foutre* apprend à parler et à entendre parler d'abreuvement : elle s'accorde à investir toutes ses sèves de nouvelle Ève dans la parabole du poulain et de la fontaine. Bénéficiaire par excellence de ces grâces de langage qu'il prodigue gracieusement, l'homme se prête à toutes les métamorphoses, tandis que les deux corps deviennent des signifiants souples et maniables. Le sexe se révèle une entreprise sémiotique et initiatique commune, impulsée par une soif de sens aussi bien que de jouissance. Quelque chose comme le *joui-sens* se dessine…

Les fabliaux d'Auberée et de la *sorisete* traitent aussi de la construction d'une forme – partagée en coulisses – d'intelligence émotionelle. L'initiation vue comme transgression n'exclut ni la communion ni la concertation. Pas à pas, le rapt d'une jeune bourgeoise par son soupirant d'antan conduit à une saison d'*amor* où tous les plaisirs – nourriture, boisson, consommation du lien érotique – s'orchestrent sous la baguette d'une maquerelle prête à assumer son rôle émotif et à déployer tous ses talents pour protéger l'honneur et les chances de retrouvailles des nouveaux amants. Entre protection et corruption, une entente s'instaure entre les deux anciens amoureux et cette intruse dont ils adoptent le code affectif et les stratégies motivationnelles.

Quant à la femme souricette, elle se prête à l'allégorie comme malgré elle, et finit par montrer de l'empathie à son mari sexuellement marri, dont elle anticipe les besoins et adopte le langage. Même si l'acte d'initiation sexuelle échoue biologiquement, un nouveau couple est né, où chacun est susceptible de témoigner une attention constante à l'autre, en tant qu'être sentant, sinon humain... Il est difficile de dire si ce couple remplace l'ancien ; comme l'infidélité relève ici d'un script initiatique positivement connoté, un ménage à trois (comme dans *Auberée*) semble s'instaurer. La question de l'incompatibilité langagière est résolue, et les époux deviennent doux amis.

Enfin, les cas les plus difficiles à encadrer empathiquement – *la damoisele qui sonjoit* et *Frere Denise* – mobilisent de belles ressources d'intelligence émotionnelle : malgré leur statut déclaré de victimes, ces jouvencelles se livrent à des rapports sexuels où la virginité s'allie à une forme de souveraineté. Prendre le dessus, à la fois physiquement et religieusement, surmonter son infériorité statutaire par une tentative de devenir l'Autre, en faisant de la dyade sa propre zone de confort, puis éventuellement la quitter pour une autre – tout est possible à ces vierges folles ...

En particulier, le viol de la rêveuse devient une auto-initiation par la réhabilitation, en faisant briller la maîtrise de soi et d'autrui ; le conteur souhaite que ce rêve de domination féminine se réalise pour chacune de ses auditrices. Si l'empathie devient une forme de revanche sexuelle, elle favorise aussi le vécu égalitaire, du moins par l'alternance des rôles émotifs – jouissifs. Un certain scepticisme couronne cependant cette érotique : pour accomplir ses attentes les plus intimes, il suffit de passer, avec son élu (émouvant – en particulier décevant), un pacte pragmatique, en faisant jouer la stratégie (néo-œdipienne) de l'alternance au pouvoir. Le spectre émotionnel du triomphe sexuel devient ainsi accessible aux deux compagnons de rêve et de réalité...

À leur tour – et malgré le tableau satirique où ils sont censés évoluer – les héros de Rutebeuf font preuve d'une capacité surprenante à s'entendre par et au-delà des paroles. La corruption d'une pucelle par un moine, sous le couvert de la conversion franciscaine, est plus qu'un scandale théologique : elle peut se lire comme le conte d'une femme de succès... Le lecteur moderne peut apprécier non seulement l'adaptation d'une pucelle aux rigueurs d'une vie ascétique destinée aux hommes, mais aussi sa capacité à créer, avec son *frère* initiateur, un monde à deux, autour duquel les autres tournent longuement et plaisamment. Certes, à la fin, le lien est cassé, mais l'histoire peut toujours se renouer : un îlot de sécurité affective est devenu concevable, dans un univers de fiction qui se veut âprement proche de la réalité sociale. Autrement dit, l'arbre qui ne porte pas de fruit n'est pas jeté au feu, et le script émotionnel d'une Denise et d'un cordelier reste debout, d'autant plus qu'il conduit à un retour de chacun dans son propre foyer d'épanouissement… En fin de compte, si une récompense est octroyée pour punir un péché, c'est que Rutebeuf n'est pas étranger à la possibilité d'une certaine empathie avec ses personnages, qui apparaissent, sous ce jour indicible, comme des amants courtoisement discrets, diligents et finalement obéissants.

Essentiellement, nous avons tâché de montrer que les fabliaux s'accordent au jeu émotionnel : allégorisation, transgression, confrontation, tout script se laisse couronner par le plaisir d'avoir découvert et d'avoir expérimenté… le plus souvent, en toute impunité.

Les humains, homme et femme (vus à travers un regard d'homme) sont des champs de possibles, que la littérature, même moralisatrice, met provisoirement en phase, comme si l'empathie, même en contexte grivois, était toujours envisageable, malgré les normes bio-psycho-sociales en cours.

Structurellement, l'acte d'émotion se joint au pacte d'initiation : les êtres qui hantent les fabliaux sont toujours en train d'apprendre, d'entendre, et d'éprouver le monde ; ils assument leur ignorance pour mieux la surmonter – ensemble.

L'élasticité des émotionologies médiévales est, chaque fois, spectaculaire, dans ces contes à rire qui cultivent le défi : repères affectifs majeurs, Dieu et les saints se laissent entraîner dans les aventures les moins pieuses qu'ils puissent – passivement – légitimer. La religion fait partie de *l'horizon d'entente* des fabliaux, et favorise justement la communication émotionnelle entre protagonistes, par-delà la téléologie plus ou moins théologique des conteurs. Les émois suscités par ces sources différentes et coexistantes se renforcent l'un l'autre grâce aux effets de contraste, et derrière la morale officielle d'un Rutebeuf s'érige l'impunité jouissive de toutes les Denises possibles – avec leurs Simons ivres d'expérimentation.

… Pour qu'un livre de critique littéraire, à son tour, soit un émotif effectif, il faut qu'il serve de tremplin à la discussion, qu'il se prête à la provocation.

Cela se discute : le moment est venu de faire place au blanc sur la page et au dialogue sur les planches du nouveau Moyen Âge.

Aller – retour. Il est possible de voyager dans le temps, dans le sentiment, et d'en revenir initié... désappris… ravivé au sens de ses (im)possibilités.

Au fond, et malgré la relativisation de la perspective, le « transport » de l'hilarité – avec son spectre richement initiatique – n'annule pas les interrogations plus graves sur la flexibilité de ses propres émotionologies. Le *politiquement correct* possède, à chaque époque, un volet *émotionnellement correct* – lui-même *corrigible.*

... Rire ou ne pas rire ? telle est la question.

Les fabliaux rendent le monde autrement possible – et risible…

Bibliographie

Corpus

1. *Chevalerie et grivoiserie : Le Prêtre et le Chevalier*, éd. et trad. Leclanche, Jean-Luc, Paris, Honoré Champion, 2003.
2. *Contes pour rire ? Fabliaux des XIIIe et XIVe siècles*, éd. et trad. Scott, Nora, Paris, Union Générale d'Éditions, 1983.
3. Dubin, Ned, *La Damoisele qui songoit / The Dreaming Damsel*, disponible en ligne sur le portail de l'Université East Carolina, États-Unis, http://myweb.ecu.edu/sidhun/La%20Damoisele%20qui%20songoit.pdf.
4. *Fabliaux du Moyen Âge*, éd. et trad. Dufournet, Jean, Paris, Flammarion, 1998.
5. *Fabliaux érotiques. Textes de jongleurs des XIIe et XIIIe siècles*, éd. Rossi, Luciano et Straub, Richard, Paris, Librairie Générale Française, 1992.
6. *Fabliaux et contes des poètes françois des XIe, XIIe, XIIIe, XIVe et XVe siècles, tirés des meilleurs auteurs*, publiés par Barbazan. Nouvelle édition, augmentée et revue sur les manuscrits de la Bibliothèque Impériale, par M. Méon, Paris, Warée, 1808, 3 tomes.
7. Fauchet, Claude, *Recueil de l'origine de la langue et poésie françoise, ryme et romans*, Paris, Mamert Patisson imprimeur du Roy, au logis de Robert Estienne, 1581.
8. Lemaire, Jacques, *Auteurs français du Moyen Âge. Les fabliaux français du Moyen Âge. Thèmes et textes (traduits)*, cours, Bruxelles, Presses Universitaires de Bruxelles, 2005.
9. Noomen, Willem et Van den Boogaard, Nico, *Nouveau recueil complet des fabliaux*, Assen et Maastricht, Van Gorcum, 10 tomes, 1983-2001.
10. *Recueil général et complet des fabliaux des XIIIe et XIVe siècles imprimés ou inédits*, publiés avec notes et variantes d'après les manuscrits par MM. Montaiglon, Anatole de, et Raynaud, Gaston, Paris, Librairie des Bibliophiles, 1872-1890, 6 tomes.
11. Rutebeuf, *Œuvres complètes*, édition et traduction par Zink, Michel, Paris, Bordas, tome I, 1989, p. 369-387, disponible en ligne sur Gallica, http://visualiseur.bnf.fr/CadresFenetre?O=NUMM-0101490&M=notice.

Autres sources médiévales

1. André le Chapelain, *Traité de l'amour courtois*, éd. et trad. Buridant, Claude, Paris, Klincksieck, 1974.
2. *Chrétien de Troyes, Romans suivis de Chansons avec, en appendice, Philomena*, dir. Zink, Michel, Paris, Librairie Générale Française, 1994.
3. *Ipomédon*, éd. Holden, A. J., Paris, Klincksieck, 1979.

4. Jacques de Voragine, *La Légende dorée*, trad. Roze, J.-B. M., tomes I et II, Paris, Garnier-Flammarion, 1967.
5. *La Chanson de Roland*, éd. Bédier, Joseph, Paris, l'Édition d'Art, 1968.
6. *La Queste del Saint Graal*, éd. Pauphilet, Albert, Paris, Champion, 1923.
7. *Lais de Marie de France*, éd. Warnke, Karl, trad. Harf-Lancner, Laurence, Paris, Librairie Générale Française, 1990
8. *Le Jeu d'Adam*, éd. et trad. Dominguez, Véronique, Paris, Champion, 2012.
9. *Le Lai du Conseil*, éd. Grigoriu, Brîndușa Elena ; Peersman, Catharina et Rider, Jeff, Liverpool, Liverpool Online Series, 2013, v. 221, p. 70, texte disponible en ligne sur le site http://www.liv.ac.uk/soclas/los/Le_Lai_du_Conseil.pdf.
10. *Le Roman de Thèbes. Édition du manuscrit S* (Londres, Brit. Libr., Add. 34114), éd. et trad. Mora-Lebrun, Francine, Paris, Librairie Générale Française, 1995.
11. *Partonopeus de Blois*, éd. Gildea, Joseph, Villanova, Villanova University Press, tome I, 1967.
12. *Perceforest. Un roman médiéval et sa réception*, dir. Ferlampin-Acher, Christine, Rennes, PUR, 2012.
13. Rutebeuf, *Œuvres complètes*. éd. et trad. Zink, Michel, Paris, Bordas (Classiques Garnier), t. 1, 1989.
14. Saint Thomas d'Aquin, *Somme théologique*, Paris, Cerf, 1999, disponible en ligne sur le site http://docteurangelique.free.fr.
15. *Silence. A Thirteenth Century French Romance*, éd. et trad. Roche-Mahdi, Sarah, East Lansing, Michigan, Colleagues Press, 1992.
16. *Tristan et Iseut. Les poèmes français. La saga norroise*, éd. Walter, Philippe et Lacroix, Daniel, Paris, Librairie Générale Française, "Lettres Gothiques", 1989.
17. *Tristan et Yseut, Les premières versions européennes*, dir. Marchello-Nizia, Christiane, Paris, Gallimard (Bibliothèque de la Pléiade), 1995.

Études sur les fabliaux

1. Alexandre-Bidon, Danièle et Lorcin, Marie-Thérèse, *Le quotidien au temps des fabliaux. Textes, images, objets*, Paris, Picard (Espaces médiévaux), 2003.
2. Azzam, Wagih, Collet, Olivier et Foehr-Janssens, Yasmina, « Mise en recueil et fonctionnalités de l'écrit », *Le Recueil au Moyen Âge. Le Moyen Âge central*, sous la direction de Foehr-Janssens, Yasmina et Collet, Olivier, Turnhout 2010, p. 11-34.
3. Badel, Pierre-Yves, *Le Sauvage et le sot. Le fabliau de Trubert et la tradition orale*, Paris, Honoré Champion, 1979.
4. Bakhtine, Mikhaïl, *L'Oeuvre de François Rabelais*, Paris, Gallimard, 1970.
5. Bancourt, Paul, « Chanson de geste, roman, romance et fabliaux : à propos de deux scènes hippiques des fabliaux », *Comique, satire et parodie dans la tradition renardienne et les fabliaux*, éd. Buschinger, Danielle et Crépin,

André, Göppingen, Kümmerle (Göppinger Arbeiten zur Germanistik, 391), 1983, p. 59-70.
6. Bédier, Joseph, *Les Fabliaux. Études de littérature populaire et d'histoire littéraire du Moyen Âge*, Paris, Émile Bouillon, 1893.
7. Bégin, Clarissa, « Le Fabliau, genre didactique (Étude sur la *Damoisele qui ne pooit oïr parler de foutre*) », *Reinardus*, 16, 2003, p. 19-29.
8. Benkov, Edith Joyce, *Les fabliaux : jugements risibles*, thèse de doctorat, Université de Californie, Los Angeles, 1979.
9. Bertrand, Pierre-Michel, « La Fortune mi-partie : un exemple de la symbolique de la droite et de la gauche au Moyen Âge », *Cahiers de Civilisation Médiévale*, 40, 1997, p. 373-379.
10. Beyer, Jürgen, « The Morality of the Amoral », *The Humor of the Fabliaux : A Collection of Critical Essays*, éd. Cooke, Thomas D. et Honeycutt, Benjamin L., Columbia, University of Missouri Press, 1974, p. 15-42.
11. Bloch, R. Howard, *Medieval French Literature and Law*, Berkeley, Los Angeles, Londres, University of California Press, 1977.
12. Bloch, R. Howard, « Modest Maids and Modified Nouns : Obscenity and the Fabliaux », *Obscenity : Social Control and Artistic Creation in the European Middle Ages*, éd. Ziolkowski, J., Leiden, Brill, 1998, p. 293-307.
13. Bloch, R. Howard, « The Arthurian Fabliau and the Poetics of Virginity », *Continuations : Essays on Medieval French Literature and Language in Memory of John L. Grigsby*, éd. Lacy, Norris J. et Torrini-Roblin, Gloria, Birmingham, Summa Publications, 1989, p. 232-249.
14. Bloch, R. Howard, *The Scandal of the Fabliaux*, Chicago et Londres, University of Chicago Press, 1986.
15. Boutet, Dominique, *Les Fabliaux*, Paris, PUF, 1985.
16. Brusegan, Rosanna, « La Naïveté comique dans les fabliaux à séduction », *Comique, satire et parodie dans la tradition renardienne et les fabliaux*, *op. cit.*, p. 19-30.
17. Burns, E. Jane, « This Prick Which Is Not One : How Women Talk Back in Old French Fabliaux », *Feminist Approaches to the Body of Medieval Literature*, éd. Lomperis, Linda et Stanbury, Sarah, Philadelphia, University of Pennsylvania Press, 1993, p. 188-212.
18. Burns, E. Jane, *Bodytalk : When Women Speak in Old French Literature*, Philadelphia, University of Pennsylvania Press (New Cultural Studies), 1993.
19. Burr, Kristin L., « Hamming It Up : Porcine Humor in the Old French Fabliaux », *The Old French Fabliaux : Essays on Comedy and Context*, éd. Burr, Kristin L.; Moran, John F. et Lacy, Norris J., Jefferson, Londres, McFarland, 2007, p. 7-18.
20. Burr, Kristin L., Moran, John F. et Norris Lacy, J., « Introduction », *The Old French Fabliaux : Essays on Comedy and Context*, *op. cit.*, p. 1-6.
21. Burrows, Daron, *The Stereotype of the Priest in the Old French Fabliaux. Anticlerical Satire and Lay Identity*, Berne, Peter Lang A.G., 2005.

22. Busby, Keith, « Courtly Literature and the Fabliaux : Some Instances of Parody », *Zeitschrift für romanische Philologie*, 102, 1986, p. 67-87.
23. Busby, Keith, « *Esprit gaulois* for the English : the Humour of the Anglo-Norman Fabliau », *The Old French Fabliaux : Essays on Comedy and Context*, *op. cit.*, p. 160-173.
24. Busby, Keith, « Fabliaux and the New Codicology », *The World and its Rival: Essays on Literary Imagination in Honor of Per Nykrog*, éd. Karczewska, Kathryn et Conley, Tom, Amsterdam – Atlanta, Rodopi, 1999, p. 137-160.
25. Butterfield, Ardis, « English, French and Anglo-French : Language and Nation in the Fabliau », *Zeitschrift für deutsche Philologie*, 13, 2006, p. 238-259.
26. Cailly, Marie, *Les fabliaux, la satire et son public. L'oralité dans la poésie satirique et profane en France, XII*e*-XIV*e *siècles*, Cahors, La Louve, 2007.
27. Cerquiglini-Toulet, Jacqueline, « Jeux du hasard et de l'intention : le recueil au Moyen Âge », dans *Le Recueil au Moyen Âge. Le Moyen Âge central*, *op. cit.*, p. 7-9.
28. Cobby, Anne, « "Saint Amadour et sainte Afflise": Calling upon the Saints in the Fabliaux », *Grant Risee? The Medieval Comic Presence. La présence comique médiévale. Essays in Honour of Brian J. Levy*, éd. Tudor, Adrian et Hindley, Alan, Turnhout, Brepols (Medieval Texts and Cultures of Northern Europe, 11), 2006, p. 173-189.
29. Collart, Marie-France, « L'Univers de la prostitution dans les fabliaux et sa représentation : le point de vue d'un genre », sous la direction de Morinière, Claude Benoit, Université de Valence, 2012, disponible en ligne sur le site http://roderic.uv.es/bitstream/handle/10550/29333/Tesis%20doctoral%20Marie-France%20COLLART.pdf?sequence=1.
30. Cooke, Thomas D., « Pornography, the Comic Spirit, and the Fabliaux », *The Humor of the Fabliaux : A Collection of Critical Essays*, *op. cit.*, p. 137-162.
31. Cooke, Thomas D., *The Old French and Chaucerian Fabliaux. A Study of their Comic Climax*, Columbia et Londres, University of Missouri Press, 1978.
32. Crist, Larry, « Gastrographie et pornographie dans les fabliaux », *Essays on Medieval French Literature and Language in Honor of John L. Grigsby*, Birmingham (AL), Summa Publications, 1989, p. 251-260.
33. Crocker, Holly A., « The Provocative Body of the Fabliaux », *Comic Provocations : Exposing the Corpus of Old French Fabliaux*, éd. Crocker, Holly A., New York et Basingstoke, Palgrave MacMillan (Studies in Arthurian and Courtly Cultures), 2006.
34. Crouch, David, « Humour and Identity in the Twelfth Century », dans *Grant Risee ? The Medieval Comic Presence. La présence comique médiévale*, *op. cit.*, p. 213-224.
35. Denoyelle, Corinne, « Le Discours de la ruse dans les fabliaux. Approche pragmatique et argumentative », *Poétique*, 115, 1998, p. 327-350.

36. Doreste, Dulce Maria Gonzáles, « La Influencia cortés en el fabliau de *Dame Auberée la vieille maquerelle* », *Revista de Filología de la Universidad de La Laguna*, 11, 1992, p. 65-77.
37. Dronke, Peter, « The Rise of the Medieval Fabliau : Latin and Vernacular Evidence », *Romanische Forschungen*, 85, 1973, p. 275-297.
38. Dubuis, Roger, *Les Cent Nouvelles nouvelles et la tradition de la nouvelle en France au Moyen Âge*, Grenoble, Presses Universitaires de Grenoble, 1973.
39. Eichmann, Raymond, « The Question of Variants and the Fabliaux », *Fabula*, 17, 1976, p. 40-44.
40. Eichmann, Raymond, « "... Cil ne fait mie savoir/ Qui de nuiz met sa feme hors." (*Des tresces*) : Assumptions about Marital Status in the Fabliaux », *French Studies Bulletin*, 45, 1992, p. 11-13.
41. Galderisi, Claudio, « Aucassin, Nicolette et *Bérangier au Lonc Cul.* D'une chantefable à l'autre », *Hesperis*, 6, 2000, p. 47-79.
42. Galderisi, Claudio, *Une poétique des enfances. Fonctions de l'incongru dans la littérature française médiévale*, Orléans, Paradigme, 2000, chap. « Représentations de l'impensable », 1. Un ton entendu : formes gazées et réalisme saturé, p. 111-122.
43. Gaunt, Simon, « Genitals, Gender and Mobility : the Fabliaux », *Gender and Genre in Medieval French Literature*, Cambridge, Cambridge University Press, 1995.
44. Gaunt, Simon, *Gender and Genre in Medieval French Literature*, Cambridge, Cambridge University Press, 1995.
45. Gier, Albert, « Chrétien de Troyes et les auteurs de fabliaux : la parodie du roman courtois », *The Legacy of Chrétien de Troyes*, éd. Lacy, Norris J., Kelly, Douglas et Busby, Keith, Amsterdam – Atlanta, Rodopi (Faux Titre, 37), tome 2, 1988, p. 207-214.
46. Gordon, Sarah, *Culinary Comedy in Medieval French Literature*, West Lafayette, Purdue University Press, 2006.
47. Gravdal, Kathryn, *Ravishing Maidens : Writing Rape in Medieval French Literature and Law*, Philadelphia, University of Pennsylvania Press, 1991.
48. Gravdal, Kathryn, *Vilain and Courtois : Transgressive Parody in French Literature of the Twelfth and Thirteenth Centuries*, Lincoln, University of Nebraska Press, 1989.
49. Hart, Walter Morris, « The Fabliau and Popular Literature », *Publications of the Modern Language Association of America*, 23, 1908, p. 329-374.
50. Helsinger, Howard, « Pearls in the Swill : Comic Allegory in the French Fabliaux », *The Humor of the Fabliaux : A Collection of Critical Essays*, *op. cit.*, p. 93-105.
51. Hertog, Eric, *Chaucer's Fabliaux as Analogues*, Louvain, LUP, 1991.
52. Honeycutt, Benjamin L., « The Knight and his World as Instrument of Humor in the Fabliaux », *The Humor of the Fabliaux : A Collection of Critical Essays*, *op. cit.*, p. 75-92.

53. Horton, Ingrid, D., *Engendering Vice : the Exemplarity of Old French Fabliaux*, thèse soutenue à l'Université de Kansas, 2007, disponible en ligne sur le site http://books.google.ro/books/about/Engendering_Vice_The_Exemplarity_of_the.html?id=PpHXWYbJ-G8C&redir_esc=y.
54. Jodogne, Omer, *Le Fabliau*, Turnhout, Brepols (Typologie des sources du Moyen Âge occidental, 13), 1975.
55. Johnson, Lesley, « Women on Top : Antifeminism in the Fabliaux? », *The Modern Language Review*, 79, 1983, p. 298-307.
56. Lacy, Norris J., « Subject to Object : Performance and Observation in the Fabliaux », *Symposium*, 56, 2002, p. 17-24.
57. Lacy, Norris J., *Reading Fabliaux*, Londres et New York, Garland Publishing Inc., 1998, [1993].
58. Lacy, Norris J., « Types of Esthetic Distance in the Fabliaux », *The Humor of the Fabliaux*, *op. cit.*, p. 107-117.
59. Ladd, Anne, « Classifications of the Fabliaux by Plot Structure », *The Beast Epic, Fable and Fabliau: Proceedings of the International Colloquium Held at the University of Glasgow, 23-25 September 1975*, éd. Varty, Kenneth, Glasgow, French Department of the University, 1976, p. 92-107.
60. Leclanche, Jean-Luc, « La langue de l'auteur du fabliau *Le prêtre et le chevalier* », *Romania*, 122, 1, 2004, p. 226-232.
61. Lee, James Allan, *The Fabliaux : Exordia and Microcosm*, Ph.D., Vanderbilt University, Nashville, 1979.
62. Leech, Mary E., « Dressing the Undressed : Clothing and Social Structure in Old French Fabliaux », *Comic Provocations : Exposing the Corpus of Old French Fabliaux*, *op. cit.*, p. 83-95.
63. Leech, Mary E., « That's Not Funny : Comic Forms, Didactic Purpose, and Physical Injury in Medieval Comic Tales », *Latch. A Journal for the Study of the Literary Artifact in Theory, Culture or History*, 1, 2008, p. 105-127.
64. Legros, Huguette, « Parodie et représentations sociales dans les fabliaux », *Comique, satire et parodie dans la tradition renardienne et les fabliaux*, *op. cit.*, p. 31-46.
65. Levy Brian J., *The Comic Text. Patterns and Images in the Old French Fabliaux*, Amsterdam – Atlanta, Rodopi, 2000.
66. Levy, Brian J., « Le dernier tabou ? Les fabliaux et la perversion sexuelle », *Sexuelle Perversionen im Mittelalter. Les perversions sexuelles au Moyen Âge*, éd. Buschinger, Danielle, Greifswald, Reineke, 1994, p. 107-124.
67. Levy, Brian J., « *Or escoutez une merveille!* Parallel Paths : Gautier de Coinci and the Fabliaux », *Gautier de Coinci : Miracles, Music, and Manuscripts*, éd. Krause, Kathy M. et Stones, Alison, Turnhout, Brepols (Medieval Texts and Cultures of Northern Europe, 13), 2006, p. 331-343.
68. Levy, Brian J., « Performing Fabliaux », *Performing Medieval Narrative*, éd. Vitz Birge, Evelyn; Regalado Freeman, Nancy et Lawrence, Marilyn, Cambridge, Brewer, 2005, p. 123-140.

69. Looze, Laurence de, « Sex, Lies and Fabliaux : Gender, Scribal Practice, and Old / New Philology in *Du Chevalier qui fist les cons parler* », *Romanic Review*, 85, 4, 1994, p. 495 – 516.
70. Lorcin, Marie-Thérèse, *Façons de sentir et de penser : les fabliaux français*, Paris, Honoré Champion, 1979.
71. Malm, Ulf, « *Par foi, ans mes ne vi tel con.* Medieval Sexually Explicit Narrative : Fabliau », *Samlaren*, 133, 2012, p. 7-144.
72. Martin, Jean-Pierre, « La Male Dame, ou la courtoisie renversée », *Comique, satire et parodie dans la tradition renardienne et les fabliaux*, *op. cit.*, p. 71-80.
73. Melhado White, Sarah, « Sexual Language and Human Conflict in Old French Fabliaux », *Comparative Studies in Society and History*, 24, 2, 1982, p. 185-210.
74. Ménard, Philippe, compte rendu du livre de Lee, Charmaine, *Les Remaniements d'Auberée. Études et textes*, Naples, Liguori, 1983, dans *Cahiers de civilisation médiévale*, 29, 1986, p. 285-287.
75. Merceron, Jacques, « Des souris et des hommes : pérégrination d'un motif narratif et d'un exemplum d'Islam en chrétienté. [À propos de la fable de *L'Ermite* de Marie de France et du fabliau de *La Sorisete des Estopes*] », *Cahiers de civilisation médiévale*, 181, 2003, p. 53-69.
76. Mermier, Guy, « The Grotesque in French Medieval Literature : A Study in Forms and Meanings », *Versions of Medieval Comedy*, éd. Ruggiers, Paul G., Norman, University of Oklahoma Press, 1977, p. 101-134.
77. Moran, John F., « So This Villain Walks into a Bar... The Fabliau as Stand-Up Comedy », *The Old French Fabliaux : Essays on Comedy and Context*, *op. cit.*, p. 30-41.
78. Muscatine, Charles, « The Social Background of the Old French Fabliaux », *Genre*, 9, 1, 1976, p. 1-19.
79. Muscatine, Charles, « The Fabliaux, Courtly Culture and the (Re)invention of Vulgarity », *Obscenity : Social Control and Artistic Creation in the European Middle Ages*, *op. cit.*, p. 281-292.
80. Noomen, Willem, « Structures narratives et force comique : les fabliaux », *Neophilologus*, 62, 1978, p. 361-373.
81. Nykrog, Per, « Courtliness and the Townspeople : the Fabliaux as a Courtly Burlesque », *The Humor of the Fabliaux : A Collection of Critical Essays*, op. cit.,, p. 59-73.
82. Nykrog, Per, *Les Fabliaux. Étude d'histoire littéraire et de stylistique médiévale*, Genève, Droz (Publications romanes et françaises, 123), 1973 [1957].
83. Ocaña, Antonio [C]ortijo, « A Morphological Study of the Prologues and Epilogues of the Fabliaux : a Rhetorical Approach », *Romanische Forschungen*, 110, 1998, p. 185-201.
84. Payen, Jean-Charles, « Fabliaux et goliardisme », *Proceedings. Third International Beast Epic, Fable and Fabliau Colloquium, Münster, 1979*, éd.

Goossens, Jan et Sodmann, Timothy, Köln et Wien, Bölhau (Niederdeutsche Studien, 30), 1981, p. 9-10.
85. Payen, Jean-Charles, « Le Statut de l'écrivain dans les fabliaux de Jean Bodel », *Comique, satire et parodie dans la tradition renardienne et les fabliaux*, *op. cit.*, p. 47-58.
86. Pearcy, Roy James, « *Sentence* and *Solas* in the Old French fabliau », *The Craft of Fiction : Essays in Medieval Poetics*, éd. Arrathoon, Leigh A., Rochester, Solaris, 1984, p. 231-280.
87. Pearcy, Roy James, « Investigations into the Principles of Fabliau Structure », *Versions of Medieval Comedy*, *op. cit.*, p. 67-100.
88. Pearcy, Roy James, « Modes of Signification and the Humor of Obscene Diction in the Fabliaux », *The Humor of the Fabliaux : A Collection of Critical Essays*, *op. cit.*, p. 163-196.
89. Pearcy, Roy James, *Humor in the Fabliaux*, Ph.D., Ohio State University, Colombus, 1963.
90. Pearcy, Roy James, *Logic and Humour in the Fabliaux. An Essay in Applied Narratology*, Cambridge, D. S. Brewer, 2007.
91. Peeters, Kris, « La découverte littéraire du Fabliau au XVIIIe siècle : le Comte de Caylus dans l'histoire d'un genre médiéval », *Revue d'histoire littéraire de la France* 4, 106, 2006, p. 827-842, article disponible en ligne sur le site www.cairn.info/revue-d-histoire-litteraire-de-la-france-2006-4-page-827.htm.
92. Perfetti, Lisa, « The Lewd and the Ludic : Female Pleasure in the Fabliaux », *Comic Provocations : Exposing the Corpus of Old French Fabliaux*, *op. cit.*, p. 17-31.
93. Pitts, Brent A., « *Merveilleux*, Mirage, and Comic Ambiguity in the Old French Fabliaux », *Assays. Critical Approaches to Medieval and Renaissance Texts*, éd. Knapp, Peggy A., Pittsburgh, University of Pittsburgh Press, 4, 1987,
p. 39-50.
94. Pitts, Brent A., « Truth-Seeking Discourse in the Old French Fabliaux », *Medievalia et Humanistica*, 15, 1987, p. 95-117.
95. Poitral, Sophie, « Des apparences fantasmées dans les fabliaux érotiques », *Apparences médiévales*, 2, 2008, article disponible en ligne sur le site http://apparences.revues.org/413.
96. Roy, Samanta, *Le grotesque dans les fabliaux érotiques : figure féminine et poétique du rire populaire*, mémoire présenté à l'Université du Québec à Trois-Rivières comme exigence partielle de la maîtrise en études littéraires, octobre 2011, disponible en ligne sur le site http://depot-e.uqtr.ca/2304/1/030277658.pdf.
97. Schenck, Mary Jane Stearns, *The Fabliaux : Tales of Wit and Deception*, Amsterdam et Philadelphia, Benjamins (Purdue University Monographs in Romance Languages, 24), 1987.
98. Schenck, Mary Jane, « Functions and Roles in the Fabliau », *Comparative Literature*, 30, 1978, p. 22-34.

99. Schenck, Mary Jane, « Narrative Structure in the *Exemplum*, *Fabliau*, and *Nouvelle* », *The Romanic Review*, 72, 1981, p. 367-382.
100. Schenck, Mary Jane, « The Morphology of the Fabliau », *Fabula*, 17, 1976, p. 26-39.
101. Schulze-Busacker, Élisabeth, « Proverbes et expressions proverbiales dans les fabliaux », *Marche romane*, 28, 1978, p. 163-174.
102. Serper, Arié, « Fabliaux 'pour rire' », *Comique, satire et parodie dans la tradition renardienne et les fabliaux*, *op. cit.*, p. 7-17.
103. Sidhu, Nicole Nolan, « Go-Betweens : the Old Woman and the Function of Obscenity in the Fabliaux », *Comic Provocations : Exposing the Corpus of Old French Fabliaux*, *op. cit.*, p. 45-60.
104. Spencer, Richard, « The Treatment of Women in the *Roman de la Rose*, the Fabliaux and the *Quinze joyes de mariage* », *Marche romane*, 28, 1978, p. 207-214.
105. Trachsler, Richard, « Observations sur les recueils de fabliaux », *Le Recueil au Moyen Âge. Le Moyen Âge central*, *op. cit.*, p. 35-46.
106. Tudor, Adrian, « Les fabliaux : encore le problème de la typologie », *Studi francesi*, 47, 2003, p. 599–603.
107. Van den Boogaard, Nico Hendricus Johannes, « Les fabliaux : versions et variations », *Marche romane*, 28, 1978, p. 149-157.
108. Verberckmoes, Johan, « What about Medieval Humour ? Some Historiography », *Risus medievalis, Laughter in Medieval Literature and Art*, éd. Braet, Herman; Latré, Guido et Verbeke, Werner, Louvain, Leuven University Press, 2003, p. 1-10.
109. Wailes, Stephen L., « *Vagantes* and the fabliaux », *The Humor of the Fabliaux : A Collection of Critical Essays*, *op. cit.*, p. 43-58.
110. Wehner Eaton, Ellen, *Shame Culture or Guilt Culture : the Evidence of the Medieval French Fabliaux*, Toronto, Centre for Medieval Studies, Université de Toronto, 2000.
111. Whalen, Logan E., « Modern Dirty Jokes and the Old French Fabliaux », *The Old French Fabliaux : Essays on Comedy and Context*, *op. cit.*, p. 147-159.
112. Ziolkowski, Jan M., « The Erotic Paternoster », *Neuphilologische Mitteilungen*, 88, 1987, p. 31-34.
113. Zolkiewska, Ewa Dorota, « L'expression des émotions dans les fabliaux d'adultère », *Traduire l'émotion. Actes des colloques de Cracovie (octobre 2001) et de Louvain (juin 2002)*, éd. Hermann, Jan ; Kremer, Nathalie et Swiatkowska, Marcel, Liège, Céfal, 2004, p. 31-41.

Études sur les émotions

1. Barthes, Roland, *Le Plaisir du texte*, Paris, Seuil, 1973.
2. Bastide, Georges, « Le rire et sa signification éthique », *Revue philosophique de la France et de l'étranger*, 139, 1949, p. 288-306.

3. Ben-Ez'ev, Aaron, « The Thing Called Emotion », *The Oxford Handbook of Philosophy of Emotion*, éd. Goldie, Peter, New York, Oxford University Press Inc., 2010, p. 41-61.
4. *Morale et évolution biologique entre déterminisme et liberté*, éd. Clavien, Christine et El-Bez, Catherine, Lausanne, Presses Polytechniques et Universitaires Romandes, 2007.
5. Boquet, Damien et Nagy, Piroska, « Une Histoire des émotions incarnées », *Médiévales*, 61, 2011, p. 5-24.
6. Cacioppo, John T. et Petty, Richard E., « The Need for Cognition », *Journal of Personality and Social Psychology*, 42, 1982, p. 116–131.
7. Changeux, Jean-Pierre, *Du vrai, du bon, du bien : une nouvelle approche neuronale*, Paris, Odile Jacob, 2008.
8. Courtine, Jean-Jacques et Haroche, Claudine, *Histoire du visage. Exprimer et taire ses émotions. XIe – début XIXe siècle*, Paris, Rivages, 1988.
9. Csikszentmihalyi, Mihaly, *The Psychology of Optimal Experience*, New York, Harper and Row, 1990.
10. D'Arms, Justin et Jacobson, Daniel, « Demystifying Sensibilities : Sentimental Values and the Instability of Affect », *The Oxford Handbook of Philosophy of Emotion*, *op. cit.*, p. 585-613.
11. Davidson, Donald, *Inquiries into Truth and Interpretation*, Oxford, Clarendon Press, 1984.
12. Davidson, Richard et Begley, Sharon, *The Emotional Life of Your Brain ; How Its Unique Patterns Affect the Way You Think, Feel, and Live – and How You Can Change Them*, New York, Hudson Street Press, 2012.
13. Deigh, John, « Concepts of Emotions in Modern Philosophy and Psychology », *The Oxford Handbook of Philosophy of Emotion*, *op. cit.*, p. 17-40.
14. Descamps, Marc-Alain, *Le langage du corps et la communication corporelle*, Paris, PUF, 1989.
15. Döring, Sabine A., « Why Be Emotional? », *The Oxford Handbook of Philosophy of Emotion*, *op. cit.*, p. 283-301.
16. Ekman, Paul, « Moods, Emotions and Traits. How Are Emotions Distinguished from Moods and Other Affective Constructs? », *The Nature of Emotion*, éd. Ekman, Paul et Davidson, Richard J., New York, Oxford University Press Inc., 1994.
17. Elster, Jon, « Emotional Choice and Rational Choice », *The Oxford Handbook of Philosophy of Emotion*, *op. cit.*, p. 263-282.
18. Escallier, Christine, « Pédagogie et humour : le rire comme moyen de construction d'un public attentif d'une salle de classe », *JoLIE*, 2, 2009, p. 105-114.
19. Fischer, Agneta H., *Emotion Scripts. A Study of the Social and Cognitive Facets of Emotion*, Leiden, Leiden University, 1991.
20. Freud, Sigmund, « Au-delà du principe de plaisir », *Essais de psychanalyse*, Paris, Payot, 1984, p. 41-115.

21. Fritz, Jean-Marie, « La Théorie humorale comme moyen de penser le monde. Limites et contradictions du système », *Écriture et mode de pensée au Moyen Âge (VIIIe-XVe siècles)*, Paris, Presses de l'ENS, 1993, p. 13-26.
22. Galbraith, Mary, « Deictic Shift Theory and the Poetics of Involvement in Narratives », dans *Deixis in Narrative : a Cognitive Science Perspective*, éd. Duchan, J.F.; Bruder, G. A. et Hewitt, L.E., Hillsdale, N.J., Lawrence Erlbaum, 1995, p. 19-59.
23. Gilligan, Stephen G. et Bower, Gordon H., « Cognitive Consequences of Emotional Arousal », *Emotions, Cognition and Behavior*, éd. Izard, Carroll E.; Kagan, Jerome et Zajonc, Robert B., Cambridge, Cambridge University Press, 1984, p. 547-588.
24. Goldie, Peter, *The Emotions : A Philosophical Exploration*, Oxford, Oxford University Press, 2000.
25. Goffman, Erving, *La mise en scène de la vie quotidienne. La présentation de soi*, trad. Accardo, Alain, tome I, Paris, Minuit, 1973 [1956].
26. Goffman, Erving, *Les Rites d'interaction*, trad. Kihm, Alain, Paris, Minuit, 1974 [1967].
27. Goleman, Daniel, *L'Intelligence émotionnelle. Comment transformer ses émotions en intelligence*, trad. Piélat, Thierry, tome I, Paris, Robert Laffont, 1997 [1995].
28. Goleman, Daniel, *L'Intelligence émotionnelle, Accepter ses émotions pour s'épanouir dans son travail,* trad. Roche, Daniel, tome II, Paris, Robert Laffont, 1999 [1998].
29. Green, Melanie C. et Brock, Timothy C., « In the Mind's Eye : Transportation-Imagery Model of Narrative Persuasion », in *Narrative Impact : Social and Cognitive Foundations*, éd. Green, M. C.; Strange, J. J. et Brock, T.C., Mahwah, NJ, Erlbaum, 2002, p. 315-341.
30. Green, Melanie C. et Brock, Timothy C., « The Role of Transportation in the Persuasiveness of Public Narratives », *Journal of Personality and Social Psychology*, 79, 2000, p. 701-721.
31. Green, Melanie C., Brock, Timothy C. et Kaufman, Geoff F., « Understanding Media Enjoyment : The Role of Transportation into Narrative Worlds », *Communication Theory*, 14, 2004, p. 311-327.
32. Gross, M. Daniel, *The Secret History of Emotion, from Aristotle's Rhetoric to Modern Brain Science*, Chicago, Londres, The University of Chicago Press, 2006.
33. Hansen, Egon, « The Stream of Affect », *The Journal of Social Psychology*, 129, 1989, p. 719-720.
34. Hochschild, Arlie Russell, *The Managed Heart. Commercialization of Human Feeling*, Berkeley et Los Angeles, University of California Press, 2003 [1983].
35. Horton, Donald et Wohl, Richard, « Mass Communication and Para-Social Interaction : Observation on Intimacy at a Distance », *Inter / Media :*

Interpersonal Communication in a Media World, éd. Gumpert, G. et Cathcart, R., New York, Oxford University Press, 1956, p. 215-229.
36. *Human Sexuality : An Encyclopaedia*, éd. Bullough, Vern L. et Bullough, Bonnie, New York et Londres, Garland Publishing, 1994.
37. King, Peter, « Emotions in Medieval Thought », *The Oxford Handbook of Philosophy of Emotion*, *op. cit.*, p. 167-188.
38. Klein, Mélanie, *La Psychanalyse des enfants*, Paris, PUF, 2009 [1932].
39. Lacroix, Michel, *Le culte de l'émotion*, Paris, Flammarion, 2001.
40. Lange, Jean-Marie, *Une Introduction à la psychopédagogie. Des méthodes d'éducation active aux méthodes d'intervention sociale spécifiques*, Liège, Céfal, 2001.
41. Larsen, Jeff T.; McGrow, A. Peter et Cacioppo, John T., « Can People Feel Happy and Sad at the Same Time ? », *Journal of Personality and Social Psychology*, 81, 2001, p. 684-696.
42. *Le Texte, l'œuvre, l'émotion*, dir. Majastre, Jean-Olivier et Peuchlestrade, Gisèle, Bruxelles, La Lettre volée, 1994.
43. Ledoux, Joseph E., *The Emotional Brain : the Mysterious Underpinnings of Emotional Life*, New York, Simon & Schuster, 1996.
44. Lempérière, Thérèse ; Féline, André ; Adès, Jean ; Hardy, Patrick et Rouillon, Frédéric, *Psychiatrie de l'adulte*, Paris, Elsevier Masson S.A.S., 1977.
45. Lerner, Jennifer S. et Keltner, Dacher, « Fear, Anger, and Risk », *Journal of Personality and Social Psychology*, 81, 1, 2001, p. 146-159.
46. Loux, Françoise, *Le Corps dans la société traditionnelle*, Paris, Berger-Levrault, 1979.
47. Maisonneuve, Jean, *Les Sentiments*, Paris, PUF, "Que sais-je ?", 1985 [1948].
48. Margaron, Henri, *L'Homme émotionnel*, Paris, L'Harmattan, 2013.
49. Markus, Hazel, et Nurius, Paula, « Possible Selves », *American Psychologist*, 41, 1986, p. 954-969.
50. Martin, Rod A., *The Psychology of Humor : An Integrative Approach*, Burlington, Elsevier Academic Press, 2010.
51. Mayer, John D.; McCormick, Laura J. et Strong, Sara E., « Mood-Congruent Memory and Natural Mood : New Evidence », *Personality and Social Psychology Bulletin*, 21, 1995, p. 736-746.
52. Morose, Ray, *The Mind of Consciousness*, Ocean Shores N.S.V., Ocean View Publications, 2007.
53. *Motivational Styles in Everyday Life : A Guide to Reversal Theory*, éd. Apter, Michael J., Washington, DC, American Psychological Association, 2001.
54. Niedenthal, Paula M. ; Krauth-Gruber, Silvia et Ric, François, *Comprendre les émotions. Perspectives cognitives et psycho-sociales*, Wavre, Mardaga, 2008.
55. Papilloud, Christian, *La Société collaborative. Technologies digitales et lien social*, Paris, L'Harmattan, 2007.
56. *Politiques des émotions au Moyen Âge*, éd. Boquet, Damien et Nagy, Piroska, Sismel, Edizioni del Galluzzo, 2010.

57. Reddy, William M., *The Navigation of Feeling*, Cambridge, Cambridge University Press, 2001.
58. Ricœur, Paul, *Cinq études herméneutiques*, Genève, Labor et Fides, 2013.
59. Ricœur, Paul, *Philosophie de la volonté, Le volontaire et l'involontaire*, tome I, Paris, Aubier, 1988.
60. Salovey, Peter et Mayer, John, « Emotional Intelligence », *Imagination, Cognition and Personality*, 9, 1990, p. 185-211.
61. Schenk, Françoise ; Leuba, Geneviève et Büla, Christophe, *Du vieillissement cérébral à la maladie d'Alzheimer. Autour de la notion de plasticité*, Bruxelles, De Boeck, 2004.
62. Shweder, Richard A.; Haidt, Jonathan; Horton, Randall et Joseph, Craig, « The Cultural Psychology of the Emotions : Ancient and New », in *Handbook of Emotions*, éd. Lewis, Michael et Haviland-Jones, Jeannette M., seconde édition, New York, Guilford Press, 2004, p. 409-427.
63. Smagghe, Laurent, *Les émotions du prince. Emotion et discours politique dans l'espace bourguignon*, Paris, Classiques Garnier, 2012.
64. Stearns, Peter N. et Stearns, Carol Z., « Emotionology : Clarifying the History of Emotions and Emotional Standards », *American Historical Review*, XC, 1985, p. 813-836.
65. Stockwell, Peter, « Cognitive Deixis », *Cognitive Poetics. An Introduction*, Londres et New York, Routledge, 2002, p. 41-58.
66. Tangney, June Price, « Moral Affect : The Good, the Bad, and the Ugly », *Journal of Personality and Social Psychology*, 61, 1991, p. 598-607.
67. Tavris, Carol et Wade, Carole, *Introduction à la psychologie. Les grandes perspectives*, Paris / Bruxelles, Éditions du Renouveau pédagogique Inc. / De Boeck, 1999.
68. *The Inner Life of Women in Medieval Romance Literature. Grief, Guilt and Hypocrisy*, éd. Rider, Jeff et Friedman, Jamie, New York, Palgrave Macmillan, 2011.
69. Webster, Donna M. et Kruglanski, Arie W., « Motivated Closing of the Mind : Seizing and Freezing », *Psychological Review*, 103, 1996, p. 263–283.

Études sur le contexte médiéval

1. Berlioz, Jacques, « Quand dire c'est faire dire. Exempla et confession chez Étienne de Bourbon (v. +1261) », dans *Faire croire : modalités de la diffusion et de la réception des messages religieux du XIIe au XVe siècle*, Palais Fernèse, École Française de Rome, 1981, p. 299-335.
2. Blanchegorge, Eric et Lenoir, Juliette, « L'Abbaye Saint-Corneille », article disponible en ligne sur le portail de la Société historique de Compiègne, http://www.histoire-compiegne.com/shc-abbaye-saint-corneille-compiegne.asp.
3. Boureau, Alain, *Le Droit de cuissage, la fabrication d'un mythe, XIIIe-XXe siècle*, Paris, Albin Michel, 1995.

4. Brundage, James A., *Law, Sex and Christian Society in Medieval Europe*, Chicago et Londres, University of Chicago Press, 1987.
5. Bührer-Thierry, Geneviève, «"Just Anger" or "Vengeful Anger"? The Punishment of Blinding in the Early Medieval West », *Anger's Past : The Social Uses of an Emotion in the Middle Ages*, éd. Rosenwein, B.H., Ithaca, Cornell University Press, 1998, p. 75-91.
6. Camille, Michael, *Image on the Edge. The Margins of Medieval Art*, Londres, Reaktion Books, 1992.
7. Crist, Larry S., « La chute de l'homme sur la scène dans la France du XIIe au XVe siècle », *Romania*, 99, 1978, p. 207-219.
8. D'Alverny, Marie-Thérèse, « Comment les théologiens et les philosophes voient la femme », *Cahiers de civilisation médiévale*, 20, 1977, p. 105-129.
9. Donadieu-Rigaut, Dominique, *Penser en images les ordres religieux : XIIe-XVe siècles*, Paris, Arguments, 2005.
10. Duby, Georges, *Le Chevalier, la femme et le prêtre*, Paris, Hachette Littératures, 1981.
11. Duby, Georges, *Mâle Moyen Âge : de l'amour et autres essais*, Paris, Flammarion, 1988.
12. *Fama. The Politics of Talk and Reputation in Medieval Europe*, éd. Fenster, Thelma et Smail, Daniel Lord, Ithaca et Londres, Cornell University Press, 2003.
13. Ferrarotti, Franco, *Leggere, leggersi*, Rome, Donzelli, 1998.
14. Flandrin, Jean-Louis, « Contraception, mariage et relations amoureuses dans l'Occident chrétien », *Annales. Économies, Sociétés, Civilisations*, 24, 6, 1969, p. 1370-1390.
15. Flinn, John Ferguson, « Littérature bourgeoise et le *Roman de Renart* », *Aspects of the Medieval Animal Epic. Proceedings of the International Conference Louvain May 15-17*, 1972, éd. Rombauts, E. et Walkenhuysen, A., Louvain, Leuven University Press / The Hague, Martinus Nijhoff, 1975, p. 11-23.
16. Foucault, Didier, *Histoire du libertinage : des goliards au Marquis de Sade*, Paris, Perrin, 2007.
17. Fraisse, Geneviève, « Droit de cuissage et devoir de l'historien », *Clio, Femme, Genre, Histoire*, 3, 1996, article disponible en ligne sur le site http://clio.revues.org/476.
18. Gaussin, Pierre Roger, *Les Cohortes du Christ : les groupements religieux en Europe et hors d'Europe des origines à la fin du XVIIIe siècle*, Rennes, Ouest France, 1985.
19. Gauvard, Claude, *La France au Moyen Âge du Ve au XVe siècle*, Paris, PUF, 2010 [1996].
20. Godefroy, Frédéric, *Dictionnaire de l'ancienne langue française et de tous ses dialectes du IXe au XVe siècle*, 8 tomes, Vaduz, Kraus Reprint Ltd., 1965 [1880-1895].

21. Grant, Edward, *Physical Science in the Middle Ages*, Cambridge, Cambridge University Press, 1971.
22. Grisward, Joël, « L'arbre blanc, vert, rouge de la *Queste del Saint Graal* et le symbolisme coloré des Indo-Européens », *Actes du 14e congrès international arthurien*, Rennes, PUR, 1985, p. 273-287.
23. Hamburger, Jeffrey F., *St. John the Divine. The Deified Evangelist in Medieval Art and Theology*, Berkeley et Londres, University of California Press Ltd, 2002.
24. Lacroix, Jacob Paul, *Curiosités de l'histoire des croyances populaires au Moyen Âge*, Paris, Adolphe Delahays, 1859.
25. Lavis, George, *L'expression de l'affectivité dans la poésie lyrique française du Moyen Âge (XIIe-XIIIe siècles). Étude stylistique et lexicale du réseau lexical « joie-dolor »*, Paris, Les Belles Lettres, 1972.
26. Le Gall, Jean-Marie, *Le Mythe de saint Denis entre Renaissance et Révolution*, Paris, Champ Vallon, 2007.
27. Le Goff, Jacques et Truong, Nicolas, *Une histoire du corps au Moyen Âge*, Paris, Liana Levi, 2003.
28. Le Pesant, Michel, « Notes d'anthroponymie normande. Les noms de personne à Evreux du XIIe au XIVe siècles », *Annales de Normandie*, 1, 1956, p. 47-71.
29. *Le Théâtre. Cours, documents, dissertations*, dir. Bertrand, Dominique, Paris, Bréal, 1996.
30. Louis, Marie-Victoire, *Le Droit de cuissage, France, 1860-1930*, Paris, Éditions de l'Atelier, 1994.
31. Michaud-Quantin, Pierre, *Sommes de casuistique et manuels de confession au Moyen Âge, XIIe- XVIe siècles*, Louvain, Nauwelaerts, 1962.
32. Nelli, René, *L'érotique des troubadours. Contribution ethnosociologique à l'étude des origines sociales du sentiment et de l'idée d'amour*, Toulouse, Privat, tome I, 1963.
33. Noonan, John T., *Contraception et mariage. Évolution ou contradiction dans la pensée chrétienne*, trad. Jossua, Marcelle, Paris, Cerf, 1969.
34. Norbert, Elias, *The Civilizing Process,* trad. Jephcott, Edmund, Oxford, Blackwell / New York, Urizen Books, 1978 [1939], tome I.
35. Pakis, Valentine Anthony, *Studies in Early Germanic Biblical Literature : Medieval Rewritings, Medieval Receptions, and Modern Interpretations*, chapitre « Christ the Healer and the Anglo-Saxon Charms », Proquest, Umi Dissertation Publishing, 2011.
36. Pastoureau, Michel, *Bleu. Histoire d'une couleur*, Paris, Seuil, 2000.
37. Paul, Jacques, « La Signification sociale du franciscanisme », dans *Mouvements franciscains et société française, XIIe-XXe siècles*, dir. Vauchez, André, Paris, Beauchesne, 1984, p. 9-25.
38. Ribard, Jacques, *Du Mythique au mystique. La littérature médiévale et ses symboles*, Paris, Honoré Champion, 1995.

39. Rider, Jeff, «'Wild Oats': The Parable of the Sower in the Prologue to Chrétien de Troyes' Conte del Graal », *Philologies Old and New : Essays in Honor of Peter Florian Dembowski*, éd. Tasker Grimbert, Joan et Chase, Carol J., Princeton, N.J., Edward C. Armstrong Monographs, 2001, p. 251-266.
40. Rieger, Dietmar, « Le motif du viol dans la littérature de la France médiévale entre norme courtoise et réalité courtoise », *Cahiers de civilisation médiévale*, 123, 1988, p. 241-267.
41. Rousset, Paul, « Rutebeuf poète de la croisade », *Revue d'histoire ecclésiastique suisse*, 60, 1966.
42. Roy, Bruno, « La belle e(s)t la bête : aspects du bestiaire féminin au Moyen Âge », *Études françaises*, 10, 1974, p. 309-317.
43. Thomasset, Claude, « Quelques principes de l'embryologie médiévale (de Salerne à la fin du XIIIe siècle) », *Senefiance*, 9, 1980, « L'Enfant au Moyen Âge (Littérature et Civilisation) », p. 107-121.
44. Toxé, Philippe, « La copula carnalis chez les canonistes médiévaux », *Mariage et sexualité au Moyen Âge : accord ou crise ?, Cultures et civilisations médiévales*, dir. Rouche, Michel, Paris, Presses de l'Université de Paris-Sorbonne, 2000, p. 123-133.
45. Treffort, Cécile, *L'Église carolingienne et la mort. Christianisme, rites funéraires et pratiques commémoratives*, Lyon, Presses Universitaires de Lyon, 1996.
46. Trottmann, Christian, *Théologie et noétique au XIIIe siècle : à la recherche d'un statut*, Paris, Librairie Philosophique J. Vrin, 1999.
47. Vauchez, André, *Les Laïcs au Moyen Âge, pratiques et expériences religieuses*, Paris, Cerf, 1987.
48. Velissariou, Alexandra, « Amour et devocion dans la nouvelle du XVe siècle », *Liber amicorum Danielle Quéruel*, éd. Colombo Timelli, Maria ; Lacassagne, Miren et Haquette, Jean-Louis, p. 149-174.
49. Velissariou, Alexandra, *Aspects dramatiques et écriture de l'oralité dans les Cent Nouvelles nouvelles*, Paris, Honoré Champion, 2012.
50. Velissariou, Alexandra, « *Comment elles se doyvent contenir* : règles de conduite et codes gestuels dans le *Livre du Chevalier de la Tour Landry pour l'enseignement de ses filles* », *Le Moyen Français*, 65, 2009, p. 53-77.
51. Velissariou, Alexandra, « L'espace et le jeu des *Cent Nouvelles nouvelles* », *Le Moyen Âge*, 2, CXIV, 2008, p. 239-254.
52. Verdon, Jean, *Le Plaisir au Moyen Âge*, Paris, Librairie Académique Perrin, 1996.
53. Voisenet, Jacques, « Figure de la virginité ou image de la paillardise : la sexualité du clerc au Moyen Âge », *Le Clerc au Moyen Âge*, Senefiance, 37, 1995, p. 571-578.
54. Zink, Gaston, *Morphosyntaxe du pronom personnel (non réfléchi) en moyen français (XIVe-XVe siècles)*, Genève, Droz, 1997.
55. Zink, Michel, *La Subjectivité littéraire. Autour du siècle de saint Louis*, Paris, PUF, 1985.